수령과 마약

수령과 마약

1판 1쇄 인쇄 | 2024. 11. 18.
1판 1쇄 발행 | 2024. 11. 25.

지은이 | 이관형
발행인 | 남경범
발행처 | 실레북스

등록 | 2016년 12월 15일(제490호)
주소 | 경기도 용인시 수지구 성복2로 86 115-801
대표전화 | 070-8624-8351
팩스 | 0504-226-8351

ISBN 979-11-982810-2-9   03300

블로그 | blog.naver.com/sillebooks
페이스북 | facebook.com/sillebooks   이메일 | sillebooks@gmail.com

값은 뒤표지에 있습니다.
잘못된 책은 구매하신 서점에서 바꾸어 드립니다.

진리가 너희를 자유케 하리라 VERITAS VOS LIBERABIT

북한 정권이 주도하는 마약 범죄의 진실과
전 세계로 수출되고 있는 북한산 마약의 모든 것!

수령과 마약

북한 범죄왕조 연대기

이관형 지음

실레북스
SillybookS

일러두기

- 이 책은 저자가 발표한 논문들을 기반으로 집필되었다.

  이관형, 〈북한 마약 문제 연구: 국가주도형 초국가적 조직범죄 특성을 중심으로〉 (서울: 고려대학교 박사학위논문, 2021); 이관형, "북한의 마약류 생산 및 밀매의 발단: 1945-1959년 대남혁명 활동을 중심으로," 〈한일군사문화연구〉, 33 (2021); 이관형, "북한의 '마약사업' 운영과 기반 확장: 1970-1980년대를 중심으로," 〈전략연구〉, 29(1) (2022); 이관형, "북한 마약산업의 주요 실행 주체와 생산 시설 연구," 〈한국공안행정학회보〉, 32(4) (2023).

- 이 책을 통해 처음 다루는 내용과 위 논문들에서 이미 다뤘더라도 중요하다고 판단되는 부분에는 출처 표시를 했다.

프롤로그

석사 과정을 마치고 직장 생활을 시작한 지 몇 년이 지난 2012년이었다. 박사 과정에 진학할 여력이 없었던 나는 탈북민 인터뷰로 배움의 갈증을 달래고 있었다. 그 과정 중 '빙두冰毒'라는 생소한 용어를 접했다. 나는 이 빙두가 크리스탈 메스암페타민crystal methamphetamine, 즉 필로폰을 의미하는 중국식 한자음이라는 사실을 몰랐다. 마약은 뉴스에서 잠시 스쳐 지나가는 용어였을 뿐, 나는 마약 문제에 대해 무지했다. 북한 마약 문제에 호기심은 있었지만, 그렇다고 무턱대고 이 주제에 다가갈 수는 없었다.

나는 2016년이 돼서야 북한 주민들의 마약 소비 현상을 들여다보기 시작했고, 다시 얼마간의 시간이 흐른 뒤에야 이 현상의 실체에 조금 더 다가설 수 있었다. 그곳엔 북한 당국이 있었다. 북한은 정보 접근과 국경 바깥 이동이 차단된 곳이다. 주민들 대부분은 마약에 대한 개념을 몰랐다. 하지만 일부 주민들이 당국이 주도하는 마약 생산과 밀매를 목격했다. 주민들 사이에서는 '마약이 곧 돈'이라는 정보가 퍼졌지만 그 폐해와 관련한 정보는 전무했다.

나는 북한 당국의 마약 범죄를 더 깊이 알고 싶었고 그 과정은 험난했다. 북한은 자신의 범죄를 철저히 은폐하고 있었고, 기초 데이터 확보에만 상당한 기간이 필요했다. 나는 마약뿐 아니라 조직 범죄에 대한 지식도 없었다. 그래서 백지상태에서 공부를 시작했다. 전공 분야인 북한이라는 대상도 마찬가지였다. 잘못 알거나 어렴풋한 부분들을 '알고 있다'고 할 수 없었다. 이후 나는 뒤늦게 박사 과정에 들어가 이 문제를 주제로 학위 논문을 완성했다. 하지만 이 논문도 작은 매듭 중 하나일 뿐이었다. 이 문제는 비단 북한에 국한된 것이 아님을 비로소 알게 되었기 때문이다.

북한 당국 주도의 마약 범죄는 '수령首領'이라 불린 김일성, 정일, 정은의 탐욕에서 비롯되었다. 김일성은 1945년 8월 광복 직후부터 마약을 생산, 밀매를 시작했고 중국과 소련도 연관되어 있었다. 정일은 후계자가 된 후 이 범죄를 독자적인 주력 산업으로 성장시켰다. 또한 정은은 대북제재 여파에도 마약산업을 더욱 진화시켰다. 그들의 탐욕은 권력에서 움텄다. 김씨 일족一族은 존재만으로도 자신의 권력에 위협이 되는 한국의 점령과 파괴를 원했다. 동시에 막대한 외화도 원했다.

수령은 자신의 탐욕을 '혁명革命'으로 포장해 국가 구성 요소를 도구로 전락시켰고, 상식과 도덕의 기준도 재편했다. 수령은 마약을 자신의 탐욕을 실현하기 위한 최적 도구로 판단했다. 그들은 추정하기가 버거울 정도의 마약을 대량 생산, 밀매해 오고 있다. 수령은 북한뿐 아니라 세계 어디든 기술자를 파견해 마약을 생산할 수 있고 국제범죄조직을 통해 한국과 국제사회로 밀매한다.

마약은 활용 주체의 속성에 따라 파괴력도 다르다. 북한처럼 국가 단위에 의한 마약 밀매에서 발생한 수익금은 대량살상무기 개발은 물론 전쟁과 테러 용도로 전용될 수 있다. 이게 다가 아니다. 수령의 마약은 국제범죄조직은 물론 정체를 드러내지 않은 수많은 세력과 연계되었다. 만약 이 세력이 정치, 경제 권력을 보유했거나 이용할 수 있다면 그 파급은 상상 이상이 될 수 있다.

수령에서 비롯된 거대 범죄의 실체는 뚜렷하다. 그래서 나는 지난 80여 년간 자행된 수령의 마약 범죄 연구에 대해 중간 매듭을 짓고 이 위협을 세상에 알리고 싶었다. 더 나아가 그들과 연계된 보이지 않는 세력들을 독자들과 함께 찾고 싶었다. 그게 이 책을 낸 이유다. 본문에는 마약뿐 아니라 북한의 정치, 외교, 경제 문제와 주변국 상황들도 등장한다. 수령은 국가행위자이기 때문이다. 그렇다고 이 책을 학술 서적으로 볼 필요는 없다. 본문의 주된 얼개는 정치적 수사修辭로 윤색될 수 없는 수령의 한결같은 범죄이다.

자칫 부담이 될 수 있는 글을 흔쾌히 받아 세상에 나올 수 있게 도와준 실레북스에 감사드린다. 행여나 폐를 끼치게 될까 이름을 밝히기 어렵지만, 스스럼없이 인터뷰에 응해준 모든 분들과 부족한 글을 꼼꼼하게 교정해 준 세 벗들에게 감사를 전한다. 무엇보다 항상 옆에서 응원과 지지를 아끼지 않는 아내에게 사랑과 감사를 표한다.

그러면 이제부터 수령의 거대하고 오래된 마약 범죄를 독자분들에게 안내하겠다.

추천사

세간에 잘 알려져 있듯 나는 북한 노동당 연락부(사회문화부, 대외 연락부, 문화교류국 개칭) 대남공작원으로 15년 가까이 활동했다. 정보 차단의 벽이 아무리 높고 두터운 북한일지라도, 이 짧지 않은 기간 동안 나는 북한의 마약 생산과 밀매와 관련한 정보는 한 구절도 듣 지 못했다. 그래서인지 나는 저자의 원고를 처음 접했을 때 적지 않 은 충격을 받았다. 저자는 반박하기 힘든 사실과 논리로 담담하게 원고를 썼을 뿐이지만, 그 내용만큼은 적나라하고 거대했다.

김씨 일족이 주도한 마약 범죄는 접근 자체가 너무나도 어려운 분야이다. 그들은 마약으로 천문학적인 돈을 벌어들였지만, 그 범 죄만큼은 어떠한 희생을 치러서라도 감추고 싶었던 모양이다. 곧 죽어도 체면은 지키고 싶은 게 바로 김씨 일족이다.

〈수령과 마약〉의 저자 이관형 박사는 그들이 그토록 감추고 싶었 던 치부의 틈새를 비집고 들어갔다. 내가 옆에서 지켜본 저자는 분 명히 민간인이지만, 그가 인터뷰 대상자를 비롯해 현장에서 자료 수집을 할 때는 정보기관의 공작관 같아 보이기도 했다. 전문가들 이 많아도 너무 많은 작금에, 저자는 실증實證과 본질本質 찾기에 진 심인 몇 안 되는 진짜 전문가, 천착穿鑿이라는 단어가 딱 어울리는 학자다.

'북한'과 '마약'이라는 키워드는 그렇게 낯선 조합이 아니다. 이 키워드들은 뉴스나 학술 보고서에 종종 등장하고 있다. 하지만 이 문제의 기원부터 실제를 제대로 다룬 결과물은 국내외를 막론하고 이 박사가 저술한 논문과 이 책이 유일하다. 국내외 전문가들과 뉴스에서는 북한 당국의 마약 밀매는 1970년대부터 시작되었고, 2000년대 중반을 전후로 중단되었거나 줄어들었다는 주장을 펼쳐 왔다. 그런데 저자는 그 주장들을 단숨에 일축한다. 저자는 북한 당국 주도의 마약 범죄는 1945년부터 시작되었고, 현재도 진행 중이며 앞으로도 계속될 거라고 강조한다.

이 책에 따르면, 김씨 일족에게 마약은 두 가지를 충족시킨다고 한다. 하나는 탐욕이다. 마약은 과거나 지금이나 가치가 매우 높은 재화이고, 그들의 권력을 지탱하는 자금원이다. 다른 하나는 한국에 대한 시기와 증오이다. 마약은 돈도 되지만, 한 국가를 파괴할 수 있는 강력한 무기이기도 하다. 그래서 김씨 일족은 지난 80여 년간 마약으로 한국을 공격해 왔다. 그런데 우리 사회 일각에서는 '북한의 마약 범죄는 당국자의 일탈이나 민간 범죄조직의 소행'이라는 주장도 있다. 하지만 이는 북한 체제의 본질을 전혀 모르고 하는 주장이다. 저자는 북한 체제의 본질, 즉 수령 독재를 바탕으로 이 범죄가 '북한'이라는 집합체의 범죄가 아닌 '수령에 의한, 수령을 위한, 수령의 범죄'라고 명확히 밝히고 있다. 그러면서 본문 말미에 수령 독재가 어떠한 방식으로 작동하는지에 대해서도 충실히 설명을 덧붙이기도 했다.

북한에서 마약은 수령이 관장하는 주력 산업이다. 그만큼 규모와 이윤이 거대하며 민간이나 개인이 다룰 수 있는 게 아니다. 저자는 북한 당국이 1990년대 헤로인과 필로폰의 연간 생산량을 각각 최소 10톤, 100톤으로 평가하고 있다. 또한 현재는 필로폰만 수백 톤 혹은 그 이상을 생산할 수 있는 역량을 갖추고 있다고 한다. 또한 김씨 일족의 마약 공장은 북한 내부뿐 아니라 중국, 동남아시아, 아프리카 등 제3국에도 있다고 한다. 그들은 1980년대부터 삼합회, 야쿠자 등 범죄조직과 함께 전 세계로 마약을 유통해 왔고, 글로벌 수요를 반영해 오래전부터 신종 마약들도 생산하고 있다고 한다. 저자는 마약 판매에서 비롯되는 천문학적인 돈 때문이라도 김씨 일족이 마약산업을 포기할 가능성은 없다고 얘기한다.

이 책은 김씨 일족의 탐욕에서 비롯되는 정체성은 마음껏 비웃어도 될지 모르지만, 그들의 습성만큼은 결코 무시하면 안 된다는 메시지를 담고 있다. 김씨 일족은 늘 한국을 파괴하고 싶어 했다. 그래서 한국은 언제 터질지 모르는 북한의 핵무기보다 1945년부터 현재까지 이어지고 있는 북한산 마약의 위협을 더 걱정해야 한다. 한국에 들어오는 마약이 북한산만 있는 건 아니다. 저자가 우려하는 부분은 북한산 마약은 고품질인 만큼 국내에서 폭발적인 인기를 얻고 있고, 제3국과 국제범죄조직을 거쳐 반입되고 있어 밀매 루트 예측도 어렵다는 점이다. 더욱이 김씨 일족과 연계된 세력들이 암약하고 있으며, 사법 시스템 균열로 우리 사회가 더욱 큰 위험에 처해있다고 보고 있다.

정치, 학술, 예술로 위장한 기만과 선동이 국민의 눈과 귀를 가리고 있는 작금에, 이 책은 우리가 미처 알 수 없었던 과거와 현재를 그대로 보여주고 있다. 그렇다고 이 책을 무겁게 볼 필요는 없다. 〈수령과 마약〉은 마약이라는 키워드로 김일성, 김정일, 김정은 시대를 관통해 그들의 거대한 범죄를 고발하고 있다. 가공되지 않은 팩트가 가공된 픽션보다 훨씬 더 흥미진진한 법이다. 그래서 북한과 마약에 관심이 없는 독자라도 쉽게 책장을 넘길 수 있다. 독서의 계절이다. 서점에 들어가 〈수령과 마약〉을 들춰보기를 추천하고 싶다.

그리고 한국과 해외에 있는 북한 공작원들에게도 잠시 공작 활동을 멈추고 일독一讀하기를 권한다. 이 책을 본다면 그대들이 누구를 위해 어떠한 일을 하고 있는지 분명 큰 깨달음이 있을 것이다. 그래서 하루라도 빨리 북한 체제를 탈출하기를 바란다. 몸이 어렵다면 머릿속이라도 말이다.

2024년 11월
전 조선노동당 중앙위원회 연락부 대남공작원
김동식

1대 수령 김일성
범죄왕조의 탄생

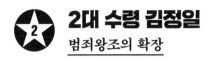

2대 수령 김정일
범죄왕조의 확장

3대 수령 김정은

범죄왕조의 승계

1대 수령
김일성

범죄왕조의 탄생

01

탐욕에
젖은
김일성

스탈린이 김일성을 조선민주주의인민공화국 최고지도자로 간택하자, 일성은 '공화국'이란 곳에 자신의 왕조를 세웠다. 김일성은 38선 이북의 왕이 아닌 '온 조선'의 왕이 되고 싶어 했다. 그래서 그는 혁명革命이라는 이름으로 38선 이남에 전쟁과 테러를 일으켜 헤아릴 수 없는 인명을 빼앗았다. 혁명이 아니라 탐욕貪慾일 뿐이었다. 그에게 마약은 혁명으로 윤색潤色된 탐욕의 도구였다. 그의 가계와 성장 과정을 통해 그가 어떻게 범죄왕조를 만들 수 있었는지 살펴보자.

김일성 가계

김일성(본명 김성주)의 증조부 김응우는 평안남도 대동군 고평면 지주地主 이평택의 산지기였다. 김응우는 1860년대 고평면 남리(현재의 평양시 만경대구역)에 정착했다. 그는 슬하에 보현(김일성 조부)이라는 아들을 두었고, 보현은 형직, 형록, 형권 3형제를 두었다. 응우는 비록 노비 신분이었지만, 그의 아들 보현은 청기와집을 가진 중농中農이 되었다.[1] 보현의 장남 형직(김일성 부친)은 1909년 봄, 강반석(본명 강신희)과 혼인했고, 둘의 장남이 반석의 친정인 평남 대동군 용산면 하리 칠곡(일명 칠골)에서 1912년 4월 15일 태어났다. 반석의 친부 강돈욱은 갓 태어난 외손자의 이름을 성주成柱로 지었는데, 후일 성주는 자신의 이름을 일성日成으로 바꾼다.[2]

성주의 부친 형직은 가업인 농사를 외면했다. 그는 무면허 진료와 음주, 투전投錢을 일삼았다. 형직은 처당숙妻堂叔 강양욱의 소개로 평양 숭실전문학교 소사小使로 취직했으나 교직원과의 불화로 그만두고, 명신학교(평남 강동군 고색면 소재)에서 일했다. 그러던 어느 날, 형직은 명신학교 근처에서 농사를 짓던 오 씨의 딸에게 접근해 진료를 핑계로 겁탈했다. 오 씨가 이 사실을 알게 되자, 형직은 1914년 여름에 홀로 만주로 도주했다. 반석은 1915년 2월, 성주를 업고 형직을 찾아 평양역에서 만주로 향했다. 반석은 시간이 얼마 지나지 않아 길림성吉林省 용정龍井의 한 여관에서 형직과 상봉했다. 형직은 반석을 달갑지 않아 했다. 그는 만주에 거처가 없었다. 이때 형직의 가족을 거둔 이가 있었다. 그는 같은 여관에 체류했던 차천리車千里라는 독립군 간부였다. 평양 안주 출신인 차천리는 신흥무관학교를 졸업하고 김일성金一成 독립군 부대 지대장으로 활동하고 있었다. 차 대장은 형직 가족에게 길림 무송현撫松縣 거처의 방

한 칸을 내주었다. 이때부터 형직 가족은 무송에 거주했다. 형직은
차천리의 잡무를 도우면서 김일성金一成 부대와 조선국민회 무송현
지부 등과 같은 독립운동 단체의 정보를 접했다.[3]

형직은 1918년 2월, 조선국회 일원이라는 이유로 경찰에 체포
되었다.[4] 그는 차천리 슬하에 있으면서 직간접적으로 독립운동을
했다. 그래서 형직과 그의 가족은 1919년 일경의 감시를 피해 만주
와 맞닿아 있는 중강진(현재 자강도 중강군)으로 잠시 이주했다. 형직
은 중강진에서 위조된 세브란스 의학전문학교 졸업증을 내걸고 순
천의원을 운영하면서 아편 장사를 했다. 형직의 아편 공급책은 손
위 처남 강진석이었다. 그런데 진석이 1921년 5월 체포되자, 형직
가족은 다시 장백현長白縣으로 거처를 옮겼다. 형직은 부친이 청기
와를 걷어내 마련한 돈으로 광제의원을 개업해 다시 아편 장사를
시작했고 큰돈을 만질 수 있었다. 일제 관헌은 당시 형직의 자산이
1,000원이라고 기록했다.[5] 일본 외무성 총영사 기록에 따르면 형
직은 1925년 3월 기준 무송현에서 무림의원을 운영하고 있었다.[6]
이렇듯 형직은 일경日警의 단속에도 불구하고 재차 의원을 개업했
는데, 큰돈을 쉽게 벌 수 있는 아편 장사를 중단할 수 없었기 때문
이다.

형직은 1926년 6월에 사망했는데, 사인은 옥고 중 얻은 지병 때
문으로 보인다. 형직이 옥살이를 한 이유는 그의 독립운동 경력 때
문으로 보이기도 한다. 그런데 형직의 의형제이자 조선국민회 무
송현 지부 창고지기로 알려진 강익수는 다른 주장을 했다. 익수는

형직이 통화현通化縣에서 조선인을 상대로 자신과 같이 한 강도 행각 때문에 피해자가 사망해 투옥되었다고 했다. 형직과 익수는 각각 5년, 2년 형을 받고 봉천奉天 감옥에 구금되었다. 익수는 형직이 감옥에서 흑사병을 얻어 1925년 8월 가석방되었지만 병세를 이기지 못했다고 한다. 그렇게 형직은 반석에게 '성주를 꼭 출세시키라'는 유언을 남기고 사망했다.[7]

미망인이 된 반석은 길림성 안도현安圖縣 만보萬寶라는 촌락에서 아편 장사꾼 조광준(조선인)과 재혼했다. 그리고 반석의 오빠 진석은 독립운동을 하다 1925년 체포되었는데, 과거의 마약 범죄가 더해져 평양지방법원에서 15년 형을 받았다. 형직의 동생 형권도 항일운동을 했지만, 강도죄가 더해져 1930년 함흥지방법원에서 15년 형을 받았다.[8]

이렇듯 김성주(김일성) 가계의 면면을 들여다보면 그가 '범죄소년'●으로 성장할 수밖에 없었던 이유들이 보인다. 성주는 소년 시절부터 범죄에 능숙했다. 그는 1927년 길림吉林 육문毓文중학교에 입학해 3년 정도를 다니다 퇴학당했다. 최근 공개된 미국 중앙정보국 Central Intelligence Agency(이하 CIA) 보고서(1949년 12월 12일 작성)에는 중학생 시절 성주의 행적이 이렇게 기록되어 있다.

● 대한민국 형법 제9조는 14세가 되지 않은 자의 행위는 벌하지 아니한다고 규정하고 있다. 여기에 해당하는 10~14세 미만의 미성년자를 촉법소년觸法少年이라 한다. 그리고 14세 이상 19세 미만의 형사책임능력자인 미성년자가 범죄소년이다.

김성주는 길림에 있는 중국 고등학교(중학교)에 다니는 동안 부모님을 여의었다. 더 많은 돈이 필요했던 그는 급우들의 돈을 훔쳤다. 하지만 돈을 계속 훔치던 중 급우 중 한 명에게 잡혔다. 김성주는 폭로가 두려워 그 급우를 죽인 후 용정으로 도주했다. 그는 용정에서 소련으로 가기로 결정했지만 돈이 필요했다. 그는 최 씨라는 이름의 남성을 만나는 데 성공했고, 그를 하얼빈으로 데려갔다. 김성주는 돈을 빼앗기 위해 최 씨를 죽였다.[9]

이렇듯 김성주는 이데올로기보다 본능과 욕심에 충실했다. 형직이 남긴 유언 때문인지 성주는 출세욕出世欲도 강했다. 그는 유년 시절부터 만주와 조선인들 사이에서 유명했던 항일 영웅들에 대한 일화들을 자주 접했다. 그래서 성주도 그들처럼 이름을 크게 떨치고 싶어 했다. 성주가 가장 자주 들었던 인물은 '김일성金一成 장군'이었다. 김 장군의 본명은 김창희金昌希이며, 김일성金一成은 그의 별호別號이다.[10] 김창희는 함북 온성군수 김두천의 아들로 1888년 함경남도 단천에서 출생했다. 그에게는 '김일성金日成'이라는 이명異名도 있었는데, 1907년부터 백두산 일대에서 의병으로 활약하다 1926년 7월 길림성 집안현輯安縣 노야령老爺嶺에서 순국했다.[11] 앞서 살펴봤듯이 성주가 '김일성'이라는 이름을 자주 듣게 된 계기는 차천리 슬하에 있었던 부친 형직의 영향이 컸다.

김경천金擎天도 만주에서 명성을 떨친 인물이었다. 그의 본명은 김광서金光瑞이고 1888년 함경북도 북청의 무관武官 가문에서 태어났다. 김경천은 1911년 제23기 일본 육군사관학교를 최우등으로 졸업한 후 기병 소위로 임관했으나, 1919년 3.1운동 직후 탈영해 만주로 망명했다. 그는 1920년 신흥무관학교에서 교성대장敎成隊長을 맡았고 이 시기부터 일본이 조정하는 마적 소탕 활약으로 조선인들 사이에서 '김 장군金 將軍'이라고 불렸다. 김 장군과 그의 200여 명의 기병대는 만주와 연해주 일대에서 승전을 거듭하면서 '백마 탄 김 장군'과 '김일성 장군 부대'로 불렸다. 그런데 김경천이 1920년대 중반 자취를 감추자, 만주에서는 '김일성'을 사칭하는 사람들이 부쩍 늘기 시작했다.[12]

허형식許亨植도 만주에서 유명했던 인물이다. 그는 1909년 경상북도 선산군 구미면에서 출생했다. 허형식의 부친은 허필, 당숙은 의병장 허위이며 1915년 일가 모두 만주로 이주했다. 만주에서 장성한 허형식은 1930년 중국공산당에 입당, 1939년에는 동북항일연군 제3로군 총참모장겸 제3군장까지 올랐다. 그는 일제에 끝까지 저항한 것으로 알려졌고 1942년 8월 만주국군 토벌대와 전투 중에 사망했다. 이러한 전공戰功으로 허형식이 이육사의 시詩 '광야' 중 '백마 타고 오는 초인'이라는 주장도 존재한다.[13]

김창희, 김경천, 허형식처럼 성주도 '영웅 김 장군'이 되고 싶었을 것이다. 하지만 성주는 중국공산당(이하 중공) 휘하의 '마적'이었을 뿐이다. 그러다 그는 1940년 만주 토벌군(일본군)을 피해 소련으로 도피해 안위를 보전했다.

마적 두목 일성과 마약

김성주는 만주의 '진짜 영웅'들이 자취를 감추자 1931년 무렵부터 자신의 이름을 '김일성'으로 바꿨고, 이 이름으로 중공에 입당했다. 북한 전문가 표도르 째르치즈스키 박사는 최근 러시아 사회정치사 국가 문서보관소에서 김일성 자필 이력서를 발굴해 언론에 공개했다. 이력서는 김일성이 소련으로 들어간 1941년 1월에 작성되었고, 다음과 같은 내용들이 기록되어 있다.

○ 성명/출생지/민족: 김일성/조선 평양/고려

○ 교육 수준: 길림성 길림시 육문중학교 퇴학

○ 군대 복무: 빨치산 부대 입대 전인 1932년 봄에 중국공산당 동만주 특별위원회 동장영童長榮의 지시에 따라 구국군에 입대해 선전가로 활동

○ 입당 여부: 봉천성奉天省 안도安圖 중국공산당 조직에 입당, 당 사업을 위해 파견 신청했고 중국공산당 동만주 안도 조직에 가입, 가입 보증인은 리청산李青山

○ 만주국 또는 국민당 당국으로부터의 체포나 탄압 여부: 1929년 길림시에서 국민당에 의해 체포되어 5개월간 수감, 증거가 없고 보증인들이 있어 석방됨

○ 주요 경력: 1932년에 중국공산당 동만주 특별위원회 명령으로 빨치산 부대에 파견되었고, 현재까지 왕청汪淸 항일 빨치산 대대의 정치위원에 이어 제3연대의 참모장, 정치위원 제6사 사장, 제1연합

군 제2방면군을 지휘

○ 배우자: 조선 사람이며 빨치산 부대의 재봉사이자 중공 당원[14]

이 이력서에 흥미로운 사실 하나가 있다. 김일성은 자신이 그토록 자랑스럽게 내세웠던 1937년 6월 보천보전투에 대해서는 단 한 줄도 적지 않았다. 상당수 북한 연구자들은 '김일성의 보천보전투 지휘 경력은 사실일 것'이라고 주장해왔다. 하지만 이와는 상반되는 증언과 자료들도 존재한다. 6.25전쟁 시 북한군 부총참모장 겸 정찰국장을 역임했던 이상조는 국내 일간지와의 인터뷰에서 이렇게 얘기했다.

> 보천보전투에 참가한 김일성임에는 틀림없다. 그러나 일본 관동군 100만 명이 김일성을 잡기 위해 조직됐다는 (북한의) 선전은 거짓이다. 나는 중공군으로부터 김일성 부대를 지원해 주라는 지시를 받았으나 그를 찾지 못했다. 김일성은 진지 사수를 못하고 도망간 것 같다.[15]

이상조는 1930년대부터 중공 산하 빨치산 부대에서 활동하다 1941년, 모택동毛澤東 휘하로 들어갔다. 즉 이러한 경력을 가진 이상조가 '김일성은 보천보전투 중 도주했다'고 밝힌 것이다. 다른 자료들도 있다. 중국 요녕인민출판사(심양瀋陽 소재)가 1993년 발행한 '중국조선족혁명렬사략전'에는 보천보전투 작전 회의와 전투 참가자 명단이 기재되어 있다. 그런데 이 명단에는 '김일성'이라는 이름이 없다.[16] 또한 길림 도문圖們 출신 유순호 작가*는 '보천보전투 지휘자는 중국인 왕작주王作舟(동북항일연군 1로군 2군 6사 작전참모장)'라고 주장했다.[17] 이렇듯 북한이 선전하고 있는 김일성의 보천보전투 지휘는 거짓이거나 과도한 과장으로 판단된다.

김일성은 중공 휘하의 빨치산 군복을 입었지만, 그의 범죄 성향은 그대로였고 항일과도 거리가 먼 삶을 살았다. 그는 1930년대부터 마적馬賊으로 살았다. 비유적인 표현이 아니다. 남조선로동당(이하 남로당) 총책을 맡았던 박갑동의 증언과 1952년 미국 국무부 정보기관이 작성한 '국가정보조사집National Intelligence Survey: Korea'에서도 김일성이 '마적 두목bandit leader'이었다고 지적했다.[18] 무엇보다 김일성 자신도 마적 두목이라 자칭自稱했고, 그 이름에 걸맞게 그는 만주 일대 빈농貧農들을 약탈掠奪했다.[19]

김일성의 전과前過는 소련 군복으로 바꿔 입었어도 사라지지 않았다. 제88독립보병여단(이하 88여단) 소속 중국인 대대 정치위원은 1944년 7월, 한 회의에서 김일성과 그의 빨치산 부대를 이렇게 비난했다.

조선인 대대는 중국 길림성에서 현지 도둑과 짜고 민중에 대한 약탈행위를 반복했으며 중국공산당원도 살해했다. 이 부대는 일본군과 싸

---

* 유 작가는 동북항일연군 생존자와 만주 연고자 200여 명의 구술과 길림성 당사黨史 연구소 자료 등을 수집해 김일성 평전을 집필했다.

수령과 마약

우는 것보다 공산당을 죽이는 것을 명예로 생각하고 있다.[20]

김일성은 '자신은 공산주의자가 아닌 트로츠키스트Trotskist**를 살해한 것'이라고 항변했다. 그렇다고 그의 범죄 사실이 덮어지는 것은 아니었다. 소련은 이러한 일성의 잔인한 성향에 대해 잘 알고 있었다.[21] 무엇보다 소련은 트로츠키스트를 살해한 김일성을 진정한 스탈리니스트Stalinist로 봤을 것이다. 물론 김일성은 자신의 탐욕과 출세를 위해 비행卑行을 일삼았을 뿐이었다.

김일성의 만주 행적을 반추하면, 마약은 그에게 매우 익숙한 존재였다. 앞서 살펴봤듯이 일성은 유년 시절부터 부친 형직과 외삼촌 진석의 아편 장사를 일상처럼 봐왔다. 일성은 청년으로 장성해서도 마약을 직접 접할 수밖에 없는 환경에 있었다. 또한 북한 선전 작가들이 기록한 '김일성 회고록'에 따르면, 김일성은 만주 시절 '아편은 돈을 대신하는 위력한 등가물이자, 군자금이며 부대원들의 사기를 올리는 계기' 등으로 인식했다.[22]

김일성은 1923~1925년 창덕 간이보통학교(소학교) 재학 시절을 제외하면, 1915년부터 1940년까지 25여 년을 만주에서 보냈다. 그가 겪었던 만주는 마약에 물든 세상이었다. 일제는 1920년대부터 식민지 조선에서 대대적인 양귀비 재배를 실행했다. 일본 관동군

●● 트로츠키Leon Trotsky는 볼셰비키 혁명가, 마르크스주의 이론가로 초대 소련 외무부 장관을 맡았다. 레닌 사후 스탈린의 '일국 사회주의 노선'을 비판하면서 스탈린과 대립각을 세웠다.

은 1930년대에 만주와 몽강蒙疆(현재의 내몽골)으로 진출해 이곳을 거대한 마약 생산지이자 소비지로 전락시켰다. CIA 전신前身 전략사무국Office of Strategic Service; OSS은 1930년대 후반, 열하성熱河省(현재 내몽골)과 만주 일대에서 생산된 아편은 전 세계 의료용 수요의 5.6배에 달하는 약 1,268t이었다는 정보를 남긴 바 있다. 또한 만주에서의 마약중독자는 100만 명을 상회했다고 기록했다.[23] 또한 위스콘신-메디슨대학 교수 맥코이Alfred McCoy는 1930년대 열하성 지역의 아편 생산량은 OSS 추정치보다 더 많은 약 1,660t이라고 밝혔다. 맥코이는 당시 일본은 중국 북부 18개 지역, 24개 시설에서 헤로인을 제조했다고 분석했다. 완성된 헤로인은 양자강揚子江을 통해 상해로 배분된 후 이곳에서 활동하는 러시아, 그리스 범죄조직과 삼합회의 전신 청방靑幇, Green Gang을 통해 유럽, 아시아, 미국으로 판매되었다.[24]

일제의 2차 세계대전 패전과 함께 마약산업도 종말을 맞이했지만, 다음 주자走者로 중공이 등장했다. 그들은 일본군이 중국에 남긴 마약 생산과 밀매 기반을 모두 차지했다. 즉 중공도 일본처럼 1,600t 내외의 아편을 생산할 수 있는 역량을 갖게 되었다. 아편전쟁을 두 번이나 치른 중국이 마약에 손댔다는 게 믿기지 않을 수 있다. 하지만 사실이다. 중공은 목적 달성을 위해 무엇이든 할 수 있다. 김씨 일족의 마약산업 배경 이해를 위해 중공 마약산업의 역사를 잠시 살펴보자.

수령과 마약

모택동은 1920년대 후반부터 양귀비 재배로 자금을 마련했다.*
모택동 주도의 마약산업은 1935년 산간닝陝甘寧(현재 산시성, 간쑤성, 닝
샤성) 지역에서 본격화되었다. 당시 중공은 '난니 베이 정책Nanni Bay
Policy'을 고안, 연안延安 남동쪽에 인민해방군 매립 농장을 설치하
고 양귀비 재배를 위한 특별 지역을 마련했다. 또한 모택동은 1939년
연안 경비구(팔로군) 359여단에 쑤이더綏德(현재 산시성) 지역에 마약
생산 시설 건설을 지시했다. 이 시기 중국공농홍군中國工農紅軍(홍군)
의 재정원은 '정풍운동整風運動'이 아닌 '특별상품'이라 지칭한 아
편이었다. 중공은 1940년대 초, 마약산업의 중앙집권화 정책을 도
입했다. 동시에 대외적으로는 마약의 대량 수출, 대내적으로는 강
력한 마약 통제라는 이원화二元化 정책을 실행했다.[25] 1950년대 마
약산업은 중공 재정경제위원회와 중앙인민정부 재무부 및 무역부
가 총괄했다. 중공은 린치臨記 회사Lin Chi Company를 설립, 전국 각
지에 지부를 두고 마약산업을 운영했다. 또한 중공은 모르핀 함유
량에 따라 '138'(11.36%), '139'(12%), 'Special Camel'(9.8%), 'First
Grade Sai Ma'(6.3%)와 같은 다양한 브랜드를 생산, 수출했다.[26] 중
공은 1950년대부터 1970년대 중반까지 서방세계에 대량의 마약을

• 　장개석蔣介石은 1927년 4월, '공산당 축출 조치'를 단행했다. 모택동은 1927년 후반, 호
　　남湖南의 추수 봉기에서 생존한 농민들을 이끌고, 현재의 강서성江西省과 호남성湖南省 접
　　경지역에 있는 정강산井岡山으로 도피했다. 모택동은 1928년 탄전린譚震林에게 대대적
　　인 양귀비 재배를 지시했다. Joseph D. Douglass Jr., *Red Cocaine: The Drugging of*
　　America and the West (2nd edition) (New York: Edward Harle Limited, 1999), p. 11.

수출했다.[27] 중국은 1971년 유엔 회원국이 되면서 마약산업 전면에 등장하고 있지 않지만, 현재도 간접적 개입을 지속하고 있는 것으로 추정된다. 오늘날 미국은 중국발發 펜타닐 문제*로 재앙 수준의 고통을 겪고 있다. 그런데 중국은 미국에 중국 당국과 펜타닐 원료 수출은 무관하며, 자국은 마약 사범에 대해 무관용 원칙을 적용한다고 했다. 중국의 얘기는 반은 맞고, 반은 틀리다. 그들은 위에서 언급한 것처럼 1940년대부터 마약에 이원화 정책을 적용했기 때문이다.

그렇다면 김일성은 모택동으로부터 무엇을 배웠을까. 모택동은 정강산으로의 도피 당시 '백색 지역(국민당군 관할 지역)'을 마약으로 '독살'하겠다고 공언했다.[28] 또한 그는 1940년대에 들어 마약을 '혁명을 위한 필요악'으로 언급하기도 했다. 당시 산간닝 정부 물자공급국장 예지창葉季壯도 수하들에게 '아편 수출 극대화를 위해 국민당 간부들과의 친분을 쌓아야 하고, 정치적 차이와 도덕적 고려는 모두 무시해야 한다'고 했다.[29] 무엇보다 모택동의 증오는 1945년 이후 미국을 향해 있었고,[30] 그의 마약도 미국으로 향했다.

김일성도 마약을 미국과 서방세계에 대한 공격 무기로 인식했다. 그가 모택동처럼 반미反美에 진심이었는지 알 수 없지만, 유용한 명

---

* 현재 펜타닐Fentanyl 원료는 중국에서 중남미로 수출하고 있고, 중남미 카르텔들은 펜타닐을 만들어 미국에 대량 유입하고 있다. 중국 정부는 펜타닐 원료 수출과 무관하다는 입장이다. 하지만 중공의 입장을 사실로 받아들이기에는 그들의 마약산업의 역사가 오래되었다.

분인 것은 사실이었다. 반미의 대상에는 한국도 포함되기 때문이다. 김일성은 중공으로부터 혁명 완수를 위해서는 수단과 방법을 가리지 말아야 한다는 점을 배웠을 것이다. 요컨대 김일성은 마약을 자신의 탐욕을 실현할 수 있는 만능의 보검寶劍으로 여겼을 것이다.

창조된
영웅
김일성

광복의 기쁨이 채 가시기 전인 1945년 8월, 한반도는 불안과 혼돈으로 가득했다. 같은 해 9월 미국과 소련은 북위 38도선으로 남과 북을 분할 통치하기 시작했다. 당시 평범한 일상을 살아갔던 사람들은 모든 게 불확실했지만 시대의 흐름에 자신을 맡길 수밖에 없었다. 하지만 김일성에게는 자신의 탐욕을 실현할 수 있는 절호絕好였다.

만주에서 소련으로 도피했던 김일성은 1945년 9월 18일 블라디보스토크항을 출발, 다음 날 강원도 원산항에 '김영환金英煥'이라는 가명으로 조선 땅을 밟았다. 그는 더 이상 칠골의 성주도 아니었고 일제 토벌군에 쫓겼던 중공 산하의 빨치산 잔당도 아니었다. 김일성은 1942년 6월, 스탈린Iosif V. Dzhugashvili의 지시로 창설된 88여단 제1독립대대장(대위)이자 1945년 9월 초 스탈린이 간택簡擇한 북한의 최고지도자로 출세해 금의환향錦衣還鄉했다.

스탈린은 1945년 9월 초, 김일성에게 북한에 소련의 인민민주독재 정권(민주정권), 즉 혁명기지를 만들라는 비밀 지령을 하달했다. 동시에 스탈린은 북한에 주둔한 연해주관구 제25군에 김일성을 최고지도자로 만들라는 지시를 하달했다. 이에 따라 소비에트 민정청(이하 소련군정)은 김일성에 대한 주거, 경호 등 모든 편의를 제공했다. 또 그의 이데올로기와 정치를 가르치고 배후를 조종했다. 소련 정치장교이자 김일성의 스핀 닥터spin doctor였던 메클레르Grigory Mekler는 '우리들의 조언이 없으면 김일성은 아무것도 할 수 없었다'고 증언했다.[31] 당시 일성은 일국의 지도자 역량을 갖추지 못했다. 무엇보다 그는 이념은 물론 혁명이 무엇인지에 대해서도 몰랐다.[*] 스탈린이 일성을 간택한 이유는 그의 지식이 아닌 자신을 향한 충성심이었기 때문이다.

소련은 광복 전까지 조선 땅을 밟아보지도 않은 김일성을 위해 '해방 영웅 신화' 창조 작업을 체계적으로 진행했다. 이 작업의 책임은 소련군정 정치사령관 레베데프Nikolai Lebedev가 맡았다.[32] 당

---

[*] 평남 대동군 고평면 송산리에서 자란 김형석 연세대 철학과 명예교수는 1945년 9월, 마을 어른들의 주선으로 평양 만경대에서 칠골 성주였던 김일성을 만났다. 당시 김 교수는 김일성에게 '해방 후에 독립되면 우리나라가 어떤 나라가 되면 좋겠냐'는 질문을 던졌다고 한다. 그러자 일성은 '첫째가 친일파 숙청, 둘째가 국토 국유화, 셋째가 지주와 사장들 다 내쫓고 노동자와 농민에게 돌려주는 것'이라고 답했다고 한다. 김 교수는 당시 김일성 언급에 대해 이렇게 회고했다. '그걸 말하는데 설명은 따로 없고, 초등학생 암기하듯이 첫째! 둘째! 하며 읊었다. 나는 속으로 저 사람이 공부는 제대로 못 했고, 공산주의에서 말하는 걸 외운 대로 하는구나 싶었다.' 백성호, "김형석 '정권 위한 정치와 국민 위한 정치, 대장동이 시금석", 《중앙일보》, 2021년 10월 21일.

시 핵심 역할을 맡았던 NKVD(인민내무위원회) 장교 바신Leonid Vasin 은 '무無에서 유有를 창조했다'고 말할 정도로 이 작업은 방대했 다.[33] 소련의 노력만 있었던 게 아니다. 전직 KGB 장교 고르디옙스 키Oleg Gordievsky는 김일성도 자신이 해방 영웅인 것처럼 행세했다 고 한다.[34] 이 창작품의 주인공 김일성의 기만이 더해진 것이다. 신 분과 경력을 세탁한 칠골의 성주는 1945년 10월 14일 평양에서 열 린 '소련군 환영대회'에서 '김일성 장군'으로 불리게 되었다.[35]

김씨 일족一族*이 인정하든 안 하든 스탈린은 김일성에게 '정치 적 생명'을 부여한 파파papa였고, 북한은 소련이 만든 괴뢰국puppet state이었다. 구소련 핵심 간부들과 문서들이 밝히고 있듯이 소련공 산당은 조선공산당과 조선신민당 합당(1946년 8월), 1~2차 남북연 석회의(1948년 4월 19일~30일, 1948년 6월 29일)와 같은 주요 정치적 사 건들부터 북조선임시인민회의(1946년 2월)와 북한 내각(1948년 8월) 구성 등 모든 정권 구성 요소들을 직접 만들었다. 또한 민주개혁과 토지개혁(1946년 3월), 헌법, 국호, 인공기人共旗 그리고 인민군기人民 軍旗부터 창군創軍까지 모두 소련의 작품이었다. 이에 따라 조선로 동당 중앙위원회(이하 당중앙위원회 혹은 중앙당)는 정권 구축 과정의 중요 대목마다 소련의 은공恩功에 감사와 충성을 맹세하는 결정서 들을 채택, 발표했다.[36]

---

* 일족의 사전적 정의는 조상이 같은 겨레붙이 또는 같은 조상의 친척을 뜻한다. 이 책에 서는 김일성, 김정일, 김정은 3대를 모두 일컫는 용어로 사용한다.

이렇듯 김일성은 스탈린의 참된 '주구走狗'였다. 그런데 일성은 스탈린이 명령한 위성국 설립에서 한 발 더 나가 '조국통일'을 이루어 한반도 전체를 갖고 싶어 했다. 즉 그는 반쪽짜리 괴뢰국의 왕보다 기왕이면 '온 조선의 왕'이 되고 싶었다. 그래서 김일성은 스탈린과 모택동에게 자신의 탐욕을 '혁명', 즉 공산주의 사회 건설로 포장해 전쟁 승인과 원조를 집요하게 간청했다.

그 속내가 무엇이었든 김일성은 스탈린, 모택동과 함께 세계사에 길이 남을 전쟁범죄를 자행했다. 정작 해방이 필요한 곳은 소련 치하의 북한이었지만, 그는 남한을 미국으로부터 해방시킨다며 침략해 수백만 명을 살상하고, 천만여 명의 가족을 강제로 이산離散시켰다. 그러곤 침략 실패 이유를 공범이었던 스탈린, 모택동과 박헌영에게 돌렸다. 또한 김일성은 6.25전쟁을 '정의의 조국해방전쟁', '남조선의 북침전쟁'으로 규정하고, 이때 이루지 못한 자신의 탐욕을 '가업家業', 즉 '혁명과업'으로 남겼다. 이러한 그의 태도를 사회과학적으로 접근해야 할지 정신의학적 관점에서 이해해야 할지 당황스럽기도 하다. 하지만 불변의 사실은 수령 김일성은 1930~1940년대 마적 김일성보다 비교할 수 없이 거대한 범죄를 저질렀다는 것이다.

김일성은 사회주의 국가나 소련의 위성국도 아닌 범죄왕국을 만들었고, 자신의 가업을 계승(혁명위업 계승)하라며 아들에게 왕좌를 물려줬다. 조선민주주의인민공화국의 범죄왕조는 이렇게 탄생했다.

03

대남공작,
남북교역,
마약

김일성의 특기

　김일성은 통일된 조국의 왕이 되기 위해 수단과 방법을 가리지 않았다. 일성은 소련이 창작한 신화로 남한의 지지자들을 확대하고 이들이 스스로 봉기해 미군과 남한의 지도자들을 몰아내도록 부추겼다. 동시에 남한 사회가 스스로 분열되고 파괴되도록 심혈을 기울였다. 그래서 남한의 정치권력이 자연스럽게 자신에게 이양되는, 소위 '평화통일' 시나리오를 갖고 있었다. 하지만 일성은 이 방법만으로는 역부족이라 생각했고, 그래서 전쟁을 통한 '무력통일' 의지를 굳혔다. 그는 스탈린과 모택동이 전쟁에 본격적으로 나설 때까지 마냥 기다리지만 않았다. 그는 자신의 탐욕을 위해 대남공작뿐 아니라 테러에 전력을 다했다.

　김일성은 '영웅 김일성'들처럼 정규 군사 교육을 받았거나 작전수립 역량을 갖고 있지도 않았다. 하지만 그가 갖고 있는 특기도 있었다. 일성은 소련공산당의 정치일꾼이자 조선인을 포함한 88여 단 부대원들의 동태를 감시 및 보고하는 NKVD(MGB, KGB의 전신)의 세작細作이었다.[37] 그는 소련에서 정찰과 사보타주sabotage 교육을 받기도 했고,[38] 평양에 들어온 후에도 NKVD의 지도를 받았다. 일성은 자신의 특기를 활용해 박헌영과 남로당 주요 인사 감시는 물론 지하당 구축과 합법정당 장악, 테러를 실행했다. 물론 그의 공작과 테러도 MGB(국가보안부)의 지원 덕분이었지만, 그는 6.25전쟁 발발 후부터 공작기관들을 서서히 장악해 갔다.

김일성은 남한 파괴와 침략을 위해 38선 이남으로 대량의 마약들을 주입했다. 1945년부터 현재까지 그들이 공작원과 간첩•을 동해 마약을 유포하는 이유는 그 자체가 공작이기 때문이다. 한 국내 연구자는 1950년 전후前後 한국 사회의 간첩 – 마약 담론 확산 이유를 이승만 정부의 정치적 경쟁 세력들에 대한 감시와 견제 정당화 때문이라고 주장했다. 또 이 담론은 공산주의자들의 '나쁜' 이미지를 만드는 반공주의 선전과 일맥상통한 작업이었다고 강조했다.[39] 그런데 마약은 이승만 정부 무無에서 창조한 반공反共 도구가 아닌

• 공작원과 간첩은 크게 보면 유사한 용어라 할 수 있다. 그리고 1945년부터 현재까지 언론에서도 공작원과 간첩을 구분하지 않고 사용하고 있다. 하지만 이 책에서는 두 용어를 구분하기로 한다. 공작원은 북한 당국이 한국에 조직, 정치, 선전공작과 특수(암살, 납치, 테러)공작을 위해 파견하는 인원, 간첩은 공작원에 의해 포섭된 인원으로 칭하기로 한다. 이와 관련한 보다 자세한 내용은 다음을 참조. 이관형, "북한 공작원 연구: 전직 공작원들과의 인터뷰," 《한국군사학논집》, 76(1) (2020), pp. 305-313.

김일성의 적화赤化 도구였다. 물론 일성은 한국 점령 그 자체에만 목표가 있었으므로 한국이 적赤이 되든 흑黑이 되든 상관없었을 것이다. 그래서 마약은 일성의 탐욕 실현을 위한 도구로 보는 게 더 정확할 것이다.

대남공작과 남북교역

북한 공작기관들은 소속 무역상사들을 통해 공작원들과 마약을 남북교역 루트로 반출했다. 당시 우리에게 북한과의 교역은 사실상 '필요악'이었다. 하지만 이 루트를 통해 들어오는 공작과 마약은 감당하기 어려운 '거대악'이었다. 38선은 1945년 9월 확정되었지만, 그 틈 사이로 수많은 물자와 사람들이 왕래했다. 당시 남북교역은 합법과 불법의 경계에 있었다. 목적은 각기 달랐지만 교역은 남북 모두에게 필요했다. 특히 남한은 북한에서 생산되는 전기와 비료가 절실했다. 북한은 1945년 기준, 한반도 전체의 92%에 달하는 90만 9,200kw의 전기를 생산했다.[40] 곡물 생산에 꼭 필요한 화학 비료도 함흥에서만 남한 수요량의 80%인 50만t이 생산되었다.[41]

소련군정과 김일성은 일제가 북한에 남기고 간 산업 기반을 이용해 정국의 주도권을 갖고자 했다. 그래서 북한은 전기와 비료를 비롯한 필수 물자 반출을 조건으로 남북교역 확대와 정치 협상을 요구했다. 또한 북한은 한국이 유엔 감시하에 1948년 5월 10일 제헌국회 구성을 위한 총선거를 실시하자, 일방적으로 전기 공급을 중단했다. 이러한 광복 직후 상황은 오늘날 식량은 물론 전기, 비료가 만성적으로 부족한 북한과 비교한다면 정말 아이러니하다.

한국은 당시 전기와 비료 외에도 다수의 필수 물자들이 절실했다. 한국 기업인과 상인들은 북한과의 밀무역을 지속했다. 남조선과도정부는 1948년 8월 2일, 상무부령 제4호 〈남북선간 육상무역규칙〉을 제정해 남북교역을 합법화했다. 동시에 남조선과도정부 기획처는 남북교역 반입 금지 물품도 고시했다. 바로 마약이었다. 하지만 합법화된 남북교역도 잠시뿐이었다. 한국 당국은 1949년 1월 '앵도환櫻桃丸 사건'•과 북한의 위장 무역 상인들의 간첩 활동 등을 이유로 1949년 4월, 남북교역을 중단했다.

북한에도 '민간民間' 상인들이 있었다면 좋았겠지만, 그곳에는 '민간'이 존재할 수 없었다. 북한은 1946년 9월, 북조선임시인민위원회 산하에 무역위원회를 설치, 남북교역을 포함한 모든 무역을 통제했다. 북한의 무역상사들은 모두 당국 소속으로 전환되었다. 이 상사들은 모두 당黨, 군軍, 정政 계열 공작기관들의 연락소거나 이들의 통제를 받는 업체들이었다.•• 6.25전쟁 전후前後 북한 공

• 앵도환은 한국 최초의 2,200t급 무역선이었다. 이 선박은 1948년 11월 중순경 당시 한화 약 1억여만 원 상당의 물자를 선적하고 북한으로 들어가 1949년 1월경까지 비료를 싣고 한국으로 다시 돌아올 예정이었다. 그러나 북한은 앵도환의 선주 박홍식이 〈반민족행위처벌법〉(1948년 9월 22일 제정)에 따른 1호 체포자(1949년 1월 5일 체포)라는 것을 빌미로 앵도환을 돌려보내지 않았다.

•• 현재 북한 공작기관들이 보유하고 있는 연락소는 남포·해주(서해 담당), 청진·원산(동해 담당), 개성(서부전선 담당), 사리원(구 평강연락소, 중부 및 동부전선 담당) 등이다. 이 연락소는 남파공작원들이 대남·대일 침투를 준비하고, 이들의 호송을 담당하는 전투원(안내원)들의 아지트이자 침투 기점이다.

작기관 산하의 무역상사들은 고려무역사, 국제상사, 대흥무역회사, 서양상사, 선일흥업사, 신흥공사, 조선무역공사, 조선물산공사, 조선산업사, 조선약업상사, 조선통상공사, 조흥공사, 천일공사, 평화상사 등 매우 다양했다.

북한 무역회사들은 모회사母會社인 조선상사주식회사(1946년 설립; 이하 조선상사)의 통제를 받았다. 조선상사는 외견상 상업성 소속이었으나 실제로는 내무성 정치보위국에 소속된 대남공작부서였다. 또한 정찰국 소속 무역상사의 경우 사장, 부사장, 업무부, 경리부, 영업부 등의 조직구조를 갖췄는데, 각 부서에는 부장과 3~4명의 부원들이 근무했다. 사장과 부장은 현역 군관(장교)이었으며 이들은 모두 민간인 신분으로 위장했다. 정찰국은 합법적인 무역활동으로 위장하기 위해 부사장과 부원들은 민간인으로 충원했고, 부사장의 경우에는 일제 시기 자본가를 포섭, 입당시킨 후 공작에 투입했다.[42] 북한 무역상사들은 개성, 해주, 신의주, 원산, 흥남, 청진 등 주요 지역에 분포해 있었다. 이 상사들은 교역을 구실로 한국 상인들과 직접 접촉했고, 상인으로 위장한 대북공작원을 다시 포섭해 이중간첩으로 활용하기도 했다.

북한 무역상사들은 마약 밀송密送을 위해 38선 이남 서부 루트는 선박을 이용했고, 동부 루트는 산악으로 운반했다. 북한은 아편의 품질 보존을 위해 방수포장을 한 후 드럼통에 넣어 운반하는 세심함까지 보였다. 특히 원산에서 동해를 통해 한국으로 들어오는 마약은 주로 수산물 속에 은닉되어 밀반입되었다. 또한 육로로 반출되는 마약은 적발 위험을 피해 북에서 남으로 38선을 넘은 직후 특정 장소에 매장했다가 한참 뒤에 회수하는 방법을 사용하기도 했다.[43]

마약과 남북교역 루트

광복 직후 남북교역 루트는 김일성이 적지敵地인 한국에서 전투를 치르는 '남조선혁명가'에게 공작금을 전달하는 보급로였다. 그래서 일성은 광복 후부터 1950년 6.25전쟁 이전까지, 남북교역 루트를 통해 공작금이자 무기인 마약을 남하시켜 한국 사회를 파괴했다. 한편, 국내 마약 밀매상들에게는 남북교역 루트는 곧 마약 수입 루트였다. 과거나 지금이나 마약은 수익성이 매우 높은 불법 상품이다. 돈에 중독된 한국 마약상들은 마약의 출처가 북한이고, 설사 〈국가보안법〉으로 실형을 산다고 하더라도 위험을 감수했다. 요컨대 당시 한국 사회에 마약이 범람한 이유는 이해관계가 맞는 주체들이 남과 북에 모두 있었기 때문이다.

북한은 현금뿐 아니라 마약, 마약, 인삼, 금金과 같은 다양한 현물現物로 한국 정관계 인사를 매수했다. 심지어 육군첩보부대HID 전현직 군인과 경찰들도 북한에 매수되었다. 북한은 이해관계가 맞는 그 누구라도 포섭했다. 당시 한 사건 보도를 살펴보면, 서울시 을지로에 거주하는 정 씨는 1948년 3월 2일 마약 밀매 혐의로 구속되었다. 그는 해방 직후 이북으로 건너가 생아편을 구입했다. 정 씨가 구입한 가격은 3관三貫(약 11.25kg)에 3,600원圓이었다. 그는 아편을 서울시 신설동에 거주하고 있는 한 중국인에게 판매하려다 1948년 2월 25일 적발되었다. 적발 당시 판매 대금은 100만 원圓이었는데, 정 씨는 처음 매수 가격의 277배 이상의 차익을 남겼다.[44] 과거나 지금이나 마약 거래는 막대한 수익을 낼 수 있는 범죄이다.

광복 후 한국에는 마약 사용자 수가 급격히 불어났다. 이는 일제가 한반도 전체에 뿌린 마약 때문이기도 했지만, 중국과 만주에서 마약을 사용했던 조선인들이 대거 한국으로 밀려 들어왔기 때문이기도 했다. 한국의 미국 육군사령부 군정청(이하 미군정)은 1946년 11월 11일, 군정법령 제119호 〈마약의취체〉를 제정해 38선 이남에서의 양귀비 재배를 전면 금지했다. 마약 통제는 가격과 수요 상승으로 이어졌다. 김일성은 한국의 이러한 상황을 잘 알고 있었다. 그래서 그는 남북교역 루트로 마약을 무차별적으로 보내기 시작했다.

1940년대 후반, 한국 당국이 적발한 남북교역 루트 관련 마약 현황은 다음과 같다.

○ 경기도 후생국 약무과는 1948년 1월부터 10월까지 마약상 단속을 실시했다. 그 결과 경기도와 인천에서 각각 440건, 500여 건을 검거했고, 압수한 마약 종류와 중량은 생아편 57,567g, 헤로인 3,300g, 모르핀 2,320g이었다. 경기도는 이 마약들이 모두 북한에서 밀반입된 것으로 확인했다.[45]

○ 수도관구 경찰청(현재 서울경찰청)은 1948년 9월 아편 밀수·밀조자를 대상으로 내사했는데 90% 이상 북한에서 마약을 들여온 것으로 밝혀졌다.[46]

수령과 마약

○ 서울특별시 경찰국(현재 서울경찰청) 경제과는 1949년 4월 29일 서울시 후암동에서 마약 범죄조직 6명을 체포하고 아편 약 112.5kg을 압수했다. 이 조직은 1948년 5월부터 수십 회에 걸쳐 북한에서 아편을 밀반입했다.[47]

　이렇듯 한국에서 유통되는 마약 출처 대부분은 북한이었고, 운반책들은 주로 남파공작원과 그들에게 포섭된 간첩이었다. 그들이 남하시킨 것은 마약뿐 아니라 북한 공작기관의 지령도 함께였다. 북한의 마약과 공작이 동시에 드러난 사건 하나를 들춰 보자. 1957년 12월 7일, 한국 내무부 치안국(현재의 경찰청)은 제일모직 상무 안동선과 이중간첩 강빈을 〈국가보안법〉 위반으로 구속했다. 강빈은 38선 이남에서 이북을 왕래하는 남북교역상이었다. 강 씨를 지휘한 사람은 안동선의 친형 안영선이었다. 안영선은 내무성 정치보위부 소속으로 개성에서 첩보파견대 대장이었고, 강빈은 정치보위부 소속 연락책이었다. 정치보위부가 안동선에게 하달한 지령은 이렇다.

○ 평화통일을 선전할 것
○ 남과 북의 인사들 접촉을 긴밀히 시킬 것
○ 재남 월북자 가족에게 월북자의 소식을 알리면서 정권 전복을 기도할 것[48]

　강빈은 지령문 전달과 북한 전후방지휘사령부 물자 구매 대가로 정치보위부부터 아편, 인삼, 작약 등을 받았다.[49] 강빈은 원래 한국 방첩기관 소속 요원이었다. 하지만 그는 북한에 포섭되어 이중간첩이 되었다. 그가 북한에 의해 포섭된 이유가 사상 때문인지 금품 매수나 치정 문제와 같은 개인적인 약점을 잡혀서인지는 알 수 없다. 다만 확실한 것은 강빈은 위험을 감수할 만한 최소한의 동기가 있었다. 바로 마약이었다.

김일성 직계 공작원

북한의 거물 공작원들은 광복 직후부터 한국에 무역상사와 같은 사업체들을 거점으로 만들어 공작금을 스스로 조달했다. 전쟁이든 공작이든 자금은 가장 중요한 요소 중 하나이다. 당시 대표적으로는 특사급,• 즉 김일성 직계 공작원 성시백과 박정호가 있다. 이들은 공작금 조달 수완만 좋은 게 아니었다. 성시백과 박정호는 6.25전쟁을 포함한 현대사의 판도를 바꿀 수도 있었을 정도의 공작 역량을 갖춘 인물들이었다. 그런데 이 거물 공작원들이 마약 밀매에 직접 개입했다는 흔적은 없다. 그럼에도 이 지면을 빌려 그들을 소개하는 이유는 북한의 공작 방식은 80여 년이 지난 현재도 크게 달라

• 남파공작원들에게도 서열이 있다. 가장 낮은 직급부터 순서대로 나열하면 연락원, 당연락대표, 당대표, 특사이다. 연락원이라는 뜻은 북한의 노동당과 한국에 있는 노동당의 하부 당조직, 즉 지하당, 합법정당들과의 연락을 담당하는 공작원이라는 뜻이다. 그리고 당대표는 노동당을 대표해 하부 당조직의 대표를 맡을 수 있는 고위급 공작원이다. 한 단계 더 높은 특사는 노동당 총비서를 대신해 파견한 최고위급 공작원이다.

수령과 마약

진 게 없기 때문이다. 그래서 그들은 현재도 북한 공작원들로부터 '귀감龜鑑'이자 '교본教本'이라는 평가를 받고 있다.

성시백(황해도 평산 혹은 해주 출생, 1905년 4월 5일~1950년 6월 27일)은 원래 중공의 지하공작원이었다. 그는 서울중동학교 고등과를 졸업, 20대 후반에 상해로 간 후 1930년대 초 중공에 입당했다. 성시백은 당시 국민당 통치 지구인 상해上海, 서안西安, 중경重慶 등지에서 신문기자로 위장해 지하공작을 수행했다. 그 과정에서 그는 김구, 김규식, 엄항섭, 장건상 등 상해 임시정부 인사들과 김홍일, 송호성, 이범석과 같은 광복군 인사들과도 두터운 인맥을 쌓았다. 김일성은 중공 간부들을 통해 성시백의 존재를 알게 되었다. 당시 김일성에게는 대남공작뿐 아니라 자신의 경쟁자인 박헌영을 비밀리에 감시하기 위해 뛰어난 공작원이 필요했다. 김일성은 성시백과 관계가 밀접했던 주은래周恩來에게 간청해 성시백을 영입했다. 성시백은 1946년 2월, 평양에 도착해 김일성에게 주은래의 친필 신임장을 건넸다. 이후 성시백은 조선공산당 북조선조직위원회 집행위원회 사회부(통일전선사업부의 전신) 부부장, 5호실 부실장을 맡았다.[50]

북한《로동신문》에 따르면, 성시백은 1946년 11월 11일 '정향명丁向明'이라는 이름으로 중국에서 한국으로 잠입했다고 한다.[51] 그러나 1970년대 조사부 부부장을 역임한 박병엽(필명 신평길, 신경완)••

––––––––––

•• 박병엽은 1922년 전라남도 강진군에서 출생해 1930년대 부친과 같이 함경남도로 이주했다. 1945년 북조선공산청년동맹 가입하고 다음 해 당원이 되었다. 그는 1949년부터 사회부, 연락부 등의 공작기관에서 근무했다. 그는 1980년대 초반 해외에서 피검된

에 따르면, 성시백은 1946년 3월부터 평양과 서울을 왕래했다고
한다. 성시백이 그의 배우자와 함께 서울에 완전히 잠입한 시기는
1946년 12월이다. 그가 김일성으로부터 받은 지시는 '통일전선' 구
축, 즉 북한과 적대적이지 않은 모든 세력들을 규합하는 것인데 여
기에는 박헌영과 관계가 틀어진 조선공산당, 민족주의 계열 정치
인들이 포함되었다. 성시백은 더 나아가 여운형의 근로인민당과
백남운의 남조선신민당 창당을 지원했고, 주류 정치인들과 미군정
인사들까지 포섭했다.[52]

성시백은 합법적 수단들을 활용해 한국 정계에 다수의 우군友軍
을 확보하고자 했다. 그래서 그는 1950년 5월 30일에 치러질 2대
국회의원선거에 개입했다. 성시백은 민주국민당 소속 김승원 후보
에게 85만 원, 중간파(남북협상파)의 여러 후보들에게 모두 1만 달러
의 선거자금을 제공했다. 김창룡 특무부대장을 중심으로 한 검·경·
군 합동수사본부는 1950년 2월부터 내사에 착수, 같은 해 5월 10일
검거 작전에 돌입해 5월 15일 성시백을 체포한 동시에 관련 인물
112명도 구속했다.[53] 성시백과 그의 북조선로동당(이하 북로당) 지하
조직•이 2대 총선에 지원한 자금은 총 1만 4,800달러로 추산되었

후 한국으로 망명했다.
• 당시 북로당은 성시백의 조직을 '서울공작회'로 칭하기도 했고, 한국 신문들에서는 '북
로당 남반부정치위원회'로 지칭했으나, 사실 성시백의 조직은 명칭이 없었다. 성시백의
조직은 무형, 무명의 조직이었지만 그가 구축한 한국 내 정관계 내 지하망은 매우 방대
했다. 유영구,《남북을 오고간 사람들》, pp. 15-16.

수령과 마약

다. 또한 그는 합법적 정치공작뿐 아니라 남로당원들과 빨치산 유격대원들을 통해 비합법적 방해공작도 실행했다.[54]

또한 성시백은 조선중앙일보, 광명일보, 우리신문, 국제신문 등 10여 종의 신문사들을 경영했다. 즉 북한산 마약을 비롯한 북한의 대남도발이 심각한 상황이었음에도 큰 반향이 없었던 이유는 성시백이 한국 정치권과 여론에 막대한 영향력을 행사했기 때문이다. 그는 다른 사업체들도 운영했다. 김일성은 성시백이 남파하기 전 그에게 한국의 구권화폐舊券貨幣를 공작금으로 건넸다. 성시백은 이 종잣돈으로 서울에 선일상사를 설립하고 남북교역을 진행했다. 그의 회사는 북한에서 명태, 카바이드 등을 수입해 큰 수익을 남겼다. 그는 해외까지 활동 반경을 넓혔다. 성시백은 1948년 초, 2척의 선박을 구입해 중국 칭다오, 홍콩, 일본과의 밀무역으로 더욱 규모를 키웠고, 조선상사 칭다오 출장소 및 중공 조직을 통해 미화美貨와 각종 장비들을 국내로 반입했다.[55]

박정호의 행적도 살펴보자. 박정호는 1945년 10월경 조선공산당 남반부창당 준비위원으로 남파되어 여운형, 정백 등과 활동했다. 2개월 후인 1945년 12월, 박정호는 북한으로 복귀해 조선공산당 평남도당 경리부장으로 활동했다. 김일성은 6.25전쟁이 끝나갈 무렵 그를 공작원으로 소환해 1953년 5월, 박정호를 남파했다. 당시 박정호는 한국 방첩 기관의 의심을 사지 않기 위해 고의로 당黨 자금을 횡령해 가족들과 함께 잠적해 북한에서 공식적인 범죄자가 되었다. 박정호는 가족을 남겨두고 월남했고 서울지방검찰청에 위장

자수했다. 김일성은 박정호에게 '임무 수행 중 월북해 자신과 접선하려거든, 자신이 원산 입항 때 사용했던 김영환이라는 이름을 사용하라'고 지시했다. 박정호의 철저함만큼이나 김일성은 그를 신임했다. 박정호는 김일성으로부터 받은 공작자금 5만 달러로 한국에서 대영 제분, 대영 제재, 대영 제과, 대영 양조장, 남대문 주유소와 같은 기업체에 투자해 수익을 창출했고, 은밀히 남북교역도 진행했다. 또한 그는 성시백만큼 뛰어난 조직공작을 펼쳤다. 그는 박헌영과의 불화로 조선공산당을 탈당한 조봉암 포섭과 진보당 창당과 확대공작을 실행에 옮겼다.[56]

이처럼 성시백과 박정호는 한국 사회를 뒤흔든 거물 공작원들이었다. 김일성은 이들의 신원 노출을 우려해 일반 공작원들처럼 마약을 지급하지 않은 것으로 보인다. 하지만 성시백과 박정호는 공작금 충당을 위해 마약 루트이자 공작 루트인 남북교역을 적극적으로 이용했다.

성시백은 6.25전쟁 개전 2일 후인 1950년 6월 27일, 박정호는 1959년 5월 6일, 한국에서 사형되었다. 김일성은 성시백과 박정호의 죽음을 매우 안타까워했다고 한다. 김일성은 공작원들의 생존 여부와 관계없이 그들에게 계속 임무를 하달했다. 그 결과, 한국에는 대남공작원과 마약이 범람했다.

수령과 마약

04

북한의 아편 생산

식민 통치 시기, 조선총독부는 정책적으로 조선 전역에 양귀비를 재배했다. 일본 당국은 조선과 만주국에서 생산한 마약을 수출해 전쟁 및 정치자금, 공작금, 식민지 운영자금으로 사용했다. 즉 일제는 조선과 중국을 마약 생산 기지로 전락하게 한 동시에 다수의 중독자들을 양산했다. 조선총독부는 1941년까지 조선 전역에 양귀비 재배면적을 약 7,491ha(축구장 면적 약 10,492배)까지 넓혔다. 양귀비 재배 지역은 주로 이북 지역에 집중되었는데, 그 이유는 만주 지역으로 수출이 용이하고, 일반 경작물 대비 수익성이 높았기 때문이다.[37] 조선 내 마약산업 담당 기관은 조선총독부 전매국이었다. 전매국은 양귀비 재배 지역을 정해 해당 지역의 농부들에게 양귀비를 재배하게 했고, 여기에서 생산된 아편을 전량 매수했다.

일제의 식민지 통치가 종식되자, 양귀비 재배는 38선 이남 지역에서 불법화되었다. 하지만 김일성은 일제의 만행을 그대로 답습했다. 1951년 6월, CIA 보고서에 따르면 북한 당국은 함북 길주, 명천과 함남 삼수, 갑산에서 거주 중인 화전민火田民들에게 양귀비 재배를 독려했다. 재배를 희망하는 화전민들은 화전민 증명서, 사진, 기존 양귀비 재배 경력 기록 등을 관내 보안서에 제출했다. 당국의 심사가 끝나면 해당 지역 인민위원회 농림부에서 신청자들에게 양귀비 재배 허가증을 발급했고 유효기간은 1년이었다. 양귀비씨와 비료는 농림부 '특별상품과'에서 제공했다. 양귀비씨는 매년 5월 20일에 심기 시작해 7월에는 아편 진액을 채취했고 10일간의 건조 기간을 거쳤다. CIA는 함경남북도 양귀비밭 1단보(약 0.1ha)당 약 330oz(온스, 약 9.35kg)의 생아편이 생산되었고, 아편 채취가 끝난 9월에는 보안원이 배석해 북한 당국이 생아편 생산량의 70%를 가져가고, 나머지 30%만 아편 구매 부서에서 매입했다고 한다. 북한 당국이 지급한 매입금만으로 생계가 어려웠던 화전민들은 밀경작한 아편을 만주로 밀매하거나 지역 내 부유층에 판매했다.[58]

1951년 6월 기준, 함경도에서의 아편 생산량은 약 102t으로 추산된다. 당시 CIA는 함경도에서 양귀비밭 0.1ha에서 약 9.35kg의 아편이 생산된다고 추정했고, 1935년 기준 함경도 양귀비 재배면적이 약 1,091ha임을 고려한 수치다.[59] 또한 CIA는 1955년 12월, 북한 당국이 3개년 계획을 수립해 자강도, 양강도, 함북 지역에서 양귀비 재배를 직접 관리했다는 기록을 남긴 바 있다.[60] 요컨대 북한이 조선총독부가 관리했던 양귀비밭을 그대로 유지했다면, 최소

400t 이상의 아편을 생산했을 것으로 판단된다.

당시 북한은 헤로인 생산 기술이 없었다. 하지만 북한에서 한국으로 넘어온 헤로인이 처음으로 적발된 시기는 1948년이다. 사실이 헤로인은 북한 자체 기술력이 아닌 중공에 의해 만들어졌다. 중공은 6.25전쟁 이전부터 북한에서 헤로인을 만들었는데, 이는 한국에서 체포된 대남공작원을 통해 밝혀졌다. 한국 공보처는 육군 특무부대(방첩대의 후신)가 노동당 연락부 공작원 방 씨, 사회안전성 공작원 김 씨의 체포 사실을 1954년 10월 14일 언론에 발표했다. 또한 다음과 같이 두 공작원의 진술도 공개했다.

> 중앙당 연락부는 완전히 설비를 갖춘 아편 공장을 보유하고 있다. 이 시설에는 중공에서 파견된 기술 지도원 수 명과 사회안전성 소속 기술자 70여 명이 근무하고 있다.[61]

그런데 중공은 북한에 헤로인 제조 기술 전수하지 않은 것으로 판단된다. 1950년대 북한의 신의주제약공장과 라남제약공장에서는 각각 모르핀과 코데인codeine*이 생산되었다.[62] 하지만 당시 북한의 자체 역량으로는 모르핀에서 헤로인 정제 기술까지는 확보할 수 없었던 것으로 판단된다. 단 1회 투여로도 중독되는 헤로인은

---

* 코데인은 아편이나 양귀비 줄기에서 직접 추출하거나 모르핀으로부터 분리한 아편알 칼로이드, 즉 아편 제제의 일종이며 메틸 모르핀methyl morphine으로도 불린다.

1949년 기준 한국 암시장에서 아편보다 최소 25배가 더 비싼 '고부가가치 상품'이었다.[63] 중공이 북한에 헤로인 기술을 이전한다는 것은 곧 '황금알을 낳는 거위'를 주는 일이었을 것이다. 다시 말해, 북한이 중공의 통제를 벗어나게 하는 일이기도 했다.

05

남로당
활동 자금과
마약

한국에 공작과 테러, 마약을 유포하는 주체는 조선공산당의 후신 남로당도 있었다. 남로당은 1946년 11월 발족 전후부터 정치권과 정부 기관, 군軍은 물론 언론사와 학교까지 우리 사회 곳곳에 포진해 있었다. 남로당은 6.25전쟁 전까지 한국 내 굵직한 사보타주와 테러들을 실행했다. 대표적으로 1946년 5월 적발된 정판사 위조지폐 사건, 1946년 10월 1일 대구 사건(10.1사건), 1948년 2월 7일 전국 규모 총파업(2.7사건), 1948년 4월 3일 제주 무장 테러 사건(4.3사건), 1948년 10월 19일 국방경비대 14연대 무장 반란 사건(여수·순천 반란 사건) 등이 있다. 그리고 이 사건들의 배후에는 당연히 남로당과 북로당의 당수인 박헌영과 김일성 그리고 소련이 있었다.

박헌영은 정판사精版社 위조지폐 사건을 계기로 1946년 9월 월북했다. 이후 남로당 조직부장 이중업(가명 이범영, 김창선)이 한국에서 남로당을 이끌었다. 그는 남로당 산하 12개 전문부서와 23개 단체를 지도했고, 이 중 사보타주와 테러는 군사부(특수부)가 담당했다. 하지만 군사부 책임자 이재복은 1948년 12월 28일 김창룡이 이끈 육군본부 정보국 특별조사대에 의해 체포되었고, 이중업과 남로당원 60명도 1949년 2월 25일 검거되었다. 이중업은 체포 전까지 북한에서 주문진과 포항으로 매월 10kg의 아편을 공급받았다. 이중업이 언제부터 북한으로부터 아편을 받았는지는 알 수 없다. 하지만 그의 두령頭領 박헌영이 월북한 시점을 기준점으로 잡는다면, 29개월 동안 총 290kg을 받은 것으로 추정된다. 또한 1949년 기준 아편 1kg 시가는 약 100만 원으로, 남로당은 매월 약 1,000만 원의 활동 자금을 마련한 것으로 판단된다. 무엇보다 이중업은 서울 및 인천 등에 마약 판매책을 두고 홍콩과 상해까지 북한산 마약을 수출한 것으로 보아 남로당의 활동 자금은 이보다 훨씬 더 많았을 것으로 보인다.[64]

한편, 이중업은 체포 직후 전향 의사를 밝혔다. 하지만 그는 1949년 6월 열린 법정에서 '나는 공산당원이요, 당신네들은 침략자입니다'라면서 돌연 태도를 바꿨다. 헌병사령부 영창營倉에 투옥된 이중업은 1949년 7월, 김항육(남로당 중앙위원장 김상룡의 비서)의 도움을 받아 탈옥했다. 그는 자신을 체포한 김창룡 방첩대장에게 복수하고자 수차례 암살을 시도했지만 결국 실패했다. 이중업은 그 길로 월북한 후 1년이 채 되지 않은 1950년 6월 10일, 다시 한국에 침투했다.[65]

이중업 체포 전후 남로당 지도부 상당수가 검거되었다. 김일성은 남로당의 와해를 막고자 공작원들을 통해 마약을 보냈다. 이와 관련된 사건들을 살펴보자. 남로당 자금 조달책 권영식은 1949년 7월, 육군 1사단 헌병대에 체포되었다. 당시 그는 서울시 남대문로 1가에 소재한 건설공업주식회사 총무부장이기도 했다. 권영식은 북로당 간부 한명선을 통해 남북교역을 진행했다. 권영식이 다룬 품목에는 당연히 북한산 마약도 포함되었는데, 그는 1930년대 후반부터 북한에서 마약을 들여오고 있었다.[66] 또한 서울시 성동구에 거주한 북로당원 안상렬은 1949년 11월, 북로당 지령으로 대량의 아편을 북한에서 한국으로 밀반입하다 경찰에 검거되기도 했다.[67]

김일성의 대남공작과 아편 밀송은 정전停戰 후에도 계속되었다. 사회안전성(내무성 정치보위부 후신) 대남정치공작대 소속 공작원 황박이는 30만 환 상당의 아편과 순금을 소지하고 1954년 3월 남하해 서울과 부산에서 공작 활동을 하다가 그해 8월 체포되기도 했다.[68]

이렇듯 마약은 남로당의 버팀목이자 자금원이었다. 남로당은 한국이 전쟁과 마약으로 파괴되어도 개의치 않았다. 이들은 무고한 사람들의 생명보다 그들의 이념과 김일성, 박헌영에 대한 충성이 더 중요하다고 생각했다. 박헌영은 김일성에게 '남한에는 20만 명의 남로당원들이 있어 38선만 넘으면 남한을 쉽게 점령할 수 있다'고 수차례 얘기했다고 한다. 또 김일성은 박헌영의 말을 근거로 스탈린에게 전쟁 승인을 설득했다. 남로당은 6.25전쟁 전까지 민간인들을 선동하고 방패 삼아 김일성과 스탈린의 제물로 바쳤다. 그들은 이토록 잔인했다.

6.25전쟁을 계기로 남로당원 상당수는 월북을 선택했다. 북한에 거주했던 남로당원들은 1953년 8월 평양에서 개최된 이른바 '남로당파 숙청재판'과 1953년 12월 3일 박헌영 재판 전후로 대부분 축출되었다. 생존자들은 이주민관리소(일명 정치범수용소; 이하 관리소)에 구금되거나, 대부분 '적대계급잔여분자'로 분류되었고 후손들도 같은 낙인이 찍혔다. 이렇듯 남로당원들은 그들이 충성한 스탈린과 김일성에게 배신을 당했다.

수령과 마약

06

전쟁
무기가 된
마약

북한은 남침 직전까지 평화통일 공세를 펼친 가운데, 은밀하게 전쟁을 준비했다.* 북한이 한국 침략 전후前後 유포한 아편과 모르핀은 효과적인 살상 무기였다. 한국은 분단 직후부터 마약으로 고통받고 있었다. 1945년 하반기 기준, 서울의 마약중독자는 약 1만 명으로 서울 인구(90만 명)의 약 1.1% 수준이었다. 하지만 1948년

● 북한은 남침 1년 전인 1949년 6월 25일, 조국통일민주주의전선을 결성, 이 조직의 명의로 '평화적 조국통일 방안에 관한 선언서'를 한국 내 각 기관들과 미군정 당국 그리고 유엔한국위원회(UNCOK)에 발송했다. 또한 북한 당국은 남침 2일 전까지 대남 방송과 노동신문을 통해 평화통일을 선전한 동시에 1950년 6월 23일 남침 명령을 각 군에 하달했다. 중앙정보부, 《북한대남공작사(제1권)》, p. 45; "평화통일추진제의는 전체 조선인민의의사와부합된다: 북조선민주청년동맹 중앙위원회 위원장 현정민," 《로동신문》, 1950년 6월 4일, 1면; "조선인민의 평화통일운동은 세계평화사업에 리익을 준다: 북경 인민일보 론경," 《로동신문》, 1950년 6월 23일, 1면.

12월에는 7만 명으로 증가했고, 전국적으로는 약 15만 명이 집계되었다. 또한 1949년 5월 기준, 정부가 집계하지 못한 중독자들까지 포함하면 전국에 약 30만 명으로 추산되었다.[69] 1949년 한국 인구가 약 2,000만 명이었던 것을 감안하면, 6.25 직전 중독자는 전체 인구의 약 1.5%를 차지했다. 이 수치는 2023년 상황과 비교했을 때 3배가 높다.* 한국은 이러한 상황에서 전쟁을 맞이했고, 김일성은 그 누구보다 마약의 파괴력에 대해 잘 알고 있었다.

북한의 공격 대상은 민간인뿐만이 아니었다. 그들은 여성 공작원들을 이용해 유엔군(미군)들에게 마약을 유포했다. 1950년대 북한은 내무성 정치보위국 소속 여성 공작원들을 다수 남파했다. 이 여성 공작원들은 한국에서 화류계 여성들을 포섭하거나 직접 접대부로 신분을 위장했다. 또 고위급 정관계 인사의 연인과 가정부로 침투했다.[70] 여성 공작원과 이들에 의해 포섭된 '양부인洋婦人'**들도 미군들에게 마약을 유통했다. 이와 관련해 1951년 2월 8일, 한국 치안국 김태선 국장의 기자 회견 브리핑 내용을 살펴보자.

북한에서 밀반입된 마약이 적발되고 있고 유엔군에 밀매하는 자는 이적利敵행위자로 처벌한다. 밀매음密賣淫을 하는 여성들 중 마약을 군인들에게 제공하고 이들로부터 무기 등을 획득해 적의 손에 넘기는 음

- 2023년 국내 마약중독자는 24만 명으로 전체 인구의 약 0.5%이다.
- 양부인의 사전적 정의는 서양 사람에게 몸을 파는 '양갈보'를 비꼬아 이르는 말.

수령과 마약

모를 계획하고 있다. 적의 오열五列***에 가담한 자 또는 오열인 자도 있으므로 경찰에서 내사 중이다.[71]

김 국장은 이 회견에서 유엔군들에 대한 마약 공급책을 성매매 여성이라고 특정했다. 또한 이 여성들은 정보와 무기를 획득해 북한에 제공하는 이적 행위를 했다.

이후에도 유사한 사건이 발생했다. 서울시 창신동에 거주했던 유 씨는 1951년 12월부터 1952년 1월까지 양부인 노릇을 하는 주소 부정의 임 씨와 결탁하여 미군을 상대로 아편 126g을 밀매했다. 이 사건을 수사한 서울동대문경찰서 사찰과는 오열 혐의가 농후하다고 판단했다.[72] 경찰은 임 씨를 체포하지 못해 대공용의점對共容疑點을 규명할 수 없었다. 하지만 정찰국 소속 서선상사(황해도 개풍군 당두포 소재) 소속 남파공작원 이창선이 체포되면서, 북한이 여성 공작원(혹은 간첩)을 이용해 마약 유포를 하고 있다는 사실이 드러났다. 이창선은 모르핀을 소지하고 강화도로 침투하던 중 육군 특무부대에 체포되었고, 그의 진술 요지는 1954년 12월 13일, 국내 일간지들에 아래와 같이 발표되었다.

중공은 북한 당국이 한국으로 아편을 충분히 유출하지 못했다며 그 책임을 추궁했다. 북한은 당시까지 아편 판매 대금 대부분을 공작금

••• 내부에 있으면서도 외부의 반대 세력에 호응하여 활동하고 있는 집단.

으로만 사용했다. 그래서 북한 당국은 서해안 일대에 남북 밀무역을 하는 배를 이용, 한국에 대규모 아편 공세를 전개하려 한다. 북한은 양부인 혹은 밀매음부로 위장 침투한 공작원을 통해 유엔군에게 마약을 유포시켜 사기士氣를 저하시키고, 군사기밀을 탐지하려고 한다.[73]

북한이 미인계美人計를 활용해 미군에게도 접근하려 한 사실이 재확인되었다. 한편 이창선은 6.25전쟁 전후前後 중공이 북한의 마약 생산 지원뿐 아니라 직접 밀매에 나섰다고 언급했다. 요컨대 중공은 북한의 배후에서 마약전麻藥戰을 지휘했다.[74] 북한도 열심이었다. 북한의 개성-강화도 루트 안내 공작원 박동수는 1952년 2월부터 한국에 5차에 걸쳐 침투하다 같은 해 10월에 체포되었다. 당시 그는 남파공작원 수송과 북한산 모르핀 1만 개를 한국으로 반입해 유엔군에 유포하는 임무를 수행했다.[75]

또한 서울시 관계 당국은 1953년 2월 초, 전선 일대에 유입되는 마약들 중 60%가 북한, 20%가 홍콩 등에서 들어오고 있다고 밝혔다.[76] 한국 내무부 진헌식 장관은 1953년 2월 26일, 재일본조선인연맹 소속 한이주가 북한에서 일본으로 들어간 대량의 아편을 한국으로 밀송하려다 발각된 사실을 기자들에게 공표했다.[77]

이렇듯 김일성은 정전 회담이 시작되었어도 아랑곳하지 않고 한국에 마약을 퍼부었다. 38선이 막히면 홍콩과 일본으로 우회하면 될 뿐이었다.

수령과 마약

07

한국의 정세 급변과
북한의
전술 변경

혼돈에 빠진 한국 사회

북한은 1960년대 초반까지 남파공작원을 통해 한국으로 엄청난 양의 마약을 밀어 넣다가, 1960년대 중반 이후 밀송密送 방식에 변화를 줬다. 그 이유는 한국의 4.19혁명과 5.16군사정변에 따라 대남혁명전술을 변경했기 때문이다.

먼저 관계 당국의 북한의 마약 공세와 관련한 1959~1960년 발표 내용을 살펴보자.

○ 휴전 이후부터 1959년 상반기까지 북한은 300명에 달하는 공작원들을 통해 아편 73kg을 한국으로 밀반입했다. (1959년 10월 16일, 서울지검 정보부 조인구 부장검사의 언론 브리핑)[78]

○ 북한은 지난 6년간 1,600여 명의 공작원들을 파견해 사보타주, 납

치, 마약 밀수 등을 자행했다. 특히 휴전선 남쪽에서 체포된 공작원들 중 40명은 약 48kg의 마약을 소지하고 있었다. (1960년 3월 15일, 유엔군사령부 수석대표 샘 매덕스Sam Maddux Jr. 소장이 군사정전위원회 116차 회의에 참석한 북한의 주상준 소장에게 한 항의)[79]

위의 발표처럼 당시 북한은 대규모의 공작원들을 통해 한국으로 마약을 유포했다. 그런데 1960년 4.19혁명 직후 북한 내 대남전술 방향에 변화 조짐이 보였다. 김일성은 4.19혁명 다음 날인 4월 20일, 당 정치위원회를 소집했다. 김일성은 그토록 바라왔던 '남조선 인민들의 자발적인 봉기'가 발생했지만, 이를 예측하지 못했다며 연락부장 어윤갑과 전임 연락부장 박일영과 임해 등을 문책했다. 그는 '사후 대책을 즉시 강구하라'고 지시하자 평화통일 공세 확대와 조총련의 대남공작에 적극 활용 방침이 회의 당일 결정되었다.[80]

4.19혁명으로 제1공화국은 종말을 맞았다. 한국 정치체제는 1960년 6월 15일 이루어진 제3차 개헌에 따라 내각책임제가 되었고, 같은 해 7월 29일 제5대 국회의원 선거에서 민주당은 압도적인 의석을 차지했다. 민주당 구파舊派 윤보선 의원이 8월 12일 대통령으로 선출되었고, 일주일 후 민주당 신파新派 장면 의원이 국무총리로 선출되어 제2공화국이 출범했다. 장면 내각 출범과 동시에 한국의 정치, 경제, 사회는 혼돈 그 자체였다. 민주당 신파와 구파의 계파 갈등과 권력투쟁이 연일 계속되었고, 이에 따라 민주당 선거 공약이었던 부정선거 관련자 처벌법, 부정축재자 특별처리법

수령과 마약

등의 입법과 집행이 무산되었다. 국내 물가와 실업률은 급등하고 경제성장률은 2.19%에 그쳐 장면 내각의 '경제개발 제일주의'는 실패로 돌아갔다.

또한 1960년 5월부터 한국사회당, 사회대중당, 통일사회당과 대구교원노동조합, 전국노동조합협의회, 한국교원노조연합회, 언론노조 등 10여 개의 혁신정당과 단체들이 단기간에 결성되었다. 당시 북한은 소위 '혁신세력' 내부에 침투해 합법투쟁 기지를 확보하고자 했다. 북한의 전술이 먹혔는지, 국내 일부 단체들은 북한의 대남혁명 관련 구호들*을 그대로 사용했다.[81] 이에 따라 장면 내각도 혁신, 진보, 통일을 구호로 내건 혁신세력의 활동에 제동을 걸었다. 하지만 혁신정당을 중심으로 피학살자 유족회, 민주민족청년동맹, 통일민주청년동맹, 전국교원노조연합회는 1961년 2월, 즉각 반대 투쟁에 돌입했다. 장면 정권은 한 발 물러서야만 했다.[82]

김일성은 6.25전쟁 후 다시 찾아온 한국 점령 적기適期를 놓치지 않기 위해 진용陣容을 갖췄다. 이에 따라 북한은 1961년 1월 노동당 연락부, 민족보위성 정찰국, 내무성 반탐정처 등 공작기관을 통합해 '연락국'이라는 대남공작 중간 지도기구를 설립했다.[83] 또한

---

* 예를 들어, 1960년 11월에 결성된 서울대학교민족통일연맹은 4.19혁명을 '민족통일 운동'으로 승화해야 한다는 주장을 펼쳤다. 이후 1961년 5월에는 전국 17개 대학 대표 54명이 '민족통일전국학생연맹준비대회'를 개최했다. 이 대회에서 발표된 공동선언문은 우연의 일치인지는 몰라도 1961년 9월 노동당 4차대회에서 당면목적으로 규정된 '전국적 범위에서 반제반봉건민주주의혁명 과업 수행' 즉 북한의 대남혁명 타격(청산) 대상과 성격을 표현한 문구가 그대로 담겼다.

대남혁명을 위한 통일전선 구축과 한국의 혁신세력 지원을 위해 1961년 5월, 조국평화통일위원회(이하 조평통)도 설치했다. 북한은 한국 내 지하조직과 혁신세력 지원을 위해 막대한 공작금을 한국으로 밀송하기 시작했다.[84]

김일성의 아편 30t 투하

북한은 1960년 전후 한국에 어느 정도 규모의 마약을 밀어 넣었을까. 앞서 조인구 부장검사와 샘 매덕스 유엔군 사령부 대표의 언급에서도 알 수 있듯이, 정전 후부터 1960년 초까지 검거된 남파공작원들에게서 압수한 마약은 약 100kg 정도였다. 그런데 한국 내무부는 1962년 2월 28일 이러한 발표를 했다.

> 1953년 7월부터 1961년 9월 초까지 적발된 남파공작원 2,798명이 아편 5만여 근, 약 49만 달러(당시 한화로 약 1억 2,300만 환), 순금 3,930여 돈(약 14.74kg) 등의 공작금과 총기 368정을 휴대했다.[85]

내무부 발표에 따르면, 북한은 4.19혁명 후부터 1년 동안 30t에 가까운 마약을 한국에 투하했다. 이 수치를 다시 산술해보면, 북한은 정전 후부터 112개월 동안 30t의 아편을 한국에 뿌렸다. 즉 1개월마다 25명의 공작원들이 약 267.8kg(공작원 1명당 약 10.7kg)의 아편을 소지하고 한국에 온 것이다. 김일성이 어떻게 5만여 근, 즉 30t이나 되는 아편을 한국에 투하했는지 믿기지 않겠지만, 앞서 살펴봤듯이 북한의 아편 생산량은 1950년대 초반 연간 100t을 상회했다. 6.25전쟁으로 인한 양귀비 재배지 소실, 화전민들의 이탈로 아편 생산량이 일부 감소되었다고 하더라도 이 생산량은 한국을 충분히 흔들고도 남을 만큼의 규모였다.

한국의 마약 소비 문제도 심각해졌다. 〈마약법〉이 1957년 4월 23일 제정된 후 한국에서 양귀비 재배가 더욱 어려워지자 홍콩, 태국, 일본은 물론 특히 북한에서 들어오는 아편 및 알칼로이드계opium alkaloids 마약류들이 더욱 증가했다.[86] 4.19혁명 직후 국내 마약중독자도 기하급수적으로 증가했다. 서울시의 경우 1960년 3월에 공식 등록된 중독자는 1,950명이었으나, 1960년 10월 말에는 약 6,000명이 등록되었다.[87] 4.19혁명 직후 7개월 동안 3배가 늘어난 것이다.

이처럼 한국이 북한의 무차별적인 마약 유포에 속수무책으로 당할 수밖에 없었던 것은 1956년 1월 30일 김창룡 특무부대장 순직에 따른 후폭풍으로도 볼 수 있다. 이승만 대통령은 김 장군 순직 직후 발표한 추모사에서 "공산당의 지하공작을 적발 취체하며, 그들이 인접국을 통해 아편과 금전 반입하려는 시도들을 방어했다"고 언급했다.[88] 4.19혁명에 따른 1960년 4월 27일 이승만 대통령 사임과 장면 정권이 가진 태생적 한계와 실책은 한국을 더욱 혼돈 속으로 몰아 넣었다.

박정희 정부의 반공과 마약 통제

4.19혁명 여파도 잠시, 한국 사회는 또 다른 격변을 맞이한다. 박

정희 2군 부사령관(소장)과 육군사관학교 출신 장교 등 29명이 민주당 신파 장면 내각의 무능과 무책임에 반발해 1961년 5.16군사정변을 실행한 것이다. 5.16군사정변 핵심 세력들은 해병대 1여단, 공수특전단, 6군단 병력 등을 동원해 육군본부, 청와대를 장악했다. 그리고 5월 16일 오전 5시, KBS 라디오로 혁명선언문과 혁명공약을 발표했다. 5월 18일 장면 총리는 정권 이양을 의결한 뒤 군사혁명위원회가 출범해 전권을 장악했다. 5.16군사정변 후 북한에서 한국으로 직접 밀반입된 마약 적발 건수는 현저하게 감소했다.*
그 이유는 박정희 소장이 1961년 5월 18일 국가재건최고회의 의장에 이어 1963년 10월 15일 직접 선거에 의해 대통령으로 선출된이후 반공 및 마약 통제 정책이 강화되었기 때문이다.

혁명공약은 6개 항으로 구성되었는데, 그중 1항이 '반공을 국시의 제일의로 한다'였다. 군사정변을 설계하고 혁명공약을 만들었던 김종필 전 국무총리는 박정희 대통령의 과거 남로당 이력에 따른 미국의 정치적 의심을 불식시키고, 한국 사회의 혼돈을 정리하기 위해서라도 반공을 가장 먼저 내세울 필요가 있었다고 증언했다. 군사혁명위원회는 1961년 5월 19일 중앙정보부 창설을 포함한 통치 체제안을 통과시켰다.[89] 국가재건최고회의는 1961년 6월 10일 〈중앙정보부법〉과 1961년 7월 3일 〈반공법〉을 제정했다. 1962년

---

* 1945~2013년 북한 연계 마약류 밀매 현황은 다음을 참조. 이관형, 〈북한 마약 문제 연구〉, pp. 508-520.

12월 17일에 실시된 국민 투표로 5차 개헌이 이루어졌고 이로써 한국 정치체제는 다시 대통령 중심제(4년 중임제)가 되었다. 1962년 10월 15일 제5대 대통령 직접 선거에서 박정희 국가재건최고회의장이 당선되었다. 군사혁명위원회의 혁명공약 6호가 지켜졌으면 좋았겠지만,** 박정희 정부는 장기적이고 권위적인 집권을 이어갔다.

한국의 사회, 경제적 혼돈은 서서히 감소하고 있었다. 특히 1961년 12월 8일 일부 개정된 〈특정범죄처벌에관한임시특례법〉은 무허가 수출입과 마약 범죄를 최소 3년의 징역, 최대 사형까지 집행할 수 있도록 했다. 또한 1966년 1월 18일 박정희 대통령은 '1966년 대통령 연두교서'에서 밀수, 탈세, 도박, 마약, 폭력사범들을 5대 사회악으로 규정하고 발본색원拔本塞源하겠다는 의지를 드러냈다.[90] 이에 따라 한국에서는 전례 없이 강력한 마약 통제가 집행되었다.

김일성은 한국의 중앙정보부 창설과 반공법 제정으로 합법투쟁(합법정당과 혁신세력에 의한 전복)을 통한 자신만의 평화통일이 어려워지자, 1961년 9월 노동당 4차대회에서 '남조선 현지에 마르크스-레닌주의 당을 건설해야 한다'는 전술을 공표했다.[91] 요컨대 폭력투쟁 전술에 기반한 지하당을 한국에 구축하겠다는 김일성의 의지였다. 노동당 연락부는 이를 위해 1961년 12월 전라남도 무안군 임자도에 지하조직 구축에 돌입했다. 이후 북한은 남로당 재건과 새

●● 혁명공약 6호: "이와 같은 우리 과업이 성취되면 참신하고도 양심적인 정치인들에게 언제든지 정권을 이양하고 우리들 본연의 임무에 복귀한다."

로운 인물들을 포섭해 1965년 11월, 통일혁명당(이하 통혁당)을 창설했다.* 통혁당의 임무는 통혁당 지원 지하조직 총책 정태묵의 법정 진술에서도 알 수 있듯이 '노동당 4차대회 결정사항인 무력통일 방안에 입각해 학교, 군대, 노조에 지하당 조직을 침투시켜 결정적 시기에 무장조직으로 전환하는 것'이었다.[92]

김일성은 당중앙위원회 총비서로서 전국적 범위에 걸친 통혁당을 지도했다. 또한 그는 1964년 2월 노동당 4기 8차 전원회의에서 1961년 11월 해체했던 연락국을 복원해 대남사업총국으로 개편하고, 동 총국 산하에 조사부를 신설했다. 무력통일 재시도를 위한 준비 태세였다. 김일성은 4.19혁명과 5.16군사정변 당시처럼 공작기관의 정보실패를 예방하고자 했다. 그래서 내무성과 노동당의 대남정보와 공작 업무를 조사부에 이관시켰다. 또 1967년 4월 대남사업총국 산하에 작전국을 신설하고 노동당과 군軍 계통의 공작원, 무장공비(전투원) 침투 및 복귀 지원을 총괄하게 했다.[93]

• 노동당 연락부는 1961년 12월, 공작원 김수영을 전라남도 무안군 임자도에 남파했다. 김수영은 임자도에서 동생 김수상(김송무)과 외삼촌이자 면장이었던 최영도를 포섭했고 김수상과 최영도는 월북 후 노동당에 입당, 밀봉교육을 받은 후 임자도에 돌아와 지하조직 구축 지령을 수행했다. 그 과정에서 김수상은 대구 출신 김종태를 포섭해 1964년 3월 월북시켰다. 1964년 6월 남하한 김종태는 조카인 김질락, 김질락의 서울대학교 동문 김진환, 이문규, 신영복 등을 포섭하고, 1965년 11월 서울시 서대문구 소재 자가에서 김질락, 이문규 등과 함께 통혁당을 결성했다. 김종태는 네 차례 월북 과정에서 김일성과 접촉했다. 또한 최영도는 남로당 전남도당 위원장 전력을 가진 정태묵을 포섭했다. 정태묵은 1965년 4월 월북해 대남사업총국 연락국장 이효순과 부국장 임춘추와 접촉했다. 남하한 정태묵은 최영도와 다른 지하조직을 운영하며 대남혁명 후방기지와 통혁당 측면 지원 역할을 수행했다.

김일성의 탐욕과 독단은 정전(停戰) 10년을 채우지 못하고 다시 불붙기 시작했다. 그는 1968년 9월 9일, 정권수립 기념행사에서 '폭력투쟁으로 북한과 남조선혁명가들이 단합해 통일을 성취하자'고 강조했다.[94] 이에 따라 1968년부터 한국에 대규모의 무장공비(전투원)들이 남파되었다. 또한 김일성은 1969년 1월 인민군 당위원회 제4기 4차 전원회의를 통해 군이 자신의 '사병私兵'임을 확고히 했다.[95]

마약 밀매 우회 루트

북한은 박정희 정부의 침투 경계 강화로 과거처럼 한국의 지하조직에 마약을 직송直送하기가 어려웠다. 더욱이 강력해진 마약 통제로 마약 때문에 지하조직이 노출될 우려도 있었다. 그런데 북한의 우려는 실제로 현실이 되었다. 통혁당 지원조직 책임자였던 정태묵과 동생 정태연 사이에서 발생한 공작금 배분 갈등과 정태연 부부의 마약중독 문제로 1968년 8월 통혁당이 노출된 것이다.**

이후 북한은 북한 – 한국의 직송 루트가 아닌 홍콩, 동남아, 일본

** 중앙정보부가 1968년 7월 임자도 거점 간첩단의 존재를 인지하게 된 배경은 정태묵의 동생 정태연과 정태연의 배우자 때문이었다. 정태연 부부는 마약중독자로 알려졌는데, 정태묵과 정태연 부부는 공작금 분배로 갈등을 빚는 과정에서 정태연의 배우자가 경찰에 신고했다. 임자도 거점 간첩단 사건을 계기로 1968년 8월 서울시당 책임자 김종태, 민족해방전선 책임비서 김질락, 전남도당 창당준비위원장 최영도, 조국해방전선 책임비서 겸 통혁당 기관지 '청맥' 편집장 이문규 등 총 158명이 검거됐고, 73명이 송치돼 50명이 구속됐다.

을 경유한 우회 루트를 활용했다. 홍콩은 6.25전쟁 이전부터 중국과 북한이 애용하는 거점이었고, 일본은 한국보다 월등한 마약 소비지이자 환적지였다. 앞에서도 소개한 조선상사는 1946년 설립 직후 일본 오사카를 시작으로 홍콩, 마카오, 중국(청도, 천진, 심양, 대련, 단동, 도문, 목단강)에 출장소들을 늘려갔다. 또 민족보위성 정찰국 특수정찰부는 1940년대 후반부터 일본 오사카, 고베, 후쿠오카, 고쿠라 등에 10여 개의 출장소들을 개설해 공작원들을 상주시켰다. 북한은 이 공작 거점들을 통해 중국 및 소련과의 접촉하고 각종 군사 장비 수집과 달러를 확보했다. 요컨대 조선상사의 해외 거점들은 마약 밀매 거점이기도 했다.

한국에는 1940년대 후반부터 홍콩과 일본을 통해 북한산 마약을 밀수입한 범죄조직이 활동하고 있었다. 하지만 이 조직이 한국 사법기관에 적발된 시기는 1960년대 중반 무렵이다. 서울지검 마약사범 특별수사반은 1966년 1월 21일, 마약 범죄조직 평안도파, 함경도파, 야당파에 속한 219명의 계보를 작성해 수사에 돌입했다.

검찰에 따르면 평안도파는 국내 마약 공급의 70%, 함경도파와 야당파는 남은 30%를 담당했다. 이들은 북한과 해외에서 마약 원료를 항공, 선박으로 밀수입해 서울 외곽 지역에 있는 20개 시설에서 마약을 제조해왔다.[96] 1966년 11월, 한국 보건사회부(이하 보사부)는 이 조직들의 밀수 루트를 공개했다. 이들이 해외에서 밀수입한 것은 비누와 유사한 형태로 만들어진 헤로인 원료인 일명 '쓰리나인(999)'이었다.● 보사부는 '쓰리나인은 중국에서 생산되어 태국, 홍콩, 미얀마(버마)로 반입된 후 한국으로 밀수출되며, 북한산 생아편은 일본을 경유해 한국으로 반입된다'고 밝혔다.[97] 평안도파, 함경도파는 적어도 1970년대 중반까지 마약 원료 밀수입, 재가공, 판매 등을 지속했다.[98]

당시 한국의 마약 범죄조직들과 북한 공작원들의 접촉 여부는 불확실하다. 하지만 마약은 북한 → 마카오·홍콩 → (일본) → 한국으로 들어왔다. 과거에는 대남공작원들이 마약을 직접 한국으로 밀매했다면, 1960년대부터는 국내 범죄조직이 전면에 나섰다.

● 쓰리나인의 세부 성분에 대해서는 알 수 없으나 쓰리나인 1kg은 헤로인 10kg을 만들 수 있는 중간 원료로 알려져 있다.

2장

2대 수령
김정일

범죄왕조의 확장

08

김일성의
풍모를 닮은
정일

김성주의 장남

북한은 김정일 등극 후 '김일성 신화'와 스토리 라인을 맞추기 위해 정일이 1942년 2월 16일 백두산 밀영密營('조선인민혁명군'[•] 막사인 통나무집)에서 출생했다고 주장한다. 물론 거짓이다. 그는 1941년 2월 16일 '소련으로 도피한 중공 빨치산 부대 잔당들의 밀영'에서 출생했다. 정일의 생모 김정숙은 함남 갑산군 보천면 보전리 출신이며, 1933년경부터 일성과 강제적으로 동거 생활에 들어갔다.[99] 정숙은 1940년 일성과 함께 도피 생활을 이어가다 소련 연해주에서 정일을 출산했다.

• 　조선인민혁명군은 북한이 '김일성 신화' 창작에 동원한 가상의 부대이다. 이 명칭은 1929~1931년 이종락이 몸담았던 조선혁명군朝鮮革命軍에서 따온 것으로 추정된다. 당시 김일성은 이종락의 수하였다.

74 　　　　　　　　　　　　　　　　　　　　　　　　　　수령과 마약

김일성이 소련에서 체류했던 곳은 말 그대로 비밀 숙영지였기에 정일의 정확한 출생지는 그동안 여러 주장들이 있었다. 가장 유력한 곳은 블라디보스토크와 인접한 오케안스카야 마을의 남야영(B야영; 보로실로프 야영)이다. 이후 일성은 하바롭스크 바츠코예 마을의 북야영(A야영; 아무르강 야영)으로 이주했는데, 정일은 이곳에서 유년 시절을 보냈다.[100] 정일이 모친을 따라 소련 연해주에서 함북 청진으로 들어온 시점은 1945년 11월이고, 그가 평양에 도착한 시기는 김일성이 조선공산당 북조선분국 책임비서로 선출된(1945년 12월 17일) 직후였다.[101] 즉 김정일은 1945년 11월 이전까지 북한 땅을 밟은 적이 없다.

김정일의 유년 시절은 김성주의 어린 시절처럼 비행非行으로 가득했다. 그는 남산중학교 재학 시절(1954~1960년), 아버지처럼 빨치산 운동을 하겠다며 급우들과 함께 평양 근교 산속에 한 달씩 들어갔다. 그 과정에서 농촌의 양곡창고와 논과 밭을 약탈하고 과수원 농막에 불을 질렀다. 또한 호위사령부가 관리하는 김일성의 고급 승용차들을 마음대로 몰고 나가 사고를 치기도 했다.[102] 이러한 모습이 '빨치산'에 가까운지 '마적'에 가까운지 모르겠지만, 그는 '왕자'로 성장했다. 비유적 표현이 아니다. 김정일 측근들은 오래전부터 그를 '왕자'라 불렀고, 정일의 여동생 경희에게는 '공주'라고 호칭했다.[103]

왕자로 자란 김정일은 1960년 봄, 김일성종합대학 정치경제학과에 입학한 후부터는 엽색獵色을 일삼았다. 1951년 5월부터 대남공작원으로 활동했던 김용규는 정일의 '비행非行'을 이렇게 전했다.

대학에 들어가서부터 여학생들을 데리고 농락하던 끝에 임신시켜 봉변을 당하게 한 것만 해도 무려 10여 건이 된다. 김정일의 색정의 대상으로 농락당한 것을 비관하던 끝에 극약을 먹고 자살한 여학생은 3명으로 알려졌고 나머지 학생들은 모두 퇴학 처분을 받고 사회적으로 매장되고 말았다. (중략) 대학을 졸업한 후 조직부 지도원을 거쳐 67년 이후 선전부 부부장으로 승진하여 문화예술 부문을 관장할 당시 김정일은 소위 작품 창작을 현지에서 지도한다는 명목하에 영화촬영소, 2.8협주단 등지에 나가 살다시피 하면서 여배우들을 닥치는 대로 능욕했다. (중략) 만수대예술단 여성중앙단(전원 11명), 인민군협주단 여성중앙단(전원 12명), 그리고 독창 가수… 김정일에게 정조를 빼앗긴 신인들의 수는 헤아릴 수 없을 정도이다. (후략)[104]

김정일을 불세출不世出의 지도자로 여기고 있는 사람들에게는 허구虛構로 비칠 수도 있겠다. 하지만 정일의 행각들은 1945년 12월, 그가 평양의 김일성 관저에 들어온 후부터 목격한 부친의 복잡한 치정癡情 관계에서 영향을 받은 것일 수도 있다. 또한 정일은 1949년 동생 만일의 죽음과 같은 해 석연치 않은 이유로 친모 김정숙이 사망한 것을 지켜봤다. 김일성은 김정숙 사망 후 4개월 후인 1950년 1월, 정부情夫였던 홍명희의 딸 홍영숙과 재혼했고 그녀는 같은 해 8월쯤 사망했다.[105] 일성은 1951년 12월 자신의 비서인 김성애와

수령과 마약

또 혼례를 치렀지만, 그는 1950년대 중반 홍명희의 또 다른 딸 홍귀원을 강제로 임신시켰고, 홍귀원은 출산 중 사망한 것으로 알려졌다.[106]

장성한 정일도 부친과 비슷한 길을 걸어갔다. 김정일은 1968년 선전선동부 문화예술지도과장으로 있다가 다음 해 같은 부서 부부장으로 파격 승진을 했다. 그는 이 시기 조선예술영화촬영소 소속 여배우이자 기혼자였던 성혜림을 강제 이혼시키고 동거 생활에 들어갔다. 또한 그는 만수대예술단이었던 고용희와 1976년경부터 동거했다.[107]

정일은 용희와 동거 후에도 엽색을 이어갔다. 대표적 사례가 바로 '기쁨조'이다. 기쁨조의 존재는 1990년대 초반 탈북민들을 통해 알려졌다. 또한 1996년 2월 김정일의 처조카 이한영•은 1970년대 김정일의 '측근자 파티'와 여기에 동원된 기쁨조의 실체를 구체적으로 공개했다.[108] 어떤 연구자는 탈북민들의 증언들이 여과 없

• 이한영(본명 리일남)은 1960년 4월 평양에서 부친 이태순 박사(핵물리학)와 성혜랑 사이에서 태어났다. 그는 1976년 1월 만경대혁명학원 재학 시절 이모 성혜림의 제안을 받고 모스크바로 유학을 떠났다. 이한영은 1982년 9월 모스크바를 떠나 스위스를 거쳐 같은 해 10월 1일 한국에 망명했다. 한편, 이한영은 한국에서 《조선일보》의 주선으로 모스크바에 나온 모친 성혜랑과 전화 연락이 닿았다. 이후 성혜림과 성혜랑의 망명 의사가 타진되었고 1996년 1월 이들은 스위스 제네바까지 이동했다. 그리고 《조선일보》는 1996년 2월 13일 '김정일의 본처' 성혜림이 모스크바를 탈출해 서방으로 망명했다고 보도했지만 성혜림은 끝내 망명을 선택하지 않았다. 그리고 이 보도가 나간 지 이틀 후, 이한영은 1997년 2월 15일 경기도 성남시 자택에서 괴한에 의해 살해되었다. 이한영, 《김정일 로열패밀리》, p. 431; 우종창, "김정일 본처 서방 탈출," 《조선일보》, 1996년 2월 13일, 1면; 성혜랑, 《등나무집》, pp. 517-519.

이 인용되어 김정일의 이미지가 '호색한^{好色漢}'으로 굳어질 수 있다고 우려하기도 했다.[109] 과장이나 왜곡으로 비칠 뻔한 기쁨조의 존재는 김정일의 개인 요리사(당중앙위원회 서기실 부원) 후지모토 겐지^{藤本健二}를 통해 재확인되었다. 후지모토는 빈번하게 김정일의 기쁨조 파티에 참여했고 그와 결혼한 여성도 기쁨조였던 엄정녀였다.[110] 또한 그는 한국 월간지와의 인터뷰에서 김정은이 17세 되던 해 김정은과 함께 기쁨조 공연을 관람했다고 밝히기도 했다.[111]

김정일은 유년 시절부터 '영웅 김일성'을 닮고 싶어 했지만 그럴 수 없었다. 1대 수령 김일성은 수령이라는 옷을 입은 후에도 1980년대까지 북한 주민들 사이에서 '김마두: 마적 두목', '김인백: 인간 백정', '김피내: 피비린내'로 불렸었다.[112] 김정일은 창조된 영웅 김일성, 즉 김성주의 풍모^{風貌}를 닮아갔다.

후계자 정일과 마약

정일은 1960년 봄, 대학 입학 직후부터 후계자 수업을 본격적으로 받기 시작했다. 그는 1961년 7월 22일 노동당에 입당해 1964년 6월 19일 당중앙위원회에 입직했다. 김일성은 정일을 당중앙위원회 비서처 참사실(1964년), 내각 수상 참사실(1965년)에서 근무하게 했다. 당黨, 정政 시스템을 읽히게 하려는 의도였다. 또한 김일성은 1966년, 정일을 당중앙위원회 조직지도부 중앙지도과 책임지도원으로 임명했다. 이 시기부터 정일은 당정 정책에 직접 관여했을 뿐아니라 김일성 경호 담당 호위국 업무도 맡았다.[113]

김일성은 1967년 5월 당중앙위원회 제4기 15차 전원회의를 통해 수령 독재를 선포했다. 김일성(혹은 김정일)은 이 회의에서 체제모든 부문에 '김일성 동지의 혁명사상을 각인시키고, 반당수정주의분자들을 색출 및 처벌하는 것을 지상과제로 삼을 것'을 주문했다.[114] 이 '5.25교시'는 수령 독재의 신호탄이었다. 그 결과, 박금철, 이효순을 비롯한 갑산파는 김정일 후계 구도에 대항했다는 이유로 숙청되었다. 김정일도 직접 권력 부상에 방해가 되는 모든 요소들을 제거하기 시작했고, 이 폭력은 더욱 심화되었다.[115]

북한은 1973년 9월 당중앙위원회 전원회의에서 김정일을 조직비서 겸 사상비서(선전비서), 조직지도부와 선전선동부 부장으로 추대했다. 또한 1974년 2월 당중앙위원회 5기 8차 전원회의에서는 김정일을 김일성의 '유일한 후계자'로 공식 발표했다. 김일성은 자신의 후계자가 된 정일에게 '당중앙黨中央'이라는 호칭을 부여했다. 김정일은 수령 독재 완성을 위한 고삐를 늦추지 않았다. 결국 그는 1980년 10월 노동당 6차대회에서 사실상 '수령' 지위를 확보했고, 일성은 상왕上王으로 물러났다.

김정일은 후계자 학습 과정에서 김일성 주관 공개 및 비공개 회의에 참여해왔다.* 특히 1968년 1월에 개최된 노동당 군사위원회 회의는 정일의 마약산업 구상과 관련해 직접적인 영향을 미쳤을

---

* 김정일은 1957년 9월 남산고급중학교 입학 후부터 당중앙위원회 전원회의와 당, 군, 정 중요 회의에 빠짐없이 참석했다. 신평길,《김정일과 대남공작》, pp. 121, 128-129.

것으로 판단된다. 당시 회의에서 김일성은 다음과 같은 '비밀교시'•
를 했다.

> 핵미사일을 개발하는 데서도 이론에서는 뒤지지 않았고 장비가 문제
> 라고 하는데 결국은 돈입니다. 그러니까 이제부터 외화를 벌어들일 수
> 있는 방도를 찾아야 합니다. 전문가들의 이야기를 들어보니까 많은 투
> 자를 하지 않고 외화를 벌 수 있는 가장 좋은 것이 아편이라고 하는데
> 그런 거라면 못할 것도 없지 않습니까. 한번 대담하게 시도해 보십시
> 오. 아편은 마약이니까 저 양강도 고산지대에 일반인들이 출입할 수
> 없는 특별 구역을 만들어 놓고 통제를 잘해야 합니다. 그리고 마약은
> 국제법상으로도 문제 될 수 있으니까 말썽 없도록 해야 합니다.[116]

김정일은 부친의 교시와 행보를 통해 다양한 교훈을 체득했을
것이다. 김일성은 미국의 원자폭탄 때문에 조국통일을 이루지 못
했다며 1955년 4월, 원자 및 핵물리학연구소 설립을 지시했다.[117]

• 통혁당 재건 공작을 수행하다 1976년 9월에 한국으로 귀순한 대남공작원 김용규에 따
르면 김일성의 비밀교시는 모든 분야에 걸쳐 비공개로 행해지기 때문에 해당 분야의
지도핵심 간부가 아니고서는 접하기 어려운 것이 사실이라고 했다. 그래서 '절대비밀'
등급 이상의 수령의 비밀교시는 문헌적 근거를 찾아볼 수가 없다는 한계도 있다고 강
조했다. 또한 김용규는 현재 북한 문제 전문가들이 활용하고 있는 북한의 공개 문헌들
에서는 그들의 내부를 들여다볼 수 있는 실질적 가치를 기대할 수 없다는 점도 같이 지
적했다. 김용규, "대남사업 관련 김일성 비밀교시(상)," 《월간북한》, 2001년 10월호, p.
83; 김용규, 《태양을 등진 달바라기: 영웅 칭호를 받은 남파공작원의 고백》 (서울: 글마당,
2013), pp. 210~213, 227.

즉 일성은 6.25전쟁 시기부터 핵무기 개발에 집착했다. 또한 그는 농업 국가인 중국이 원자폭탄(1964년 10월 실험 성공)과 수소폭탄(1967년 6월 실험 성공) 개발 성공 배경에는 중공의 마약산업(챕터 1 참조)을 통한 달러 확보로 판단했다.** 이에 따라 1970년대 양강도 지역에서는 핵무기 개발 자금 마련을 위한 대대적인 양귀비 재배가 단행되었다.[118] 무엇보다 일성은 광복 직후부터 마약 밀매를 일삼았지만, 1968년 1월 회의에서는 마치 양귀비 재배를 처음 지시한 것처럼 얘기했다. 요컨대 그는 그간 자신이 마약 범죄에 개입한 적이 없는 것처럼 얘기했다. 동시에 당국자들에게 마약 생산과 관련한 보안 유지를 당부했다.

이렇듯 정일은 마약으로 자금도 확보하고 핵무기도 가질 수 있다는 야망을 품었다. 무엇보다 그는 국제사회의 감시를 피해 자신은 물론 당국자들의 개입 흔적을 철저히 은폐하고자 했다.

** 중국 정부 설립 이후 마약산업 총괄책임자는 중공중앙재정경제위원회 부주석과 재무부장을 맡은 보이보薄一波였다. 1955년 1월 15일 개최된 중공중앙서기처 확대회의에서는 보이보를 핵무기 개발 책임자 중 한 명으로 임명했다. 이후 중공은 1964년 10월 16일, 원자폭탄 실험(596 프로젝트)에 성공했는데, 이 프로젝트에서 보이보의 역할은 재정 조달을 맡았을 것으로 보인다. 한편, 김일성은 1975년 4월 18일, 모택동과의 회담에서 중국의 핵 개발 비용이 20억 달러였다는 정보를 접했다. 요컨대 김일성도 핵 개발을 위해서는 중국처럼 마약산업 외에는 막대한 핵 개발 비용을 마련할 재간이 없었을 것이다. 이관형, 〈북한 마약 문제 연구〉, pp. 201-203.

09

김정일
유일지도
범죄

김정일의 마약 범죄 지휘

김정일은 1970년대 초부터 장성택과 해외 공관과 외교관을 활용해 마약 범죄를 지휘했다. 그의 지휘를 직접 받든 인물은 장성택이었다. 김정일은 1973년 9월 조직비서 겸 조직지도부장 추대 전후 장성택을 조직지도부 외교 담당 과장으로 임명했다. 성택은 정일의 '직속 일꾼'이자 '충성의 외화벌이' 책임자였다. 그는 제13차 세계청년학생축전(1989년 7월 1~8일) 관련 건설을 비롯해 김정일의 집무실(중앙당 본청사)과 관저, 연회용 공관 등의 건설과 여기에서 소요되는 외화를 마약 사업을 통해 마련했다.

북한은 1970년대까지 마약의 대량 생산 역량을 갖추지 못했다. 그래서 특정 지역에서 마약을 구입해 제3국에 되팔아 차익을 남기는 중계무역(밀수) 방법을 사용했다. 예를 들어, 헤로인은 주로 '골든 트라이앵글Golden Triangle'에서 수집해 라오스 비엔티안 주재 북한 대사관으로 옮겨 동 대사관이 직접 유통하거나 제3국 공관으로 재분배하는 방식을 사용했다. 또한 하시시hashish, 대마초(마리화나)는 주로 중동 지역에서 수집했다.•

예를 들어, 장상준, 이준준, 김계일 등 북한 국적자 3명은 브라질 국적자 1명과 다량의 마리화나를 파라과이에서 브라질로 반입하려다 1970년 8월 브라질 경찰에 체포되었고, 브라질 법정은 1971년 4월 2일, 이들에게 1년 형을 선고했다.[119] 그리고 레바논 주재 북한 외교관들은 1975년부터 1980년대 초반까지 레바논 발벡Baalbek과 헤르멜Hermel에서 매년 약 2t의 아편과 하시시를 구입해 시돈Sidon, Saida과 시리아 다마스쿠스Damascus를 경유해 유럽과 동남아시아에 판매했다. 또 시리아 주재 북한 외교관 2명은 1976년 5월 16일, 외교행낭을 이용해 이집트 카이로 국제공항에서 하시시 400kg을 밀반출하다 체포되는 사건이 발생했다.

1976년 북유럽 마약 밀수 사건

북한 당국 주도의 마약 범죄는 '북유럽 5개국 밀수 사건'을 계기로 국제사회에 큰 파장을 일으켰다. 이 사건은 북한이 1976년 10월 덴마크, 노르웨이, 핀란드, 스웨덴, 아이슬란드 주재 북한 외교관들

• 하시시는 성숙한 대마의 꽃대 부분에서 얻은 수지를 채취하여 제조한 것으로 대마수지로도 불린다. 하시시는 대마초보다 6배 정도 효과가 강하며 주요 생산 지역은 중동, 북아프리카 등이다.

이 하시시, 양주, 담배 등을 밀수하려다 적발된 사건이다. 즉 김정일은 서방西方의 첫 수교국인 북유럽 5개국을 상대로 범죄를 자행했고, 자국 대사관을 모두 마약 거점으로 만들었다.* 이뿐만이 아니다. 북한은 1970년 핀란드로부터 3,500만 달러, 1974년 스웨덴으로부터 27억 3,200만SEK(크로나; 약 3,776억 원)의 채무를 지고 현재까지 상환하지 않고 있다.[120] 즉 북한은 1970년대부터 외교 관계를 이용해 마약 밀매와 고의적인 채무로 수교국들을 농락해왔다.**

북유럽 5개국이 이 사건을 포착한 계기는 1976년 4월, 북한 공관을 탈출한 스웨덴 주재 외교관 김덕천, 핀란드 주재 공관원 김학천의 제보 덕분이었다. 그들은 망명 과정에서 덴마크 경찰에 북한의 범죄 행각을 고발했다.*** 이에 따라 덴마크, 핀란드 경찰 당국이 먼저 수사에 착수했다. 그 결과 덴마크 경찰은 덴마크 주재 북한 외교관들의 하시시 147kg 밀반입 현장을 적발했으며, 북한이 헤로인도 밀반입한 사실을 확인했다. 또한 노르웨이도 같은 시기에 북한 외교관들이 양주, 담배를 밀반입한 현장을 적발했다.

• 북한은 1973년 4월 7일 스웨덴을 시작으로 핀란드 1973년 6월 1일, 노르웨이 6월 22일, 덴마크 7월 17일, 아이슬란드 7월 27일에 각각 수교를 맺었다.

•• 북한이 수교 후 공관을 개설하고 마약 밀매를 하다 적발된 국가는 1970~1980년대에만 시리아, 레바논, 이집트, 덴마크, 소련, 베네수엘라, 동독, 서독, 네팔, 라오스, 인도, 오스트리아, 태국, 미얀마, 포르투갈(마카오) 등이 있다. 이관형, "북한의 '마약사업' 운영과 기반 확장: 1970-1980년대를 중심으로,"《전략연구》, 86(2022), pp. 307-308.

••• 김덕천과 김학천은 사촌 형제 관계이며 핀란드 당국의 보호를 받다가 서독으로 망명했다.

1976년 10월 북유럽 5개국 밀수 사건 관련 북한 외교관 추방 현황

국가명	대사 성명	공관원 수(대사 제외)	추방 명령일
덴마크	김홍철	김순길 3등서기관, 최홍일, 강호삼 등 3명	10. 15.
노르웨이	박기필	리성진 3등서기관, 류용성 3등서기관, 한지협 아타셰attaché 등 3명	10. 18.
핀란드	장대희(대리대사)	이상준 2등서기관, 이춘석, 봉일영 등 3명	10. 20.
스웨덴	길재경	4명	10. 22. (자진 철수)
아이슬란드	길재경(겸임)	0명(상주자 없음)	–

*출처: 이관형, 〈북한 마약 문제 연구: 국가주도형 초국가적 조직범죄 특성을 중심으로〉
(서울: 고려대학교 박사학위논문, 2021), p. 212.

북유럽 5개국들은 위의 〈표〉와 같이 외교관 17명 전원을 기피인물persona non grata로 선언하고, 추방 명령을 내렸다. 한편, 덴마크 주재 북한 외교관들에게 하시시를 공급한 인물은 아프가니스탄인이었는데, 그는 1978년 4월 서독 베를린에서 체포되었다. 이를 통해 노르웨이, 스웨덴 주재 북한 대사관에도 마약이 공급된 것이 확인되었다.

이 사건에서 길재경 스웨덴 주재 대사의 역할은 현장 실무 책임자였고, 김정일은 평양에서 장성택을 통해 이들의 범행을 지휘했다. 한편, 콩고 주재 1등서기관으로 재직하다 1991년 한국에 입국한 고영환에 따르면, 1976년 당시 북유럽 주재 대사관들의 충성자금 할당액은 200만 달러였다고 한다. 그런데 이 할당액을 채우지 못해서인지, 이 사건 발생 3개월 후인 1977년 1월, 덴마크 주재 북한 외교관 3명은 베네수엘라에 174kg의 아편을 밀반입하다 경찰에 체포되었다.

김정일은 후대後代 수령으로 등극 후, 동아시아를 넘어 중동, 유럽, 중남미까지 마약 밀매 범위를 점점 넓혀갔다.

10

마약
사업에서
산업으로

마약 공급망 확장

김정일은 중계 밀수로 진행된 마약 외화벌이를 1980년대부터 산업 수준으로 변모시켰다. 김정일이 마약을 주력산업으로 선정했다는 의미는 '상품'의 대량 생산 역량(설비와 기술)과 공급망을 확보했다는 의미다. 이에 따라 북한 당국은 1980년대부터 양귀비 재배면적을 대폭 확대하고, 필로폰* 생산 기반도 갖추기 시작했다.

김정일은 마약 공급망 확장을 우해 해외 거점 확보에 열을 올렸다. 북한의 수교국은 1950년대까지만 하더라도 14개국에 불과했다. 하지만 1960년대 32개국(누계), 1970년대에 들어서는 96개국

---

* 이 책에서는 순도 80% 이상의 크리스탈 메스암페타민crystal methamphetamine을 '필로폰'으로 통칭한다.

(누계), 1980년대까지 103개국(누계)으로 증가했다. 또한 김정일은 1976년, 연락부·사회문화부·조사부 등 공작기관을 완전히 장악하고선 다음과 같은 지시를 하달했다.

> 지난 세기와는 달리 국제적 지지, 승인 문제가 혁명 승리의 결정적 요인이 되고 있다. (중략) 국제적 지지, 원조 세력들과 연대, 연합하는 외부적 요인도 중요하다. 국제적인 연대 강화로 혁명의 여건을 성숙시켜야 한다.[121]

공작기관들은 김정일의 지시 관철을 위해 국제범죄조직들과의 연대와 연합을 본격적으로 시작했다. 1970년대부터 시작된 북한의 대외관계 확대는 표면상 외교적 목적으로 보일 수도 있지만, 대남 혁명 거점 생성이라는 목적도 있었다. 물론 마약 밀매도 혁명의 범주 안에 속한 도구였다. 김정일은 1980년대에 들어 마약산업을 이끌어 갈 주요 실행 기관들을 지정했다. 김정일의 마약 범죄 신디케이트들은 글로벌 공급망을 가진 삼합회, 야쿠자, 러시아 마피아 등을 유통 경로로 하는 수출용 필로폰을 본격적으로 생산했다.[122]

마약산업 주력 배경

한국 정보당국에 따르면 김정일은 1985년 3월, 장성택에게 이러한 언급을 했다고 한다.

외화벌이를 위해서는 이러저러한 방법들이 있겠으나 마약 밀수가 대단히 효과적일 것.[123]

이 언급처럼 김정일이 마약산업을 확장한 이유는 다른 마약 카르텔들처럼 쉽고 빠르게 거액의 외화를 벌기 위해서였다. 그는 북한 최고지도자가 분명했지만, 합법적 산업을 육성한 경험은 전무했다. 물론 부친 김일성도 마찬가지였다. 김일성은 1961년 10월, 조선노동당 4차대회에서 '금년부터 시작된 7개년계획이 완수되면 북한은 소련 다음에 가는 지상낙원으로 변모할 것'이라고 했고, 1962년 10월, 최고인민회의 3기 1차 회의에서는 '이밥(쌀밥)에 고깃국 먹고 비단옷을 입고 사는 부유한 생활을 누리게 될 것'이라고 약속했다. 하지만 그는 북한을 지옥으로 만들었고 그와 그의 가족들만 부유해졌다.

부친의 계급을 물려받은 정일은 착취계급의 정점에 올라섰다. 그가 지도자로서 한 업적은 유일영도체계를 완성해 주민들에게 '한 번도 경험하지 못한 나라'를 선사한 것뿐이다. 과거나 지금이나 김 씨 일족이 외화를 벌 수 있는 길은 자국민을 착취하고 마약과 무기를 수출하는 길뿐이다.

'그래도 1960~1970년대 북한 경제가 상대적으로 괜찮지 않았냐'는 질문이 있을 수도 있다. 주지하듯 북한은 1950년대 중반부터 중화학공업 육성 정책으로 1960년대 경제 성장을 이룬 것으로 알려졌다. 그런데 헝가리와 소련의 기밀 해제 문건들에서는 북한이 원자재 수급 부실로 공업 생산에도 진전이 없는 농업 사회라고 지적했다. 무엇보다 관련 통계도 조작되어 경제 성장을 확인할 수 있는 지표도 없었다. 그래서 김일성이 할 수 있는 일은 소련과 동구권 국가로부터 원조와 차관을 얻는 것뿐이었다.[124] 북한 경제는 1960년대부터 침체 일로에 있었고, 1960년대 후반에는 6개월분의 군량미도 비축하지 못할 정도였다.[125]

김씨 일족의 혁명 대상인 한국은 1967년부터 북한을 따돌리기 시작해 1970년에는 약 2배의 경제 격차를 보였다.• 북한은 1970~1980년대 사회주의권 국가 중 1인당 실질 GDP 성장률 최하위를 기록했다. 또한 1973년에만 비공산권 국가들과의 무역에서 1억 6,500만 달러의 적자를 기록했다. 이에 따라 북한은 1973년 심각한 국제수지 문제에 직면했고, 1974년부터는 경화硬貨 적자를 조달할 수도 없었다. 결국 북한은 서구권 채무자들에게 대규모 채무를 불이행한 최초의 공산권 국가가 되었고,[126] 현재까지 단 한 푼의 채무도 갚지 않고 있다.

김일성 부자는 국가 경제에 방관으로 일관하면서도 막대한 외화를 원했다. 돈 없이 독재 권력을 지키는 것은 불가능했다. 그래서 김정일은 자신을 위한 독특한 경제 구조를 만들었다. 김정일은 1970년대부터 인민경제(국가 경제)에서 군수軍需경제(제2경제)와 당黨경제(제3

• 한국 중앙정보부는 1967년 북한 GNP(국민총생산) 26억 달러, 한국 GNP 42억 8,000만 달러, 1970년에는 북한 39억 8,000만 달러, 한국 78억 3,000만 달러로 추산했다. 강인덕,《한 중앙정보 분석관의 삶 1》, p. 209.

경제)를 분리시켜 3원화 형태의 경제 구조를 만들었다. 그는 당 내부 사업과 전쟁 준비라는 명분으로 국가 경제 부문의 모든 이권과 자원들을 2경제와 3경제로 집중시키는 착취搾取 체계를 만들어 자신의 주머니를 채웠다.**

김정일의 대표적인 착취는 전 주민들을 대상으로 한 충성자금 헌납 강요이다. 그는 1971년부터 도 및 시·군당에 외화벌이 과업을 하달하고 외화를 헌납하게 했다. 또한 해외 공관들은 김정일의 특별 지시에 따라 '연간 외화벌이 목표액'이 할당되었다. 소규모 공관의 경우 10만 달러, 상대적으로 규모가 큰 공관들에게는 20~50만 달러의 상납금이 부과되었다.[127] 외항선外航船, 특히 1976년 기준 14,000t급 증산호의 연간 외화벌이 목표액은 43,000달러였다.[128] 북한의 해외 공관과 외항선들은 마약과 무기를 포함한 각종 범죄 행위로 벌어들인 외화를 김정일에게 바쳤다.

김정일은 이 외화를 일족의 편의와 우상화에 쏟아부었다. 북한은 1960년대 후반부터 뉴욕 타임스, 워싱턴 포스트, 가디언 등 해외 매체에 1회당 3,000~1만 달러 상당의 김일성 우상화 광고를 최소 100건 이상 실었다. 또 1970년부터 만수대 김일성 대형 동상, 주체사상탑, 전국 곳곳에 김일성만수무강탑(현재의 김일성영생탑), 김일성혁명역사연구실과 김정일로작관, 호화 특각(별장)들과 지상과 지하

•• 국내외 여러 기관들에서 북한의 경제 지표를 발표하고 있지만 이는 국가 경제의 지표일 뿐이다. 그래서 사실 군수경제와 당경제 부문은 파악 자체가 어렵다.

에 관저, 집무실들을 다수 건립했다. 또한 그는 1989년 7월 제13차 세계청년학생축전을 위해 1970년 GNP와 맞먹는 40억 달러를 지출했고, 김일성 시신 보존을 위해 8억 9,000만 달러를 들여 금수산의사당을 금수산기념궁전(현재의 금수산태양궁전)으로 개조했다.[129] 물론 이 외화는 국정 운영에 투입되기도 했다. 하지만 김정일은 각 기관들이 필수적으로 지출하는 소액의 외화도 자신의 친필비준에 의해서 집행되도록 했다. 또한 모든 생산수단과 생산물 처분권을 독점하고, 심지어 전력 배정까지 자신의 친필비준을 통해 실행될 수 있도록 했다.[130] 결국 김정일 통치 시기에는 경제에 이어 보건, 교육 등 사회 제반 시스템들이 붕괴하여 100만 명에 가까운 사망자와 행방불명자가 속출했다.*

그런데 김정일은 자신에서 비롯된 고난의 행군을 이렇게 평가했다.

지금처럼 정세가 복잡한 때에 내가 경제실무 사업까지 맡아보면서 걸린 문제들을 다 풀어줄 수는 없습니다. (중략) 수령님께서는 생전에 나에게 절대로 경제사업에 말려들어 가서는 안 된다고 하시면서 경제사업에 말려들면 당 사업도 못 하고 군대 사업도 할 수 없다고 여러 번

---

* 황장엽 전 노동당 사상 및 외교 담당 비서는 고난의 행군 시기 조직지도부가 파악한 아사자 규모는 1995년 기준 약 50만 명(당원 5만 명 포함)이었고, 양강도 임업관리국 당위원회 조직부 책임지도원, 양강도 검찰소 검사 등을 역임했던 한 탈북민은 조직지도부가 파악한 1996~2000년 사망자와 행방불명자는 약 33만 명이었다고 한다.

수령과 마약

당부하시였습니다. (중략) 오늘 당 일꾼들의 능력과 책임성은 식량문제를 어떻게 풀어나가는가 하는 데서 나타나야 합니다. 이제는 누가 일을 잘못하였는가 하는 것을 계산할 때가 되었습니다. 머리를 쓰지 않고 뛰지 않는 당 일꾼, 걸린 문제를 풀어나가지 않는 당 일꾼은 필요 없습니다. (김정일의 1996년 12월 김일성종합대학 창립 50주년 기념 연설)*131*

김정일은 고난의 행군이라는 환란患亂의 책임을 모두 남 탓으로 돌렸다. 그러고는 해당 간부들에 대한 처형과 숙청을 1997년 8월부터 2000년 초까지 대대적으로 단행했다. 그는 자신이 완성한 독재 체제에서 당연히 무오류無誤謬의 존재여야만 했다. 하지만 '부친이 경제는 신경 쓰지 말라고 했기에 나는 아무런 책임이 없다'는 정일의 말은 심각 이상의 자기기만自己欺瞞이었다. 물론 그는 실제로 경제에 무능했다. 그래서 김정일이 마약 범죄를 주력산업으로 선택한 이유는 '그것'밖에 할 수 있는 게 없었기 때문이었다.

11

전 국토의
백도라지화

북한은 1980년대에 들어 양귀비 경작 규모를 대폭 확대했다. 국내 일부 언론들은 백도라지 사업이 1990년대에 시작된 것으로 보도했지만, 사실 이 사업은 김일성이 양귀비에 '백도라지'라는 명칭을 부여한 1980년대 후반부터 실행되었다. 이와 관련해 황장엽 전 노동당 사상 및 외교담당 비서는 김일성이 1980년대 당중앙위원회 회의석상에서 양귀비 재배를 논의하였고 이 시기부터 양귀비를 백도라지로 칭했다. 또한 호위사령부 35여단 경리과 운전수로 복무했던 구대명은 1988~1989년, 호위사령부가 부대원들에게 양귀비 재배를 지시하면서 양귀비에 반드시 백도라지라는 명칭을 사용하라고 주문했다.

한편, 1996년 10월 국가안전기획부(이하 안기부)는 국회정보위원회 주관 국정감사에서 '1989년 8월 김일성, 김정일 부자의 지시로

양귀비를 꽃, 백도라지라는 위장 명칭으로 사용하면서 재배면적을 확대시켰다'고 보고했다.[132]

김일성과 김정일이 양귀비 재배 확대 사업을 '백도라지' 사업으로 명명한 이유는 보안 때문이었다. 즉 국가 주도 범죄가 발각될 것을 우려했기 때문이다. 따라서 1968년 1월 김일성의 비밀교시처럼 일반 주민들의 시선이 닿지 않는 산간 오지나 완전 통제 구역으로 분류되는 관리소(정치범수용소)에서 양귀비가 재배되었다. 또한 경작 인원들도 제대군인이나 특수기관 종사자, 의학대학이나 약학대학 재학생을 주로 동원했다. 예를 들어, 북한은 1987년 7월 '공화국 정부성명'을 발표하고 12월 말까지 "10만 명의 인민군장병들을 일방적으로 제대시켜 사회주의건설장들에 진출시켰다"고 주장한 바 있는데,[133] 이들 중 일부는 양귀비 재배 인력으로 투입되었다. 전 국가보위부 해외반탐국(당시 2국) 국경과 소속 정보원 김정연에 따르면, 1989년 자강도 최북단에 있는 중강군에서 김일성의 특별 지시로 만들어진 대규모의 양귀비 농장이 있었다고 한다. 김정연은 동 농장에서 북한의 인민군 감축 정책에 의해 제대된 군인들이 양귀비를 재배했다고 회고한 바 있다.

관리소에서도 양귀비가 재배되었다. 이곳은 국가안전보위부 농장지도국(7국)만이 접근 가능한 보안 구역이다. 7국 소속으로 1987~1994년 상반기까지 관리소 경비대원으로 근무하다 1994년 10월 한국에 입국한 안명철 씨에 따르면, 그가 근무했던 13호 관리소(함경북도 온성군 소재) 내 동포지구에서는 1987년에 한 야산을 개

13호 관리소 내 양귀비밭과 작업반(정치범 거주 시설) 위치

·이미지: Google Earth Pro, 2011년 4월 4일 이미지 기준
·위도 및 경도: 42°42'15.52"N, 129°55'29.76"E
·고도: 308m
·상단의 점선 구획: 양귀비 재배 작업반 위치(정치범 거주 시설)
·하단의 점선 구획: 재배 면적 약 87,000㎡(약 8.7㏊)

*출차: 이관형, 《북한 마약 문제 연구》, p. 235.

간해 양귀비가 재배되었다고 한다.(그림 참조)

안 씨는 저자에게 양귀비 재배를 위해 '이주민'(정치범)들로 구성
된 1개 작업반이 투입되었고, 관리소 내에서도 보안 유지를 위해
이 작업반 명칭을 '남새(채소)작업반'으로 위장했다고 언급했다. 또
한 22호 관리소(함경북도 회령시 소재) 내 락생지구에서도 양귀비가
재배되었는데 총 500여 명의 정치범들이 양귀비 재배에 동원되었
다고 한다. 한편, 관리소의 또 다른 형태 중 하나인 혁명화 구역에
서도 1970~1980년대에 양귀비가 재배되었다는 증언도 존재한다.

수령과 마약

1977 - 1987년 함경남도 요덕군 구읍리, 입석리, 대숙리에 소재한 15호 관리소 혁명화 구역(2012년 해체)*에 가족과 함께 수감되었던 강철환 씨에 따르면 구읍지구에만 9,000평 규모(약 2.97ha)의 양귀비밭이 있었다고 국내 언론에 밝힌 바 있다.[134] 또한 보위사령부 산하 청진 5.18소에서 재정 담당 지도원으로 근무(1998년 10월~2002년 5월)한 손명화 씨도 저자에게 '16호 관리소(완전 통제 구역, 함북 명간군)에서 생산된 아편 진액을 수납하기 위해 직접 청진 5.18소 소장과 함께 2000년도에 관리소에 방문했다'고 증언한 바 있다.

98~99쪽의 〈표〉와 같이 김일성 부자는 1990년을 전후로 백도라지 생산 확대를 수차례에 걸쳐 지시했고, 이에 따라 북한 전역에서 양귀비가 재배된다. 김일성은 1990년 1월 당중앙위원회 제6기 제17차 전원회의, 1992년 9월 함경북도당위원회 전원회의 확대회의 등 공식 회의에서 북한 전역에 양귀비를 재배할 것을 지시해 아편 생산이 공개 산업으로 전환되었다. 1990년대부터 북한에서는 일반 주민들 사이에서도 백도라지가 곧 양귀비이며, 당국에 의해 아편 생산이 이루어진다는 인식이 널리 퍼지게 되었을 만큼 대대적인 양귀비 재배가 이루어졌다. 백도라지는 더 이상 위장 명칭이 아니라 '일반명사'가 되었다. 북한의 백도라지산업은 1994년 7월 김일성 사망 전까지는 김일성 휘하의 금수산의사당경리부,

---

* 완전 통제 구역은 공민권(시민권)이 박탈된 수감자들이 종신 구금되는 지역이다. 그러나 혁명화 구역은 최대 구금 기간은 3년이며 공민권도 유지된다. 15호 혁명화 구역은 한국에서 요덕수용소로 잘 알려졌는데, 2012년 해체되었다.

호위사령부(아미산총국)와 김정일이 지휘하는 중앙당 39호실에 의해 관리되었다.

1990년대 김일성·김정일의 양귀비 재배 확대 지시 현황

시기	지시	지시 및 조치 내용	출처
1989년 8월	김정일	**지시** "산간 오지의 척박한 땅에 양귀비를 심어 외화를 획득하고 쌀 및 영농물자를 자체 해결하라."	국가안전기획부 (A)
1990년 1월	김일성	**지시** 1990년 1월, 금수산의사당경리부 당위원회는 산하 기관들에 김일성의 '1월 8일 방침'을 하달해 대홍단종합농장, 백암종합농장 등 3개 종합농장들을 '백도라지 농장'으로 전환해 양귀비 재배 지시 **조치** 금수산의사당경리부 관리하에 양귀비 재배 관리, 금수산의사당경리부 산하 만청산연구원 룡성특수식료공장, 력포유리공장, 평천상표공장, 금수산연구소, 태평술공장, 학산게사니공장 소속 종업원들이 양귀비 재배 동원	만청산연구원 출신 탈북민 (B)
1990년 3월	김일성	**지시** 1990년 3월, 양강도 보천군 의화리 제9작업반을 '백도라지 농장'으로 전환해 양귀비 재배 지시 **조치** 1990년 4월부터 1993년까지 양강도 보천군 대부분의 협동농장들을 '백도라지 농장'으로 전환	만청산연구원 출신 탈북민 (C)
1991년 1992년 1997년	김일성 김정일	**지시** 1991년 김일성이 200ha 규모의 양귀비 재배를 지시, 1992년 김일성이 마약류 생산량을 증대할 것을 지시, 1997년 김정일이 전국의 각 협동농장에 10ha 규모의 양귀비 재배 지시 **조치** 당중앙위원회 산하 공작부서들과 국가안전보위부가 마약류 판매 독점하고 일본, 한국, 홍콩, 중국, 러시아 등에 판매	중앙당35호실 공작원 (D)

1992년 8월	김정일	**지시** 양귀비 재배 사업을 "백도라지 사업"으로 명명하고 '외화획득을 위해 아편을 대대적으로 수출하라' **조치** 1992년 대비 1993년 양귀비 재배 면적 10배로 확대, 1992년 9월부터 라남제약공장의 아편 정제 라인 생산능력이 3t에서 100t 규모로 증대 **조치** 국가보위성, 사회안전성, 인민무력성 등이 마약 생산 및 밀매 참여	국가안전기획부 (E)
1993년	김일성	**지시** 아편농장 운영 지시	러시아 태평양함대 방첩부대 (F)
		조치 각 도道별로 1개씩 총 10개소의 아편농장, 시·군 지역에는 아편작업반●을 개설하고 5호 관리부(39호실 산하)가 관리	제2경제위원회 향산요양소 약제사 출신 탈북민 (G)
1993년 가을	김일성	**지시** 함경북도 연사군 남작리 농장 현지 지도에서 "식량 구입을 위한 아편을 더 많이 생산하라"고 지시	전 중앙당 자료연구실 부실장 김덕홍 (H)

＊출처

(A) 진민범, 〈국제 마약류 밀거래 실태와 우리의 대응방안에 관한 연구〉 (서울: 경희대학교 행정대학원 석사학위논문, 1994), p. 56; 서울＝연합, "안기부 국제 마약 정보 수집 활동 강화-1," 《연합뉴스》, 1993년 6월 8일.

(B) 이관형, 〈북한 마약 문제 연구〉, p. 226.

(C) 김주원, "의화리 백도라지농장," RFA, 2017년 8월 22일; 김주원, "청림리 백도라지농장(2)," RFA, 2017년 9월 5일.

(D) 김용수, "김일성이 마약 증산 지시〈산케이〉," 《연합뉴스》, 2002년 8월 3일 ; 김용수, "북, 마약 밀수로 외화 60% 획득 〈망명 북인사〉," 《연합뉴스》, 2003년 5월 20일; 김성동·백승규, "[충격 증언] '조선노동당 중앙위원회 35호실' 출신 북한 고위공작원 박건길 씨," 《월간조선》, 2009년 5월호.

(E) 국가안전기획부, 《21C 새로운 위협 국제범죄의 실체와 대응(국제범죄정보자료집 '98》 (서울: 국가안전기획부, 1998), p. 282; 서울＝연합, "안기부 국제 마약 정보 수집 활동 강화-1," 《연합뉴스》, 1993년 6월 8일.

● 종합농장 혹은 협동농장 내 1개 작업반이 양귀비만을 재배

이와 같은 김일성 부자의 다발성 지시로 양귀비 경작지는 전 국토로 확대되었다. 이와 관련해 한국 정보당국은 아래와 같이 분석했다.

○ 북한이 1980년대 들어 사람들의 접근이 어려운 개마고원 일대 40만 평(약 132.2ha)과 양강도 산악지역 20만 평(약 66.1ha) 등에 양귀비 재배 농장을 조성하여 연간 약 1t에 가까운 아편을 생산하고 있다.
○ 1992년 425정보(약 421.5ha)에서 3t의 아편이 생산됐지만, 1993년 4,274정보(약 4,238.6ha)에서 30t으로 늘어났다.[135]

1993~1995년 사이 북한에서는 냉해, 우박, 집중 호우가 발생했다. 양귀비밭 상당수가 소실될 상황이었다. 그런데 한국 당국은 1999년 5월 기준, 북한의 양귀비밭이 약 2,081만 1,000평(약 6,880ha)에 달한다는 첩보를 입수했다고 밝혔다.[136] 즉 양귀비 경작지가 오히려 확대됐다고 판단한 것이다. 이와 관련해 한국 정부 고위 당국자는 1996년 7월, 다음과 같이 언급했다.

양강도-함경도-자강도 등 중국-러시아 등과 접경지역에서 몰래 이뤄지던 마약재배가 2년 전쯤부터 평안도 황해도 등으로 확대되어 최근에는 농촌지역의 거의 모든 가구가 경작하고 있는 것으로 파악된다.[137]

한편, 미국 국무부는 *International Narcotics Control Strategy Report 1998* (국제마약통제전략보고서; 이하 *INCSR*)을 통해 북한의 양귀비 재배 면적은 4,200~7,000ha, 생아편 생산량은 연간 30~44t, 헤로인은 3~4t으로 추정된다고 발표하기도 했다.[138]

12

헤로인
생산 규모와
기술

헤로인 생산 규모 추정

앞에서 확인한 한국과 미국의 평가에 따른다면, 1990년대 북한의 양귀비 재배면적은 최대 7,000ha이며, 연간 헤로인 생산량은 최대 4t이다. 하지만 한미 당국은 1990년대 북한의 아편 생산량을 과소寡少 추정한 것으로 판단된다. 앞에서도 밝혔듯이 1951년 6월 기준 북한의 아편 생산량은 이미 102t을 넘었다.(챕터 4 참조) 물론 시간이 흘러 북한의 양귀비 재배지 관리 및 작황 상태는 변화했을 수도 있다. 하지만 북한은 1990년대에 최소 100t 이상의 아편, 즉 최소 10t 이상의 헤로인을 생산할 수 있었다. 그 근거는 다음과 같다.

2003년 5월 20일 미국 상원 청문회에 출석한 한 고위급 탈북민은 1998년부터 북한 내 모든 협동농장들에 각 10정보(약 9.2ha; 축구장 면적 약 14배)의 양귀비 재배 전용 경작지가 있었다고 증언했

수령과 마약

다.[139] 북한의 협동농장은 약 3,000개 정도로 알려졌는데, 이 중 2,000개의 협동농장에서만 양귀비가 재배되었다고 하더라도 약 18,400ha(축구장 면적 약 25,770배)에 달한다. 또한 전 함북 보위부 지도원 윤대일(가명)*에 따르면, 라남제약공장은 1990년대 매월 헤로인 1t, 즉 연간 12t을 생산할 수 있었다고 증언했다.[140] 안기부도 라남제약공장은 1992년 9월 아편 정제를 연간 3t에서 100t 규모로 증설했다고 밝혔다.[141] 100t의 아편을 정제하면 헤로인 10t 생산이 가능하다. 무엇보다 1990년대 라남제약공장 같은 시설이 또 있었다면, 10t이 아니라 20t, 30t 이상의 헤로인을 생산할 수 있었을 것이다.

이 근거들만으로는 북한의 헤로인 생산 규모 추정이 어려울 수 있다. 그래서 1990년대 적발된 북한의 헤로인 거래 사건들을 소개해 보겠다. 북한의 '어은청년호(선장 김현국)'에 탄 선원 11명은 1990년 2월 27일, 인도네시아 딴중삐락항Pelabuhan Tanjung Perak**에서 관계 당국에 의해 억류되었다. 어은청년호는 인도네시아의 한 무역회사가 홍콩의 콘수리타 월드 트레이드 컴퍼니Consurita World Trade Company를 통해 수입한 화물을 운반했다. 인도네시아 당국은 이 선박이 하역한 콩 38,405자루(총 3,400t)에 헤로인과 대마초가 각 2.3kg씩 은닉된 것을 적발했다. 각 자루에 1kg의 헤로인이 은닉되었다면, 어은청년호가 하역한 헤로인은 총 38.4t이다. 이 정도의 중

- 윤대일은 1983년 9월부터 함경북도 무산군 국가안전보위부 반탐정과 지도원(소좌)으로 반탐정(방첩) 및 외사 업무를 담당하다 1998년 9월 탈북해 한국으로 입국했다.
- •• 인도네시아 동자와주Provinsi Jawa Timur 수라바야Surabaya에 소재한 항구.

량은 북한이 제3국에서 중계밀매를 통해 획득할 수 있는 양이 아니다. 즉 북한이 직접 생산한 헤로인을 선적했다는 의미이다.

다음은 러시아에서 발생한 사건이다. 러시아연방보안국FSB은 1994년 6월 9일, 프리모르스키주(연해주) 하산Хасан에 소재한 '러시아-조선 우호의 집(일명 김일성의 집)'에서 헤로인 8.25kg 거래를 시도한 북한인 2명을 현장에서 체포했다. 이 북한인들은 러·북 합영회사인 '보스토크리브스토이'의 자회사 '모놀릿Монолит'('하나로 된 돌'의 의미) 직원으로 위장한 채천수(상급자), 김인철(하급자)이었다.* 이들은 국가안전보위부 해외반탐국이나 보위사령부 소속으로 추정되었다.

마피아로 위장한 러시아 연방보안국 언더커버undercover 요원은 북한의 헤로인 거래 계획을 사전에 포착했다. 북한 요원들은 거래가 이루어지기 전인 1994년 5월, 러시아 언더커버에게 '최초 거래가 성공하면 헤로인 2.2t도 준비할 수 있다'고 했는데, 최대 7.7t까지 거래량을 늘리려고 했다. 이와 관련해 러시아 당국은 언더커버 요원들이 확보한 채천수, 김인철의 대화 내용을 다음과 같이 발표했다.

이번에 넘기는 물량은 단지 우정의 시작에 불과하며, 앞으로 당신들이 원하는 만큼 얼마든지 마약을 공급해줄 수 있다. 매달 정기적으로 5억 달러 상당의 마약을 공급할 수 있다.[142]

• 이 요원들의 정확한 성명은 자료마다 다른데, 채천수는 채천수 혹은 최종수라는 이름일 수 있고, 김인철은 김인설이라는 이름일 수도 있다.

북한 요원들은 적발 당시 헤로인 8.25kg를 40만 달러, 즉 1kg당 4만 8,484달러에 거래했다. 만약 북한이 이 단가로 위의 대화 내용처럼 매월 5억 달러의 헤로인을 판매하려고 했다면, 북한은 1개월에 약 10t, 즉 1년에 120t의 헤로인을 공급할 수 있었다는 뜻이다. 물론 북한 요원들은 거래 상대의 호감을 사기 위해 공급량을 과장했을 가능성도 있다. 하지만 1994년 6월 거래 당시 북한의 최대 목표 거래량은 7.7t이었고, 이후에 단 한 번의 거래만 성사시킬 의도였다고 해도 최소 17.7t 이상의 헤로인은 보유하고 있었을 것으로 판단된다. 따라서 북한의 1990년대 연간 헤로인 생산량은 최소 10t이며, 동남아 등 외부 조달량까지 포함하면 100t까지 공급할 수 있었을 것으로 보인다.

헤로인 생산 기술 획득

북한은 1980년대에 들어 헤로인 생산 기술**을 확보했다. 북한이 핵무기와 대륙간 탄도 미사일(ICBM) 기술을 외부에서 가져왔듯이

●●   1kg의 헤로인 제조 시 필요한 원료는 10kg 아편과 20kg의 화학물질이다. 이 화학물질들은 생아편→모르핀→헤로인으로 합성에 필요한 물질이며 넓은 범주에서 알칼리성 및 산성, 아세틸화제, 용매제 종류의 물질들이 필요하며 헤로인으로 전환하기 위한 필수물질은 아세틸화제로 사용되는 무수초산acetic anhydride(아세트산 무수물)이다. UNDCP Regional Office for South Asia, *Chemical Control in the Fight Against Illicit Drug Production: The South and South-West Asia Scene* (New Delhi: Regional Precursor Control Project for South and South-West Asia, 1998), pp. 13-14 https://www.unodc.org/documents/india/ccch2.pdf (검색일: 2023년 11월 24일).

헤로인 기술도 해외에서 들여왔다. 이와 관련해 황장엽은 1994년 6월, 한국 언론에 정무원(현재 내각)의 마약 담당 책임일꾼이 '동남아 사람들로부터 좋은 (양귀비)종자와 재배 방법을 입수하고 판로를 개척할 것'이라는 언급을 했다고 밝힌 바 있다.[143] 또한 미국 상원 청문회에 출석한 고위급 탈북민은 2003년 5월, '1990년대 라남제약공장에는 7~8명의 태국인 기술자들이 헤로인 생산에 직접 관여했다'는 증언을 했다.[144] 북한은 헤로인 기술을 태국 등의 동남아 범죄조직으로부터 확보한 것으로 보이는데, 이와 관련해 노동당 연락소 해외파견조 출신 탈북민 H는 다음과 같은 언급을 했다.

> 보위사령부 산하 조선장생무역회사 사장 박윤호는 2,000만 달러를 투자해 극비리에 태국에서 마약 제조업자 3명을 납치하고 마약 제조 설비를 구입해 라남제약공장에서 아편 분말 생산에 착수했다.[145]

또한 대외무역기관에서 근무한 바 있는 탈북민 유수림(가명) 씨는 보위사령부 산하 조선수정합영회사에서 근무하던 리용만이 태국에서 마약 생산 전문가 2명을 데려와 '덴다'(헤로인)를 생산했다고 밝히기도 했다.[146]

북한은 해외 기술자 영입을 통해 1980년대 후반, 헤로인 기술의 '국산화'에 성공했다. 이와 관련해 라남제약공장의 동력직장에서 1996~2002년 4월까지 근무했던 이광철은 라남제약 5직장에서 헤로인이 생산되었고, 책임 기술자는 5직장 기사(혹은 기사장) 정상

수령과 마약

길이었다고 밝혔다. 이광철은 정상길이라는 인물이 자신의 부친과 두터운 친분이 있었고, 그가 '동남아에서도 못 만드는 품질의 헤로인을 만드는 기술을 갖고 있다'고 덧붙였다.[147]

북한은 2010년 이후에도 헤로인을 지속 생산한 것으로 보인다. 하지만 아편 생산 규모를 점차 줄이면서 자연스럽게 헤로인 생산도 과거에 비해 축소한 것으로 판단된다. 북한 입장에서는 노동집약형 산업인 헤로인보다 기술집약형 산업인 필로폰 생산에 더 투자하는 것이 합리적인 선택이었을 것이다.

13

필로폰
순도
향상

브레이킹 배드

최근 들어 미국에서는 순도 99% 이상의 필로폰*들이 등장했다는

• 1885년 일본 도쿄대학 의학부 교수 나가이 나가요시長井長義는 마황草麻黃(Ephedra sinica Stapf.)에서 에페드린ephedrine을 추출, 1893년 메스암페타민 합성에 성공했다. 이후 1919년 나가이의 제자 오가타 아키라緒方章는 메스암페타민 결정화에 성공했다. 그리고 1941년 대일본제약회사는 메스암페타민을 '히로뽕ヒロポン', 암페타민을 '제드린ゼドリン'이라는 상품명으로 사용했다. 이 약품들은 일본에서 일반 의약품처럼 판매되었을 뿐 아니라 2차 세계대전에서 군사적 목적으로도 사용되었다. 군수공장 노동자들에게는 피로회복제로, 특공대와 돌격대에게는 공포를 없애고 힘을 돋우는 약으로, 경계병에게는 잠 안오는 약으로 지급되었다. 한국에서는 히로뽕의 영어 명칭Philopon 그대로 필로폰으로 사용하고 있다. 한편, 일본에서는 필로폰이라는 용어를 사용하지 않고 각성제覚せい剤로 부르고 있다. 또한 미국에서는 아이스ice, 크리스탈crystal로 중국에서는 빙두冰毒, 필리핀에서는 샤부Shabu, 대만에서는 아미타민으로 부르고 있다. 북한에서는 중국식 발음을 그대로 사용해 빙두 혹은 '뼁'으로 부르거나 생산 지역명 뒤에 '물'이라는 용어를 붙이기도 한다. 또 결정 형태를 지칭해 얼음(혹은 아이스)이나 총석정(주상절리 형태)이라는 은어도 사용한다. 法務省,《令和2年版 犯罪白書: 薬物犯罪》(東京: 法務省, 2020) http://hakusyo1.

뉴스가 보도된 바 있다.[148] 필로폰 생산 기술은 순도가 관건이다.••
그런데 북한은 고순도 필로폰 생산 기술을 1990년대에 이미 확보
했다. 이와 관련해 국가안전기획부(이하 안기부)는 1998년, 북한산
필로폰을 이렇게 평가했다.

북한산 필로폰을 분석한 결과 불순물이 거의 없는 고순도(98%)이며
미량의 벤즈알데히드(1%)가 검출되는 특징이 있다.[149]

또한 미국 법무부 마약단속국Drug Enforcement Administration(이하
DEA)은 2012~2013년 북한산 필로폰 3종을 압수해 분석했는데, 각

---

moj.go.jp/jp/67/nfm/n67_2_7_3_2_0.html (검색일: 2024년 3월 22일); 국가정보원,《마약
류 용어해설》(2003), pp. 37-38; 이관형, "북한 주민의 마약 소비 실태" (북한인권정보센
터 '북한 주민의 마약 사용 실태 현황과 과제' 세미나, 서울, 한국프레스센터 기자회견장, 2016. 12. 1.),
pp. 22-23.

•• 필로폰의 전구물질은 마황에서 추출된 에페드린ephedrine, 슈도에페드린pseudoephedrine
혹은 1-페닐-2-프로파논1-phenyl-2-propanone 등이며 각 물질에 따라 합성 방법과 물질
이 다르다. 메스암페타민 생산 방법은 나가이법, 로센먼드Rosenmund법, 류가르트Leucart
법, 엠드Emde법 등 다양하며 각각의 방법에 따라 수득률收得率(원료물질 대비 목적물질에 대
한 비율)도 다르다. 특히 엠드법은 한국 필로폰 기술자들이 주로 활용해 왔던 방법으로
수득률은 원료물질 대비 82~83%이며 염산에페드린과 클로로에페드린이 불순물로 함
유된다. 완성된 필로폰의 순도는 품질과 직결된다. 즉 고순도일수록 사용자의 선호도에
결정적인 영향을 미치고 있다. 미국 DEA는 순도가 80% 미만을 경우 메스암페타민으
로 순도 80% 이상일 경우 크리스탈 메스암페타민crystal methamphetamine으로 구분하고 있
다. UNDCP Regional Office for South Asia, *Chemical Control in the Fight Against
Illicit Drug Production*, p. 16; 국가정보원,《마약류 용어해설》(서울: 국가정보원, 2003),
pp. 38-39; United States Drug Enforcement Administration, "Methamphetamine
Seizures Continue to Climb in the Midwest," *DEA Press Release*, July 10, 2019.

각의 순도는 96%, 98%, 99%로 나타났다.[150]

세계적인 이목을 끌었던 미국 범죄 드라마 '브레이킹 배드Breaking Bad'의 극중 캐릭터 '월터 화이트Walter White'는 고등학교 화학교사를 하다가 99.1%의 초고순도 필로폰을 생산했다. 이 드라마 방영후 시청자들은 99.1%라는 수치가 실제로 도달 가능한 수치인지 궁금해했다. 이와 관련해 이 드라마 시즌 4, 1화에서 또 다른 필로폰 기술자 게일Gale Boetticher은 거스Gus Fring라는 킹핀Kingpin*에게 이렇게 얘기했다.

> 저는 순도 96%까지는 보장할 수 있지만, 99%가 되기 위한 3%의 간극은 매우 큽니다.

게일의 얘기처럼 현실에서도 99%는 도달하기 어려운 수치이다. 그렇다면 북한은 언제부터 고품질의 필로폰 생산 기술을 획득한 것일까. 자체적인 투자와 연구 끝에 확보한 것일까 아니면 WMD 생산을 위해 러시아와 중동 기술자들로부터 기술을 이전받은 것처럼 외부의 조력이 있었을까. 정답은 후자이다. 또한 그 '외부'는 사실 '한국'이다. 북한은 1990년대에 들어 한국 범죄자들로부터 기술이전을 받아 각 전구물질에 따른 생산 방법과 순도 향상 등의 진전

---

* 킹핀이란 그룹(특히 마약 범죄조직)에서 가장 중요하거나 가장 영향력이 있는 사람을 의미하는 용어이다. Longman Dictionary of Contemporary English 웹사이트 https://www.ldoceonline.com

수령과 마약

을 이룬 것으로 보인다. 그렇다면 한국의 필로폰 생산 기술이 어떻게 북한까지 가게 되었는지 그 배경과 경로를 추적해 보자.

한국은 1980년대까지 필로폰 공급국이라는 오명汚名을 갖고 있었다. 그 원인은 당시까지 필로폰 제조 사범들이 국내에 상당수 존재했고, 세대를 거치면서 기술 이전이 되었기 때문이다. 한국의 1세대 필로폰 생산 기술자들은 1941~1945년 2차 세계대전 기간 중 일본 군수공장에서 필로폰 생산 기술을 습득한 정은종(정강봉의 동생, 1981년까지 생존 추정), 김화순(1976년 사망), 정강봉(1976년 사망) 등이다. 이들은 1951년부터 시행된 일본의 〈각성제취체법〉에 의한 단속으로 1950년대 중반에서 1960년대 사이 일본에서 한국으로 들어왔고, 야쿠자들로부터 필로폰 전구물질(혹은 원료물질; precursor)과 자금을 제공받아 국내에서 필로폰을 생산했다. 그 결과, 일본인들의 필로폰 소비는 1970년부터 급증했다.[151]

1세대 기술자들은 사망 전까지 윤재성, 이황순, 노병률, 최재도, 한삼수, 허봉률 등 2세대에게 기술을 전수했다. 이들 외에도 1970년대에 필로폰 제조공정을 보조하면서 자체적으로 기술을 습득한 인원들도 200~300명 가량이 존재했다.[152] 그러나 1989년부터 시작된 한국 정부의 '범죄와의 전쟁'으로 인해 1996년 3월, 노병률(김화순의 제자), 한삼수와 같은 2세대들이 체포되었고, 나머지 생산 기술자들은 중국으로 도피했다.[153]

당시 한국 검찰의 마약 통제 성과는 뛰어났다. 검찰은 1989년 2월 13일~1994년 12월 31일까지 국내 필로폰 제조 조직 129개와 생

산 기술자 1,143명을 검거했다. 이로써 한국은 필로폰 주요 생산
국이라는 오명을 벗게 되었다.[154] 하지만 중국으로 은신한 국내 마
약 사범들은 1990년대 후반부터 중국에서 필로폰을 생산해 한국,
일본으로의 밀매를 재개했다.[155] 중국에 체류했던 한국 기술자들은
현지 필로폰 생산에도 상당한 영향을 미쳤고, 한국 당국이 2001년
까지 검거하지 못한 기술자들은 15명에 달했다.[156]

그런데 문제는 중국 체류 국내 기술자 중 일부가 북한과 접촉하
면서 시작되었다. 한국 필로폰 기술자 이 씨는 1995년 8월, 심양沈
阳 주재 북한 영사관을 통해 독일산 염산에페드린ephedrine 400kg을
수입해 필로폰을 제조하려고 했다. 북한 영사관은 '안용'이라는 무
역회사 명의를 이용해 염산에페드린을 수입했다. 당시 사건과 관
련해 안기부는 '북한 공관원이 마약 거래에 손대고 있다는 것이 사
실로 확인됐다'며, '독일산 염산에페드린이 중국산에 비해 질이 훨
씬 좋아 이를 이용해 필로폰을 제조하려 했다'고 밝혔다.[157]

북한은 필로폰 순도 향상 기술을 확보하고자, 중국으로 은신했거
나 형기를 마치고 출소한 한국의 '교수'급● 이상 필로폰 생산 기술
자들을 포섭했다. 이와 관련해 국가정보원은 2001년 11월 다음과

● 검찰에 따르면, 당시 마약사범들 사이에서는 2차 세계대전 기간 중 일본 군수공장에서
필로폰 제조 기술을 정식으로 배운 1세대 기술자들은 '총장', 1세대들로부터 기술을 전
수받은 2세대들은 '교수', 2세대들로부터 전수를 받은 사람들은 '전임강사', 2세대들로
부터 정식으로 전수를 받지 못했지만 제조 보조를 하면서 기술을 습득한 이들을 '강사'
로 불렸다고 한다. 서울=연합, "〈초점〉 국내 히로뽕밀조 '교수진' 일망타진,"《연합신
문》, 1996년 3월 21일.

같이 언급했다.

> 중국에 체류하고 있는 한국인 기술자들 중 김 씨와 이 씨 등 2명이 1990년
> 대에 북한으로 들어가 필로폰을 제조했고, 이들로 인해 북한은 필로폰
> 순도를 96~98%로 높일 수 있었다.[158]

그리고 마카오 경찰 관계자는 2003년 국내 언론매체와의 인터뷰에서 북한에 있는 한국인 필로폰 생산 기술자에 대한 정보를 공개했다.

> 고농도의 필로폰 제조 기술을 갖고 있는 곳은 한국뿐이다. 우리는 북
> 한이 한국인 필로폰 제조 기술자 2명을 중국 북경으로 유인해 평양행
> 기차에 태워 북으로 끌고 갔다는 정보를 갖고 있다.[159]

이렇듯 국정원과 마카오 경찰 모두 한국인 필로폰 기술자 2명이 북한에 있다고 밝혔는데 마카오 경찰의 첩보가 사실이라면, 이 한국인 2명은 북한 공작기관에 납북된 것일 수도 있다. 또한, 저자가 접촉했던 한 대북 소식통에 따르면, '정확한 시점은 가늠할 수 없으나 북한에 일본식 필로폰 생산 기술(1세대 기술)을 가진 한국인이 총 3명이 있었고 이들 중 2명은 총살, 1명은 행방을 알 수 없다'는 언급을 하기도 했다.[160]

이 외에도 한국 필로폰 기술자들이 북한 공작기관에 의해 포섭

되어 2000년 6월 1차 남북정상회담 기간 중 북한에서 필로폰을 생산한 사례도 있다. 이 사건은 영원히 묻힐 수도 있었다. 그런데, 이 사건에 개입한 것으로 추정되는 전 정찰총국 5국 소속 대좌 김국성(가명)이 2014년 1월 한국으로 귀순한 것이 변수였다. 김 전 대좌는 한국 당국에 이 사건에 대해 진술했고, 검찰은 마약 제조 공소시효 만료(15년) 직전 2015년 5월, 한국인 필로폰 기술자들을 구속했다. 서울중앙지방검찰청 발표 자료와 서울지방법원 판결문에 기록된 사건 전모는 이렇다.[161]

한국 필로폰 기술자 A는 1997년경 중국에서 북한의 중앙당 사회문화부 공작원 강 씨, 작전부 공작원 장 씨와 접촉했다. 이 자리에서 양자는 북한은 생산 장소를 제공하고, A를 포함한 4명(A~D)은 설비, 원료, 기술을 제공해 필로폰 1t을 생산한 후 절반씩 나누기로 합의했다. 이후 A는 중국에서 필로폰 제조에 필요한 반응로, 냉각기 등을 구입, 단동-신의주 국제화물열차로 북한으로 밀반출했다. 그리고 한국에서 나머지 제조 설비들과 원료물질들을 구매해 부산-라진항 화물선으로 북한에 들여보냈다. 북한 당국이 제공한 생산 장소는 중앙당 작전부 산하의 사리원연락소 외곽훈련관이었다. A와 공모한 한국인 B, C, D는 1998년 11~12월 사이 중국을 거쳐 사리원연락소로 입북했다. 당시 이 범죄조직은 염산에페드린을 입수하지 못해 2000년 6월 중순이 되어서야 생산에 착수했다. A는 필로폰 생산 설비 제공 및 설치, 염산에페드린 100kg을 입수해 제공했고, B(한국인)는 생산 과정 전체를 지휘했다. 그리고 C(한국인)와 D(한국인)는 반응로, 냉각기, 탈수기, 여과기 등 가동 및 원료물질 투입 등을 맡았다. 이들은 1차 남북정상회담 개최 시기부터 2000년 7월 초순까지 사리원연락소에서 총 60kg의 필로폰을 제조했다. 그리고 7월 하순, 작전부 전투원들의 호송을 받아 안전하게 중국으로 나오게 되었다.

이와 같이 북한은 1990년대부터 한국 범죄조직들로부터 확보한 기술을 통해 더욱더 뛰어난 품질의 필로폰 생산 기술력을 보유하게 되었다. 무엇보다 북한은 남북정상회담 기간 중 남북교역 루트를 이용해 마약을 생산, 밀매했다.

북한에는 월터 화이트가 많다

북한의 월터 화이트, 즉 고순도 필로폰 생산 기술자들의 규모는 다수일 것으로 추정된다. 현재 북한의 필로폰 기술 인력들은 제2경제위원회, 군軍 보위국(구 보위사령부), 총참모부 군의국, 정찰총국과 같은 특수기관 소속 기술자들과 제약공장, 국가과학원 함흥분원, 의학과학원 약학연구소, 함흥약학대학(현재 고려약학대학) 소속의 민간 기관 소속 기술자들로 구분할 수 있다.[•] 이들은 모두 화학부나 약학부가 설치되어 있는 김일성종합대학, 리과대학, 함흥약학대학

[•] 형식상 당·군 기관과 민간 계열로 나눴을 뿐 이는 기술자들의 소속 기관의 형태에 따라 구분한 것이다. 민간 계열의 기술자들이 일시적으로 특수기관 계열에 소환될 수도 있다.

등에서 전문 화학 지식을 습득한 인력들이다. 이에 따라 상호 간의 기술 교류와 이전이 용이한 조건을 갖추고 있다.

이러한 화학 전문 인력들은 당국의 소환 명령에 따라 마약 생산에 투입되었다가 퇴출된 후 원 소속으로 복귀하기도 한다. 그 이유는 북한 당국이 보안 유지를 위해 마약 생산 시설의 일시적인 폐쇄와 재가동을 거듭하고 있기 때문이다. 이와 관련해 북한 공작기관 출신 탈북민 P는 다음과 같이 언급했다.

> 평양시 상원군 마장리에 소재한 연구소, 흥남제약공장, 라남제약공장, 평양선교제약공장에서 진정제와 각성제 성분 마약이 1993년까지 생산되었다. 계획된 생산량에 도달하자 김정일은 "계획한 것보다 과잉 생산된 마약은 해외에 은밀히 판매하라"고 지시했다. 마약 생산에 동원된 기술자, 과학자, 노동자들은 당중앙위원회 명의의 '감사문'을 받고 다시 사회로 배출되었다.[162]

또한 1997~2004년 사이 총참모부 직속 동부지구 경무부 정치지도원(상위)이었던 박승학은 다음과 같은 증언을 하기도 했다.

> 흥남제약공장 6직장에서 3개월분 전시용戰時用 마약(각성제)를 만든다는 명분으로 2002년까지 필로폰을 대량 생산했다고 한다. 계획 생산량이 달성된 후 해당 직장은 해체되었고, 여기에서 근무한 인력들도 퇴출되었다.[163]

그런데 퇴출 후 생활고에 시달린 전문 인력들은 마약 생산 기술을 일반 주민들에게 판매하기 시작했다. 저자의 인터뷰에 응한 한 탈북민 S는 2004년 11월 국가과학원 본원 소속 과학자에게 100만 원(북한원)을 지급하고 필로폰 기술을 습득했다는 증언을 했다. 또 복수의 탈북민은 민간인들 사이에서 전파되고 있는 필로폰 생산 기술은 곧 '재화'로 인식되고 있어 경쟁자를 만들지 않기 위해 한 명에게 생산 공정 전체를 전수하지 않는다고 덧붙였다.[164]

북한 당국의 마약 생산 시설 폐쇄와 기술자 퇴출은 임시 조치였을 뿐이다. 북한은 여전히 수많은 기술자들을 보유하고 있고, 시설들도 여전히 가동 중이다. 문제는 마약 생산 기술 공유와 이전이다. 필로폰 생산 기술은 학부생 수준의 화학 지식만 있으면 얼마든지 만들 수 있는 것으로 알려졌다. 하지만 북한은 다르다. 아무나 화학 전공을 선택해 대학에 입학할 수도 없고, 인터넷이나 책을 통해 자유롭게 정보에 접근할 수도 없는 환경이다. 이 상황은 현재도 동일하다. 모든 정보들은 사람에서 사람으로 전파된다. 북한 당국 소속의 시설들에서 마약을 만들었던 수많은 월터들은 사회로 배출되어 2세대인 '핑크맨Jesse Pinkman*'들을 키웠다. 2000년대 초반부터 북한에 마약이 급속하게 퍼지게 된 이유도 바로 여기에 있다.

• 제시 핑크맨은 드라마 브레이킹 배드에서 월터 화이트가 재직한 고등학교 학생이었다. 그는 월터 화이트의 필로폰 제조 보조를 하면서 기술을 익혔다. 제시 핑크맨은 스스로 익힌 기술만으로 순도 96.2%의 필로폰을 만들었다.

14

메가랩의
탄생

브레이킹 배드 얘기가 나온 김에 이 드라마 시즌 3, 9화에서 나온 장면을 하나 더 소개하겠다. 이 드라마의 주인공 월터와 제시는 뉴멕시코주 엘버커키의 한 산업용 세탁소 지하에서 순도 99.1%의 필로폰인 '블루 스카이Blue Sky'를 만들었다. 이 세탁소 지하에 설치된 1,200L 반응로를 비롯한 각종 설비들로 1주일에 200lb(약 90.7kg)를 만들 수 있다는 대사가 오고 간다. 또한 시즌 4, 1화에서는 거스 프링이 이 시설을 만들기 위해 800만 달러를 투자했다고 나온다. 이 드라마는 DEA의 전문가와 화학자의 자문을 통해 만들어졌는데, 드라마 대사가 현실을 반영한 게 맞다면, 드라마상의 시설은 1년(52주)에 최소 4,716.4kg의 필로폰을 만들 수 있다.

일반적으로 대량의 마약을 생산하는 시설을 '슈퍼랩Super Lab'이라고 하며, 브레이킹 배드에 나온 시설도 슈퍼랩이었다. 미국 정부는 대규모 마약산업, 특히 필로폰 시설을 설명하기 위해 슈퍼랩과 '메가랩Mega Lab'을 구분하고 있는데, 슈퍼랩은 생산 주기당 4.5kg, 메가랩은 1,000kg의 필로폰 생산이 가능한 시설이다.[165] 요컨대 북한에 1,200L 반응로를 최소 1개 이상 보유한 슈퍼랩과 메가랩들이 여러 개가 있고, 이 시설들에 여러 명의 기술자들이 투입되어 24시간 가동된다면 북한의 필로폰 생산 규모는 가히 천문학적이라고 할 수 있겠다.

마약 생산 시설은 원료물질을 반입하고 완성된 마약을 반출할 수 있는 교통 인프라가 갖춰져야 하고 전기도 안정적으로 공급받을 수 있어야 한다. 무엇보다 북한이 그토록 강조하는 보안, 즉 일반인들에게 노출되지 않은 곳에 있어야 한다. 물론 북한 내부는 보안과 통제가 잘 되는 곳이지만, 이들이 걱정하는 것은 국제사회의 위성 감시이다. 또한 보안만큼 중요한 것은 대량으로 생산할 수 있는 설비이다. 메가랩 규모의 시설을 만들기 위해서는 해외에서 대량의 설비를 들여와야 하고 이 과정에서 대외 노출을 완벽하게 통제하는 것은 어려운 일이다. 그래서 북한은 이미 오래전부터 운영해 온 대형 제약공장들 내부에 별도의 보안 구역을 설정해 메가랩을 설치, 운영하고 있다.

북한의 메가랩들과 상대적으로 규모가 작은 슈퍼랩들에서는 헤로인과 필로폰을 모두 생산한다. 요컨대 1개 시설에서 아편 알칼로이드계opium alkaloids, 암페타민계amphetamine-type stimulants; ATS 등 최소 2개 이상의 마약 생산 라인들이 설치되어 있다는 얘기다. 이는 생산성 증대와 효율을 고려한 것이다. 또한 이 메가랩과 슈퍼랩들은 국제범죄조직과 각각 매칭되어 있다.(챕터 30 참조) 대량으로 생산되는 마약을 소화해 줄 수 있는 거래 대상은 과거나 지금이나 삼합회, 야쿠자, 마피아와 같은 국제범죄조직들 외에는 없다.

아래에서는 1980년대 후반부터 가동을 시작한 북한의 마약 생산 시설에 대해 소개한다.

라남제약공장

먼저 한국에서 비교적 잘 알려진 라남제약공장(함경북도 청진시 라남구역 소재; 이하 라남제약)에 대해 알아보자. 라남제약은 북한의 가장 오래된 중앙급 제약공장들 중 하나로 1949년 4월 15일, 함경북도 청진시에 '함경북도 국영청진제약공장'이라는 명칭으로 설립되었다. 이 공장은 6.25전쟁 시기 여러 차례 옮겨 다니면서 전시용 의약품을 생산했는데, 1953년 6월 20일 청진시 반죽리에 터를 잡았다.[166] 라남제약은 이 시기부터 합성의약품 생산 기지로 발돋움했다. 북한은 2003년 3월 26일, 라남제약이 1직장, 2직장, 3직장(알약 작업반), 합성직장, 비타민C직장, 공무직장, 식물화학직장 등이 있다고 선전한 바 있다.

라남제약 내 마약 생산 라인이 갖춰지기 시작한 시점은 1980년대 후반으로 보인다. 라남제약의 비타민C직장은 루마니아 지원으로 1987년 12월부터 가동했다. 루마니아는 불가리아와 함께 당국 주도로 1970년대부터 서방 국가에 지속적으로 마약 밀매를 했던 전력이 있다. 즉 라남제약의 비타민C직장 설치 시 북한이 루마니아의 도움을 받아 마약류 생산 설비도 동시에 유입되었을 가능성이 있다. 또한 전 금수산의사당경리부 무역과 지도원 강명도에 따르면, 39호실은 1991년 일본으로부터 헤로인 가공 설비를 밀수입해 라남제약에 설치했고 헤로인 성분의 알약을 생산했다고 밝힌 바 있다. 이는 안기부가 밝힌 증설 시기와도 대략 일치한다.

라남제약의 헤로인 생산은 앞에서 언급한 탈북민 이광철(1996~2002년 라남제약 동력직장 근무) 씨의 증언이 매우 중요하다.* 이 씨는 라남제약 내 헤로인 생산 시설이 5직장이라고 언급했다. 5직장에 대한 그의 증언은 매우 구체적이다.

> 5직장은 3개 조로 구성되어 전체 종업원 30~40명이 3교대로 근무하면서 24시간 가동되었고, 헤로인 생산 책임 기술자 정상길이 자취를 감춘 1999년까지 헤로인 생산을 계속했다. 또한 정상길이 자취를 감춘 3개월 후 신원 미상의 인물이 라남제약을 방문해 "정상길을 인민무력부가 데려갔다. 다른 공장에서 일한다"고 노동자들에게 통보했다. 이후 5직장은 몇 년간 폐쇄되었다가 5직장 재가동 지시가 하달된 후 보수 작업을 했고, 2002년 4월 아편 진액이 공장에 반입되어 재가동되었다.[167]

---

* 이광철은 라남제약의 헤로인 생산과 관련해 2003년 서울의 모 호텔에서 미국 정보기관에 관련 정보들을 제공하기도 했다.

한편, 앞서 소개한 전 함북 보위부 지도원 윤대일 씨는 라남제약에서는 헤로인뿐 아니라 필로폰도 매월 1t을 생산했다고 증언했다. 즉 라남제약은 헤로인과 필로폰을 대량 생산하는 메가랩이다.

만년제약공장

다음은 소련의 지원으로 1989년 8월부터 조업한 '상원만년제약공장'(황해북도 상원군 소재; 이하 만년제약)이다. 만년제약은 1990년대부터 필로폰을 대량으로 생산해 국가정보원으로부터 북한 내부에서 '가장 규모가 큰 마약 제조처'로 지목되었다. 또한 한국 대검찰청 마약부 부장을 역임한(2001~2002년) 서영제 전 검사장은 만년제약이 1995년 독일로부터 제조 설비를 도입해 1996년부터 마약을 생산했다고 밝힌 바 있다.

만년제약은 헤로인도 생산했다. 만년제약의 상급 기관인 조선만년보건회사(구 조선만년보건총회사; 1984년 설립)의 과거 행적에서 헤로인 생산 관련 단서들이 있다. 김정일은 조선만년보건회사(이하 만년보건)를 장성택에게 맡겼다. 이후 만년보건은 1993년 5월, 만수무역회사(이하 만수무역)를 흡수했다. 이와 관련해 1988년 4월 한국에 입국한 전 노동당 대양무역회사 사장 김정민은 '김정일이 박성철 부주석(전 정찰국장)을 못마땅히 여겨 박성철의 아들 박춘식(만수무역 사장)을 아편 밀매로 중앙검찰소의 수사를 받게 한 적이 있다'고 했다. 즉 만수무역은 헤로인 생산과 밀매를 했고 김정일이 점 찍어둔 회사였다는 것이다. 또한 만수무역의 주요 수입품들 중 하나가 무

수령과 마약

수초산acetic anhydride이었는데, 이 물질은 헤로인의 필수 전구물질이다. 이렇듯 만년제약은 만수무역을 흡수한 후 필로폰뿐 아니라 헤로인도 생산하게 되었다.

흥남제약공장

흥남제약공장(함경남도 함흥시 사포구역 소재; 이하 흥남제약)은 1947년 7월 1일 조업했다.[168] 흥남제약은 1953년부터 북한 최대의 합성의약품 및 원료공장으로서 자리매김했다. 현재 북한은 흥남제약이 '평양제약공장과 더불어 가장 현대화된 제약공장이며 다른 제약공장들에게 원료약품을 생산 보장해 주고 있는 어머니 공장'이라고 선전하고 있다. 현재 흥남제약은 공무직장, 1, 2, 3, 4, 5, 6합성직장, 메타졸직장, 운수직장, 생필직장, 보수직장 등이 있는 것으로 알려지고 있다.

흥남제약은 라남제약처럼 1980년대 후반에 의약품 설비 증대가 이루어진 바 있다. 또한 2004년에는 신규 합성제약 공정이 도입된 것으로도 알려졌다. 즉 1980년대 후반과 2000년대 중반 흥남제약에 일반 의약품 생산 설비 도입을 명목으로 마약류 생산 라인이 증설된 것을 유추할 수 있게 하는 대목이다.

흥남제약도 라남제약처럼 아편 알칼로이드계, 암페타민계 등 2개 이상의 마약 생산 라인이 있고, 2000년대에 들어서는 필로폰 생산을 중점적으로 하고 있는 메가랩이다. 이 시설은 3, 5, 6, 8, 9직장 등 다양한 명칭으로 불렸는데, 그 이유는 마약류 생산 종류에 따른 구분 혹은 보안 문제 때문인 것으로 추정된다. 흥남제약의 필로폰 생산은 1990년 전후부터인데 대량 생산이 본격적으로 이루어진 시점은 1990년대 후반에서 2000년대 초반 사이이다. 또한 흥남제약은 1990년대 초반과 2002년, 2007년, 2000년대 말에 일시적으로 폐쇄되기도 했는데, 이는 어디까지나 대외 노출을 고려한 기만이었을 뿐 시설은 계속 가동되었다.

한편 흥남제약 내 메가랩 관련 정보는 이 공장과 직접적 관계가 있는 탈북민들을 통해 비교적 상세히 공개된 바 있다. 2011년 2월 탈북해 한국으로 입국한 최수길(가명) 전 북한군 상좌는 국내 언론 매체에 이렇게 언급했다.

> 함경남도 흥남에 위치한 흥남제약공장 8, 9호 직장에서 마약을 생산합니다. 8, 9호 직장은 김일성, 김정일이 이용하는 약을 만드는 곳입니다. 북한에서는 '빙두(필로폰)'라고 합니다. 중국에서 25kg 페닐아세톤 phenylacetone을 제2경제(제2경제위원회)를 통해 들여와서 증기가마를 통해 기름을 만들고 고순도 알루미늄을 이용해 정제하는 과정을 거쳐 빙두를 만듭니다. 역한 냄새를 없애기 위해 염산을 이용합니다.[169]

최 전 상좌의 정확한 소속에 대해서는 공개되지 않았지만, 그가 언론에 공개한 내용을 봤을 때 군 보위국(구 보위사령부) 소속으로 추정된다. 또한 2016년에 탈북한 군 보위국 출신 박 씨는 2014년 5월 흥남제약을 방문해 필로폰, 헤로인 생산 장면을 직접 목격했다고 한국 언론매체에 다음과 같이 언급했다.

> 함흥제약공장(흥남제약공장)데 5직장이라 하게 되면 지하 2층에 있는
> 거예요. 지하 2층에 있는 건데 들어가 보게 되면 약을 생산하는 공정
> 이거든요. 모든게 다 유리판이에요. 유리판이고 화학 설비들이고요.
> 빙두 만드는 건 5직장에서 만들고 헤로인 만드는 것은 2, 3직장에서
> 합리적으로 되게, 공정이 되게 그렇더라고요. 보니까. 몽땅 유리 시스
> 템으로 유리 설비예요. 진짜, 마약 영화 보는 줄 알았어요 저도.[170]

박 씨는 라남제약처럼 흥남제약의 메가랩 명칭을 '5직장'이라고
밝혔다. 라남제약과 흥남제약의 메가랩 운영 방식의 공통점은 또
있다. 흥남제약 5직장에서 근무했던 최은식은 이 시설의 소속 종
업원은 총 38명이며 5직장은 기초 생산반, 중간 공정반, 완성반으
로 편성되었다고 한다.[171] 아울러 1990년대 흥남제약에서 생산된
마약을 밀반출한 탈북민 D는 저자에게 흥남제약의 메가랩에는 총
30~40명으로 구성된 종업원들이 3개 조로 나누어 24시간 가동되
고 있다는 증언을 남기기도 했다.[172] 즉 흥남제약 5직장과 라남제약
5직장 소속 인원 규모와 편성, 운영 방식이 유사하다.

북한은 흥남제약 내 마약 생산 시설을 현재도 가동하고 있을 것
으로 판단된다. 윤상현 의원(한나라당; 현재 국민의힘 소속)은 2012년
2월 6일, 관계 당국의 자료들을 근거로 '중국 등지에서 액체 형태
의 염산에페드린과 화학약품을 도입해 함경남도 흥남시 흥남제약

공장 등에서 필로폰으로 가공하고 있다'고 언급했다.[173] 또한 한국 정보당국 관계자는 2013년 3월, '청진과 흥남의 국영 공장에서 엄격한 관리하에 대량 생산돼 품질이 세계 최고 수준이며 국제 마약 시장에서 선호도가 매우 높다'고 밝히기도 했다.

이렇듯 북한은 99% 이상의 초고순도 필로폰을 국제범죄조직에 저렴한 가격으로 대량 공급하고 있다.

국가과학원 함흥분원

국가과학원(평안남도 평성시 소재)은 '조선과학원'이라는 명칭으로 1952년 12월 1일 북한의 최초의 과학기술 조직들의 연합체로 창립되었다. 한편 김일성은 1960년 8월 30일 화학산업 밀집 현장에 화학공업을 종합적으로 지원할 연구기관 설립을 지시한 후 1962년 화학 부문 연구소 3개가 통합되어 국가과학원 산하 함흥분원이 설립되었다. 일본의 식민지 시기 함흥시는 항구, 송전, 급수 설비를 비롯해 화학 공장들이 밀집된 화학 도시였다. 김일성은 일본이 남기고 간 화학 인프라들과 1949년에 영입한 일본인 기술자들을 기반으로 함흥이 다시 제 기능을 하도록 바랐다.[174]

기술과 인프라를 모두 갖춘 국가과학원 함흥분원이 메가랩으로 변모하게 된 것은 어찌 보면 당연한 일이었다. 군수 분야를 제외한 대부분의 과학기술 분야 연구소에는 기본적인 배급은 물론 연구 수행을 위해 배정되는 예산이 없다. 이에 따라 함흥분원도 1990년대 심각한 식량난을 겪었고 연구 인력의 40%가 아사餓死하는 상황

수령과 마약

이 발생했다. 이러한 상황에서 김정일은 2000년대 초반 함흥분원에 방탄복 개발을 지시했다. 김정일은 방탄복 개발과 함흥분원 인력들의 자체적인 생계를 위해 마약 생산과 밀매를 암묵적으로 동의했다. 함흥분원은 함경남도에 소재한 군수 계통의 기관으로부터 마약류 생산 기술을 이전받아 대량 생산과 밀매를 시작했다. 즉 화학 인프라와 전문가들이 결집된 국가 연구소가 마약을 생산하는 메가랩이 된 것이다.

함흥분원의 마약 생산과 밀매는 부패로 이어졌다. 국가과학원 연구사 출신 탈북민 K는 저자에게 '지난 2008년, 북한 당국은 마약 밀매로 18만 달러 이상을 착복한 함흥분원 소속 대상자들은 처형하고 그 이하의 액수에 해당하는 경우는 교화소 등의 구금 처분을 내렸다'고 밝혔다. 또한 '처벌 기준액이 18만 달러임을 볼 때 상당수의 인원들이 고액의 외화를 착복한 것으로 추측된다'고 덧붙이기도 했다. 국가과학원 출신 탈북민의 증언은 다른 자료를 통해서도 확인되었다. 국내 민간단체 '좋은벗들'이 발행한《오늘의 북한소식》은 2008년 1월, 중앙 '비사회주의그루빠'가 함흥에 들어와 '마약의 뿌리를 뽑으라'는 김정일의 방침에 따라 검열을 진행했다고 밝혔다. 검열 결과, 함흥분원 소속 과학자들이 대거 적발되었는데 김정일의 지시로 시니어 과학자들과 공헌이 큰 과학자들에게는 상대적으로 관대한 처분을 했다고 한다.[175]

한편, 화학 전공 대학교수로 근무했던 탈북민 J는 저자에게 함흥분원 소속 구 모某 연구사의 마약 커넥션에 대해 회고한 바 있다.

구 연구사는 리과대학을 졸업한 화학 전공 박사로서 2000년대 초반부터 초산페닐phenylacetic acid을 이용해 필로폰을 생산했다고 한다. 그런데 구 박사는 장성택 그룹에 필로폰을 지속적으로 공급했다가 처형되었다.

하지만 국가과학원은 과거의 사건들과 관계없이 여전히 마약을 생산하고 있다. 이와 관련해 한 언론매체는 국가과학원 본원은 만성적인 운영난 해결을 위해 마약 제조상들에게 필로폰 전구물질인 벤질시나이드benzylcyanide와 설비들을 판매하고 있다고 2019년 3월 보도했다.[176]

보위사령부 5.18소

북한 당국이 헤로인과 필로폰 생산을 시작한 초기에는 기본적인 인프라와 전문 인력들이 갖춰진 국가과학원이나 제약공장들에서 시작할 수밖에 없었다. 이 시설들은 북한 일반 주민들에게도 비교적 잘 알려진 곳들이다. 그래서 북한 주민들도 이곳에서 마약이 생산된다는 정보들을 어렵지 않게 접할 수 있었다. 그런데, 보위사령부(현재 군 보위국)이 직접 운영하고 있는 '5.18소'는 북한 내부에서도 그 존재가 드러나지 않은 시설 중 하나이다. 1990년대 초중반 보위사령부는 상원군에 5.18소라는 생산 시설을 건립해 운영하기 시작했다. 즉 1980년대 후반부터 보위사령부가 마약산업의 주요 주체 중 하나로 성장할 수 있었던 이유도 독립적인 생산 시설을 보유했기 때문이다.

5.18소는 보안이 철저한 시설이었다. 그래서 북한 주민들도 5.18소라는 시설에 대해서는 알 수 없었지만, 상원에서 최고급 품질의 필로폰과 헤로인이 생산된다는 것은 상당수가 알고 있었다. 현재까지도 주민들 사이에서 최고급 필로폰으로 회자되고 있는 '상원물'●은 5.18소 혹은 국방과학원(현재 제2자연과학원)에서 생산된 것으로 보인다. 5.18소는 헤로인 제조 기술 개발도 상당한 진전을 이루었던 것으로 보인다. 앞에서 소개했듯이 탈북민 이광철 씨는 라남제약 소속 헤로인 기술자 정상길이 1999년 군 소속 기관으로 전출되었고 밝혔다. 그리고 한국의 한 언론매체는 북한 내부 소식통을 인용해 2009년 3월 기준 상원에는 필로폰, 헤로인, 코카인 등을 생산하는 시설이 존재하며 동 시설은 1998년경 라남제약의 슈퍼랩이 이전, 설치된 것이라고 보도한 바 있다.[177] 즉 헤로인 기술자 정상길이 소환된 곳은 바로 보위국 5.18소로 유추할 수 있다.

한편 고위급 탈북민 김철진(가명) 씨는 군 보위국 '군상관리소'(5.18소)는 헤로인 알약인 '덴다', 즉 헤로인을 생산했다고 증언했다. 그는 헤로인 1kg으로 직경 3~3.5mm, 두께 1.5mm가량의 100캄마(100cc)의 알약 1만 정으로 변환이 가능하다고 한다. 또한 이 시설에서는 코카인도 생산했다고 증언했다. 김 씨는 군상관리소는 상원군 식송리에 소재했다가 동 시설의 노출로 인해 평양시 순안구역 재경리로 이전했다고 한다.[178] 한편 전 호위사령부 군관

● 상원에서 생산된 필로폰.

이었던 호혜일(가명) 씨는 자신의 수기에서 보위사령부 산하 마약 생산 시설은 '5.18군상관리소'라고 언급했는데 김철진이 언급한 내용과 상당 부분 일치한다. 또 그는 원응희가 보위사령부 사령관을 맡았던 1990년대 5.18소의 마약 거래 수익은 1회에만 500~700만 달러 수준이었다고 한다. 보위사령부의 마약 판매 대금 인수는 고려항공대표부 항공대표가 맡았는데, 항공대표는 해외 공관에서 직접 대금을 인수하고 특별기편으로 순안공항에 들어갔다. 대금은 착륙 직후 원응희 보위사령관에게 인계된 후 김정일에게 전달되었다.[179]

5.18소의 구체적인 실체는 1998년 10월~2002년 5월까지 청진 5.18소에서 재정 담당 지도원으로 근무했던 손명화 씨의 증언을 통해 보다 명확하게 밝혀졌다.[180] 보위사령부 5.18군상관리소의 실제 명칭은 5.18소이다. 이 시설은 지하갱도에 설치되어 생산 규모를 대략적으로도 가늠하기 힘든 곳이다.

손명화 씨는 저자에게 자신이 근무했던 청진 5.18소는 청진화학섬유공장(함경북도 청진시 수남구역 소재) 뒤에 자리했고, 건물 입구에는 "5.18소"라는 현판이 달려 있었다고 언급했다. 그는 5.18소들의 본부라고 할 수 있는 상원 5.18소는 1990년대 초중반에 설립, 청진 5.18소의 설립 시기는 1996년 5~6월경이라고 밝혔다. 함흥에도 5.18소가 있었는데 이곳은 손명화가 입직하기 이전부터 가동되었다고 덧붙였다. 즉 청진과 함흥의 5.18소는 상원 5.18소의 분소分所라고 할 수 있다.

청진 5.18소의 책임자는 보위사령부 현역 군관 리금철이었다.

이곳에는 실무를 맡아 보는 총 6명의 지도원들이 있었고, 손명화는 재정 담당이었다. 6명의 지도원들은 현지 채용된 민간인들이었다. 손 씨는 양귀비 진액 체취가 끝난 2000년 11월, 리금철과 함께 상원 5.18소를 직접 방문했다고도 증언했다. 그는 상원 5.18소의 구체적인 위치를 특정하지 못했지만, 황해북도 상원군 명당로동자구에 소재한 상원세멘트련합기업소 근처라고 기억했다. 또한 손 씨는 상원 5.18소가 필로폰, 헤로인, 코카인*과 금당-1 주사약을 생산했다고 덧붙였다.

- 김철진(가명)과 마찬가지로 손명화도 5.18소에서 코카인이 생산된다고 했다. 그런데 코카나무erythroxylon coca는 중남미 안데스산맥의 1,000~2,000m 고지대에서 자생하는 다년생 관목으로 코카나무잎에서 추출되는 알칼로이드가 바로 코카인이다. 코카나무는 페루, 볼리비아, 콜롬비아가 주산지이나 인도네시아, 스리랑카, 타이완에서도 재배한다. 코카나무 특성상 앞에서 열거한 지역 외에서는 재배가 불가능하다. 따라서 북한 당국이 해외에서 코카나무 잎을 대량으로 수입하지 않는 이상 북한에서는 코카인 생산이 불가능하다. 그러나 위에서 언급한 것처럼 상원의 마약 생산 시설에서 코카인이 생산되고 있다는 증언들이 여러 출처에서 발견되고 있다. 따라서 북한 당국이 코카인 생산을 할 수 없다고 단정하기도 힘들다.

15

필로폰
생산 규모
추정

그럼 김정일 시대의 필로폰 생산 규모에 대해 추정해 보기로 하자. 미국 의회조사국Congressional Research Service; CRS 펄Raphael F. Perl 박사는 한국 정부 발표 내용을 인용, 1990년대 후반 북한의 필로폰 생산량은 연간 최대 10~15t이라고 언급했다.[181] 이 수치는 북한 필로폰 생산 규모와 관련된 유일한 공개 데이터이지만, 저자는 이 생산 수치가 과소 평가되었다고 판단한다. 북한의 필로폰 생산 역량은 1990년대만 연간 50t을 넘어섰고, 그 이후에는 수백 톤을 생산하고 있을 것으로 추정된다.

이 추정의 주요 근거는 북한의 염산에페드린을 포함한 전구물질 수입 규모에서 비롯된다. 전구물질 규모는 마약 생산 규모를 역으로 추산할 수 있는 중요 단서이다. 북한의 전구물질 수입 사례들을 살펴보자.

수령과 마약

바흐William Bach 미국 국무부 국제마약 및 사법집행국 아프리카·아시아·유럽 사무소 소장은 북한이 1995년부터 염산에페드린을 수입했다고 밝혔지만,[182] 북한은 그 이전부터 움직이고 있었다. 이와 관련해 고드Hamid Ghodes 유엔 산하 국제마약통제위원회 International Narcotics Control Board; INCB 위원장은 1993년 3월, 다음과 같이 언급했다.

북한은 수입 염산에페드린의 사용 내역을 밝히도록 공개 촉구함에도 계속 불응하고 있고, 위험스러운 정보도 입수되고 있다. 북한은 상당 기간이 경과하였음에도 공식적인 답변을 못 하고 있어 필로폰 생산 의혹이 가중된다.[183]

북한은 1980년대 말부터 염산에페드린을 입수해 필로폰을 만든 것으로 보인다. 다만 염산에페드린을 밀수입하다 적발된 시점은 1995년 8월이었다. 당시 북한의 만년제약은 독일의 화학회사에 20t을 발주하고 이 중 15t을 수입했다. 또한 보위사령부 수정합영회사는 1997년 5월, 내각 화학공업성 명의로 인도에 염산에페드린 8t을 발주했다. 보위사령부는 이 중 2.5t을 1998년 1월 30일 태국 돈 므앙Don Mueang 국제공항 화물터미널을 경유해 반입하고자 했으나, 태국 세관에 의해 제지되었다. 북한은 의약품 생산이 시급하다며 태국에 압류된 염산에페드린의 즉각적인 반환을 요청했다. 태국은 1998년 5월 21일, 반환을 결정했다. 또한 이종화 전 인터폴 파견 경찰관은 북한이 1998년 2월, 벨기에의 화학회사로부터 염산에페드린 20t을 수입하려다 벨기에 당국에 의해 무산된 적이 있다고 밝혔다.[184] 국제사회의 감시로 북한의 염산에페드린 밀수입이 실패한 적도 있지만 사실 성공한 사례가 더 많다고 봐야 한다. INCB는 북한이 1997년에만 적어도 2회 이상 염산에페드린 수입에 성공했다고 밝히기도 했다. 또한 한국 정보당국 관계자는 1999년 5월, 1998년 유엔 마약통제프로그램(UNDCP; UNODC 전신)이 북한이 50t의 염산에페드린을 수입한 사실을 확인했다는 언급을 하기도 했다.[185]

북한은 1990년대 1회당 20~30t에서 50t까지 염산에페드린을 수입했다. 북한은 1990년대부터 독일과 인도에서 염산에페드린을 밀수입했지만, 2000년대 이후부터는 중국을 통해 수입했다. 2010년 이후 국제사회의 대북제재가 강화되었지만, 북한은 중국과 제3국의 개인과 회사를 통해 전구물질을 수입하고 있다. 무엇보다 2012년 발행된 유엔마약범죄사무소United Nations Office on Drugs and Crime; UNODC 보고서에 따르면, 연간 5억 건 이상의 선박 컨테이너 이동 중 검사를 받는 선박은 2% 미만에 불과하다.[186] 요컨대 2000년대 이후 북한의 연간 염산에페드린 수입량은 수백 t에 달할 수 있다는 뜻이다.

그런데 '북한의 염산에페드린 구매가 필로폰 생산으로 반드시 이어지는 것은 아니지 않느냐'는 반론도 있을 수 있다. 이 물질은 마약류이지만 기침, 천식, 감기, 기관지염 등 의약품 용도로도 활용할 수 있다. 그래서 북한의 에페드린 수입도 의약품 제조 목적이라고 보일 수도 있다. 하지만 북한의 의약품 용도 염산에페드린 연간 수요량은 1.5t에서 2.5t에 불과하다.[187] 더욱이 북한은 누적된 경제 침체로 1980년대부터 의약품 산 동력을 상실했고, 실제로 1990년 대부터 가동이 멈췄다. 즉 북한 당국이 이 에페드린으로 의약품을 생산해 일반 주민들에게 공급했다는 흔적은 찾을 수도 없다.

필로폰 전구물질은 염산에페드린에만 국한되지 않는다. 북한이 염산에페드린 수입 상황이 여의치 않다면, 얼마든지 유동성을 발휘해 상황마다 다른 전구물질을 수입하면 된다. 북한은 2000년대 초반까지 마황에서 추출된 에페드린과 슈도에페드린pseudoephedrine 혹은 1-페닐-2-프로파논1-phenyl-2-propanone으로 필로폰을 생산했다. 그런데 중국이 마황 수출을 통제하자 북한은 제3국에서 염산에페드린을 밀수입했다. 또 북한은 2010년, 중국 범죄조직이 재배한 마황으로 필로폰을 생산하기도 했다. 이렇듯 제재의 빈틈은 항상 존재한다.[188]

북한은 1990년대부터 페닐아세톤phenylacetone, 메틸아민methylamine 도 수입했다. 이 필로폰 전구물질은 염산에페드린보다 상대적으로 수입이 용이하다. 북한은 1990년대 중반 이후부터 벤질시나이드benzylcyanide에서 페닐아세톤phenylacetone을 추출하거나 중국에서 페닐아세톤, 메틸아민을 직접 수입해 필로폰을 생산했다. 이와 관련해 서울중앙지방검찰청 강력부는 1997년 12월, 압수한 북한산 추정 필로폰에서 메틸아민 성분이 검출됐다고 밝힌 바 있다.[189] 또한 미국 연방수사국Federal Bureau of Investigation(이하 FBI)과 의회조사국은 북한이 1990년대 중반 이후부터 염산에페드린 거래 통제로 벤젠benzene 기반의 물질을 이용해 필로폰을 생산하고 있다고도 언급했다.[190] 실제로 북한 국가과학원은 최근까지 벤질시나이드를 수입했고, 흥남제약도 2010년 전후부터 제2경제위원회를 통해 페닐아세톤을 수입했다. 또한 10여 년 전부터 멕시코 시날로아 카르텔Sinaloa Cartel이 삼합회 14K와 신의안新義安 등으로부터 필로폰 전구물질을 입수했듯이, 북한도 삼합회를 통해 전구물질을 확보하고 있을 것으로 판단된다. 뒤에서 살펴보겠지만,(챕터 24 참조) 북한과 14K는 매우 밀접한 관계를 맺고 있다.[191]

한편, 북한에서 대학 교수(화학 전공)로 재직했던 탈북민 J는 필로폰 생산 기술과 관련해 저자에게 이렇게 언급했다.

현재(2018년) 북한에서는 화학 전문가가 아닌 일반인들도 페닐아세톤까지 추출을 할 수 있을 정도로 필로폰 생산 기술이 퍼졌다. 그런데 페닐아세톤에서 메틸아민을 추출해 고순도 필로폰을 만들기까지는 상당한 수준의 기술력이 필요하다.[192]

만약 북한이 100t의 염산에페드린에서 수득률收得率 100%로 필로폰을 생산한다고 가정한다면,• 이론적으로 약 92t을 얻을 수 있

• 수득률은 원료물질로부터 어떤 화학적 과정을 거쳐 목적물질을 얻는 경우에 실제로 얻은 양의 이론 양에 대한 비율을 의미한다. 수득률을 100%로 가정하면, 이론적으로 염산에페드린 1kg에 0.92067kg의 필로폰을 만들 수 있다.

다. 즉 북한이 더 많은 염산에페드린을 수입했다면, 북한의 연간 필로폰 생산량은 수백 톤에 달할 수 있다. 또한 위에서 확인한 것처럼 북한은 염산에페드린이 아닌 다른 전구물질로도 필로폰을 생산할 수 있다.

16

조총련,
야쿠자,
마약

대남공작 거점 조총련

김일성에 이어 김정일도 해외에 다수의 공작 및 마약 공급 거점들을 설치했다. 그중에서도 가장 큰 해외 거점은 1955년 5월 일본 도쿄에서 결성된 재일본조선인총연합회在日本朝鮮人総聯合会(이하 조총련)이다. 조총련은 재일본조선인연맹(1945년 10월 15일 결성; 조련)의 후신이다. 북한은 광복 직후부터 조선상사 오사카 출장소와 조련을 통해 대남공작 활동을 전개했다. 조총련은 1948년 8월 15일 대한민국 건국 이전의 국호인 조선적朝鮮籍을 가진 재일교포들의 권익과 자유를 옹호하는 자치단체를 표방하고 있다. 하지만 김정일은 1964년 12월, '총련은 김일성에게 무한히 충성해야 하고 김일성을 떠나서는 총련이 존재할 수도 조국통일과 조선혁명의 완성도 있을 수 없다'고 규정했고,[193] 현재 조총련은 김정은을 '총련 일군과 재일동포들의 자애로운 어버이이자 최고령도자'로 호칭하고 있다. 즉 조총련은 김씨 일족 휘하의 단체이다.

조총련은 통일 및 애국 사업, 즉 북한의 대남공작과 자금줄 역할을 한다. 그래서 조총련은 한국 대법원에 의해 반국가단체로 규정되었다. 일본 경찰은 1950년 9월부터 1974년 8월 말까지 북한 공작원 58명을 검거했는데, 이 중에는 조총련도 있었다.[194] 또한 이승만 대통령은 1954년 4월, 제3대 민의원의원 선거(1954년 5월 20일)를 앞두고 재일교포들의 선거 입후보를 크게 우려했다. 그 이유는 재일교포의 아편 밀매와 대남공작 때문이었다.[195] 이 우려는 현실이 되었다. 북한은 1956년부터 조총련 간부 및 공작원 후보자들을 북한으로 귀환시켜 6개월간의 밀봉교육을 실시해 대남공작원으로 활용했다.[196]

물론 조총련 소속원 모두를 공작원으로 볼 수는 없다. 하지만, 조총련 지도부인 중앙상임위원회와 허종만(현재는 의장) 책임부의장이 이끌었던 학습조는 '수령의 충실한 전사'였다. 학습조는 노동당의 하부 당조직으로 그 존재는 1970년대 초반 일본 공안조사청의 발표로 윤곽이 드러났다. 일본 공안조사청은 1973년 1월 10일, '조총련은 계속 한국을 공산주의 혁명화하려는 학습 활동을 계속하고 있다'며 학습조의 존재를 시사했다.[197] 조총련 학습조는 1989년 2월, 일본 언론에 의해 조총련 내부 비밀자료가 공개되면서 그 실체가 밝혀졌다. 이 자료는 '통보교양자로서의 역할을 한층 높이고 남조선 내왕동포들을 깍듯이 맞이하자'란 제하의 4페이지 분량의 지시문이다. 그 내용은 '1989년 한국의 해외여행 자유화로 일본을 방문하는 한국인 관광객 대상으로 세뇌 공작을 강화하라'는 것이었다.[198]

이와 관련해 김동식 씨는 대남공작기관이 학습조에 대해 철저한 관리를 했다면서 저자에게 다음과 같이 언급했다.

> 1980년대 후반 한국에서 민족해방파National Liberation Faction; NL와 민중민주파People's Democracy Faction; PD 간의 이념 논쟁이 많았다. 그래서 북한 공작지도부 입장에서는 이러한 이념 논쟁의 불씨를 가라앉힐 필요가 있었다. 그래서 먼저 학습조 대상 사상 재교육을 시작했다. 북한 지도부는 김정일정치군사대학 공작반 철학 담당 리정인 교수를 일본에 파견하기로 결정했다. 리정인 교수는 북한 경제대표단원 틈에 섞여 일본에 들어가 학습조 대상 사상 교육을 실시했다. 그리고 학습조들을 북한으로 소환하기도 했다. 학습조는 조총련 가족친척방문단에 섞여 들어왔는데 이들은 평양 시내 호텔이나 모란봉구역 흥부초대소에 들어가 이념 교육을 받았다. 그때 이들을 교육시킨 철학 담당 교수는 황장엽의 수제자인 박승덕이었다.

이렇듯 조총련은 북한의 대남공작 도구이다. 그렇기에 북한이 주도한 마약 범죄에 직접적으로 개입되어 있다.

조총련과 야쿠자의 개입

그러면 조총련의 마약 범죄와 공작 및 테러 개입에 대해서 본격적으로 살펴보자. 1962년 10월, 국내 일간지는 일본 아사히신문朝日新聞을 인용, 고베神戶에 거주하고 있는 김태식과 정진식이 한국-고베 정기화물선편을 이용 5,800엔(한화 1,800만 원) 상당의 헤로인을 밀수입했다고 보도한 바 있다. 김태식과 정진식은 경찰 조사 과정에서 '한국 내의 반정부 분자가 정치자금을 획득하기 위해 한국-고베 루트를 이용하여 대량의 마약을 일본에 유입, 재일 한국인의 밀매조직을 통하여 매각할 계획이었다'고 진술한 바 있다.[199] 이 신문은 북한 지도부 개입에 대해 언급하지 않았지만, 김일성은 1960~1970년대에 들어 한국에 대한 테러와 체제 전복을 위해 각고의 노력을 아끼지 않을 때였다. 김일성은 1972년 7.4남북공동성명이 무색하게 조총련계 재일교포 문세광을 이용해 박정희 대통령에게 또다시 암살을 시도했고, 그 결과 1974년 8월 15일 육영수 여사가 서거했다.

김정일은 조총련과 연계된 야쿠자를 이용해 박정희 대통령 암살을 계획했다. 정일의 처조카 이한영 수기에 따르면, 그는 1976년 평양 중성동 소재 15호 관저에서 김정일 지시로 비밀 문건을 파쇄한 적이 있었다. 이한영이 파쇄한 문건 중에는 1975년경 한 야쿠자 조직이 조총련을 통해 연락부에 '박정희 대통령을 암살해 주겠으니 수백만 달러를 대가로 달라'는 제안서도 있었다. 그런데 이 계획은 김일성 최종 결재 단계에서 반려되었다고 한다.[200] 즉 북한과 야쿠자 간의 연계는 적어도 1970년대 중반 이전부터 시작한 것으로 볼 수 있다.

이렇듯 북한 공작기관이 해외에서 마약 거래나 테러를 하기 위해서는 현지 범죄조직과의 연계가 필수적이었고, 조총련은 중개자 역할을 했다. 마약 범죄도 마찬가지다. 이와 관련해 전 옥류무역회사 해외지사장 김 씨는 해외 언론과의 인터뷰에서 39호실의 요청으로 1980년대 후반부터 6년 동안 야쿠자에게 헤로인을 배달했다고 언급한 바 있다.[201] 즉 북한과 야쿠자 간의 마약 거래는 북한이 마약을 대량 생산하기 시작한 1980년대 후반부터 시작된 것으로 보인다.

조총련과 재일교포들은 1990년대부터 북한 주도의 범죄에 적극 이용되었다. 일본 가나가와현神奈川県 경찰은 1990년 9월, 재일교포 민영길을 체포했다. 민영길은 도쿄도 다치가와시立川市에 소재한 자신의 거주지에 염산에페드린 1.5kg과 모르핀 혼합물 11kg을 10개의 통에 분산 보관하고 있었다. 일본 경찰은 민영길이 수차례 북한을 왕래했고, 북한발 편지에 '약의 원료를 보낸다'는 등 마약을 지칭하는 내용을 적었다고 밝혔다. 이 사건과 관련해 일본은 '북한을 루트로 한 마약 밀수사건은 이번이 처음'이라는 입장을 발표했다. 민영길 사건과 관련해 공조 수사를 펼친 한국 대검찰청 관계자는 1991년 3월 17일, '정보기관에서도 뚜렷한 단서는 없지만 오래전부터 북한이 히로뽕(필로폰)과 그 원료를 밀반출하고 있으며, 심지어 국내로까지 반입되고 있다는 첩보를 입수해 놓고 있었던 것으로 안다'고 언급했다.[202] 요컨대 북한과 조총련(재일교포) 그리고 야쿠자 커넥션은 김정일의 유일영도체계가 완비된 후 본격화되었다.

이 커넥션은 마약, 무기 등의 단순 거래를 넘어 김정일 비자금 조성을 위한 플랫폼으로 확장되었다. 정일의 비자금 관리를 담당한 정남은 2001년까지 무기 및 마약 판매 대금 회수를 위해 일본에서 조총련과 야쿠자들을 접촉했다.[203] 이와 관련해 일본 공안 관계자는 한국 언론매체에 아래와 같이 얘기했다.

> 김정남의 경호는 일본 폭력조직인 'S연합S聯合'에서 담당했습니다. 이 조직은 '야마구치구미六代目山口組', '이나가와카이稻川会'와 함께 일본 내 3대 폭력조직의 하나입니다. 김정남의 근접 경호원은 S연합 산하 조직으로 가나가와현과 신주쿠 일대를 관장하는 하야시구미의 보스입니다. 하야시구미 조직원은 200여 명인데 170명이 조총련 2, 3세 출신입니다. 폭력조직 S연합과 김정남을 연결하는 고리가 조총련과 히로뽕(필로폰)이었습니다. S연합의 왕 돈줄이 히로뽕 판매이고, 이 히로뽕 공급처가 북한이며 히로뽕 판매 대금을 김정남이 관리하고 있는 것입니다.[204]

일본 당국자는 이 인터뷰에서 정남과 연루된 야쿠자 조직 명칭을 노출하지 않기 위해 'S연합'이라는 용어를 사용했다. 일본의 지정폭력단들 중 규모가 가장 큰 3대 폭력단(야쿠자)은 야마구치구미, 이나가와카이 외에도 '스미요시카이住吉会'가 있다. 요컨대 북한과 필로폰을 거래했던 야쿠자 조직은 스미요시카이 산하의 하야시구미이며, 그 연결점은 바로 조총련이다.

다음 챕터에서는 북한과 야쿠자의 마약 거래 사건들을 다룬다. 여기에서도 조총련과 스미요시카이가 등장한다.

17

일본
야쿠자
연계 사건

한국에서는 1989~1994년 사이 실행된 범죄와의 전쟁으로 한국 내 필로폰 생산 조직들은 대부분 해체되었다. 이에 따라 야쿠자들은 새로운 필로폰 생산 조직이 필요했고, 그게 바로 북한이었다. 북한과 야쿠자는 상호이해가 명확히 일치했다. 북한 입장에서 야쿠자는 대량으로 필로폰 구매가 가능한 최고의 고객이었다. 또한 야쿠자 입장에서도 품질이 뛰어난 필로폰을 북한으로부터 저렴하게 구입할 수 있었다.

북한과 야쿠자 간의 필로폰 거래는 1990~2000년대의 경우 북한 영해나 동쪽의 공해상에서 직접 접촉하거나, 북한 화물선이 일본 근해에 필로폰을 투하하면 야쿠자들이 어선으로 회수하는 방법을 사용했다. 그런데 김정일이 단기간에 큰돈이 필요할 경우에는 작전부 전투선박gun boat, 즉 공작선이 동원되었다. 즉 작전부 소속 전투원들이 공작선에 필로폰을 싣고 단시간에 일본에 들어가 야쿠자에게 넘기는 방법이다. 이 챕터에서는 북한이 화물선과 공작선을 이용해 야쿠자와 마약을 거래한 사건들을 소개한다.

북한 화물선 지성-2호 일본 출몰

먼저 북한 작전부 화물선 지성-2호JISONG-2의 일본 출몰出沒 사건이다. 일본 경찰은 1997년 4월, 오사카大阪 미야자키宮崎 세관 당국의 통보를 받고 북한 화물선에 은닉되어 있던 필로폰 58.6kg을 압수했다. 일본 경찰은 수사를 통해 이 필로폰의 구매자인 야쿠자 간부를 검거했다.[205] 그런데 같은 시기 한국 마약 범죄조직이 필로폰 1kg을 야쿠자로부터 인수한 후 적발된 사건이 있었다.[206] 이 필로폰 출처는 공개되지 않았지만 북한산으로 추정된다. 그 이유는 지성-2호 수사에 참여한 DEA 도쿄지부가 DEA 서울지부에 관련 정보를 송부했다는 기록이 있기 때문이다.[207]

이 사건의 관전 포인트는 조총련이 북한과 야쿠자를 중개해 마약 범죄를 실행했다는 것이다. 이 사건을 취재한 야쿠자 전문 저널리스트 미조구치 아츠시溝口敦가 한국《시사저널》에 기고한 기사로 사건 흐름을 간략히 정리하면 다음과 같다.

1997년 4월 5일 지성-2호는 남포항을 출발해 4월 9일 오후 일본 미야자키현의 호소시마 공업항 제5부두에 입항했다. 지성 2호는 목재 2천여 본과 18L 벌꿀 통 12개를 하역한 후 4월 10일 출항했다. 지성 2호 출항 직후 세관 당국자는 벌꿀 통 안에 있는 알루미늄 팩에서 필로폰이 은닉되어 있는 것을 발견했다. 김창홍 아시야芦屋교역(오사카시 북구 소재) 부사장은 4월 10일 오후 2시경, 이 벌꿀 통을 인수하러 왔다가 도주했다. 미야자키현 경찰은 4월 17일, 같은 회사의 이상수 사장과 김창홍 그리고 김진이라는 인물을 검거했다. 경찰 조사 결과 이들은 모두 재일교포로 밝혀졌다. 한편, 공안 소식통은 노동당 핵심 세력이 김창홍과 김진에게 '북한산 필로폰을 일본 사회에 공급하라'는 지령을 하달했다는 첩보가 있었다고 밝혔다.[208]

김창홍은 북한산 필로폰을 실제 구매자인 다이닛폰헤이와카이大日本平和會• 간부 김영일에게 넘길 계획이었다. 김창홍은 평범한 사업가가 아니었다. 일본 공안조사청 관계자에 따르면, 김창홍의 일본 이름은 야마시로 마사히로山城昌弘이며 조총련 산하 조선대학을 졸업했다. 그는 대학 졸업 후 오사카 조은신용조합에서 재직하다 1992년 부이사장으로 승진했으나, 1993년 4월 사직했다. 이후 그는 대창상사로 이직했다. 김창홍은 대창상사 재직 시절부터 빈번하게 북한을 왕래했다. 또한 공안청은 그의 상선上線을 노동당 통일

• 이 야쿠자 조직은 과거에 혼타카이本多會로 불렸으며, 1960년대까지 일본 최대 야쿠자 조직 '야마구치구미'와 함께 고베를 장악했다. 일본 경시청에 따르면, 1994년 기준 다이니폰훼이와카이는 오사카, 교토, 5개 현에 걸쳐 조직원 330명을 거느리고 있었다. 하지만 이 조직은 1997년 5월 28일, 김영일이 체포되자 효고현兵庫県 경찰본부에 조직 해산 결의서를 제출했다.

전선사업부로 추정했다.

북한 공작선의 일본 침투

김정일은 작전부 지성-2호가 적발되자 보안성과 기동성이 우수한 공작선을 마약 범죄에 활용했다. 공작선 투입은 곧 테러와 해상 침투가 전문인 전투원들이 투입되었다는 의미와 동일하다. 북한은 공작선을 이용해 한국뿐 아니라 일본도 빈번히 침투했다. 일본 해상보안청은 자국 영해로 잠입한 괴선박과 공작선은 1963년부터 2001년까지 총 21회에 달한다고 발표한 바 있다.[209] 물론 일본 당국에 적발되지 않거나 발표하지 않은 선박들이 더 많았을 것이다. 이와 관련해 김정일 서기실 소속 요리사로 일했던 후지모토 겐지藤本健二는 2000년대 초, 김정일로부터 다음과 같은 언급을 들었다고 한다.

> 후지모토, 일본은 해안 경비가 허술해. 우리 잠수함이 몇 차례나 가까이까지 가고 있어. 그리고 자위대도 허술해. 일본은 섬나라이기 때문에 좀 더 삼엄한 경비를 하지 않으면 안 되지 않나?[210]

또한 후지모토는 김정일이 2001년경 일본 지도를 손에 들고 일본 침투와 관련한 정보는 무엇이든 파악하려는 모습을 보였다고 한다. 즉 김정일이 일본 침투 계획에 직접 개입한 대목으로 읽힌다. 최근 몇 년간 한국에서는 한국, 일본, 중국의 마약 범죄조직이 등

수령과 마약

장하는 드라마나 영화가 상영된 바 있다. 그런데 이 영상 콘텐츠들의 스토리에는 동아시아에서 가장 뛰어난 마약 범죄조직인 북한이 등장하지 않는다. 또 북한이 등장하더라도 당국이 아닌 개인의 범죄로 초점을 맞춘다. 하지만 현실 세계에서 펼쳐지는 북한 당국 주도의 마약 범죄는 영화보다 더 영화 같다. 현재까지 공작선과 전투원들이 동원되어 일본에 필로폰을 운송하다 적발된 사건은 2건이다.

스미요시카이住吉会 간부 아오야마 유키오靑島幸男를 포함한 총 6명은 1998년 8월, 북한산 필로폰 202.6kg을 일본으로 밀반입했다. 일본 사법당국은 이들을 1998년 11월, 체포했다.[211] 당시 일본은 이 사건을 '스미요시카이 산하 조직조장 등에 의한 대량 각성제 밀수입 사건吉会傘下組織組長らによる大量覚せい剤密輸入事件'으로 명명했다. 일본 경시청 조직범죄대책 5과는 당시 사건에 대해 이렇게 설명했다.

아오야마의 원래 계획은 1998년 8월 14일, 고치현 토사시미즈항으로 필로폰을 밀반입하는 것이었다. 그런데 아오야마는 해상보안청의 경계가 심해지자 8월 12일 고치현 오키쓰 오키해상高知県興津沖海上으로 14.7t급 선박 '다마마루玉丸'호를 몰고 나갔다. 아오야마는 북한 선박과 접촉해 자신의 선박으로 필로폰을 옮겨 실었다.[212]

도쿄지방검찰청은 이 사건 공판에서 '이 배가 북한 특수공작선으로 생각된다'는 내용의 주일미군 회답서와 주일미군 대잠초계기가 촬영한 북한 선박 사진을 증거 자료로 제출했다. 이 북한 선박은 조타실 옆에 일본 국기가 있었고, 뱃머리에는 '다이이치니마츠 카미마루第一二松神丸'라는 선박명이 새겨져 있었다. 즉 일본 어선으로 위장한 것이다.[213]

계속 이어서 다음 사건도 들춰 보자. 일본 해상보안청은 2001년 12월 22일 01시 10분, 방위성으로부터 규슈 남서 해역에 괴선박이 출몰했다는 정보를 입수했다. 이에 따라 해상보안청은 순시선, 항공기, 특수경비대를 출동시켜 도주하는 괴선박을 추격했다. 괴선박과 장시간의 추격 및 총격 끝에 괴선박은 폭발 후 침몰했다. 해상보안청은 침몰한 괴선박을 2002년 9월 11일 인양했다. 일본 당국에 따르면 이 선박은 특수 임무를 위해 제작된 특수 건조 선박이며, 침몰 원인은 자폭으로 발표했다. 또한 이 선박에서는 시체 4구(독극물 반응 없음), 5.45mm 자동소총(AKS-74), 7.62mm 기관총PK machine gun, 14.5mm 기관포(ZPU), 로켓 발사기(9K38 Igla), 82mm 무반동포Recoilless Rifle, 휴대용 지대공 미사일(RPG-7) 등 50여 점의 무기들이 발견되었다.[214]

일본 당국은 이 사건을 '규슈남서해역 공작선 사건九州南西海域工作船事件'으로 명명했다. 사건 명칭에서도 알 수 있듯이 일본 영해를 침투한 괴선박은 북한 공작선이었다. 해상보안청의 추격을 받은 공작선은 2001년 12월 22일 자폭했지만, 북한과 야쿠자의 마약 거래는 성공했다. 그 이유는 당시 일본에 해역에 침투한 공작선은 2대였기 때문이다. 이와 관련한 전 대남공작원 김동식 씨가 저자에게 한

수령과 마약

증언을 살펴보자. 그는 일본 요코하마에 소재한 해상보안자료관서 자폭 후 인양된 공작선을 직접 살펴볼 기회가 있었다.

일반적으로 공작선들은 임무 수행 시 정선定船과 예비선豫備船 2척이 동시에 출항한다. 그 이유는 정선에 고장이나 문제가 발생했을 경우 예비선이 비상용으로 투입하기 위함이다. 이 사건에서 자폭한 공작선은 정선이 아닌 예비선이다. 정선이었다면 내부에 반잠수정이 탑재되어야 했다. 그런데 자폭한 공작선 후미에는 반잠수정 탑재 흔적이 없다. (현재 공작선 제원은 알 수 없지만) 1980~1990년대 북한 공작선들은 1,100마력 엔진 4개와 항공유를 사용해 군함과 견줄 수 있을 정도로 빠르고 검은 매연이 발생하지 않는다. 하지만 침몰된 공작선은 반잠수정 탑재가 되지 않았고 연료도 없어 중량이 상대적으로 가벼웠을 것이다. 그래서 제대로 항해하지 못했을 것이다. 공작원과 전투원들은 '잡힐 수 있는 최악의 상황에 처하면, 자폭, 자살하라'는 지시를 받는다. 그래서 이 예비선도 정선을 무사히 귀환시키기 위해 스스로 미끼가 되었고 결국 자폭을 선택한 것이다.

한국 정보기관 관계자는 당시 이 공작선들의 임무는 2002년 2월 16일 김정일 생일 행사 자금 조달이었다고 분석했다. 이 관계자는 한국 언론매체에 다음과 같이 밝혔다.

북한은 2월 16일 김정일 생일 행사 자금 조달에 중대한 차질이 생겼다. 그래서 마약, 위폐 등 돈이 되는 것이라면 닥치는 대로 사업을 벌이고 있다. 괴선박의 임무는 김정일 생일 자금 조달이었다. 괴선박은 북한의 해주와 남포항 쪽에서 출발, 중국 쪽으로 가서 급유를 받은 뒤, 일본 규슈 근해 바다에서 모종의 거래를 마치고 다시 중국 쪽으로 돌아가다 격침된 것으로 알고 있다.[215]

또한 일본 당국은 '(북한 공작선들의) 일본 침투 임무는 일본에서의 간첩 활동을 원활하게 하는 것'이라고 밝혔다. 또한 2006년 4월 미국 상원 청문회에 출석한 프라하(Peter A. Prahar) 미국 국무부 마약 통제 책임자는 보다 확실한 증거들을 제시했다. 그는 당시 미국 DEA가 확보한 증거를 근거로 야쿠자 3개 조직은 북한 전투원들로부터 북한산 필로폰 60kg을 1억 엔에 구매했는데, 한 조직은 5천만 엔, 다른 두 개 조직들은 각각 2,500만 엔을 지불했다고 증언했다.[216]

침몰 후 인양된 공작선에서는 작전부 전투원들이 사용한 것으로 추정되는 휴대전화가 발견되었다. 북한 전투원들은 이 휴대전화로 2001년 5월부터 11월까지 135회에 걸쳐 야쿠자 사무실 및 관계자와 통화한 사실이 밝혀졌다. 또한 이 선불식 휴대전화의 소유주는 쿄쿠토카이極東會와 연계된 재일교포 우시윤으로 드러났다. 우시윤은 원래 조선적朝鮮籍을 가진 재일교포였다. 그는 조선적 신분이 일본과 해외에서의 활동이 비교적 자유롭지 않았기에 한국 국적을 취득했다. 우시윤과 쿄쿠토카이 간부 미야다 가쓰히코, 미야다의 조직원 등 9명은 2006년 5월 12일, 이 사건 주범으로 체포되었다. 또한 이들은 2002년 6월, 10월, 11월에 북한 청진항에서 출발한 북한 화물선 두루봉−1호TURUBONG‐1를 이용해 일본으로 필로폰 237kg을 밀반입한 혐의도 있었다.[217]

독자들도 짐작하겠지만, 북한이 일본에 침투해 마약 거래를 하다 적발된 것보다 그렇지 않은 사례들이 더 많다. 한국 정보당국 관계자는 1999년 5월, '북한은 연간 40억 달러 규모의 일본 필로폰 시장에 이미 큰 손으로 등장했다'고 지적했다.[218] 또한 1997~2002년 사이 일본 당국이 압수한 필로폰은 4,566.6kg이었고, 이 중 40%가 북한산으로 추정되었다.[219] 압수된 규모만 이 정도일 뿐, 2000년대 초반 기준 일본 내에서 밀거래되는 필로폰은 연간 10~20t이었다.[220] 즉 일본에는 훨씬 더 많은 북한산 필로폰이 들어왔을 것으로 보인다.

2002년 이후 1kg 이상 대량의 북한산 필로폰은 일본에서 발견되지 않은 것으로 알려졌다.[221] 북한 국적자들이 〈각성제단속법覺せい剤取締法〉 위반 혐의로 2013년 일본 당국에 적발되기는 했지만,[222] 과거처럼 큰 사건은 발생하지 않았다. 이 대목에서 한번 생각해 보자. 북한이 과연 일본과 같이 큰 필로폰 시장을 포기했을까. 김정일이 지금까지 해 온 행태들을 냉철하게 살펴봤다면, '그럴 리 없다'고 보는 것이 합리적인 추론일 것이다. 북한산 필로폰은 제3국을 우회해 다양한 운송 수단을 통해 일본으로 침투할 수 있다.

김정일의 마약산업 확대는 일본뿐 아니라 동아시아 마약 소비 패턴을 아편, 헤로인에서 필로폰으로 전환했다. 이와 관련해 한성

대학교 조성권 교수*는 1999년 5월 발표한 논문에서 북한 마약의 대량 생산과 밀매로 인해 동북아시아의 마약 소비 패턴이 바뀔 것으로 예측했다. 또한 그는 '(2000년 당시) 북한산 마약은 중국과 러시아를 통해 최종 소비지인 일본으로 유입되고 있으며 가까운 장래에 유럽과 미국으로 유입될 가능성이 높다'고 전망했다.[223] 미국 의회 조사국 펄 박사도 '북한이 필로폰을 대량 생산하기 시작한 1996년부터 아시아, 특히 태국, 일본, 필리핀의 필로폰 시장이 급격히 확대되었다'고 강조했다.[224] 결과적으로 두 학자의 예측과 전망은 오늘날 현실이 되었고, 여전히 일본은 북한의 사정권射程圈에 있다.

• 이 논문 발표 당시 조성권 교수는 국가안보정책연구소(현재 국가안보전략연구원) 소속 연구위원이었다. 조 박사는 동 연구소 퇴임 후 한성대학교 행정대학원 마약알콜학과 교수로 재직했다.

18

동남아
국제범죄조직
연계 사건

안기부는 1991년 4월부터 북한의 마약 생산에 대한 정보를 공개하기 시작했다.[225] 이후 안기부는 국내 북한산 마약 문제가 가시화되자 1995년 7월, 국회정보위원회에서 '북한이 국내에 침투한 마약, 테러 등 국제범죄조직을 대남공작에 이용하고 있고 이에 따라 국제범죄에 대한 수사권이 필요하다'고 강조했다.[226]

안기부가 국회에 국제범죄 수사권을 요청한 계기 중 하나는 1994년 3월에 검거한 국제범죄조직 아시아 샤론Asia Sharon(이하 AS)의 중간 보스 이복헌의 진술 때문이었다. 이복헌은 1991년 9월 방글라데시 다카Dhaka에 기반을 둔 국제범죄조직 AS에 가입했다. 이후 그는 1992년 4월부터 1993년 11월까지 총 6회에 걸쳐 평양을 방문했다. 북한은 이복헌을 통해 마약 거래를 진행했다. 이 사건과 관련해 1994년 4월 안기부가 발표한 보도자료 내용은 다음과 같다.

○ 이복헌은 북한과 접촉하면서 한국 정부 주요 기관 편제와 조직 구성과 1990~1992년 국내 마약류 사범 단속 실태에 대한 자료를 수집해 보고했다.

○ 이복헌은 1992년 6월 북한으로부터 헤로인 입수를 요청받은 후 AS를 통해 헤로인 100kg을 500만 달러에 구입해 북한에 제공했다. 안기부는 북한이 이 헤로인을 유럽으로 반출해 3,000만 달러에 판매한 사실을 확인했다.

○ 이복헌은 1993년 1월, 북한으로부터 대량의 헤로인을 구입해 달라는 요청을 받았다. 이에 따라 그는 동남아에서 활동 중인 범죄조직과 접촉해 북한에 헤로인을 판매하도록 주선했다. 이복헌은 1993년 11월, 평양에서 노동당 간부 허 씨로부터 '주선해 준 헤로인은 받았으며, 이 헤로인은 1994년 중 남조선, 미국 등 자본주의 국가에 투입할 계획'이라는 언급을 들었다.

○ 이복헌은 1993년 4월 입북해 북한 공작기관으로부터 아편 판매처를 소개해달라는 지시를 받았다. 그는 마카오 소재 조광무역공사에 제3국 소재 범죄조직을 소개했다.[227]

이복헌은 북한의 테러에 대해서도 진술했다. 그는 1993년 6월, AS 조직원 50여 명을 입북시켜 6개월간 사격, 테러, 납치, 암살 등 훈련을 받게 하고 그 대가로 거액을 지불했다. 또한 그는 1993년 5월

수령과 마약

차량 폭발로 사망한 스리랑카 대통령 암살에 북한이 직접 개입[•]한 것으로 확신한다는 진술도 했다.[228]

북한은 마약과 테러뿐 아니라 대남공작에도 이복헌을 적극적으로 이용했다. 이복헌은 북한에서 김정일을 만나 '조국통일을 위해 일해달라'는 격려와 환대를 받았고, 조평통 간부들로부터 대남공작 관련 지령을 다수 받았다. 특히 당시 반북 활동을 활발하게 전개했던 조선민주통일구국전선 소속 박갑동(전 남로당 총책), 이상조(전 북한군 정찰국장), 강상호(전 북한군 총정치국장겸 내무성 부상), 유성철(전 북한군 작전국장), 서휘(전 북한군 총정치국 부국장) 등을 제거하라는 암살 지령도 받았다. 또한 그는 조평통으로부터 한국의 조직폭력배 두목을 포섭해 중개해달라는 지령을 받았다.[229]

이렇듯 북한은 오래전부터 동남아시아의 범죄조직을 통해 마약 밀매, 암살과 테러, 대남공작을 실행했다. 더욱 주지해야 할 부분은 북한이 한국 조폭도 포섭하려고 했다는 사실이다.

• 스리랑카에서는 1971년 4월 5일부터 좌익 집단에 의한 정부 전복 사태가 발생했다. 스리랑카 정부는 이 사태에 북한이 개입했다며 4월 15일 북한 대사관원에 추방 명령을 내렸다.

19

벌이 된
고故 최덕근 영사

고故 최덕근 영사는 주블라디보스톡영사관에서 활동하다 순국한 안기부 3급 화이트 요원이다. 그는 1985년 안기부에 입직해 1993년 2월 주우크라이나대사관에서 근무하다 1995년 12월 동 영사관으로 부임했는데, 그의 아파트 건물에서 1996년 10월 1일 의문의 피살을 당했다.

최 영사 순국 20여 일 전, 한국에서는 강릉 앞바다에 좌초된 잠수함에 탑승했던 무장공비(전투원)들이 상륙해 우리 군경과 추격전을 벌이고 있을 때였다. 그 결과 공비 11명은 자폭, 13명은 사살, 1명은 생포되었고 우리 측 피해도 큰 상황이었다. 그런데 북한은 1996년 9월 27일, '우리는 피해자로서 가해자에게 백배 천배 보복할 권리를 가지고 있으며 어떤 형태의 보복을 가하건 그에 대한 책임은 전적으로 남조선이 지게 될 것'이라는 궤변詭辯을 쏟아냈다.²³⁰

수령과 마약

어떻게 보면 최덕근 영사의 순직은 북한의 보복 조치에 따른 결과로 보일 수 있다. 그런데 최 영사는 순직 전까지 러시아에서 북한의 마약 및 위조화폐 범죄를 추적하고 있었고, 북한도 그의 행보를 눈여겨보고 있었다. 최 영사를 숨지게 한 범인은 아직 체포되지 않은 것으로 알려졌다. 그래서 이 사건은 표면적으로 미제 사건으로 남아 있다.

하지만 이 사건은 김정일이 공작원들을 블라디보스토크에 보내 최 영사를 살해했다고 보는 것이 맞다. 지금까지 공개된 사건 전모를 함께 살펴보자.

최 영사의 사인과 살해 용의자

최 영사는 1996년 10월 1일 저녁 블라디보스토크 시내에 있는 코리아 하우스라는 식당에서 식사를 마친 후 그가 거주한 루스카야 55번지 소재 아파트에서 숨을 거뒀다. 최 영사가 거주한 곳은 7층, 그가 발견된 곳은 3층 복도였다. 최 영사 피살을 신고한 목격자는 러시아 경찰에 '어두운 아파트 안쪽에 2~3명의 괴한이 서성거렸으며 최 씨가 아파트에 들어간 직후에 비명이 들렸다'고 진술했다.[231] 또한 최 영사의 운전기사(러시아인)는 '최 영사가 식사를 하고 있었을 때 그의 뒤편에는 북한인으로 보이는 4명의 아시아인이 맥주를 마시고 있었다'고 했다.[232] 또한 최 영사 피살 사건을 수사한 러시아 합동수사본부는 '피살 당시 아시아인으로 보이는 3인이 황급히 뛰쳐나갔다'는 목격자 진술을 확보했었다.[233] 요컨대 최 영사를 피살한 용의자는 러시아인이 아닌 동양인이었다.

러시아 현지 부검 결과 최 영사는 원통형 물체로 8차례에 걸쳐 머리를 가격당하고 우측 옆구리를 예리한 물체로 찔린 것으로 나타났다. 사인死因은 두개골 파열로 인한 뇌막과 뇌실 내 혈액 유입과 뇌 압축이었다. 그러나 한국 국립과학수사연구원 부검 결과는 달랐다. 최 영사 시신에서 브롬화네오스티그민neostigmine bromide이 검출된 것이다. 즉 최 영사는 브롬화네오스티그민에 중독당한 후 둔기로 살해되었다.

브롬화네오스티그민, 테트로도톡신tetrodotoxin, 청산가리potassium cyanide, VX는 북한 공작원들이 애용하는 독극물이다. 또한 이 독극물을 이용한 우리 국민 대상 북한의 테러 사례도 상당수 있다.•

최 영사가 수집한 마약 첩보

이 사건의 목격자들과 사인을 봤을 때 최 영사는 북한 공작원에

• 탈북 후 한국에서 북한 인권 활동을 하고 있는 박상학 자유북한운동연합 대표는 2011년 10월 파커Parker 볼펜형 독침으로 살해 위협을 받았다. 박 대표를 위협한 인물은 특수부대 출신 탈북민이었고 이 탈북민은 서울중앙지검 공안1부에 구속되었다. 또한 중국 요녕성 단동시에서 탈북민들을 도왔던 김창환 선교사는 2011년 8월 21일 국가보위성 소속 요원에 의해 브롬화네오스티그민 공격으로 사망했다. 그리고 강호빈 목사도 2011년 8월 22일 중국 길림성 연길에서 독침으로 피격되어 병원으로 후송되어 사흘 만에 의식이 돌아왔는데, 강 목사의 몸에서는 브롬화네오스티그민이 검출되었다. 강 목사는 극적으로 회생했으나 2012년 5월 27일 연길에서 의문의 교통사고로 숨졌다. 그에게 독침 테러와 교통사고를 일으킨 범인은 공개되지 않았으나 한국 정보당국은 국가보위성 해외반탐국으로 추정하고 있다.

수령과 마약

의해 살해된 것으로 볼 수 있다. 북한이 최 영사를 암살한 이유는 강릉 무장공비 침투 사건에 따른 보복일 수도 있지만, 그들의 마약 및 위조화폐 범죄 때문일 수도 있다. 이러한 추측에는 1996년 10월 6일 러시아 합동수사본부가 최 영사의 재킷 안쪽 호주머니에서 발견한 메모지에서 비롯된다. 러시아 당국은 이 메모지를 사건 발생 5일이 지나서야 공개했다. 러시아 합동수사본부가 메모를 뒤늦게 공개한 이유는 한국어로 적힌 내용을 해석하지 못했기 때문이다.

이 메모는 《동아일보》 특별취재팀의 취재로 1996년 10월 7일 보도되었다.[234] 또한 당시 취재팀이었던 하종대 기자는 2023년 9월 17일, TV 방송에 출연해 메모 사본을 직접 공개했다. 최 영사의 자필로 기재된 메모 내용은 다음과 같다.

> ◇ 김향진 등 북 공관원들의 마약 거래 관련 구체 내용
> ◇ 박성철(정무원 부총리) 아들 마약 밀매 사건
>   └ 96.5경 러시아 공안당국 체포
>
>   춘식, 홍, 보, 두학 기대 춘원 등
> ◇ 평양시 은정구역 영광동 소재 평양 상표공장 100불 위폐
>   평성조폐공사와의 관련성? 평성조폐공사와 별개 확인
>   실제 여부 및 관련 동향
> ◇ 李 – 신뢰성 구체적 활용 계획 적정 예산 등 종합 건의
> ◇ 나호드카
> ◇ 소련 전문가 차출 필요성 후보 염두[235]

메모에는 북한의 위조화폐와 마약 관련 내용이 등장한다. 당시 최 영사는 안기부로부터 북한 공관원들의 마약 및 위조화폐 밀매 개입에 대한 탐문 지시를 받았다.[236] 또한 이 메모에 기재된 김향진 은 주나홋카 총영사관 소속 북한 영사이다. 또한 박성철은 1950년 대 군軍 정찰국장, 1960년대 정무원 부총리를 역임했고 1970년대 에는 정무원 총리까지 승진한 김일성의 측근이었다. 앞에서도 살 펴봤듯이 정찰국은 1950년대까지 마약류를 밀매하는 공작기관이 었다. 그다음으로 등장하는 이름 중 춘식, 춘원은 박성철 아들 이름 과 동일하다. 박성철에게는 춘식, 춘보, 춘원 등의 아들이 있는 것 으로 알려졌다. 박성철 아들 중 춘식은 헤로인 사업을 담당한 만수 무역회사 사장이었다. 이 회사는 1993년 5월, 조선만년보건총회사 에 흡수되었다.

한편, 한국 통일부 자료에는 박춘식이라는 인물의 직책을 '함경 북도 당위원회 비서, 로동신문사 해외특파기자(모스크바 파견)'으로 기록되어 있다. 이 인물이 박성철의 아들과 동일한지 아니면 동명 이인인지 알 수 없으나, 모스크바에 파견된 '박성철'의 이름으로 보 도된 로동신문 기사는 찾아볼 수 없다.[237]

이렇듯 최 영사는 북한의 마약 범죄를 추적 중이었고 그의 메모 에는 관련 단서들이 명확히 기재되어 있었다. 그가 남긴 메모의 다 른 쪽 면에는 다음과 같은 문구도 있었다.

수령과 마약

> **사나이가 태어나서 나라를 위해 죽는다!**
> **그것은 여한이 없는 일이다.**

안타깝게도 최 영사는 자신이 남긴 메모처럼 순국해 '별'이 되었다.•

김정일의 살해 교사와 꼬리 자르기

최덕근 영사가 숨진 원흉은 바로 김정일이다. 김정일은 최 영사를 살해 교사殺害敎唆했다. 김정일은 자신이 지시한 마약 및 위폐 범죄가 밝혀지면, 자신이 영도하는 북한이 '파탄 국가failed state'임을 다시 증명하는 꼴이었다. 그래서 김정일은 대외정보조사부 혹은 작전부 소속 공작원들에게 살해 지시를 했을 것으로 추정된다.

대외정보조사부 7과(와해 및 모략과)의 핵심 임무는 납치, 암살, 테러이다. 1990년대 대외정보조사부장을 맡았던 권희경은 7과 활동의 노출을 우려해 1994년, 김정일에게 부서 폐지를 제안했다. 이후 7과가 폐지되자 소속 공작원들은 작전부 4과로 재배치되었는데, 오극렬 작전부장의 건의가 있었기 때문이다.[238] '장군님께 기쁨을 안겨드리는 것'을 낙으로 삼았던 오극렬은 1994년 5~7월, 블라디보스토크와 하바롭스크에 있는 한국인 대상 납치 공작을 시도한 전력도 있다.[239] 한편 러시아 정부도 북한을 유력한 용의자로 판

• 2021년 6월 4일, 국가정보원은 창설 60주년을 맞아 순직한 요원들을 추모하기 위한 '이름 없는 별' 조형물을 공개했다. 이 조형물에는 총 19개의 별들이 새겨져 있으며 이 중 실명이 공개된 순직자는 최덕근 영사가 유일하다.

단했다. 사건 직후 러시아 프리모르스키주(연해주) 이민국은 아르툠 Artyom시에 소재한 북한 농업대표부를 수색, 각종 위법 사실들을 확인하고 중앙정부에 대표부 폐쇄를 요청했다. 즉 북한 농업대표부는 표면적으로 러시아에서의 농업 관련 업무를 수행했지만 사실상 공작 및 마약 거점 역할을 한 것이다.[240] 이렇듯 북한은 당시 러시아에서 왕성한 범죄 활동을 하고 있었다. 현재 국정원은 이 공작원들 중 일부가 동남아시아에서 활동하고 있는 것으로 파악하고 있다.[241]

수령은 자신의 권위와 위신, 즉 체면을 목숨처럼 소중하게 여긴다. 그래서 수령은 자신이 지시한 범죄 은폐를 위해 상대를 가리지 않고 생명을 빼앗는다. 대외정보조사부 7과가 자행한 범죄들을 사장하기 위해 부서 폐지를 제안했던 권희경은 1997년 11월, KGB와의 내통 혐의로 처형되었다. 김정일은 권희경을 제거해 완전하게 꼬리 자르기를 했다. 앞에서 일본에 침투한 북한 공작선 사건에도 확인했듯이 북한 공작원은 임무 실패 시 자살(자폭)하는 게 원칙이다. 이와 관련해 1987년 11월 29일 KAL 858기 폭파 테러(탑승객 115명 전원 사망) 주범인 대외정보조사부 공작원 김승일은 검거 직후 자살했다.

그런데 공작원과 당국자들이 해외에서 임무 수행 중 체포되었다면, 김씨 일족은 그 자체를 배신으로 간주한다. 예를 들어, 대남공작원 김동식 씨가 1995년 10월 24일 충남 부여군에서 생포되자, 북한은 조국평화통일위원회 대변인 성명을 통해 '반공화국모략극'이라며 관련 사실 일체를 부정했다.[242] 그런데, 김 씨는 저자에게 자신이 체포된 후 북한의 가족과 친척들이 관리소 구금을 비롯한 각종 연좌제 처벌을 받았다고 말했다. 김정일은 '남조선혁명가'로 추켜세웠던 공작원을 자신의 체면을 위해 '배신자'로 취급했다.

이와 같은 수령의 꼬리 자르기는 마약을 비롯한 각종 밀수 범죄에도 동일하게 적용된다. 김정일은 1970년대부터 해외 공관들에 '외화벌이를 하다 주재국 정부나 언론에 발각되면 역적과 같고 무조건 그것은 네가 혼자서 책임져라'라는 내용의 방침을 하달했다. 또한 1986년에는 '외화벌이를 하는 것은 반당분자이며 반김정일분자다'라는 전문을 보내기도 했다.[243] 물론 이 지시는 모든 외화벌이를 중단하라는 것이 아니었다. 김정일은 범죄 시작 단계부터 자신의 개입을 은폐하고자 했을 뿐이다.

마약 범죄와 관련해서도 유사한 사례가 있었다. 북한 임업성 산하 벌목회사 연락원 리영식은 1996년 11월 5일 평양-모스크바행 41호 객차에 탑승했다. 그는 이 객차에 생아편 900g에서 22kg이 담긴 5개 꾸러미들packs을 은닉해 하바롭스크로 향하고 있었다. 그런데 러시아 하산 국경에서 국경수비대 검문 과정 중 그가 은닉한 아편이 적발되었다.[244] 리영식은 프리모르스키주(연해주) 슬라뱐카 교도소 독방에 구금된 후 1996년 11월 7일 14시 40분경 사체로 발견되었다. 그는 담요를 뒤집어쓴 다음 교도소에서 지급한 수건에서 뽑은 실을 끈을 이용해 목을 메달았다.[245] 요컨대 리영식은 김정일과의 개연성을 차단하고자 스스로 죽음을 선택한 것이다. 최덕근 영사 순국 1개월 후에 발생한 사건이었다.

20

한국 조폭의
북한산 마약
유통

조폭의 부상

1990년대 초반, 한국 정부의 대대적인 마약 통제 정책이 효과를 발휘하자, 국내 마약 범죄조직들은 자취를 감췄다. 하지만 그 이후부터는 중국 조선족들이 북한산 아편을 한국에 들여오는 사건들이 발생했다. 조선족에 의한 아편 반입 적발 건수는 1990년 7건이었지만, 1991년 15건으로 증가했다. 이와 관련해 검찰은 '적발된 조선족들의 고향은 대부분이 북한이었고 이 시기 북한에서는 대규모의 양귀비가 재배되었다'고 지적했다.[246] 그런데 이복헌이 북한에 넘긴 정보 탓인지(챕터 18 참조) 1990년대부터 한국에는 북한산 필로폰이 들어오기 시작했다.

한국 정부 당국자는 1996년 2월, 북한산 마약과 관련해 다음과 같은 입장을 발표했다.

국내에 들어오는 마약 중에는 북한에서 생산되는 것도 포함돼 있을 수 있다는 첩보가 있다. 이 첩보에 대한 확인 작업은 관계 기관에서 진행 중이고, 특히 중국을 통해 반입되는 마약이 주목 대상이다.[247]

그리고 1년 후 한국에서는 북한산産 필로폰의 존재가 공식적으로 확인되었다. 서울지방검찰청 의정부지청은 1997년 5월, 국내 마약 밀매 조직원 8명을 구속했다. 검찰은 이 조직원들이 중국 요녕성 심양시를 통해 북한산 필로폰을 반입했다고 밝혔다.[248] 또한 대구지방검찰청은 '북한산産' 필로폰, 중국 청도에서 인천항을 통해 필로폰 1.1kg을 한국으로 밀반입하려던 조선족 공급책과 마약 범죄조직을 적발했다. 이 조선족 공급책은 '북한에서 필로폰이 건너왔다'고 검찰에 진술했고, 안기부도 공개 보고서를 통해 북한산으로 확인했다.[249]

1990년대 중반까지만 하더라도 북한산 마약은 조선족이나 국내 마약 범죄조직이 들여왔다. 하지만 한국 조직폭력배(이하 조폭)들이 마약 밀매에 뛰어들면서 국내 마약 시장의 판도가 바뀌기 시작한다. 마약 범죄조직은 점조직 형태이지만, 조폭은 광범위한 조직 체계를 갖춘 것이 특징이다. 즉 조폭이 마약 밀매에 개입한다는 것은 밀매 단계상의 보안을 유지하면서도 전국적으로 마약을 유통할 수 있다는 것을 의미한다.

조폭들이 마약 범죄에 본격적으로 나선 시기는 1990년대 중후반이다. 대검찰청 강력부가 한 1997년 9월 발표에 따르면, 조폭이 국내 마약 유통에 개입한 비율은 1996년 29%에서 1997년 52.6%로 증가했고, 국내 필로폰 유통량도 대폭 증가 추세를 보였다.[250] 이와 관련해 대검찰청이 2000~2002년 사이 밝힌 마약 유통 관련 조직 명단은 다음과 같다.

서울 장안동파, 이글스파, 중앙동파, 신상사파

부산 칠성파, 당감동파, 유태파, 서면파, 동성로파, 칠성동

인천 주안식구파, 꼴망파, 부평식구파

경기 수원AP(4월의 불사조)파, 의정부신세븐파 등

대구 대신동파

충청 천안송악파, 서산태양회파와 청주파라다이스파 등[251]

조폭이 마약 밀매에 손댄 이유는 바로 금전적 수익이다. 예를 들어, 칠성파는 2000년대 초, 자체 조직망을 동원해 필로폰 1kg으로 30억 원의 수익을 창출했다. 이와 관련해 채동욱 대검찰청 마약과장은 2001년 10월, '국제범죄조직과 연계해서 마약류 밀거래에 조직적으로 개입하게 되면 자연스럽게 전국적인 마약류 공급조직망을 구축하게 됨으로써 마약류의 급격한 확산이 우려된다'고 했다.[252] 당시의 우려는 이제 현실이 되었다. 이렇듯 국내 조직폭력배들은 1990년대 중후반부터 국제범죄조직들과 연계해 마약 유통망을 구축했고, 마약 출처의 상당수는 북한이었다.

신상사파 사건

1990년대 후반부터 발생한 조폭의 북한산 마약 밀매 개입 사건들을 살펴보자. 먼저 1999년 4월에 발생한 북한산 필로폰을 밀매한 신상사파 사건이다. 한국과 일본 사법기관은 이 사건을 공조 수사했고, 당시 수사를 담당한 서울지방검찰청 강력부는 다음과 같이 발표했다.

> 신상사파 조직원 구기본은 일본 야쿠자 스미요시카이(住吉會) 간부 양종만(재일교포, 일본명 다치가와 마쓰루)과 양종만의 부하 조직원 정지원(재일교포, 일본명 마쯔나미 겐), 마츠바카이(松葉會) 간부 안도 다케오 그리고 중국 임양랭-2호(LINYANGLENG-2) 선장 장일철(조선족)과 공모해 북한산 필로폰을 밀반입했다. 장일철은 1999년 4월 9일, 북한 흥남항에서 재첩으로 위장한 필로폰을 선적해 4월 10일 한국 묵호항을 경유, 4월 13일 일본 사카이항(돗토리현 사카이미나토 소재)에서 필로폰 100kg을 하역했다. 하역 직후 장일철, 양종만의 부하 사사모토 도모유키(笹本智之)와 조선족 선원 4명 등은 일본 경찰에 검거되었다.[253]

서울지검 강력부는 1999년 5월 10일 북한산 재첩으로 위장한 화물에 부착된 대외상품검사위원회(북한 대외경제위원회 산하)가 발급한 검사증(원산지 증명서)을 증거물 중 하나로 공개했다. 재첩 포장에 부착된 원산지 증명서에는 다음과 같은 내용들이 명시되어 있었다.

재첩 포장 안에는 필로폰 1kg씩 총 100개가 포장되었다. 검찰은 임양랭-2호 선장 장일철이 '북한 흥남항에서 필로폰을 선적한 사실이 분명하기 때문에 이 필로폰은 북한산임이 확실해 보인다'고 강조했다.[255]

한편, 신상사파 사건이 발생한 지 1년 정도가 지나 국내 언론매체는 2000년 3월, 서울지검 강력부의 입장을 다음과 같이 전했다.

서울지검 강력부 3개 마약수사팀 중 2개 팀이 각각 다른 채널들을 통해 '장 씨가 실제로 운반한 히로뽕(필로폰)은 100kg이 아닌 200kg으로 동해항에서 100kg이 구 씨를 통해 국내에 유입됐다'는 첩보를 입수했다. 용의자들이 필로폰을 다시 일본에 판매한다는 추가 첩보가 계속 들어오고 있지만, 1999년 사건(신상사파 사건) 이후 일본 측 움직임이 거의 없어 어떻게든 국내에서 판매를 시도할 것으로 보인다. 국내 유통을 막기 위해 장기 수사 체제를 갖출 계획이다.[256]

검찰이 확보한 첩보 내용이 사실이라면, 국내 단일 사건으로 역대 최대 적발 중량이었다. 하지만 위 보도 후 신상사파 마약 밀매에 대한 검찰의 추가적인 입장 발표는 없었다.

신상사파 사건에서 드러난 사실은 한국 조폭이 야쿠자로부터 자금 지원을 받아 조선족 선장을 통해 북한에서 필로폰을 구매했다는 것이다. 운송 수단으로 사용된 임양랭-2호는 이 사건 이전부터 수개월 동안 북한 홍남항-한국 묵호항-일본 사카이항을 운행했다.[257] 즉 임양랭-2호는 남북교역 선박이다. 또한 이 사건에서 조총련 개입 흔적 여부는 알 수 없지만, 재일교포 출신 야쿠자들의 개입이 확인되었다. 스미요시카이는 재일교포 조직원들을 앞세워 1990년대부터 한국에 진출한 야쿠자이다. 또한 마츠바카이는 이춘성李春토(일본명 마키노 쿠니야스牧野國泰)이라는 재일교포가 회장을 맡은 야쿠자 조직이다. 요컨대 이 사건은 북한-조선족 선장과 남북교역 선박-한국 조폭-재일교포 야쿠자가 연계되었다.

유태파 사건

서울중앙지검 강력부는 2011년 2월, 부산 유태파 고문 김 모某와 중국 요녕성 심양시의 흑사회 두목 정 씨 그리고 조직원 13명(한국인 9명, 중국인 4명)을 구속 기소했다. 또 국내 판매 총책인 부산 칠성파 임 모某와 흑사회 조직원 12명도 지명수배했다. 구속된 조직원들은 2009년 9월부터 2011년 1월까지 중국에서 필로폰 5.95kg을 밀수해 국내에 유통한 혐의를 받았다. 서울지검 강력부는 검거한 중국인들을 조사하면서 필로폰의 출처가 '북한산으로 알고 있다'

는 진술을 확보해 유통된 필로폰은 북한산으로 추정된다고 발표
했다.[258]

유태파가 북한산 필로폰을 다루기 시작한 것은 2000년부터이
다. 검찰에 따르면, 유태파 고문 김 씨는 2000년부터 중국 흑사회
를 통해 북한산 필로폰을 밀수했다. 유태파와 다른 조폭들이 북한
산 필로폰을 손댄 이유는 간단하다. 필로폰 품질이 최상인 탓에 국
내에서 폭발적인 인기를 끌었기 때문이다. 유태파 고문 김 씨는 일
명 '산타'로 불리는 유태파 조직원을 운반책으로 활용했다. 산타는
중국 연태烟台항에서 한국 부산항으로 들여온 북한산 필로폰을 조
폭 조직들에 분배, 유통했다. 북한산 필로폰을 판매한 각 조직들은
투자 대비 최소 6배에서 최대 10배까지의 수익을 올렸다. 이에 따
라 다수의 조폭 조직들이 유태파 김 씨에게 북한산 필로폰을 구매
해달라며 돈을 건넸다. 검찰은 운반책 산타가 2000년부터 검거되
기 전까지 100회 이상 중국을 왕래했다고 밝혔다. 즉 유태파가 밀
반입한 필로폰 양은 구속영장에 명시된 5.95kg보다 훨씬 더 많았
음을 짐작할 수 있는 대목이다.[259]

유태파 사건과 관련해 한 검찰 관계자는 '폭력조직들은 조직원을
활용해 필로폰 판매망을 손쉽게 구축할 수 있었다면서 국내 조폭
이 이권을 위해 합종연횡合縱連橫하며 '마피아화'하고 있음이 확인됐
다'고 했다.[260] 즉 조폭은 더 많은 수익을 확보하기 위해 2000년부
터 여러 조직들이 자금을 모아 북한산 필로폰을 흑사회로부터 직
접 구입하는 방식을 취하기 시작했다.

수령과 마약

유태파로부터 북한산 필로폰을 구입한 조폭 조직은 모두 14개로 언론에 공개된 조직들은 다음과 같다.

서울 청량리파, 신상사파, 동대문파, 이글스파

부산 칠성파, 양정파, 사상파

인천 간석동파(간석식구파)

경기 수원북문파와 의정부신세븐파

충청 논산파

광주 동아파 등[261]

한편, 한국 경찰청 소속 마약 담당 고위관계자는 2003년 7월, 언론에 이런 말을 남겼다.

현재 국내 폭력조직은 두 가지 금기禁忌 사항이 있다. 칼은 쓰지만 권총으로 무장하지 않는 것과 북한과의 직거래 형태는 하지 않는다는 것이다. 한국의 안보 상황을 고려할 때 권총으로 무장하고 북한과 마약 거래를 한다는 것이 알려지면 그 순간 박살이 난다는 것을 스스로 알기 때문이다.[262]

그런데 이 금기들은 1990년대에 이미 깨졌다. 조폭들은 1990년대 중후반부터 마약 수익으로 조직을 재건하고 세력을 넓혀왔다. 특히 북한산 필로폰 유통은 조폭들의 재정에 직접적인 영향을 미친 것으로 보인다. 또한 북한산 여부는 확인할 수 없지만, 조폭들은 2000년대 중반 이후 중국과 동남아시아에서 필로폰을 계속 들여오고 있다.*

---

* 예를 들어, 성남 국제마피아파는 2007년 8월 중국에서, 수원 북문파는 2009년 9월 태국, 부산 칠성파는 2013년 12월 중국 청도, 부산 온천동파는 2015년 7월 중국 광주廣州, 구리남양주식구파는 2021년 8월 태국에서 필로폰을 밀반입해 적발되었다.

21

남북교역
재개와
북한산 마약

오염된 남북교역 직항로

대구지방경찰청 수사과는 2002년 7월 12일, 중국에서 국내로 필로폰을 공급한 혐의로 성일파 두목 윤 씨를 긴급체포했다. 성일파는 2001년 10월에 결성된 마약 범죄조직이다. 국립과학수사과학연구원은 성일파가 밀수한 필로폰 성분을 분석한 결과, '정제가 뛰어나고 순도가 매우 높아 중국산이라기보다는 북한산으로 추정된다'고 밝혔다. 성일파는 2000년대 초반, 국내에서 유통되는 30~40%의 마약을 공급하는 거대 조직이었다. 이에 따라 윤 씨는 2001년 6월부터 검찰과 경찰의 수배를 받고 있었다. 그는 2002년 초부터 7개월간 중국에서 북한산 필로폰을 매달 3kg씩 밀반입했다.[263]

성일파가 과거에 취급했던 마약이 모두 북한산 필로폰이라면, 2000년대 초반 국내에 유통된 마약들 중 30~40%가 북한산 필로폰이라는 뜻이다. 더욱이 이 필로폰들은 남북교역 항로를 통해 밀반입된 것으로 추정되었다. 성일파 사건을 비롯한 국내 마약 사건들과 관련해 이상배 의원(한나라당)은 2006년 10월, 다음과 같이 언급했다.

지난 2002년 7월 대구지방경찰청에서 검거한 성일파 두목 윤 씨가 소지한 필로폰과 비슷한 시기에 의정부지청과 서울동부지검에서 적발한 필로폰 등이 북한산으로 추정되는 등 부산항은 이미 단순한 환적 통로가 아닌 북한산 범죄품의 수입 통로로까지 변질됐다. 또한 남북이 지난 1995년 남북경협 차원에서 부산 - 라진 간 정기 항로를 개설한 것이 화근이 됐다. (중략) 북한은 일단 부산 - 라진 간 정기 항로를 통해 부산항으로 마약과 가짜 담배를 보낸 뒤 일부는 한국에 팔고 나머지는 제3의 선박으로 환적해 다시 외국으로 보내는 것으로 추정된다. (중략) 부산항이 북한산 범죄품 유통 창구로 변질되고 있는 마당에 우리 정부는 그동안 이러한 사실을 알면서도 정기 항로의 폐쇄는커녕 최근까지 대북 항로 개설 확대를 추진한 바 있다. (중략) 특히 마약과 가짜 담배 밀수를 적발하고도 외부에 전혀 공개하지 않은 점은 정부가 북한의 범죄 행위를 옹호하고 있다는 의혹이 생기는 대목이다.[264]

남북교역 직항로가 북한의 범죄로 오염되었다는 이 의원의 언급은 주장이 아닌 사실이다. 이 책의 앞부분에서 명료하게 밝혔듯이 남북교역 직항로는 광복 직후부터 마약 밀매 루트로 활용되었고,

수령과 마약

1990년대 이후에도 변함이 없었다.

1949년 4월 중단된 남북교역은 노태우 대통령이 1988년 7.7선언 후 ㈜대우가 홍콩 중개상을 통해 북한 도자기 519점 반입에 대한 정부 승인(1988년 11월 14일)을 받으면서 재개되었다.* 당시 남북교역은 전적으로 해상 운송만 실행되었는데, 직항로가 개설되지 않아 홍콩, 중국을 경유한 노선을 이용해야만 했다. 한국과 북한은 1992년, '남북 교류·협력 부속 합의서' 체결과 함께 해상 직항로를 개설했다. 서해안은 한국 인천과 북한 남포, 동해안은 화물 종류에 따라 한국 부산, 포항과 북한의 청진, 흥남, 원산을 운항하기 시작했다. 선박은 한국의 한성선박과 삼선해운 선박이 투입되었다. 또한 동룡해운**이 1995년 10월부터 부산-라진 컨테이너 화물 수송을 개시했다.[265]

40여 년만의 남북교역 재개였다. 하지만 이 루트를 통해 북한산 마약이 들어오는 것은 여전했다. 북한은 1990년대 초반부터 아

• 한국 정부는 민간 차원의 '남북 경제협력 활성화' 기조하에 1990년 8월, 〈남북교류 협력에 관한 법률〉과 〈남북협력기금법〉 제정을 추진했다. 1990년대에 들어서는 한국 기업이 원부자재와 설비를 제공하고 북한에서 가공해 완제품을 들여오는 위탁가공 교역이 진행되었다. 이와 관련해 ㈜대우가 1993년 남포공단에 셔츠, 가방 등의 소비재 제품 생산과 관련한 한국 정부 승인을 받았다. 또한 한국 정부는 1994년과 1998년 두 차례에 걸쳐 '남북 경제협력 활성화 조치'를 발표했다.

•• 한국특수선의 박종규 사장은 1995년 6월 18일, 함북 선봉군(현재의 라선시) 소재 비파초 대소에서 북한 대외경제협력추진위원회 산하 강대규 해양무역대표와 만나 부산-라진 직항로 개설을 합의했다. 이 직항로에 투입된 선박은 한국특수선과 중국 연변항운공사와 합작 설립한 회사인 동룡해운 선박이었다. 부산일보, "부산-나진 정기 직항로 개설," 《부산일보》, 1995년 6월 23일.

편을 노동당 산하 릉라888무역상사(이하 릉라888)를 통해 중국, 홍콩, 독일에서 판매 루트를 물색했다. 이와 관련해 한국 언론에는 알려지지 않은 한 사건이 발생했다. 북한 릉라도호 부선장이 '케니플라스틱스 홍콩'(모회사는 미국의 플라스틱스케니) 사장인 재미교포 차 씨에게 농축 아편 20kg을 판매하려다 1992년 12월, 적발된 것이다.[266] 릉라888은 금수산의사당경리부 무역과의 대외명칭으로 김일성 사후 39호실에 배속된 회사이다. 또한 금수산의사당경리부는 1980년대부터 마약 사업을 실행한 기관이다. 또한 앞에서 소개한 AS 이복헌에 따르면(챕터 18 참조) 릉라도호는 대성호와 함께 1988년부터 중동 국가에 무기를 밀매했던 선박이며[267] 이 선박의 부선장은 다른 선박의 부선장들처럼 국가보위부(현재 국가보위성) 지도원이었다.*

문제는 이 사건에 연루된 재미교포 차 씨가 남북교역 중개상으로 활동했다는 것이다. 차 씨는 1994년 5월 29일 홍콩에서 진행된 한국 언론과의 인터뷰에서 '조선샘물주식회사(이하 조선샘물사)가 한국플라스틱협동조합과 6,000만 달러 상당의 물물교환에 합의했다'고 발표했다. 조선샘물사는 케니플라스틱스 홍콩과 북한의 조선릉라도무역총회사와 합작투자한 회사이며, 총사장이 바로 차 씨였다. 차 씨와 북한이 합의한 사안은 '조선샘물사가 생산하는 신덕

* 해외로 출항하는 북한 선박에는 통상적으로 선장과 정치위원 그리고 부선장으로 위장한 국가보위부 지도원이 탑승한다.

수령과 마약

샘물, 신덕소주 등 3,000만 달러 상당의 물품을 한국에 제공하고, 한국은 북한이 필요한 각종 플라스틱 제품들을 해당 액수만큼 제공한다는 것'이었다. 이에 따라 북한산 제품들은 남포항에서 인천항, 부산항, 목포항으로, 한국산 제품들은 인천항, 부산항에서 남포항으로 제3국의 선박을 이용해 수송될 계획이었다.[268] 만약, 북한에서 선적된 컨테이너에 과거처럼 마약이 은닉되었다면 어떤 일이 발생했을까.

마약을 운반한 남북교역 선박

1990년대 남북교역은 광복 직후와는 비교할 수 없을 정도로 물동량이 증가했다. 무엇보다 남북교역 선박들은 한국을 거쳐 여러 국가들로 이동할 수 있었다. 계속 이어서 남북교역 직항로를 이용한 북한산 마약 밀매 사건을 하나 더 소개한다.

추싱호楚興號, CHUXING는 앞에서 언급한 동룡해운 소유 2,283t급 선박이다. 추싱호는 2001년 11월부터 2004년 11월까지 북한산 마약을 포함한 각종 불법 제품들을 남북교역 정기 직항로인 라진-부산으로 밀반입하다 12회나 적발되었다. 무엇보다 추싱호는 180쪽 〈표〉와 같이 한국뿐 아니라 베트남, 필리핀, 말레이시아, 벨리즈, 미국까지 운항하는 선박이었다.

추싱호 밀수 적발 현황

연번	한국 입항 시기	위장 신고 품목	밀수 품목	적발 중량	신고 목적지
1	2001년 11월	당면	필로폰	91kg	필리핀
2	2003년 6월	염장 미역	필로폰	45.23kg	한국
3	2003년 6월	유모차	담배(말보로)	444,000갑	미국
4	2004년 7월	백출	중국산 백출	57,456kg	한국
5	2004년 7월	백출	중국산 백출	77,440kg	한국
6	2004년 8월	잡화	담배(마일드세븐)	418,000갑	베트남
7	2004년 8월	가정용품	담배(말보로)	816,000갑	벨리즈
8	2004년 10월	가방	담배(말보로)	475,500갑	말레이시아
9	2004년 10월	완구	담배(마일드세븐)	358,000갑	말레이시아
10	2004년 10월	신제품	담배(555)	441,500갑	말레이시아
11	2004년 11월	칫솔	담배(말보로)	454,500갑	말레이시아
12	2004년 11월	더덕	수삼, 도라지	2,700갑	한국

*출처: 부산세관 자료 인용: 동정민, "경협항로가 북 밀수품 '세탁통로'?," 《동아일보》, 2006년 10월 17일.

한국 사법당국이 추싱호에서 적발한 마약 밀수는 총 2건이었다. 국내 언론 보도에 따르면, 서울지방검찰청, 부산지방검찰청, 부산 세관은 2001년 11월 합동으로 한국 부산항을 거쳐 필리핀으로 밀 수출되던 필로폰 91kg을 부산항에서 적발했다. 당시 사법당국은 필로폰의 정확한 생산 시설 및 선적 위치에 대해서는 언급하지 않 았다.[269] 또한 대검찰청이 발간한 《2002 마약류범죄백서》는 이 사건에 대해 다음과 같이 명시했다.

2001년 11월경, 삼합회 조직원 황 씨(중국 국적), 대만 폭력조직 죽련방 간부 탕 씨가 공모해 북한과 중국 국경 부근에 위치한 벽돌공장에서 대량의 필로폰을 제조, 이 중 91kg을 당면으로 위장해 선적 후 부산항을 경유해 필리핀으로 밀반출하려다 적발됐다.[270]

추싱호 사건은 2000년 한 해 동안 한국에서 적발된 필로폰(46kg)의 2배가 넘는 양이 밀반입된 대형 사건이었다. 하지만 사건 발생 1개월 후인 2001년 12월 말에 관련 소식이 공개되었고, 출항지가 라진항이었다는 사실은 2002년 4월이 돼서야 공개되었다. 이와 관련해 한 검찰 관계자는 '2001년 말 검찰 내부에서 북한과의 분쟁 가능성을 들어 출항지 등을 공개하지 말자는 의견이 제기됐다면서 마약 운송선의 이름과 출항지를 공개하지 않기로 한 결정이 검찰 자체 판단인지 다른 기관이 개입했는지는 알 수 없다'는 언급을 하기도 했다.[271]

추싱호에 의한 북한산 필로폰 밀반입 사건은 2003년 6월 재차 발생했다. 《부산일보》 2003년 6월 4일 보도 따르면, 인천지방검찰청 마약수사부는 부산지방검찰청과 부산세관에 협조를 요청해 부산광역시 동구 초량동의 한 철도컨테이너 야적장에 보관돼 있던 추싱호의 화물에서 필로폰 46kg을 적발했다. 이 필로폰은 추싱호 컨테이너에 보관되어 있던 염장 미역 속 비닐봉투에 설탕과 혼합된 상태로 있었다. 필로폰은 2003년 5월 북한 라진항을 출발해 2003년 5월 중순 부산항에 도착했고 필로폰이 적발 사실이 밝혀진 시점은 2003년 6월이었다.[272] 그런데,《매일경제》는 인천지검, 부산지검, 부산세관이 부산항 인근 야적장에 있는 컨테이너에 필로폰 110kg이 은닉되어 있다는 첩보를 입수해 수색한 결과 약 80kg의 필로폰을 찾아냈다고 보도했다. 사법당국은 이 화물이 '1개월 전쯤 중국에서 출발해 라진항을 거쳐 부산항으로 입항한 선박'에 선적되었다고 밝혔으며, 이 필로폰은 중국산 혹은 북한산으로 추정된다고 밝혔다. 이 기사에서는 '추싱호'라는 언급은 없었지만, 보도 내용상 추싱호 선적 필로폰 사건이 분명하다.[273]

2003년 6월에 발생한 추싱호 사건의 경우 위에서 확인했듯이 각 보도들마다 밝힌 필로폰 중량이 제각각이다. 180쪽 〈표〉와 같이 부산 세관 자료를 인용한《동아일보》기사는 45.23kg,《부산일보》는 46kg,《매일경제》에서는 첩보상으로는 110kg이지만 적발한 중량은 80kg으로 보도했다. 한편 미국 INCSR 2003은 50kg으로 발표하기도 했다. 이렇게 출처마다 필로폰 밀반입 중량이 다른 이유에 대해서는 아직까지 밝혀진 것이 없다. 다만 사법당국이 입수한 첩보가 사실이라면 추싱호에 의해 한국으로 밀반입된 필로폰 110kg 중 일부는 국내 혹은 해외로 유통되었다고 볼 수 있다.

추싱호 사건 이후 남북교역 루트를 이용한 북한산 필로폰 밀반입 사건은 2024년 8월 현재까지 공식 발표된 사건은 없다. 북한 선박은 확산방지구상Proliferation Security Initiative(이하 PSI)과 유엔 안보리 대북제재결의 등으로 인해 공해상 운항이 제한되고 있다. 또한 한국의 5.24 조치* 이후 남북 해상 직항로는 폐쇄되었다. 하지만 북한 선박은 제재 회피를 위해 자동식별장치AIS 차단 및 조작, 선박식별번호IMO No. 은폐, 선박 대 선박 환적, 화물 및 선박 문서 위조, 편의치적flag of convenience, 제3국 회사의 대리 운영 등과 같은 다양한 방법들을 동원해 세계 전역을 누비고 있다.

무엇보다 북한 선박들은 최근까지 어떠한 제재 조치도 받지 않고 한국 항구에 입항했다. 제재 대상인 북한 국적 선박 월봉산호WOL BONG SAN가 2021년 10월, 부산항에 접안했다. 또 미상의 북한 선박은 2022년 6~8월, 제3국 선박으로 위장해 부산항에 입항하기도 했다.[274] 북한 선박은 이제 자유롭게 해외를 운항하고 있다. 그런데 놀라운 사실은 한국 선박도 유엔 대북제재와 국내법을 어기며 최근까지 북한을 왕래했다는 것이다. 일례로 한국선급 동친상하이호(2017년 6월 이후 '신성하이', '탤런트 에이스'로 선박명 변경)는 2017년 7~8월, AIS를 끄고 북한 남포항에 들어가 석탄을 선적해 중국, 베트남 등지로 운송했다. 또한 골든레이크 801호는 2011년 폐선된 것으로 알려졌지만, 이 선박의 AIS 신호가 2018년 10월 4일, 북한 장산곶으로부터 7km 떨어진 곳에서, 2019년 5월 3일에는 남포항에서 포착되기도 했다.[275]

---

* 2010년 3월 26일 북한은 우리 해군 천안함을 피격해 승조원 46명이 전사했다. 한국 정부는 이 사건과 관련한 대응 조치로 2010년 5월 24일 '5.24 조치'를 발표했다. 이 조치들 중 하나는 북한 선박의 우리 해역 운항 전면 불허이다.

북한에 들어간 한국 선박들이 모두 마약 범죄에 연루되었다고 단정할 수는 없다. 하지만 선주船主와 화주貨主 의지에 따라 선박에는 어떤 화물도 선적될 수 있다. 마약은 석유와 무기보다 부피는 작지만 가치가 비교할 수 없이 크다. 남북 직항로에 화해와 협력의 햇빛이 가득하면 좋았겠지만, 김씨 일족은 늘 이곳에 온갖 범죄 요소들을 집어넣었다. 현재 한국 해양경찰은 북한산 마약 밀매 방지를 위해 서해권 경계를 강화하고 있다.[276] 북한산 마약은 이제 중국과 동남아를 통해서도 들어오고 있지만, 가장 빠르고 저렴한 루트는 여전히 남북 직항로이다.

수령과 마약

22

대만에
침투한
북한산 마약

　대만에서 북한산 마약이 처음 적발된 시기는 1999년이다. 대만 사법당국은 타이페이台北 인근 지룽基隆항에 정박한 어선에서 필로폰이 든 가방들을 내리던 용의자들을 1999년 5월 23일 체포했다. 대만 법무부 조사국에 따르면 범행에 대만 마약 밀매조직 4명은 페이다오-1호Pei Dao-1를 운항해 공해상에서 북한 선박과 접촉한 뒤 필로폰 157kg을 옮겨 실었다고 한다. 당시 대만 당국은 '북한에서 밀수한 것으로 보이는 마약을 적발하기는 처음'이라고 했다.[277]

　대만 사법당국은 2000년 12월 28일, 타이페이시에서 자국민 한 명을 체포하고 벽돌 안에 포장된 헤로인 130kg을 압수했다. 이 용의자는 헤로인의 출처와 관련해 '북한에서 생산되어 대만으로 밀반입한 것'이라고 진술했다.[278] 이 용의자가 삼합회 일원인지는 공식적으로 발표된 바 없다. 하지만 헤로인 130kg은 개인이 감당할 수 있는 양이 아니다. 앞에서 살펴봤듯이 이 사건 발생 1년 전인 2001년 11월, 추성호에 헤로인 91kg을 선적한 것은 삼합회였다.

이후에도 북한산 마약은 계속 들어왔다. 대만 경찰은 2001년 4월 12일 핑둥현屛東縣에서 65.6kg의 필로폰을 압수했고, 4월 16일 가오 슝시高雄市에서는 필로폰 42kg을 압수했다. 대만 경찰은 이 필로폰이 북한산이라고 확신했다. 또한 마약 밀수를 수사 중인 대만 검찰은 북한이 중국에서 원료를 구입해 북한에서 마약을 제조한 뒤 다른 곳에서 도매상들에게 판매한 것으로 관측했다. 대만 검찰은 마약 밀반입 사건의 용의자가 공해상에서 무장한 북한 선박에 승선해 필로폰을 옮겼다고 밝혔다.[279] 2001년 4월에만 대만에서 100kg이 넘는 북한산 필로폰이 적발되었다. 이에 따라 대만 당국은 2001년 말부터 북한산 마약 수사에 집중했다.

대만 범죄조직은 이후에도 계속 북한산 헤로인을 밀반입했다. 대만 내정부경정서內政部警政署 형사경찰국은 2002년 7월 2일, 지룽시 基隆市 선아오항深澳港에서 북한에서 밀반입된 헤로인 79kg(198개 덩어리, 당시 563만 달러 상당)을 압수했다. 대만 언론매체는 이 헤로인 포장에는 '중국 운남성云南省 브랜드 Double Lion Global 라벨'*이 찍혀 있었다고 보도했다.[280] 이 사건에서는 대만 범죄조직에 헤로인을 넘긴 주체가 등장한다. 언론 보도들을 중심으로 관련 내용을

---

* 이 브랜드 라벨을 보다 정확하게 표기하면, DOUBLE UOGLOBE BRAND 한자로는 쌍사자지구표雙獅地球標이다. 북한과 이 라벨 포장 헤로인과의 연관성에 대해서는 봉수호 사건에서 자세히 다룬다.

정리하면 다음과 같다.

형사경찰국은 2002년 초, 샤오야오밍蕭耀銘이 지휘하는 범죄조직이 북한에서 여러 차례 마약을 밀수했다는 정보를 입수했다. 샤오야오밍 조직은 마약 운반을 위해 2002년 2월 순치파호順吉發號 어선을 구입해 같은 해 6월 16일, 타이페이현 완리萬里에서 출항했다. 순치파호가 향한 곳은 북위 38~40도 사이의 북한 해역이었고, 형사경찰국은 이 선박을 계속 주시했다.

순치파호는 예정보다 일찍 북한 해역에 도착했는데, 예기치 못하게 북한 해군 함정艦艇에 적발되어 나포되었다. 순치파호 조직원들은 대만의 지휘부에 긴급 연락을 취했고, 이 지휘부는 다시 중국에 있는 공범에게 연락을 넣었다. 이 중국인 공범은 자신과 친분이 있는 북한 해군 부대 여단장에게 청탁을 넣어 순치파호 억류를 풀게 했다.

이후 순치파호는 북한 해역에서 거래하기로 한 다른 북한 해군 함정과 접촉했다. 상호 간의 접선 코드는 두 갈래로 찢어진 100대만달러 지폐였다. 찢어진 홈이 들어맞는다면, 거래 상대도 맞다는 뜻이다. 북한 해군 병사들은 순치파호에 헤로인을 옮겨 실었다. 헤로인이 선적된 순치파호는 6월 21일, 대만으로 출항했다. 순치파호는 대만 해역의 한 섬에 도착한 후 헤로인을 시에망-18호HSIEH MANG-18, 協滿十八號로 옮겼다.

대만 경찰은 대만 경찰은 이 어선들이 선아오항에 도착한 직후 체포했다. 체포된 인물들은 샤오야오밍을 비롯해 순치파호 선장 루기완呂基

萬과 시에망-18호 선장 투밍후이杜明輝 그리고 린친궈林今國, 첸잉룽簡銀龍 등 총 9명이었다.[281]

대만 사법당국은 한 가지 흥미로운 사실을 덧붙였는데, 순치파호에 선적된 북한산 헤로인은 과거에 대만이 북한에 인도적 지원으로 제공한 쌀 포대에 담겨 있었다고 한다. 즉 대만이 북한에 베푼 선의가 마약으로 돌아온 것이다.

한편, 샤오야오밍 조직이 거래한 헤로인은 사실 일부에 불과했다. 대만 형사경찰국은 이 조직이 2002년 3월부터 7월까지 북한에서 총 200kg의 헤로인을 밀반입한 사실을 추가로 밝혀냈다. 또한 체포된 9명은 북한에서 마약뿐 아니라 삼합회에 유통되는 총기류들도 북한에서 밀반입한 혐의를 받고 있었다.[282]

대만 사법당국의 강력한 조치에도, 북한산 마약은 계속 대만의 관문을 두드렸다. 대만 국방부 관계자는 2004년 1월, '대만의 범죄조직이 북한을 통해 중국으로부터 마약을 밀수하려는 것 같다'고 밝힌 바 있다. 또한 대만 정보기관 관계자는 '대만 범죄조직 단원들이 2003년 여러 차례 방북한 바 있어 이들의 활동을 감시하고 있다'고 언급했다.[283]

위의 사건들을 정리하면 일단 대만의 범죄조직은 당연히 사해방四海幫, 죽련방竹聯幫과 같은 대만계 삼합회 조직으로 보인다. 일본의 마약 거래는 야쿠자가 통제하듯이 대만, 홍콩, 마카오는 삼합회가 통제하고 있다. 그리고 이들의 밀매 파트너는 북한 해군이었다. 앞

수령과 마약

에서 확인했듯이 페이다오-1호 사건(1999년 5월)에서는 수상한 북한 선박이 등장했고, 가오슝시 사건(2001년 4월)에서는 '무장한 북한 선박'이 등장했다. 또한 순치파호 사건(2001년 6월)에서는 북한 해군 함정이 등장했다.

북한이 아무리 '범죄 국가'라 불리고 있어도 어떻게 해군까지 마약 판매에 동원할 수 있는지 이해하기 어려울 수 있다. 그런데 북한에서는 얼마든지 가능하다. 이와 관련해 탈북민 심상수 씨(가명)는 국내 언론매체에 1980~1990년대 함남 신포에 주둔한 해군여단 소속 선박이 마약과 무기를 싣고 공해상에서 거래했다고 언급했다.[284] 또한 황장엽 전 비서의 증언은 더욱 구체적이다. 그는 2006년 1월, 다음과 같은 증언을 남겼다.

> 1994년, 정무원 총리인 강성산이 나에게도 마약을 팔 수 없겠느냐고 부탁해 온 적이 있다. 강성산은 해군에 부탁해야겠다고 하더니 실제 1990년대 중반까지 해군을 시켜 동남아 해역에서 마약을 팔았다.[285]

요컨대 당, 군, 정 소속과 관계없이 말단부터 최고위급 간부들은 김씨 일족의 개인 일꾼에 불과하다. 그게 바로 김씨 일족이 지배하는 북한이다.

23

호주에
침투한
북한산 마약

　북한산 마약이 한국, 일본, 홍콩, 마카오, 대만까지 침투했다면, 북한은 적어도 동남아시아와 오세아니아 국가들까지 진출했다고 볼 수 있다. 이 챕터에서는 1976년 10월, 북유럽 5개국 밀수 사건 이후 국제사회에 가장 큰 파장을 일으켰던 봉수호PONG SU 사건을 소개하고자 한다. 이 사건은 북한의 대규모 헤로인 밀매 사건으로 한국과 국제사회에 잘 알려져 있다. 이 지면에 봉수호 사건을 재조명하는 이유는 북한의 마약 밀매 방식이 얼마나 치밀하고 입체적인지를 잘 보여주고 있기 때문이다. 또한 북한과 삼합회가 연계해 호주뿐 아니라 호주 인근 국가들까지 여파를 미쳤을 것으로 판단되기 때문이기도 하다. 무엇보다 봉수호 사건은 국제적으로 파장이 컸던 만큼 이 사건 이후 북한의 밀매 방식이 바뀌는 계기이기도 했다.

작전부 소속 봉수호의 마약 밀매

작전부 소속 봉수호(길이 106m, 총중량 4,015t)는 2003년 2월 2일, 남포항을 출항했다. 이 화물선은 4월 15일, 호주 빅토리아주Victoria State 서남쪽의 보갈리 크릭Boggaley Creek 해안에 접근했다. 다음 날 새벽, 소형 고속 보트 한 대가 헤로인 150kg을 싣고 봉수호에서 출발했다. 이 보트에는 작전부 전투원 두 명이 탑승했다. 그런데 보트는 풍랑을 만나 한 명은 실족사했다. 호주 당국은 상륙 후 몸을 숨기고 있던 전투원 한 명과 해안가 근처에 숨겨져 있었던 헤로인 125kg을 찾아냈다. 나머지 25kg은 상륙 중 유실되었다.

봉수호의 헤로인 운반 작전은 호주 진입 전부터 노출되었다. 호주 연방경찰Australian Federal Police, AFP이 수개월 전부터 관련 첩보를 입수해 '셔벗 작전Operation Sorbet'을 가동했기 때문이다.

봉수호 항로 기록(2003년 2~4월)

날짜	항로 및 행적
2월 2일	북한 남포항 출발
3월 13일	중국 산둥성 옌타이煙臺 도착, 장석질 여과사 선적
3월 15일	북한 남포항 근처 자매도(38°38'52. 59"N 124°59'57. 99"E)로 되돌아가 2명을 추가 승선, 총 32명이 대만을 거쳐 싱가포르로 출항
3월 25일	싱가포르 도착, 급유, 투발루Tuvalu 선박으로 등록 변경(편의치적) 후 출항
4월 1일	인도네시아 자카르타에 도착, 장석질 여과사를 하역, 호주 멜버른으로 출항
4월 7일	봉수호 선장이 항로 변경 지시, 당시 봉수호에서 휴대전화 통화 흔적 감지
4월 15일	호주 빅토리아주 보갈리 크릭 해안에 도착

*출처: Richard Baker, "Mystery stops and a flag change: The Pong Su's erratic journey south," The Age, October 14, 2019를 참조해 수정작성.

30명이 승선한 봉수호는 남포항 출발 후 중국 산둥성 옌타이로 향했다. 봉수호는 3월 13일, 옌타이에서 장석질 여과사feldspar sand• 를 선적한 후 남포항 근처에 소재한 자매도로 회항했다. 봉수호가 다시 북한으로 돌아간 이유는 자매도에서 2명을 추가 승선시키기 위함이었다. 이 2명의 신원은 밝혀지지 않았으나, 보갈리 크릭 해안에서 내륙으로 헤로인을 운반한 작전부 소속 전투원들로 판단된다. 즉 봉수호는 기존에 탑승한 선원들이 알 수 없도록 자매도에서 전투원과 헤로인을 실은 것으로 유추할 수 있다.

이러한 추론에는 김동식 씨의 증언이 주요했다. 그는 봉수호가 옌타이로 향했던 이유는 여과사 선적보다 급유 목적이라고 판단했다. 남포항에서 출발하는 전투 선박(공작선)들은 일반적으로 중국 산둥반도 인근 해상에서 급유하기 때문이다. 또한 봉수호가 자매도로 간 이유는 남포항으로 입항하기 위해서 서해갑문을 통과해야 하는데 서해갑문의 개폐 시스템은 선박 운항에 상당한 불편을 초래한다고 한다. 이에 따라 남포항 인근 섬에 필요한 물건들을 보관해 선적하는 경우가 빈번하다는 전언이다.

또한 김 씨는 일반 상선商船으로 위장한 작전부 선박들에는 김정일정치군사대학 출신 인력들이 상당수 근무하고 있다고 밝혔다. 이 대학에는 공작원과 전투원들을 육성하는 공작반, 특공대반뿐 아니라 항해반, 기관반, 통신반이 있다. 이 3개 반 훈련생들은 졸업

• 중금속 제거 등 수질 정화에 사용되는 모래.

　　　　　　　　　　　　　수령과 마약

후 공작원과 전투원들이 승선하는 전투 선박(공작선) 운행을 담당하다가 제대 후 일반 선박으로 이직한다. 그래서 외견상 상선이나 여객선으로 보이는 선박들도 작전(공작)이 가능하다는 얘기다. 이 선박들에 공작원, 전투원들이 탑승할 경우 선박 지휘부는 보안 유지를 위해 일반 선원들의 이동 구역을 철저히 제한한다.

북한 남포항 인근 자매도를 출발한 봉수호는 대만, 싱가포르, 인도네시아를 거쳐 호주 멜버른Melbourne으로 향하다 항로를 변경해 보갈리 크릭에 도착했다. 봉수호의 경유지들은 삼합회의 영향력이 강한 곳이다. 요컨대 저비용 고수익을 추구하는 북한 당국의 특성을 볼 때 이 경유지에도 마약을 운반했을 것으로 추측된다.

호주의 봉수호 적발

호주 당국은 2003년 4월 20일, 뉴사우스웨일스주 연안에서 봉수호를 나포하고 사건 연루자 전원을 체포했다. 체포된 인원들은 편의상 두 그룹으로 분류해 볼 수 있다.

A그룹 북한에서 봉수호를 타고 출발해 호주에서 체포된 인원들(총 32명)

B그룹 위조 여권으로 비행기를 타고 호주로 입국해 내륙에서 헤로인을 인수하려다 체포된 인원(총 3명).

A그룹에서 2명은 내륙으로 헤로인을 운반하다 한 명은 사망, 나

머지 한 명은 론Lorne이라는 도시에서 약 15km 떨어진 곳의 한 외딴 도로에서 숨어있다 체포되었다. 이 북한인은 타 사 웡Ta Sa Wong(이하 웡)이라는 위조 성명을 갖고 있었고, 자신의 실명을 밝히지 않았다. 웡은 체포 당시 자신이 중국인이라 주장했으며, 다른 동승자 한 명에 대해서는 끝까지 존재 자체를 부인했다. 그리고 B그룹의 위 키 탄Wee Quay Tan(이하 탄)은 실제 존재하는 친 광 리Chin Kwang Lee라는 싱가포르인으로 위장했다. 또한 키암 파 텡Kiam Fah Teng(이하 텡)은 말레이시아 국적자로 평범한 일반인이다. 나머지 한 명은 야우 킴 람Yau Kim Lam(이하 람)이라는 위조 성명을 가진 북한인이다. 이 북한인은 말레이시아 위조 여권을 사용했다. 그룹 모두 관광비자로 호주에 입국했다. 텡은 2003년 3월 27일 베이징에서 출발하는 비행기로 호주에 도착했고, 람도 같은 비행기에 탑승했다. B그룹의 역할은 봉수호에서 상륙한 헤로인을 인수하는 것이었고, 특히 람은 탄과 텡의 활동을 감시하는 임무를 받은 것으로 보인다.

주호주 북한 대사관은 사건 직후 어떠한 대응도 하지 않았다. '하지 않았다'기 보다 '할 수 없었다'라는 표현이 정확하다. 수령 독재 메커니즘 하에서 수령의 비준이 떨어지지 않는 이상 어떠한 개인이나 조직도 단독으로 행동할 수 없기 때문이다. 북한 당국은 봉수호 사건 수습을 위해 호주에 전학범과 김추남을 파견했다.[•] 호주에 도착한 전학범과 김추남은 각각 봉수선박회사 소유주, 같은 회사

• 전학범과 김추남이라는 이름은 당연히 북한 당국이 만들어 준 가명일 것으로 추정된다.

이사 겸 려명해운경영유한책임회사 이사라고 소개했다. 또한 교수 겸 통역사인 김주성이라는 인물도 파견되었다. 한편 이 사건을 뉴스로 접한 호주 변호사 달지엘Jack Dalziel은 북한 대사관에 편지를 보내 자신이 봉수호 선원들의 변호를 맡고 싶다고 자처했다. 달지엘 변호사는 전학범, 김추남과 만나 변호사로 선임되었고 봉수호 선원들의 무죄 석방을 이끌었다.

호주 법정은 전투원 두 명을 제외한 A그룹 26명(봉수호 선원)을 헤로인 밀매와 관련된 직접적 증거가 부족하다며 방면放免했고, 이들은 2004년 북한으로 송환되었다. 그러나 봉수호 선장 송만선, 당비서(정치부장) 최동성, 갑판장(1급 항해사) 리만진, 기관장 리주천 등 4명은 구속 상태에서 재판이 계속되었다. 이 4명은 2006년 3월 5일, 빅토리아주 최고법원에서 배심원단으로부터 무죄 평결을 받게 되었다.

송만선은 재판 종료 후 호주 언론에 '동남아시아 지역에서 활동하는 마약 밀매 조직에 속아 우리들이 결국 3년 동안 감옥에 있었다'면서 자신들은 정체를 알 수 없는 마약 범죄조직의 희생자들이라고 주장했다.[286] 이 재판과 관련해 다우너Alexander Downer 호주 외무장관은 '우리는 북한 선박(봉수호)과 북한 정부 사이의 연계 가능성을 우려하고 있다'고 비판했다. 재판 종료 후 봉수호는 호주 공군과 해군 합동 훈련 표적으로 사용되어 2006년 3월 23일 폭파되었다.** 이에 대

•• 호주 General Dynamics F-111C 전투기가 2발의 레이저 유도 폭탄(GBU-10 Paveway II laser-guided bomb)을 발사해 봉수호를 폭파시켰다.

해 다우너 장관은 '봉수호를 침몰시켜 이 사건에 대한 분노를 공개적으로 표출하는 것이 적절하다'고 언급했다.[287] 요컨대 호주 정부는 봉수호 선원들의 무죄 평결이 어디까지나 법정의 판단일 뿐 실제로는 북한 당국과 직접적으로 연관된 사건으로 평가한 것이다.

작전부와 삼합회 연계 범죄

호주 재판부는 봉수호 사건에 대해 무죄 추정 원칙과 선의의 해석을 적용했다. 국제범죄조직들이 개입한 마약 범죄 사건들에서도 몸통과 머리를 찾아 처벌하는 것은 힘든 일이다. 더욱이 북한이 각종 보안 및 작전 역량을 투입했다면 이와 관련된 직접 증거는 더욱 찾기 힘들었을 것이다. 그래서 이 사건도 직접 증거 부족으로 유죄 판결이 나오지 않았다. 하지만 봉수호 사건은 북한의 작전부 주도하에 삼합회와 연계한 계획범죄이자 초국가적 조직범죄이다. 그 이유와 배경은 이렇게 정리할 수 있다.

첫째, 봉수호는 작전부 소속 선박이다. 봉수호는 1970~1980년대 일본인 납치에 연루된 적이 있고 1998~2002년 사이 최소 5회 이상 일본에 입항한 전력이 있다.[288] 앞에서도 언급했듯이 작전부 선박에는 김정일정치군사대학 출신 전투원들과 항해 전문 인력들이 배치된다.

그런데 호주 이민자 수용소에 구금되었던 봉수호 무전수 정덕홍은 다른 선원들 몰래 AFP에 메모를 건넨 일이 있었다. 메모의 요지는 다음과 같다.

수령과 마약

> **최동성이 39호실과 연계된 헤로인 밀매 주범이고 자신을 포함해 여섯 명의 인물들을 다시 조사하라.[289]**

하지만 정덕홍의 내부 고발은 다른 봉수호 선원들에 의해 발각되었고, 평양에서 파견된 전학범도 이 사실을 알아차렸다. 본국 송환 후 처벌이 두려웠던 정덕홍은 호주 당국에 자신이 보낸 메모는 물론 관련 내용도 전면 부정했다.

정덕홍이 왜 호주 당국에 내부 고발을 했는지 정확한 이유는 알 수 없다. 아마도 그는 봉수호 사건 유죄 판결을 도와 비록 감옥이더라도 호주에 남기를 원했을 것이다. 정덕홍은 작전부 소속으로 추정된다. 그가 영어를 구사할 수 있었던 이유도 김정일정치군사대학을 수료했기 때문이다. 또한 전학범은 중앙당 서기실 혹은 39호실, 작전부 소속 과장급 이상의 고위 간부로 보인다. 그 이유는 호주에서 최동성이 자신보다 나이가 어려 보이는 전학범에게 깍듯한 대우를 했다는 점, 전학범이 2004년 달지엘 변호사와 자유롭게 이메일로 연락할 수 있었고, 2006년에는 그를 북한에 초대했다는 것은 그가 김정일의 직속 일꾼이라는 뜻이다.•

• 탄은 자신이 소속된 조직과 보스에 대해 실토하지 않은 것으로 알려졌다. 그는 24년 형을 받고 풀럼 교도소Fulham Prison에 수감되었다. 한편 탄과 함께 헤로인을 운반했던 텡은 민간인이다. 그가 이 범죄에 연루된 이유는 카지노 도박 빚 때문이었다. 즉 삼합회가 텡에게 헤로인 밀매에 가담한 대가로 채무 탕감을 제안했을 수 있다. 호주 법원은 텡에게 22년형을 판결했으나 이후 가석방되어 말레이시아로 돌아갔다.

한편, 육지에서 체포된 작전부 전투원 윙은 중국과 북한 모두 자국인이 아니라고 부정해 무국적자 신분으로 호주 이민자 수용소에 구금되었다. 그런데, 15년이 흐른 2019년 8월, 북한은 윙에게 여권을 발급(여권명 미상)해 자국으로 송환 조치했다. 또 다른 전투원 람도 윙처럼 북한 여권(여권명 Rim Hak Myong)이 발급되어 북한으로 돌아갔다.

둘째, 작전부 소속 봉수호는 삼합회와 연계해 각 경유지들에도 마약을 하역한 것으로 추정된다. 먼저 삼합회 연루 부분을 살펴보자. 봉수호 수사 관계자들은 이 사건이 '홍콩 및 마카오 기반의 국제범죄조직'이 연계되어 있다고 판단했다. B그룹의 탄은 싱가포르를 기반으로 활동한 삼합회 조직원으로 추정된다. 탄의 등에는 "天涯浪子"(천애낭자; the prodigal son)라는 문신이 있었고, 실존하는 싱가포르 국적자의 도난 여권을 사용했다. 탄은 호주에서 장기 복역했지만 자신의 소속 조직을 끝까지 실토하지 않았다. 한편 텡은 삼합회 운영 카지노에서 진 빚 탕감을 조건으로 이 범죄에 참여한 민간인으로 알려졌다.

봉수호가 정박한 동남아시아 국가들은 삼합회 영향력이 큰 곳이다. 먼저 싱가포르는 오래전부터 북한산 마약이 유입된 지역이다. 북한에서 마약 밀매상으로 활동했던 한 탈북민에 따르면, 북한이 2000년대에 마약 성분을 넣은 위조담배를 싱가포르에 밀매했다고 한다.[290] 또한 2018년 10월 미국 재무부는 싱가포르 국적 위 벵 탄Wee Beng Tan과 그가 속해 있는 두 회사를 제재했다. 위 벵 탄은

수령과 마약

2011년부터 북한과 연계해 마약 거래, 돈세탁, 위조 화폐, 대량 현금 밀수 등을 실행했다.[291]

인도네시아도 북한의 주요 거래처이다. 1990년 2월 어은청년호는 대량의 헤로인과 대마초를 인도네시아에서 하역하다 적발되었다. 또한 국내 시사 방송 프로그램에 출연한 군 보위국(보위사령부) 출신 박 씨(2016년 탈북)는 '인도네시아에서 북한산 마약의 인기가 높아, 두 달에 한 번 마약 100kg이 함흥에서 인도네시아로 잠수함을 이용해 운송된다'고 밝혔다.[292] 요컨대 봉수호가 경유한 모든 지역들이 북한의 마약 거래처로 볼 수 있다.

그런데 호주 인근 국가인 피지Fiji에서도 북한, 삼합회와 관련된 마약 사건들이 있었다. 피지는 호주에서 동쪽으로 약 3,540km 떨어진 곳이다. 피지에서 발생한 두 사건을 소개하면 다음과 같다.

○ 한 삼합회 조직은 북한과 협력해 피지에서 헤로인 350kg을 밀매하다 2000년 10월 적발되었다. 이와 관련해 AFP는 범죄조직들이 태평양 제도를 경유지로 활용해 북미, 호주로 헤로인 밀매를 하고 있다고 밝혔다.[293]

○ 약 4년이 지난 2004년 6월 9일, 피지 경찰은 수바Suva 외곽에서 필로폰 생산 시설을 급습했다. 체포된 용의자들은 중국-홍콩 여권 소지자 4명, 피지 거주 중국인 남성과 그의 아내(피지 출생 중국인)였다. AFP와 피지 및 뉴질랜드 경찰은 2004년 초반, 말레이시아에서 수바로 필로폰 전구물질이 반입된 순간부터 '아웃리거 작전

Operation Outrigger'팀을 꾸려 이 조직을 내사하고 있었다. 피지에서 생산된 필로폰은 호주와 뉴질랜드로 들어가고 있었다. 수바 메가랩 급습이 이루어질 때 말레이시아 경찰은 DEA와 함께 쿠알라룸푸르 인근 메가랩을 진압해 15명을 체포했다. 이 시설에서는 2t에 달하는 필로폰 생산이 가능했다. 또 홍콩에서는 필로폰 수익금 돈세탁을 담당한 최Tsoi가 체포되었다. 그는 중국인으로 알려졌지만 실제 그의 국적은 불분명하다.[294]

위의 두 사건에 등장하는 삼합회 조직은 동일 조직인 것으로 알려졌다. 이 조직은 피지와 말레이시아에서 필로폰을 생산해 호주에 판매하고, 홍콩에서는 돈세탁을 했다. 즉 이 조직은 봉수호 사건에 등장한 탄의 조직일 수 있다.

셋째, 봉수호 헤로인의 출처는 동남아시아가 아니라 북한이다. 앞서 밝힌 것처럼 2006년 3월, 봉수호 선장 송만선은 자신이 의도치 않게 동남아 마약 범죄조직과 연루되었다고 했다. 다시 말해 그는 봉수호 헤로인이 북한과 어떠한 개연성도 없고, 마약의 출처도 동남아시아인 것처럼 기망했다. 그런데 일부 연구자들도 봉수호 헤로인이 골든트라이앵글(미얀마, 라오스, 캄보디아)에서 생산되었다는 주장을 했다.[295] 이 연구자들은 그 근거로 동일한 뉴스 기사를 제시했다.* 그들은 북한의 마약 생산 역량과 그에 따른 위협이 과도

---

*   Doug Struck, "Heroin Trail Leads to North Korea," *Washington Post*, May 12, 2003.

                        수령과 마약

하게 부풀려졌다는 논지를 펼치기 위해 이러한 주장을 한 것으로 보인다.

봉수호의 헤로인 포장(203쪽 그림 B)은 쿤사Khun Sa, 張奇夫••의 지휘 하에 골든트라이앵글에서 생산, 수출되었던 'DOUBLE UOGLOBE BRAND雙獅地球標'(한글명 쌍사자지구표) 포장(203쪽 그림 A)과 같은 것으로 보이기도 한다. 하지만 보이는 게 다가 아니다. 봉수호의 헤로인은 북한산産이다.

그러면 이 연구자들이 찾지 못한 자료들을 살펴보자. 이 사건을 수사했던 AFP 소속 애플비Des Appleby 수사관에 따르면, 호주 당국은 봉수호 헤로인 포장(203쪽 그림 B)이 정교한 기술로 만들어진 위조품으로 판단했다.[296] 또한 호주 국립측정연구소의 법의학 약물연구소와 미국 DEA의 특수시험 연구소가 2006년 공동으로 헤로인 성분 분석을 했다. 두 기관들은 동남아, 서남아, 남미, 멕시코 헤로인 샘플들과 봉수호 헤로인을 대조, 분석한 결과 모두 불일치했다.[297] 요컨대 봉수호 헤로인은 그동안 국제사회가 파악할 수 없었

•• 쿤사는 국민당군 장성 출신이다. 1949년 장제스가 대만으로 도피했을 때 그는 미얀마에 이주해 반공 게릴라 활동을 이어갔다. 쿤사가 헤로인 생산과 밀매에 직접 개입했던 시기는 1976년부터였다. 쿤사가 1996년 1월 미얀마 정부에 항복 선언을 한 이후 골든트라이앵글에서 헤로인 생산이 급격히 감소했다. 쿤사의 항복은 헤로인 가격 상승과 함께 필로폰이 동아시아의 대체 마약으로 급부상하는 결과를 가져왔다. 국가안전기획부,《21C 새로운 위협 국제범죄의 실체와 대응》, p. 74, 78; United Nations Office on for Drug Control and Crime Prevention, *Global Illicit Drug Trends 2002* (United Nations, 2002). p. 162.

던 곳에서 생산된 것이다.

북한은 당국 주도의 마약 범죄를 은폐하기 위해 각종 기만 전술들을 사용해 오고 있다.* 그중에서도 가장 흔한 사례는 생산 출처를 제3국으로 위장하는 원산지 세탁이다.(챕터 27 참조) 러시아 당국이 1994년 6월 국가보위성 요원들로부터 압수한 헤로인도 203쪽 그림 C처럼 'DOUBLE UOGLOBE BRAND'로 포장되었다. 당시 체포된 북한 요원들은 러시아 당국에 압수된 헤로인이 '태국산'이라고 진술했다. 물론 이 요원들의 진술은 거짓이다.

북한은 1990년대부터 태국인 기술자들을 영입해 라남제약에서 헤로인을 만들었는데, 이 태국인들은 제조뿐 아니라 포장 기술도 북한에 전수했을 것으로 보인다. 이에 따라 '태국산으로 위장한 북한산 헤로인'은 간혹 일반 주민들에게 노출되기도 했다. 북한 당국은 1990년대 일반 주민들을 대상으로 아래와 같은 유언비어를 의도적으로 유포했다.

태국의 마약 배가 '쌍사자'**라는 덴다(헤로인)를 싣고 공해상에서 침몰하였으며, 조선인민군 해군사령부 수로국에서 훈련 중 우연히 발견하

•　북한이 마약 범죄와 관련해 실행하고 있는 다양한 기만 전술들에 대해서는 다음을 참조. 이관형,《북한 마약 문제 연구》, pp. 320-360.

••　여기에서 '쌍사자'는 DOUBLE UOGLOBE BRAND를 의미한다. 주지하듯 북한 주민들은 외부 세계의 정보들을 접할 길이 없다. 즉 이 브랜드가 헤로인 브랜드인지 골든트라이앵글에서 생산된 것인지 또 헤로인이 어떠한 마약인지도 정확히 알 수 없다. 그래서 북한 당국은 일반 주민들이 로고를 보고 식별할 수 있도록 '쌍사자'라는 표현을 사용했다.

수령과 마약

(왼쪽부터) Ⓐ 골든트라이앵글 헤로인, Ⓑ 2003년 4월 호주 당국이 압수한 북한 헤로인, Ⓒ 1994년 6월 러시아 당국이 압수한 북한 헤로인

*출처: Ⓐ: Historical Picture Archive 웹사이트 'Granger' https://www.granger.com/results.asp?inline=true&image=0614791&wwwflag=4&itemx=8 (검색일: 2024년 6월 14일); Ⓑ: Richard Baker, "The heroin shipped to Australia by the Pong Su was probably a knock-off brand," The Age, November 28, 2019; Ⓒ: 박영민, "러시아에서 마약 밀매하던 북한인 체포 장면 비디오 입수," 《MBC 뉴스》, 1994년 10월 28일.

여 인양했다. 일부 간부가 몰래 빼돌려 국내에서 유통되고 있으니 모두 회수하라.[298]

북한 당국이 이 소문을 퍼뜨린 이유는 민간인들에게 헤로인 출처가 북한이 아닌 태국으로 위장하기 위함이었다. 또한 저자가 확보한 탈북민 증언은 북한에서 쌍사자, 즉 'DOUBLE UOGLOBE BRAND' 헤로인을 만들었다는 심증을 더욱 굳히게 한다. 이 탈북민은 2011~2012년경, 12호 교화소(함북 회령시 소재)에 수감된 상태였다. 그는 같은 교화소에 수감된 김호•••라는 남성이 다른 수감자들

••• 당시 50대 추정, 7년 형을 받고 2000년대 후반 수감, 12호 교화소 목공반 소속.

과 한 대화를 회상하며 김호에 대해 이렇게 얘기했다.[*]

> 김호는 '사자 두 마리가 지구를 양쪽에서 짚고 있는 모양의 도장을 헤
> 로인 포장에 찍는 일'을 했다. 김호의 형은 군軍 중장中將 계급을 가진
> 외화벌이 책임자로 헤로인을 판매하다 당국에 의해 처형되었고, 함께
> 일한 남동생은 함흥 9호 교화소에 수감되었다. 또한 12호 교화소에
> 수감된 일호라는 이름의 남성(성씨는 미상)도 김호와 같은 팀이었는데,
> 그는 제조 기술자였다.[299]

위의 증언을 정리하면, 북한 당국은 김호의 형제들을 통해
'DOUBLE UOGLOBE BRAND' 헤로인을 만들어 해외에 판매했
다. 그런데 어떠한 연유로 이와 관련한 정보가 노출되자 김호의 형
은 제거하고, 김호와 김호의 동생 그리고 생산 기술자는 교화소에
구금시켰다. 즉 북한은 철저한 보안 속에 'DOUBLE UOGLOBE
BRAND' 헤로인을 생산, 밀매한다.

따라서 봉수호 사건은 북한 당국이 삼합회와 연계해 실행한 사
건이 맞다. 무엇보다 북한은 이 사건을 통해 대량의 마약을 직접 운
송한다는 것은 큰 위험을 감수해야 함을 깨달았을 것이다. 이에 따
라 삼합회와 같은 국제범죄조직에 박리다매薄利多賣하는 것이 장기

• 당시 이 탈북민은 교화소에서 수감자들의 동향을 감시하고 보안원에게 보고하는 역할
  을 했다. 그래서 김호의 이야기를 구체적으로 기억할 수밖에 없었다.

수령과 마약

적인 관점에서 더 큰 이익이라는 결론을 내린 것으로 보인다. 하나 덧붙이자면, 오세아니아 지역은 오래전부터 삼합회가 진출해 북한산 마약이 유통되었다는 점이다. 더 나아가 현재는 미국, 호주 등에 유입되는 펜타닐 수출 전진 기지가 된 것으로 판단된다.••

•• 미국 법무부는 2023년 6월, 피지에서 펜타닐을 거래한 중국인들이 DEA에 체포 사실을 공개했다. 미 법무부는 이들이 중국 화학회사 허베이 아마블 바이오테크(Hubei Amarvel Biotech Co. Ltd.) 소속 임직원이라고 밝혔다. 하지만 이들의 배후는 삼합회일 가능성이 짙다. U.S. Department of Justice, "Justice Department Announces Charges Against China-Based Chemical Manufacturing Companies and Arrests of Executives in Fentanyl Manufacturing," *Press Release*, June 23, 2023.

24

수령의
범죄 파트너
삼합회

중공의 전위대

이제는 삼합회三合會, Triad에 대해서 본격적으로 알아보기로 한다. 중국에서는 범죄조직들을 일반적으로 흑사회黑社会, Pseudo-Underworld Society로 통칭하고 있다. 즉 흑사회는 특정한 범죄조직의 명칭이 아니다. 이에 따라 중국 대륙에서 자생적으로 발달한 과도기 단계의 범죄조직을 '흑사회성질범죄조직黑社会性质组织'이라 칭하고 있고, 홍콩, 마카오, 대만 등에서 유입된 삼합회 등을 '흑사회범죄조직黑社会犯罪组织'으로 구분하고 있다.[300]

삼합회는 중국계 범죄조직들의 연합체를 의미한다. 현재 삼합회 전체 조직들은 100여 개가 넘는 것으로 알려졌다. 대표적으로는 대만계인 사해방四海幫, 죽련방竹聯幫과 홍콩 및 마카오계인 14K 그룹, 조주방潮州幫, 화자두和字頭 등이 있다.* 또 중국계로는 대권방大

圈幫과 사청방寺青幫 등이 있다. 삼합회의 기원은 여러 가지 설들이 존재하지만 가장 압도적인 견해는 정치적 색채를 띤 비밀 결사체라는 것이다. 삼합회 모체는 크게 홍방洪幫과 청방青幫으로 나뉜다. 20세기 초반 홍방은 쑨원, 청방은 장제스와 관계가 밀접했다. 특히 청방은 중국 공산화 직전인 1949년, 장제스와 함께 대만으로 이주하거나 홍콩, 미얀마 등으로 도피했다. 당시 청방 두목 두웨성은 홍콩으로 이주해 잔존 국민당군들과 함께 14K를 결성했다.[301]

삼합회 기원에서 알 수 있듯이 이 범죄 연합체는 원래 중공과 대립각을 세울 수밖에 없었다. 하지만 과거는 과거일 뿐, 등소평鄧小平 집권 후 상황은 달라졌다. 등소평은 삼합회를 '애국자'로 칭했다. 등소평 주석은 1984년 12월 19일, 홍콩 반환 협정을 알리는 '영중 공동선언British-Sino Joint Declaration'을 위해 중국에 방문한 마거릿 대처Margaret Hilda Thatcher 총리를 비롯한 영국 대표단 앞에서 아래와 같은 연설을 했다.

여러 번 말했듯이 난 삼합회가 모두 나쁘다고 생각하지 않습니다. 그 중에는 애국자도 많습니다. 그들 대부분은 모범적인 행동들도 많이 보

• 삼합회는 여러 조직들의 연합체이다. 예를 들어 14K 그룹은 배로湃廬, 충자퇴忠字堆, 충의당忠義堂을 포함한 18개 조직으로 구성되어 있다. 또한 조주방은 신의안新義安과 복의흥福義興을 거느리고 있는데, 신의안 조직 규모가 더 크다. 신의안 하위 조직으로는 조광사潮光社, 조연의潮聯義 등 총 11개가 있다. 그리고 화자두는 화승화和勝和, 화승의和勝義, 화안락和安樂(혹은 수방水房)을 포함해 17개 조직들이 있다.

여주었죠. 물론 그들의 활동에 대해 약간의 제재는 가할 필요가 있습니다. 어쨌든 삼합회가 모두 나쁜 것은 아닙니다. 그들 대부분은 아주 선한 사람들이죠.[302]

등소평이 실수로 한 언급이 아니다. 중공 차원의 명확한 입장이었다. 이와 관련해 타오쓰쥐陶駟駒 중국 공안부장은 1993년 3월, 홍콩 언론매체와의 공식 기자 회견에서 삼합회를 '애국자'라 칭했다.[303]

이러한 중공의 주석과 공안부장의 공식 입장은 오늘날까지도 유지되고 있다. 단적으로 중국 및 홍콩 당국은 홍콩 반환(1997년 7월 1일) 후 가장 큰 시위였던 2019년 6월 '홍콩 우산혁명' 시위에 삼합회 조직원들을 투입해 시민들에게 무차별적인 폭력을 행사했다.[304]

이렇듯 삼합회는 여전히 중공의 애국자, 즉 전위대前衛隊이다. 즉 삼합회의 손길이 닿는 곳에는 중공의 입김도 작용한다는 뜻이다. 중공 입장에서 삼합회는 음지는 물론 양지에서도 이용할 수 있는 카드이며, 필요에 따라 제거하기 쉬운 카드이기도 하다.

공작원 손전본

삼합회는 뛰어난 자금력과 다양한 불법 요소들을 전 세계로 전파할 수 있는 네트워크를 보유하고 있다. 삼합회는 오래전부터 김씨 일족과 범죄 파트너십을 맺었지만 그 배경에 대해서는 아직까지 잘 알려지지 않았다. 이들의 공생관계가 어떠한 계기로 형성되었는지 살펴보자.

수령과 마약

김씨 일족과 삼합회의 관계가 싹튼 계기는 북한 공작원 손전본孫傳本, Suen Chuen Pun의 역할이 지대했다. 그는 1950년대 김일성 지령으로 마카오에 파견되었다. 이와 관련해 파이낸셜타임스Financial Times(이하 *FT*) 2023년 3월 29일 보도에 따르면, 손전본은 1950년대 마카오에 온 후 지난 수십 년간 북한 지도부를 위해 카지노 산업과 자금 조달 활동을 했다고 한다.[305] 사우스차이나모닝포스트South China Morning Post(이하 SCMP)는 2017년 5월 6일, 한 소식통을 인용해 '1959년, 김일성과 가까운 한 커플(부부) 중국 남부로 와서 한 명은 홍콩에, 한 명은 마카오로 갔다'는 보도를 했다.[306] SCMP가 언급한 이 커플은 손전본 부부이거나 손전본과 다른 여성 공작원이 부부로 위장해 홍콩과 마카오에 정착했을 수도 있다.

풀네임까지 거론되지 않았지만, 손전본으로 추정할 수 있는 '손씨' 성을 가진 공작원 증언들도 있다. 조선중앙방송위원회 기자, 통일전선사업부 직원으로 근무하다 2004년 탈북한 장진성은 이렇게 밝혔다.

1996년 8월, 평양 보통강 호텔에서 손철이라는 인물을 만나 친해졌다. 제2경제위원회 99호총국 무역 대표로 있었던 친척을 통해 손철을 알게 된 것. 손철은 마카오 주재원 손경철의 아들이다. 또한 손경철의 동생은 류경회사 사장 손건화이다. 손철을 통해 손 씨 가족의 내력을 알게 되었다.

김일성은 1954년 해외 조직망 구축과 영주권 획득을 위해 해외로 공작원들을 파견했다. 손건화 부친도 해외로 파견된 공작원 중 한 명이었다. 김일성은 손 씨에게 당시 미화 24만 달러를 주며 마카오에서 활동하라는 명령을 내렸다.

손 씨는 2남 1녀의 자녀를 두었는데 당국의 인질 정책 때문에 손경철만 마카오에 대동했다. 손 씨는 마카오에 간 후 김일성으로부터 받은 공작 자금으로 기업을 세운 뒤 카지노 사업에 투자했다. 그의 사업은 대성공이었고 많은 외화를 벌었다. 손건화의 부친은 북한 3호청사(공작기관들) 역사상 가장 성공한 정착 사례로 평가받고 있다고 한다.[307]

또한 1987년 11월 29일 KAL 858기 폭파 테러 주범 중 한 명인 김현희의 수기에서도 손 씨 성을 가진 대외정보조사부 지도원이 등장한다. 당시 김현희는 중앙당 대외정보조사부 2과 소속 공작원이었다. 그는 KAL 858기 폭파 테러에 앞서 마카오에서 어학 실습과 사회 적응 훈련에 돌입했다. 김 씨는 아래와 같이 마카오 체류 시절을 회고했다.

1986년 8월 18일. 숙희(대외정보조사부 공작원 김숙희)와 나(김현희)는 마카오로 갔다. 마카오로 떠나기에 앞서 박 지도원과 함께 계획을 수립하고 여러 가지 준비를 갖추었다. (중략) 박 지도원 역시 여러 가지 주의사항을 잔소리처럼 되풀이하며 늘어놓았다. "마카오에 있는 손 지도원과 토론하여 두 동무들이 쓸 셋방을 구해 놓았으니 8.25 조국해방 기념일이 지난 다음 마카오로 떠날 준비를 하시오." 그 이외에도 상세한 것들을 일러주었다. (중략) "마카오에서는 손 지도원이 동무들의 생활을 돌보아 주겠지만 동무들 자신들이 자취하면서 생활하기 때문에…" (중략) 중국 국경 초소 앞에 차를 세우고 도보로 마카오 국경 초소를 통과하니 손 지도원이 마중 나와 있었다. 택시를 잡아타고 명주대 아파트로 갔다. 우리 숙소는 이 아파트 1동 3층 A호실이었다. (중략) 1987년 새해를 맞이하여 계획된 기간인 6개월이 다가오자 손 지도원이 와서 지시를 내렸다. "1월 20일까지 조국으로 들어오라는 연락이 왔으니 1월 18일에 출발할 수 있도록 준비하시오."[308]

타他 기관은 물론 부서와도 정보 공유를 하지 않은 공작기관의 특성상 손 지도원은 김현희와 동일 소속으로 추정된다. 손 지도원은 김현희의 마카오 체류 모든 생활을 관리했다. 《월간조선》의 현지 취재에 따르면, 당시 김현희가 사용했던 명주대明珠台 아파트 임대료는 적어도 1997년까지(혹은 그 이후에도) 누군가 지불했다고 한다.[309] 어렵지 않게 손 지도원임을 추정할 수 있다. 한국이든 북한이든 손孫 씨는 흔한 성씨가 아니다. 요컨대 김현희가 말한 손 지도원이 바로 손전본일 가능성이 높다. 요컨대 대외정보조사부 소속 공작원 손전본은 1950년대 마카오에 파견되어 사망할 때까지 해외 공작 거점과 자금 조달 역할을 수행해왔다.

조광무역공사

마카오에 소재했던 북한의 조광무역공사朝光貿易公司, Zokwang Trading Company(이하 조광무역)도 삼합회를 연결하는 접점이다. 조광무역은 1957년 설립된 것으로 알려졌다. 앞에서도 밝혔듯이 손전본이 마카오에 파견된 시점은 1950년대 후반이다. 즉 손전본이 조광무역을 개설한 것으로 추정할 수 있는 대목이다.• 조광무역이 설립 초기부터 '조광무역'이라는 명칭을 사용했는지는 불분명하다. 하지만 조광무역이라는 간판을 건 회사는 1973년 5월부터 공식 활동을 개시했고, 이 시기를 전후로 조광무역 자회사들도 다수 설립되었다.³¹⁰

조광무역이 조사부의 공작 거점으로 드러난 계기는 한국의 유명 여배우 故 최은희 씨와 영화감독 故 신상옥 씨의 납치 사건 때문이다. 당시 조사부 부부장 임호군과 김주영은 1978년 1월과 7월, 이들을 각각 홍콩에서 북한으로 납치했다.³¹¹ 또한 조광무역은 전두환 대통령 암살 시도를 했던 테러 거점이기도 했다.••

조광무역은 김정일의 비자금 거점이기도 했다. 김정일은 1992년

•   앞에서도 살펴봤듯이 북한 공작기관 소속 조선상사는 1950년대 홍콩, 마카오, 일본 등에 해외 출장소들을 개설했다.

•• 1982년 2월 전두환 대통령 캐나다 순방 시 암살을 시도한 북한 공작원 최중화는 조광무역공사에서 공작금을 수령했고, 1983년 10월 9일 '미얀마 아웅산묘소 폭탄 테러'에서 사용된 동일한 폭약과 베터리가 이 회사 건물의 지하실에서 발견되기도 했다. 한편 최은희, 신상옥 납치를 실행한 임호군은 1980년대 초반 조사부 부부장에서 작전부장(구 작전국)장으로 승진한 후 김정일에게 자신이 반드시 한국 대통령을 암살하겠다는 의지를 내비쳤다. 실제로 임호군은 아웅산묘소 폭탄테러를 주도했다.

9월, 39호실 소속 한명철을 조광무역 총대표로 파견했고, 2005년 9월 방코델타아시아Banco Delta Asia, 匯業銀行(이하 BDA) 사건 이후에는 39호실 김철을 후임 총대표로 파견하기도 했다. 그러한 연유에서인지 조광무역 규모는 확장을 거듭했다.

마카오 경찰이 2003년 초에 파악한 조광무역 자회사는 고려무역, 김곽무역, 장록무역, 스웰상사, 룡흥수출입상사, 만덕수출입상사, 다엑심상사, 대버상사, 신합상사, 조선민예연합상사, 명기공사, 고려항공사 등 17개였고, 상주 인원은 약 80명이었다. 마카오 경찰 관계자는 한국 언론매체에 조광무역이 마카오 내 모든 북한 외화벌이 회사들의 지휘부라고 했다. 이 관계자는 또 '북한의 동남아 테러 기지로 납치 및 테러를 자행했을 뿐 아니라 북한산 위조 달러화(달러) 유통, 필로폰 판매 등을 통해 홍콩, 마카오 경제는 물론 전 세계 경제질서를 교란시키는 국제범죄집단'이라고 덧붙였다.[312]

조광무역의 지속적인 범죄 활동으로 미국 재무부는 2005년 9월 15일, 북한을 '1차 자금세탁 우려국'으로 지정하고 북한의 BDA 계좌도 동결했다. 또한 마카오 특별행정구정부(MSAR)도 조광무역과 그 자회사들에 대한 제재를 시작해 조광무역은 중국 광동성 주해시珠海市로 이전했다.

조광무역은 손전본과 함께 북한과 삼합회의 가교 역할을 했다. 조광무역은 중국으로 이전했고 손전본도 사망했지만 이들이 만들어 놓은 네트워크는 여전히 작동하고 있다. 무엇보다 손전본 후손들은 류경회사를 통해 홍콩과 마카오에서 여전히 삼합회와 긴밀한 관계를 유지하고 있다.

삼합회 카지노의 거물들

손전본이 마카오에서 완벽히 신분세탁을 하고 큰돈을 벌었다고 하더라도 원주민이 아닌 이상 북한으로의 대규모의 자금 조달은 분명한 한계가 있었을 것이다. 그래서 손전본은 홍콩 화차이투자유한공사華材投資有限公司 사장 황성화黃成華, Wong Sing Wah라는 인물을 끌어들인 것으로 추정된다. 손전본과 황성화의 관계는 명확히 드러난 게 없다. 하지만 황성화와 같은 거물을 끌어들일 수 있는 인물은 홍콩과 마카오에서 오랜 시간 카지노와 무역 사업을 한 손전본이 유일했다.

북한과 황성화 관계와 관련된 기록은 1990년 8월 22일, 리호혁 평양 류경호텔 관리국 총국장이 마카오에서 개최한 기자회견에서 찾아볼 수 있다. 리호혁은 이 회견에서 '황성화가 이끄는 화차이투자유한공사와 함께 조오국제여유유한공사朝澳國際旅遊有限公司라는 합작 관광회사를 설립한다'고 발표했다. 또한 리호혁은 마카오 카지노 기업 여유유한공사旅遊娛樂有限公司를 방문했다면서 평양 내 카지노 설립 의사를 간접적으로 내비쳤다.[313]

리호혁이 방문한 여유유한공사는 2020년 5월 사망한 카지노 거물 스탠리 호Stanley Ho Hung-sun, 何鴻燊 소유 회사였다. 스탠리는 1961년에 설립된 마카오 관광 엔터테인먼트 유한회사Sociedade de Turismo e Diversões de Macau(이하 STDM) 회장이며, 같은 해 포르투갈 정부로부터 40년간의 마카오 카지노 독점 운영권을 획득한 인물이다.

한편, 북경 주재 북한 대사관은 1990년 11월, 마카오 언론에 '마카오에 북한사무소를 개설하고 이곳에서 북한 관광 비자를 발급하겠다'고 밝혔다. 이에 따라 황성화는 마카오 당국에 조오국제여유유한공사 설립 및 비자 발급 업무 허가를 신청했다. 그러나 마카오 정부는 교역과 관광 관련 업무만 허가하고, 비자 발급 건에 대해서는 불허했다.[314] 조오국제여유유한공사는 1991년 1월 20일부터 본격적으로 업무 개시에 들어갔다. 조광무역 외에 또 다른 거점이 마카오에 개설된 것이다.

김정일이 황성화와 스탠리 호를 끌어들여 북한에 카지노를 개설하겠다는 구상은 실제로 현실이 되었다. 스탠리 호는 1999년 초, 카지노 계약을 위해 평양에 들어갔다. 그는 김정일로부터 큰 환대를 받았다. 스탠리 방북 시 조광무역 총지배인 박자병, 총대표 한명철, 고려항공 마카오지사장 최창도가 그를 수행했다. 스탠리는 1999년 10월 1일, 평양 양각도국제호텔에 평양오락장(카지노)을 개장했다. 개장식에는 황성화와 마카오 사법경찰청장을 비롯한 마카오 주요 인사 100여 명이 참석했다.[315]

정일의 스탠리에 대한 신뢰는 각별했다. 이와 같은 사실은 SMPC가 2003년 3월 2일 보도한 내용에 잘 나타나 있다. SMPC는 한 북한 고위급 간부가 스탠리를 만나 다음과 같은 말을 했다고 전했다.

미국과 영국의 미사일 공습을 피하기 위해서 후세인이 권좌에서 물러

나 북한으로 망명해야 하며 이렇게 되면 이라크에서 민주적인 대통령 선거를 치를 수 있다.[316]

김정일은 미국의 이라크 공습(2003년 3월 20일) 몇 주 전, 스탠리를 통해 사담 후세인Saddam Hussein에게 북한으로의 망명을 권유했다. 즉 김정일은 스탠리를 자신의 대변인으로 활용했을 정도였다.

스탠리 호보다 먼저 북한 카지노 사업권을 획득한 인물이 있다. 그는 바로 홍콩 엠퍼러 그룹Emperor Group, 英皇集團 회장 앨버트 영Albert Yeung Sau-Shing, 楊守成이다. 엠퍼러 그룹은 한국에도 친숙한 기업이다. 앨버트는 2004년 1월, 한 한국 연예인의 홍콩 영화 진출을 알리는 기자회견에 직접 참석했고, 이후에도 한국 연예계에 상당한 영향력을 미치고 있다.•

스탠리와 앨버트는 동업 관계였다. 앨버트 영이 소유하고 있는 마카오 그랜드엠페러호텔 카지노 엠페러팰리스英皇皇宮 운영 주체는 STDM의 상장 자회사인 SJM홀딩스澳門博彩控股有限公司이다. 또한 앨버트는 스탠리에게 북한 카지노 사업권 일부를 넘기기도 했다.[317]

앨버트는 자신이 북한과 카지노 사업을 시작한 계기에 대해 중국 매체에 다음과 같이 언급했다.

• 엠퍼러 그룹 산하에는 엔터테인먼트 사업을 진행하고 있는 엠퍼러 엔터테인먼트 그룹 英皇娛樂集團, British Emperor Entertainment Group: EEG이 있다.

수령과 마약

1995년 룽융투(龍永圖; 중국 대외무역경제합작부 부장조리)가 북한 방문단을 조직해서 따라갔다. 당시 북한에서 사업 기회를 전혀 찾을 수 없었는데, '김정일의 형제'란 사람이 나와 만나길 원하며 '북한 유일의 카지노 허가건'을 얘기하고 싶다고 했다. 다음 날 그는 내 호텔로 찾아와 "라선의 한 지방을 개방해 특구로 조성한 뒤 중국을 배울 것"이라고 했다. 마카오 카지노를 거론하며 내게 투자하라고 했다.[318]

앨버트는 자신의 언급처럼 1995년 '김정일의 형제'라는 사람의 권유로 북한에 카지노 투자를 결정했다. 그리고 그의 투자 소식은 1996년 9월 15일, 북한 라선시에서 개최된 '라진·선봉국제투자포럼' 폐막 기자회견에서 발표되었다. 회견 당시 김정우 대외경제협력추진위원회 위원장은 '엠퍼러 그룹이 라선 해변 부지에 호텔 건설로 1억 8,000만 달러를 투자한다'고 밝혔다.[319] 이에 따라 북한 라선시에 북한 최초의 카지노 호텔인 엠퍼러오락호텔이 1999년 7월 1일, 개관했다.

한편 황성화, 스탠리 호, 앨버트 영은 삼합회 연관 범죄로 기소된 사실이 없다. 하지만 미국 뉴저지주 법률·공공안전부는 2009년 5월 18일 공개한 특별보고서를 통해 이들이 삼합회 간부이거나 삼합회와 연루된 인물들이라고 밝혔다. 보고서에 따르면, 스탠리는 딸 팬시Pansy Ho와 합작투자회사 MGM Mirage를 앞세워 애틀랜틱 시티의 카지노를 간접 운영했다. 뉴저지주는 이 보고서에서 MGM Mirage가 〈카지노 관리법Casino Control Act〉이 명시하고 있는 '선량

함, 정직, 진실good character, honesty and integrity 준수 의무를 위반했기에 카지노 사업 면허를 반납하고 투자 지분을 매각하라'고 권고했다. 즉, MGM Mirage 관계자 대부분이 삼합회와 연루되었다는 얘기다.[320]

뉴저지주 보고서는 STDM의 카지노에서는 삼합회 14K, 신의안과 '밀접하게 연결된' VIP룸들이 1986년부터 운영되었다고 언급했다. 또한 앨버트는 신의안 고위 간부로 추정되고, 그의 아들 길버트 Gilbert Yeung는 팬시 호와 내연의 관계라고 지적했다. 또 이 보고서는 황성화가 스탠리 호 카지노의 VIP룸 운영자 즉 삼합회 고위 간부로 의심되는 인물이라고 밝혔다. 그는 팬시와 함께 뉴저지주 카지노 사업에 직접 관여하는 등 스탠리 패밀리와 밀접한 관계에 있다. 특히 황성화는 평양 양각도국제호텔 카지노에 2개의 VIP룸을 보유하기도 했다.[321]

전前 홍콩 범죄정보국장 비커스Steve Vickers는 2013년 1월, '삼합회와 관련이 없는 중국계 정켓junket 운영자는 없다'는 말을 남겼다.[322] 다시 말해 스탠리 호, 황성화, 앨버트 영은 삼합회와 관련되었다고 보는 것이 맞다. 이 세 명은 경제공동체 그 이상의 밀접한 관계로 보인다. 모두가 알고 있듯이 삼합회는 카지노 특히 VIP룸을 통해 불법 대부업, 매춘, 마약, 돈세탁 등의 범죄를 실행하고 있다.

결국 평양과 라선에 카지노가 설치되었다는 것은 김정일이 삼합회와 연계해 마약 범죄를 실행할 수 있는 안전한 접점이 마련되었다는 것을 의미한다.

수령과 마약

돈세탁 기지가 된 북한 카지노

김정일은 스탠리 호와 앨버트 영이라는 삼합회 카지노 거물들과 밀접한 관계가 되기를 원했다. 그래서 그는 자신의 직속 일꾼이자 매제인 장성택을 통해 그들과 접촉했다. 위에서 앨버트가 언급한 '김정일의 형제'와 스탠리에게 후세인 관련 메시지를 전달했던 '북한의 고위급 간부'는 바로 장성택이었다.

정일이 삼합회를 가까이했던 이유는 그만의 큰 그림이 있었기 때문이다. 그는 삼합회와 함께 마약과 위조지폐 밀매뿐 아니라 이들로부터 돈세탁 방법을 배우고자 했다. 정일은 이들과의 심리적 거리뿐 아니라 물리적 거리도 좁힐 필요가 있었다. 이에 따라 북한과 마카오를 왕래할 수 있는 운송 수단이 필요했다. 북한 고려항공이 마카오에 중간 경유지로 처음 취항한 것은 1993년 4월, 평양 - 방콕 정기 항로가 개설된 이후이다. 평양과 마카오 직항로는 3년이 지난 1996년 9월 16일 첫 개설되었다. 그런데 직항로 취항 후 100일 동안, 고려항공을 이용한 승객은 하루 평균 10여 명으로 좌석 수의 10%에 불과했다.[323] 더욱이 고려항공 항공기 1회 운용 비용은 약 20만 달러이다.[324]

하지만 정일은 밑지는 장사는 하지 않았다. 그는 평양 - 마카오 직항로를 통해 마카오에 마약을 밀매했다. 목적지가 한국이든 해외든 북한발發 직항로가 개설되었다는 것은 이 루트를 통해 어김없이 불법 상품들도 들어간다는 것을 의미한다. 마카오 경찰 관계자는 2003년, 한국 언론매체에 조광무역과 관련이 있는 것으로 추정되는 필로폰 문제로 비상이 걸렸었다고 얘기했다. 이 관계자는 '마카오에서 고순도 필로폰이 처음 발견된 것은 1995년이었는데, 그 후부터는 삼합회를 통해 필로폰 급속히 번졌다'고 언급했다.[325]

북한의 위조화폐도 마카오 카지노를 통해 세탁되었다. 마카오 카지노는 365일, 24시간 언제든 금융 업무를 할 수 있는 곳이다. 다시 말해 북한이 언제든 자유롭고 편리하게 돈세탁을 할 수 있는 거점이다. 일례로 조광무역은 1994년 6월, 스탠리 호의 BDA를 통해 위조화폐 25만 달러를 환전하려다 꼬리가 밟혔다. 마카오 경찰은 6월 28일 밤, 북한인 16명과 마카오인 2명을 체포하고 조광무역과 자회사들을 압수 수색했다. 그 결과 조광무역 총지배인 박자병을 비롯한 8명이 기소되었다. 하지만 이들은 며칠 후 보석으로 풀려났는데, 황성화가 해결사로 나선 덕분이었다.[326]

김정일은 미국의 감시망을 피해 달러를 손쉽게 이동시킬 수 있는 수단이 필요했다. 마약으로 아무리 많은 달러를 벌어도 송금, 출금, 예치를 할 수 없으면 무용지물이었다. 그래서 정일은 카지노라는 돈세탁 도구가 필요했다. CIA는 '북한의 엠퍼러오락호텔은 처음부터 홍콩, 마카오, 일본의 검은돈 세탁을 위한 동북아 최대의 돈세탁 기지가 될 가능성을 갖고 있었다'고 지적했다.[327] 이 지적처럼 북한은 이미 거대한 돈세탁 기지가 되었을지도 모른다.

미국의 북한 – 삼합회 연계 범죄 수사

미국은 2005년 9월, 북한을 자금세탁 우려국으로 지정한 동시에 스탠리 호가 소유한 BDA에 대해서도 제재를 가했다. 이후 스탠리는 평양 카지노 사업과 거리를 두기 시작했다. 미국의 BDA 제재는 미국이 2004년부터 착수한 북한 – 삼합회 연계 국제범죄 수사가 전조前兆였다. 미국 법무부와 국토안보부는 2005년 8월 22일, '위조화폐, 무기, 마약, 위조 담배 밀매와 돈세탁 혐의로 87명을 기소하고 59명을 체포했다'고 발표했는데, 이 중에는 삼합회뿐 아니라 북한인 1~2명도 포함되었다.

다수의 인원이 체포되었던 만큼, 관계 당국은 두 지역에서 체포 작전에 돌입했다. 미국 뉴저지에서는 로얄 참 작전Operation Royal Charm이 실행되었다. 미 당국은 범인들이 갖고 있었던 330만 달러 이상의 위조화폐, 200만 달러 상당의 위조 담배, 엑스터시 3만 6,000정과 필로폰 0.5kg 등을 압수했다. 또한 로스엔젤레스에서는 '스모킹드래곤 작전Operation Smoking Dragon'이 진행되었는데, 120만 달러 상당의 위조화폐와 4,000만 달러 상당의 위조 담배 그리고 엑스터시 9,100정과 필로폰 4kg, 수십만 달러 상당의 위조 비아그라와 기타 의약품 등이 적발되었다.[328] 이 밀수품들은 북한에서 생산된 것으로 알려졌지만, 출처가 중국으로 세탁되었다.

미 사법기관이 기소한 삼합회 조직원 코 칸 탕Co Khanh Tang(베트남계 미국인)과 지민 호룽Jyimin Horng(마카오 출신)은 북한산 슈퍼노트supernote와 무기 거래에 개입했고, 차오 퉁 우Chao Tung Wu(대만 국적)는 주로 필로폰과 위조 담배를 취급하는 삼합회 조직원이었다.[329] 미국 정부는 당시 체포한 북한인 1~2명의 진술을 통해 북한의 위조화폐 제조 및 유통 구조를 상당 부분 파악한 것으로 알려졌다.*

---

* 현재까지 이들에 대한 신원은 물론 구금 여부는 구체적으로 밝혀지지 않았다. 다만, 2010년 5월 29일 기준 미 연방교도국 북한인 수감자 현황에 따르면, 연방 교도소에 수감된 북한인들은 총 15명이며 이 중 마약 범죄로 구금된 인원은 4명이다. 미국은 국내와 국외에서 미국의 국가이익이나 미국인들을 상대로 한 범죄를 자행했을 경우 관련자들을 인도받아 재판을 거쳐 수감하고 있다. 즉 이 15명 중 로얄 참, 스모킹드래곤 작전에 의해 체포된 북한인 1~2명이 포함되어 있을 수 있다. 정주운, "미 연방 교도소 수감 북한인 15명," *VOA*, 2010년 7월 4일.

수령과 마약

3장

3대 수령 김정은

범죄왕조의 승계

25

선대를
뛰어넘은
정은

적대계급의 소생

정은은 김정일의 평양 창광산 관저 혹은 강원도 원산 427특각에서 출생한 것으로 추정된다. 한국 정보당국은 정은의 생년월일을 1984년 1월 8일이라고 밝혔지만, 실제 생년은 1983년일 수 있다.*

또한 정은의 생모 고용희는 1960년대 초 부친 고경택을 따라 일본 오사카에서 북한으로 온 재일교포이다. 무용수였던 용희는 1975년부터 김정일의 기쁨조 파트너가 되었고, 다음 해에는 정부情夫가 되어 김정일 관저에서 살았다.[330] 정일과 용희 사이에는 3남매 정철

---

* 김정일의 개인 요리사였던 후지모토 겐지는 1993년 원산 특각에서 정일이 정은에게 "1983년생이니 멧돼지(띠)구나."라고 했고, 고용희에게는 1950년생 호랑이띠라는 말을 했다 한다. 후지모토 겐지 저·한유희 역,《북한의 후계자 왜 김정은인가?》(서울: 맥스미디어, 2010), pp. 59-60.

(1981년생), 정은, 여정(1987년생)이 있다. 김정일은 혈육에 대한 애정을 훌쩍 커버린 정남보다 용희의 어린 3남매에게 쏟았고, 그래서 이들도 '왕자'와 '공주'로 불리게 되었다.[331]

용희는 정일의 성은聖恩을 입은 후 조용히 후계 쟁탈爭奪에 돌입했는데, 1990년대 후반 승기를 잡기 시작했다. 이와 관련해 정남의 방일 수행을 담당했던 일본인은 1998년 평양에 들어갔을 때 그로부터 '이제 싸움은 끝났다'라는 말을 들었다고 한다.[332] 하지만 싸움은 용희 입장에서 끝날 때까지 끝난 게 아니었다. 용희는 정남을 향해 다양한 공격을 가했는데, 2001년 5월 1일 일본에서 발생한 한 사건을 소개해 보겠다.

당시 정남은 가족들과 함께 싱가포르발 JAL 712기로 일본 나리타 공항에 도착했다. 그런데 도쿄 입국관리국은 정남의 가족을 난민법 위반으로 입국 거부했다. 정남의 방일 정보는 고용희 측에서 흘린 것이었다. 용희의 측근 간부가 싱가포르 정보당국에 건넨 정보는 한국 정보당국으로 들어갔고, 이 정보는 다시 일본에 전달되었다.[333] 정남은 입국 당시 도미니카공화국 국적의 차명 여권(PANG XIONG, 1971년 5월 10일생)을 소지했는데, 입국 목적은 이라크에 수출한 무기 수출 대금 회수였다.[334] 정남은 이미 후계 구도에 밀려난 상태였지만, 이를 계기로 정일과 더 멀어지게 된다.

용희는 자신의 소생所生보다 정남이 왕세자로 책봉될 가능성이 높다고 생각했을 것이다. 조선시대 서얼제도庶孽制度로 치면, 정은은 서자庶子도 아닌 얼자孽子였다.* 김정일은 과거에 계모 김성애의 자녀들을 '곁가지'라며 철저하게 권력에서 배제했다. 김정일의 기준대로라면, 용희의 자녀 중 누구도 후계자가 될 수 없었다. 또한 정남은 갓 태어났을 때부터 성인이 되어서도 김일성의 '사랑을 받은 손자'였다.[335] 반면 정은은 김일성에게 알릴 수 없는 존재였다. 그 이유는 김일성 부자가 만든 '성분 및 계층 규정' 때문이다.** 이 규정은 조선시대와 비교할 수 없을 정도로 더 봉건적이고 엄격했다.

김씨 일족이 이 제도를 만든 이유는 모든 주민을 체계적으로 분류, 감시, 격리하기 위함이었다. 그래서 김씨 일족을 제외한 전全 주민들은 성분 표식이 각인되었으며, 대물림된다. 이 규정대로라면 용희는 가장 천대받고 있는 '적대계급잔여분자' 계층에 속하며, 정은도 마찬가지다. 용희의 친부 고경택이 1930~1940년대 일본 육

---

* 　조선시대 서얼제도에 따르면, 양반과 양인良人인 첩妾 사이의 자녀는 서자와 서녀로, 양반과 천민賤民의 소생을 얼자와 얼녀로 지칭했다.

** 　이 제도의 주무 기관인 사회안전성은 전체 주민의 성분을 예외 없이 규정하고 있다. 성분은 출생 당시의 경제적 조건과 가정의 계급적 토대와 그로부터 받은 영향, 본인의 사회정치생활 경위 등에 따라 결정된다. 구체적으로는 부모의 가장 오래된 직업에 따라 결정되는 출신 성분과 본인의 가장 오래된 연한에 따라 규정되는 사회 성분이 있다. 출신 성분에 따라 개인의 사회 성분도 결정되기 때문에 북한을 벗어나지 않는 한 이 굴레는 벗어날 수 없다. 성분을 결정짓는 직업군은 크게 25개이다. ① 혁명가, ② 직업 혁명가, ③ 노동자, ④ 군인, ⑤ 고농, ⑥ 빈농, ⑦ 농민, ⑧ 농장원, ⑨ 중농, ⑩ 부유중농, ⑪ 농촌십장, ⑫ 부농, ⑬ 지주, ⑭ 사무원, ⑮ 학생, ⑯ 수공업자, ⑰ 십장, ⑱ 중소기업가, ⑲ 애국적 상기업가, ⑳ 기업가, ㉑ 소시민, ㉒ 중소상인, ㉓ 상인, ㉔ 종교인, ㉕ 일제관리) 이 직업군은 다시 56개로 세분화되는데, 각 성분들은 ① 기본 군중 계층, ② 복잡한 군중 계층, ③ 적대계급잔여분자 계층으로 나뉘어 배속된다. 박승민·배진영, "[최초 공개] 북한 사회안전부 간 '주민등록사업참고서',"《월간조선》, 2007년 7월호.

수령과 마약

군성 산하 히로타 봉공장廣田縫工場(오사카 소재 군복 공장)에서 근무한 친일 이력 때문이다.[336] 이처럼 용희의 자녀들은 김일성 부자가 만든 모순矛盾 한가운데 있었다.

그럼에도 용희는 2000년대 초반, 3대 수령 승계 구도에서 완전히 승기를 잡았다. 그 증표로 김정일은 2002년 8월, 군軍에 용희를 '존경하는 어머님'으로 칭하게 했다.••• 정은은 일반 주민들이 존재 조차 모르는 김정일의 특각 안에서 생활하다 1996년부터 스위스에서 4년 남짓 체류하다 2000년, 평양으로 돌아왔다.•••• 몇 년 후 정은은 김일성군사종합대학 과정에 입문해 2006년 12월 수료했다.

정일은 2006년 무렵부터 뇌졸중 증세를 보였다. 그러다 그는 2008년 여름, 뇌출혈로 쓰러져 병세가 더욱 악화되었다. 이에 따라 장성택과 김경희 그리고 리제강 조직지도부장과 우동측 국가안전

••• 저자가 개인적으로 입수한 조선인민군 강연 자료에 따르면, 다음과 같이 김정일과 고용희의 일화가 명시되어 있다. "[위대한 수령님께서 뜻밖에 떠나시였을 때 있은 일] 그때 경애하는 최고사령관 동지께서는 위대한 수령님의 병 상태가 위급하다는 급보를 받으시고 수령님께서 계시는 곳으로 급히 떠나게 되시였다. 존경하는 어머님께서는 즉시에 경애하는 최고사령관 동지의 신변안전을 위한 강인하고 주도 세밀한 대책을 세우시였다. (중략) 하지만 존경하는 어머님께서는 복잡한 정황 속에서 나쁜 놈들이 무슨 짓을 할지 모른다고 하시면서 예측할 수 없는 불의의 정황에도 주동적으로 대처할 수 있는 명대책을 세우시여 혁명의 수뇌부를 백방으로 옹위하시였다. (후략)". "(강연자료) 존경하는 어머님은 경애하는 최고사령관 동지께 끝없이 충직한 충신 중의 충신이시다" (평양: 조선인민군출판사, 2002. 8), p. 3.

•••• 김정은은 1996년 9월부터 스위스에서 1년간의 외국인 적응반 수업을 받은 후 1998년 8월 베른주 쾨니츠에 소재한 리베펠트-슈타인휠츨리공립학교Schule Liebefeld-Steinhölzli 7학년으로 입학, 2000년 9월 중퇴했다.

보위부 수석부부장은 일종의 '비상관리조'를 만들어 국정을 이끌었다. 하지만 권력 공백의 장기화는 김씨 권력의 누수를 가져올 수도 있었다. 2008년 말 병석에서 일어난 김정일은 당중앙위원회 책임일꾼들을 소집해 그 자리에서 정은이 3대 수령임을 공식화했다. 그는 정은의 생일인 2009년 1월 8일을 기해 조직지도부 부장 리제강을 통해 조직지도부 과장급 이상에게 자신의 결정 사항을 전달했다. 조직지도부도 모든 조직에 정은이 공식 후계자임을 알렸다.

정은이 후계 구도에 오른 직후 가장 먼저 접수한 기관은 공작기관이었다. 정일은 이 기관들에 대한 정은의 효율적인 지휘권 행사를 위해 2009년 2월 정찰총국을 신설해 기존의 군軍 정찰국, 중앙당 작전부와 대외정보조사부를 배속시켰다. 또한 정일은 2010년 9월, 정은에게 당중앙위원회 위원 겸 중앙군사위원회 부위원장으로 임명하고 군 대장 계급을 부여했지만, 군 통수권(최고사령관)은 이양하지 않았다. 북한은 김정일의 사망일을 2011년 12월 17일로 밝혔는데, 2주 후인 12월 31일, 정은은 스스로 최고사령관 자리에 올랐다. 그렇게 정은은 김씨 일족이 차지한 북한의 세 번째 독재자가 되었다.

김정일은 자신의 혈통을 강조해 2대 수령이 되었으면서도, '세습지도자'라는 꼬리표에 상당한 콤플렉스를 갖고 있었다.[337] 하지만 정은에게 그 혈통과 세습이 없었다면, 수령은 고사하고 그들이 만든 제도에 갇혀 온갖 불이익을 받았을 것이다. 정은의 생모이자 걸림돌이었던 고용희는 2004년 5월 파리에서 지병으로 숨을 거뒀다. 평양 대성산에 소재한 용희의 묘비에는 '선군조선의 어머님 고용희'라는 문구가 새겨져 있다. 그런데 현재 북한에서는 용희의 흔적들이 모두 사라지고 있다.* 정은이 생모의 흔적을 지운다고 적대계급잔여분자의 소생이라는 사실마저 없었던 일이 될 수는 없다. 현재 그는 선대 수령을 제치고 단독 우상화에 열을 올리고 있다. 그의 우상화가 과거처럼 순탄하게 체제 전체에 각인될지 두고 볼 일이다.

월등한 범죄 성향

김정일 사망 후 북한 외부에서는 정은의 권력 안정성에 의문을 표하는 시선들이 있었다. 하지만 그의 권력은 흔들림이 없었다. 가장 큰 이유는 김정일이 완성한 수령 독재 메커니즘 때문이지만, 또 다른 이유로는 정은의 즉흥적이고 잔혹한 성향 때문이기도 하다. 일각에서는 정은의 이러한 모습들이 왜곡되었다고도 주장하지만, 그의 자의적이고 포악한 면모는 아직 알려지지 않은 사실들이 더 많다.

김정은이 김정일 사망 직후 측근들에게 한 첫 마디는 이랬다.

이제부터 내가 하고픈 대로 하겠어.[338]

그는 실제로 하고 싶은 대로 할 수 있는 독재자가 되었다. 김정

• 국가보위성과 사회안전성은 2024년 5월, 기록영화 '위대한 선군조선의 어머님'(2011년, 당중앙위원회 영화문헌편집사 제작)이 저장된 매체들을 회수하고 있는 것으로 알려졌다. 김지은, "북, 김정은 생모 영상자료 회수·삭제 지시," *RFA*, 2024년 5월 31일.

은은 2013년 12월 고모부 장성택을 처형하고 성택의 친인척은 물론 그와 연관된 모든 인적, 물적 여독청산餘毒淸算을 했다. 그 결과 처형, 숙청, 정치범수용소 구금 인원들만 1만 명 이상을 상회한 것으로 알려졌다.[339] 또한 정은은 김철 인민무력부 부부장(10군단장, 총참모부 부총참모장 역임)이 김정일 사망 애도 기간 중 음주를 했다며 2011년 12월 처형했고, 리설주의 전 남자친구와 함께 찍은 사진을 공유했다는 이유로 은하수관현악단 단원 9명을 2012년 상반기에 처형했다. 또한 심야에 자신의 전화를 받지 않았다는 이유로 총정치국 산하 38부장(연회 담당)을 2014년 4월 처형했다.[340]

정은은 자신의 이복형인 정남도 제거했다. 정남은 이미 1990년대 후반부터 후계 구도에서 배제되었다. 하지만 정은은 그런 정남을 향해 계속 살의殺意를 드러냈다. 그러자 정남은 2012년 4월 정은에게 다음과 같은 내용의 서신을 보냈다.

> 나와 내 가족에 대한 응징 명령을 취소하기 바란다. 우리는 갈 곳도, 피할 곳도 없다. 도망갈 길은 자살뿐임을 잘 알고 있다.[341]

하지만 정은은 2017년 2월 13일, 정남을 살해 교사했다. 김정일은 김일성 사망 애도 기간 중 간부들을 처형하지도 않았고, 곁가지인 이복동생 평일을 제거하지도 않았다. 최근까지 지속되는 정은의 즉흥적 살해 경향은 정일을 훌쩍 뛰어넘었다.•

정은의 마약 범죄 수완도 부친을 능가해 더 월등한 범죄자로 성장 중이다. 정은이 집권 후 처한 국제정세는 과거보다 더욱 악화 일로에 빠졌지만, 그는 오히려 마약 생산과 밀매에 박차를 가하고 있다. 정은이 외화를 확보할 수 있는 수단은 선대들처럼 범죄뿐이다. 그는 자력으로 학력과 경력을 쟁취한 바 없고, 정상적인 산업을 부흥시킬 역량도 없다. 그런데 국내외 연구자들은 2000년대 중반 전후 북한의 마약산업이 중단되었다거나, 마약 생산 및 밀매 규모가 과대 평가되었다고 주장했다.[342] 무엇보다 코스타Antonio Maria Costa UNODC 소장은 2009년 2월, 이렇게 얘기하기도 했다.

최근 몇 년 동안 (북한이 주요 마약 공급원 역할을 해왔다는 관행을) 입증할 만한 증거가 없었다. (그런 관행은) 지난 2002년 이래 중단됐다.[343]

독자들도 이미 알고 있겠지만, 코스타 소장을 포함한 일부 연구자들의 주장과 평가는 결과적으로 사실이 아니다. 중단된 게 아니라 보이지 않을 뿐이다. 북한은 1990년대부터 삼합회, 야쿠자, 흑사

- 김정은은 자신의 경제업적이라 내세웠던 화폐개혁(2009년 11월 30일 시작)이 1개월 만에 실패하자 그 책임을 계획재정부장 박남기와 부부장 김태영에게 전가해 2010년 3월 처형했다. 이후에는 산림녹화 정책 실패로 최영건 내각 부총리 처형(2015년 5월), 회의 자세 불량과 교육정책 실패로 내각 부총리 김용진 처형(2016년 7월), 미국 간첩 혐의로 한성렬 외무성 부상 처형(2019년 2월), 환율 급락을 이유로 평양 거물 환전상 처형(2020년 10월) 등이 있었다. Kwanhyung Lee and In Su Kwak, *The Suryong Dictatorship Mechanism*, pp. 159-160, 170-172; 김진명, "[단독] 北 대미라인 한성렬 간첩 혐의 총살…지켜본 간부들 며칠 밥 못먹어,"《조선일보》, 2024년 7월 16일.

회, 러시아 마피아 등을 통해 마약을 수출했고, 이 범죄조직들은 수많은 공급망을 갖고 있다. 그래서 정은은 국제사회의 감시와 제재를 더 은밀하고, 더 다양한 방법으로 회피하고 있다. 이에 따라 선대가 남긴 가업인 마약 범죄도 능숙하게 잘 실행하고 있다. 복잡하게 생각할 필요가 없다. 지구상의 마약이 끊이지 않는 이유는 범죄자들의 탐욕 때문이고, 정은도 마찬가지다. 문제는 정은의 탐욕이 선대보다 크냐 작냐가 문제일 뿐이다.

26

중국을
점령한
북한산 마약

북한산 마약의 범람

중국은 북한과 함께 6.25전쟁을 치른 혈맹이자 냉전 시기와 그 이후에도 자국의 고립과 패망을 저지해 주는 우방이다. 과거는 과거일 뿐이다. 김씨 일족은 자신을 제외한 모든 대상을 도구화하듯, 중국도 마약 공급 거점이자 판매지로 전락시켰다. 북한은 1970년대까지만 하더라도 중국을 마약 밀매 경유지로만 활용했다. 그런데 1980년대에 들어 판단을 바꿨다. 북한이 중국을 판매지로 선택한 이유는 대량의 마약을 안전하고 신속하게 판매할 수 있는 곳이기 때문이다. 또한 범죄 현장에서 체포되더라도 사법 처리가 이루어지지 않고 외부에 공표되지도 않기 때문이다.

중공 중앙대외연락부 간부 5명이 집필한 단행본에 따르면, 1986년 9월 중국 길림성 장춘시長春市에 북한 정부무역대표단이 방문했는데,* 이 중 한 명이 조선족에 헤로인 2kg을 넘기려다 공안에 적발되었다. 그런데 중국 당국은 이 사건을 외부에 공표하지 않고 자체 종결했다. 중국은 이후로도 북한의 조직적인 마약 사건들을 묵인했다.[344] 또한 국내 언론 보도에 따르면, 상해 소재 대학교에 재학 중이었던 북한 고위급 간부 아들이 헤로인을 판매하다 1995년 11월 체포되었다. 중국 당국은 '중조우호관계를 비롯한 전반적인 국면'을 고려해 범죄 용의자를 추방하는 것에만 그쳤다.[345]

중국의 이러한 태도는 북한의 마약 위협을 과소평가했기 때문인지 아니면 1950년대부터 북한에 마약 밀매를 지시했던 전과前過 때문인지는 알 수 없다. 중국의 속내가 무엇이었든 북한산 마약은 이미 중국을 점령하고 있었다.

중국 내 필로폰 압수량은 1991년, 1992년 각각 454kg, 655kg에 불과했지만, 1995년에는 1,304kg, 2000년에는 1991년 대비 46배인 20,900kg이 적발되었다.[346] 연변조선족자치주延邊朝鮮族自治州(이하 연변)의 마약 사건은 1993년, 8건에 불과했다. 하지만 1992년부터 시작된 중국의 '동북3성 개방'으로 1994년 1~5월에만 49건이 발생했다. 이 상황을 우려한 중국은 1995년 8월, 흑룡강성 지역 신문을 통해 49건에 포함된 범인들 중 한 명을 '친척 방문(사사여행)

---

* 《로동신문》 보도를 살펴보면 북한의 "정부무역대표단"은 1986년 9월 7~14일까지 중국을 방문한 것을 확인할 수 있다. "중국을 방문하는 우리나라 정부무역대표단 출발," 《로동신문》, 1986년 9월 7일, 8면; "중국에 갔던 우리나라 정부무역대표단 귀국,"《로동신문》, 1986년 9월 14일, 5면.

수령과 마약

목적으로 국경을 넘은 김 씨'라고 발표했다.[347] 즉 북한인으로 명시하지 않고 김 씨로 에둘러 표현했다.

중국은 이후에도 '북한인(조선인)'이라고 지칭하지 않고 '경외境外, 인접 국가, 이웃 국가에서 온 사람'이라는 표현을 쓰고 있다. 요컨대 북한이 범죄를 저질러도 '북한'이라고 특정하지 않는 것이 중국의 관례로 굳어진 것이다.

중국 내 마약이 범람하게 된 배경은 북한의 마약산업 확장에 따른 당연한 결과였다. 그렇다면 북한은 중국에 어느 정도의 마약을 투하했을까. 앞에서 저자는 1990년대 북한의 헤로인 생산 역량은 1년에 10~20t, 필로폰은 최소 50t에서 50t의 수 배라고 평가했다. 이 수치를 고려해 중국 당국이 발표한 마약 압수량을 살펴보자. 먼저 중국 국가금독위원회国家禁毒委员会 장신평張新楓 부위원장이 2006년 5월 25일에 발표한 압수량이다.

○ 1998~2004년 검거한 용의자는 약 32만 명, 압수한 마약은 헤로인 62t, 빙독氷毒(필로폰) 60t, 아편 14t, 각성제(필로폰) 원료물질 1,538t

○ 2005년 1~11월 검거한 용의자는 약 4만 5,000명, 압수한 마약은 헤로인 4.7t, 아편 1.52t, 빙독(필로폰) 4.9t, 요두환搖頭丸, MDMA(일명 ecstasy) 32만 9,000개, K가루Ketamine(속칭 Special K) 1.5t, 필로폰 원료물질 267.5t.[348]

위의 수치를 정리하면, 1998~2004년까지 연평균 헤로인과 필로폰 각각 약 10t이 적발되었고, 2005년에는 월평균 490kg의 필로폰이 압수되었다고 할 수 있다. 그리고 2001~2005년 사이 길림성 상황을 살펴보면, 이 기간 체포된 마약사범은 총 319명으로 중국 당국은 이들 중 '경외에서 반입된 마약은 24kg, 경외 마약 밀매자는 168명'이라고 밝혔다. 또 2005년 말 기준, 길림성 마약 투약자들은 총 14,595명이며 이 수치는 1991년 대비 14.5배가 증가한 것이며, 이 중 17~35세 청년층이 70%에 달한다고 밝혔다.[349] 중국은 동북3성의 마약 출처는 거의 대부분 북한이란 것을 너무나도 잘 알고 있었다. 그래도 중국은 마약 출처를 '북한'이라 공표하지 않고 '경외'라고만 언급한다. 물론 중국과 국경을 마주한 국가들은 동남아 국가들도 있으므로, '주요 출처가 북한이 아니라 골든트라이앵글일 수 있지 않느냐'고 반문할 수 있다. 하지만, 중국 내 최대 마약피해 지역이 동북3성임을 고려한다면 출처는 북한으로 특정될 수밖에 없다. 또한 홍콩, 동남아 등에서 활동하는 범죄조직들이 위험을 감수하고 중국 동북 지역까지 진출할 가능성도 매우 낮다.

북한산 마약은 2000년대 중반 이후 중국 전역으로 퍼졌다. 중국 국가마약금지위원회가 '마약과의 전쟁'을 선포한 2005~2011년 사이 전국에서 적발된 약 47만 건, 압수된 마약은 약 150t이었다.[350] 압수된 마약 중 상당수는 북한산이었다. 특히 국가마약금지위원회는 2011년 압수 실적과 관련해 다음과 같이 언급했다.

2011년 압수한 마약은 헤로인 7.08t과 빙독(필로폰) 14.32t, 이 중 골든

트라이앵글에서 생산된 헤로인과 필로폰은 각각 5.1t, 7.9t이다.[351]

중국이 마약 출처를 공개한 것은 이례적이었다. 물론 중국은 북한에 대해서는 일체 언급하지 않았다. 다만 골든트라이앵글에서 생산되지 않은 나머지 헤로인 1.98t과 필로폰 6.42t의 출처는 북한이라는 것을 우회적으로 밝혔을 뿐이었다.

북한의 반성문 제출

중국은 2010년이 지나서야 북한에 강경 조치를 취했다. 중국 공안부장 멍젠주孟建柱는 2011년 2월 10일, 공안국경비대 회의에서 2010년 중국 당국이 단속한 '마약 및 무기밀수범죄' 성과를 공개했다. 그리고 회의 종료 사흘이 지난 2011년 2월 13일, 멍젠주는 2박 3일 일정으로 방북했다. 김일성 사후 공안부장이 직접 방북한 것은 처음이었다. 이례적인 상황은 여기에서 그치지 않았다.《조선중앙통신》은 멍 공안부장의 중국으로 돌아간 7일 후, 멍 부장이 2월 10일 회의에서 발표한 내용을 아래와 같이 인용 보도했다.

중국국무위원인 공안부장 맹건주(멍젠주)가 10일 공안국경경비대의 한 회의에서 공안국경경비사업이 직면한 새로운 형세와 도전을 깊이 인식하고 (중략) 중국의 공안국경경비대는 지난해에 국경 지역의 마약 및 무기밀수범죄에 대한 봉쇄사업을 가일층 강화하여 마약사건 2,153건을 조사, 처리하고 범죄혐의자 2,883명을 체포하였으며 **여러 가지 마**

약 **3t 828.75kg**을 회수하였다. 이와 함께 각종 류형의 무기 2,023자루와 탄알 5만 3,000여 발을 수색, 압수하여 국경 지역의 질서와 사회안정을 수호하는 데 이바지하였다.《조선중앙통신》, 2011년 2월 22일.[352]

멍젠주의 방북은 물론 위의《조선중앙통신》기사도 이상할 게 없다. 하지만 위 보도는 북한이 발표한 일종의 '반성문'으로 봐야 한다. 즉 멍 부장은 방북 시 김정일과 정은에게 북한산 마약 대량 밀반입과 관련해 강력 항의한 것으로 보인다. 물론 이 시기는 김정일의 생일이 겹쳐있어 멍은 나름 수위 조절을 했을 것이다. 그런데 김정은 입장에서는 후계자가 된 지 얼마 지나지 않은 시점이었다. 다시 말해 중국 눈치를 살피지 않을 수 없었을 것이다. 그래서 북한은 공개 보도를 통해 중국 공안이 압수한 마약이 자신들의 소행이라고 우회적으로 시인한 것이다.

무엇보다 위 기사를 북한의 반성문으로 본 이유는《동아일보》의 2011년 7월 5일 보도 때문이다. 이 보도에서는 멍젠주 공안부장이 2010년 중국에서 압수한 마약 3t 828.75kg의 대부분이 북한산임을 유추할 수 있는 대목이 등장한다.

중국 당국이 **지난해 압수한 북한산 마약이 약 6,000만 달러**(한화 약 645억 원)어치에 이르는 것으로 나타났다. 이에 따라 중국은 한국 수사당국과 비밀리에 공조해 중국에서 밀매되고 있는 북한산 마약 단속에 나선 것으로 알려졌다. 정부 소식통은 4일 압수한 마약의 규모를 밝히며 '적발

된 것만 그 정도일 뿐 중국 내에서 유통되는 북한 마약의 규모는 훨씬 더 클 것'이라고 말했다. 중국이 적발한 북한산 마약 규모가 밝혀진 것은 처음이다. (중략) 특히 중국 당국이 압수한 북한산 마약의 질은 민간 차원에서 제조할 수 있는 수준을 넘은 최상급으로 알려졌다. 이 때문에 북한 당국이 국가적 차원에서 체계적으로 공장에서 마약을 생산하는 것으로 파악되고 있다. **한 외교소식통은 '중국이 상당히 열 받았다'며 '특히 지난해부터 북한 마약 문제가 심각해진 것으로 중국은 보고 있다'고 전했다. 중국 당국은 마약 단속을 강조하며 '북한산'이라는 말을 내세우지 않았지만 실제로는 북한 마약을 겨냥했다는 것이다.**《동아일보》, 2011년 7월 5일.[353]

당시 중국에서 북한산 필로폰 도매 가격이 1g에 15달러임을 고려한다면,[354] 3t 828.75kg의 마약 가격은 약 5,743만 달러이다. 즉 보도에 등장한 약 6,000만 달러와 근접한 수치이다. 다시 말해, 2010년 중국이 압수한 마약 대부분이 북한산이라는 의미이다. 또한 한국 정부 소식통이 언급한 것처럼 적발된 규모만 이 정도일 뿐 사실 몇 배에서 수십 배 되는 북한산 마약이 중국에서 유통되었다고 볼 수 있다.

《조선중앙통신》은《동아일보》보도 사흘 후 '황당무계한 모략 보도'라며 다음과 같이 강변했다.

역적패당이 지금 중국을 끌어들이면서까지 우리에게 온갖 감투를 씌

워보려고 발악하고 있는 것은 저들의 '5.24조치'를 합리화하기 위한 구실을 찾고 날로 발전하는 조중 관계에 쐐기를 치려는 음흉한 기도의 발로이다.《조선중앙통신》, 2011년 7월 8일.[355]

하지만 이러한 북한의 입장은 중국 공안부가 2009년부터 시작한 '특대다국마약 밀매(대규모 다국적 마약 밀매)' 수사 결과를 2012년 8월 29일 발표하면서 일축되었다. 발표 내용을 요약하면 이렇다.

최영삼을 두목으로 하는 길림성의 특대마약 밀매집단은 2009년부터 2010년 10월까지 경외(북한)에서 대규모의 마약을 들여와 길림성, 흑룡강성에 판매하다 적발되었다. 그런데 주범 최영삼이 한국으로 도주했다. 2011년 공안은 한국 경찰에 수사 공조를 요청했다. 한국 경찰은 2012년 8월 광주시에서 최영삼을 체포해 중국에 인도했다.《신화통신》, 2012년 8월 29일.[356]

《동아일보》가 보도한 한·중 공조는 위의《신화통신》이 언급한 길림성 특대마약 밀매집단 수사 공조를 의미한다. 또 '중국이 열받았다'는 것은 이 범죄조직이 북한으로부터 막대한 양의 마약을 거래했다는 뜻으로 읽힌다.

이렇듯 북한은 1990년대 후반부터 매년 수십 톤 이상의 마약으로 중국을 위협했다. 중국은 10년이 훌쩍 넘는 기간이 지나서야 명젠주 공안부장을 통해 북한에 직접적인 통제를 가했다. 그럼에도

2013년 중국이 적발한 마약 범죄는 15.1만 건, 압수한 마약은 44t 이었다.[357] 뒤에서 살펴보겠지만, 북한은 마약 생산은 물론 밀매도 중단한 적이 없다.

27

북한산
마약의
원산지 세탁

해외의 마약 카르텔들은 마약에 고유한 문양이나 색깔을 넣거나 포장 형태를 차별화해 자신만의 브랜드를 구축했다. 이에 따라 마약 사용자들도 자신이 선호하는 카르텔 마약을 구매했다. 하지만 북한산 마약은 전 세계에 유통되고 있지만 'made in DPRK'라는 원산지 표기는 물론 오히려 원산지를 세탁한다.

'북한산產 마약'이란 말 그대로 북한에서 생산되고 이곳에서 반출되는 마약을 의미한다. 물론 전구물질은 중국 등에서 수입하겠지만, 제조는 북한 당국이 엄선한 기술자들이 한다. 그렇다면 중국이나 동남아에서 북한 기술자들이 생산한 마약은 북한산일까 아니면 중국산 혹은 동남아산일까. 제3국산產 마약도 북한 기술력이 투입되었다면 이것도 북한산으로 보는 것이 맞다.

그래서 북한산 마약을 구분한다면, 북한 당국이 국내에서 만든 마약과 북한산 기술자들이 중국, 동남아를 비롯한 제3국에서 범죄조직이나 테러, 무장 단체와 연계해 만든 마약으로 구분할 수 있겠다.

주지하듯 북한은 1980년대 후반부터 필로폰과 헤로인을 중국산이나 동남아산으로 위장 포장해 판매했다. 이는 자국의 마약 생산 개입 여부를 은폐하기 위한 전술이었다. 그런데 북한이 이러한 방법을 사용하더라도 항로 추적이나 마약 성분 분석을 통해 원산지에 대한 역추적이 가능하다. 하지만 생산 및 공급 거점을 처음부터 북한이 아닌 중국이나 동남아에 둔다면 다른 얘기가 된다. 북한에서 생산된 마약도 제3국의 공급 거점에서 불순물 첨가나 재가공, 재포장 과정에서 성분과 외양이 바뀔 수 있다. 또한 북한 기술자가 처음부터 중국이나 동남아에서 생산한 완제품이 그곳에서 반출된다면, 그 마약은 중국산이나 동남아산으로 보일 수밖에 없다.

북한산 마약 유통 거점 중국

미국은 봉수호 사건 발생 1개월 후인 2003년 5월부터 PSI를 가동했다. PSI에 참여한 회원국들은 북한 선박의 해상 검색을 강화했다. 또한 일본은 2004년 6월, 〈특정선박의 입항 금지에 관한 특별조치법〉을 제정해 만경봉-92호MANGYONGBONG-92를 비롯한 북한 선박들의 일본 입항을 제한했다. 북한은 공해상에서 마약 거래가 어려워졌다. 그래서 북한은 직접 마약을 목적지까지 배송하거나 공해상에서의 직접 거래를 피하기 시작했다.

물론 북한은 국제사회의 감시를 피해 다른 루트를 찾았고, 그중 하나가 바로 중국이었다. 중국에서 2000년대 중반 이후 북한산 마약이 범람한 이유는 북한이 가장 가깝고 상대적으로 안전한 중국을 마약 유통 거점으로 삼았기 때문이다. 이러한 변화로 일본, 한국, 대만 범죄조직들도 중국 본토에 들어가 북한 당국자(판매자)나 중국 범죄조직들을 통해 마약을 거래하기 시작했다. 관련 사례들을 살펴보자.

일본 야쿠자들은 봉수호 사건 이후 북한에 직접 들어가 필로폰을 구매했다. 그런데 북한은 VIP 고객인 야쿠자를 체포, 구금하는 사건이 발생했다. 2003년 10월 31일, 《조선중앙통신》은 '일본 엔터프라이즈 주식회사 부장 사와다 요시아키를 마약 거래 혐의로 체포했다'면서 사건 경위를 이렇게 밝혔다.

사와다 요시아키라는 인물이 자국민을 유혹하여 제3국에서 마약을 입수하게 한 다음 만경봉 92호로 밀수하려고 했다.[358]

사와다는 북한에서 5년 2개월간 구금된 후 2009년 1월 13일 석방되었다. 사와다의 석방 즈음 일본 당국은 그가 '스미요시카이住吉 会' 소속이라고 밝혔다.[359] 석방된 사와다는 기자들과의 인터뷰에서 당시 상황을 이렇게 전했다.

2003년 10월 베이징을 거쳐 평양에 들어갔고, 북한의 대형 화물 여객선 만경봉 92호를 이용해서 현지 일본인 중개인과 짜고 북한산 필로폰을 밀수할 계획이었다. 그런데 일주일 후 자신이 체류했던 평양의 한 호텔에서 영문을 모른 채 체포되었다고 밝혔다.[360]

사와다가 속한 스미요시카이는 1990년대부터 북한과 필로폰 거래를 한 야쿠자 조직이다. 또한 그의 평양 방문과 필로폰 거래는 북한 당국과 사전에 약속된 것이었다. 북한이 그를 체포한 이유는 2004년 6월 일본의 만경봉-92호 입항 거부에 따른 일종의 보복 조치였다.

중국에서 북한산 마약을 거래하다 체포된 야쿠자도 있다. 아카노 미쓰노부赤野光信(구매책), 장규창(한국 국적 재일교포: 통역), 이시다 이쿠노리石田育敬(운반책) 등 3명은 중국에서 북한산 필로폰을 구매하다 2006년 9월 검거되었다. 동시에 중국 국적 북한 화교 권영춘, 권광성, 김성일도 체포되었는데, 이들은 하얼빈, 심양, 대련, 청도, 천진을 거점으로 삼아 한국, 일본, 대만인을 상대로 북한산 필로폰을 판매했다.

이들에게 필로폰을 넘긴 공급책은 북한 무역회사 직원으로 위장해 중국에서 장기 체류했던 김현이라는 인물이다. 그의 범행 정보는 2006년 4월 3일 요녕성 대련시 공안국 금독국에 의해 포착되었다. 공급책이 북한인이라는 사실이 확인되자, 북경의 공안부가 직접 '403특대 국제 각성제 밀수사건 특별조사본부'를 설치해 김현을 체포했다. 공안은 김현이 머물렀던 아파트에서 20kg의 필로폰을 압수했다. 요녕성 공안청은 2006년 9월 12일 야쿠자와 북한 화교의 신원을 비롯한 사건 전모를 공개했다. 하지만 김현의 신원만큼은 밝히지 않았다.[361] 김현이 위장 신분으로 중국에서 장기 체류를 했고 국적도 공표되지 않았다는 것은 그가 국가보위성이나 다른 특수기관 소속이었다는 것을 의미했다. 한편, 1.56kg의 북한산 필로폰을 구매했던 아카노 미쓰노부는 2010년 4월 6일 중국에서 사형이 집행되었다.[362]

중국발 북한산 마약의 한국 침투

한국 상황도 살펴보자. 범죄와의 전쟁이 막바지에 다른 1992년, 당시 필로폰 압수량은 3.11kg에 불과했다. 그런데 1999년에 29.23kg으로 증가하더니, 2013년 37.69kg, 2018년 187.94kg, 2021년에는 569.86kg까지 급증했다. 국내로 밀반입되는 필로폰 출처는 1990년대부터 중국이 압도적으로 많이 차지했다. 2010년 이후부터는 동남아시아 지역을 비롯한 대만, 미국, 멕시코 등에서 들어오고 있지만 중국은 여전히 부동의 필로폰 주요 반출국이다.[363] 앞에서 계속 지적했듯 중국발發 필로폰들 중 상당수는 북한산이다.

북한산 필로폰은 과거처럼 38선을 넘지 못할 뿐, 중국과 동남아시아 국가를 비롯한 제3국을 경유해 한국에 침투했다. 이와 관련해 2008년 10월, 서울경찰청 외사과 관계자는 '북한산 마약이 국내로 다량 유입되고 있는 것으로 파악하고 있다며, 주로 중국을 통해 밀반입되고 있으며 북한-중국-한국-일본의 경로를 따라 유통되는 것 같다'는 소견을 밝혔다.[364] 또한 검찰 관계자는 2011년 1월, '요즘 중국에서 유통되는 마약은 거의 다 북한산으로 보면 된다며, 중국에서 공작원이나 무역상회(무역상사)를 통해 마약을 내다 팔아 외화벌이를 하는 사례가 적지 않다'고 지적했다.[365]

일본 야쿠자들이 그랬듯 한국 조폭과 마약 조직도 중국 조직을 통해 북한산 마약을 입수하고 있다. 이와 관련해 국내 월간지가 2002년 6월부터 2005년 12월까지 국내 정보기관 협력자(정보원)로 활동했던 중국 연길시 거주 장 씨와 전화 인터뷰를 한 바 있다.* 장 씨는 이 매체에 북한산 마약이 중국을 거쳐 인천과 속초를 통해 대량 밀반입되고 있다고 밝혔다. 그가 언급한 내용을 요약하면 다음과 같다.

마약 제조자들의 정확한 신원은 알 수 없지만 배후에 노동당이 있다는 것은 분명하고, 노동당의 지원과 보호가 없으면 절대 마약을 생산할 수 없다. 또한 중국에서 북한산 마약 거래를 하는 세력들은 주로 조직폭력배(흑사회)들이며 **그들은 한국의 마약 밀수입 조직과 이들을 단속하는**

---

* 이 매체는 국내 정보기관 관계자를 통해 장 씨의 신원을 직접 확인했다. 이 관계자는 '(장 씨가) 2002년부터 2005년 말까지 우리 정보기관의 중국 현지 협력자(정보원) 역할을 했으며, 그동안 여러 가지 정보를 효율적으로 입수하는 등 정보기관 업무에 많은 도움을 준 것은 사실'이며, '2005년 말경 장 씨의 개인적인 문제가 드러나 정보원 역할을 그만두도록 했다'고 언급했다.

국가기관 관계자들 사이에 일정한 협조 관계를 유지하고 있다.[366]

중국발 북한산 마약의 한국 침투는 어제오늘만의 일이 아니다. 국내 언론매체는 2011년 7월, 정부 소식통을 인용해 중국에서는 북한인 3명, 조선족 3명, 한국인 3명이 1조가 되어 움직이는 이른바 '3-3-3 밀매 시스템'으로 북한산 마약들이 국내로 유입되고 있다고 보도했다. 1개 조는 통상 9~10명으로 구성되는데 북한인 3명이 국경으로 마약을 가지고 나오면, 조선족 3명이 중국 동북3성 지역에서 운반한 후 한국인 3명이 넘겨받아 한국과 일본으로 반출한다는 것이다.[367]

또한 저자가 인터뷰했던 한 탈북민은 위의 3-3-3 밀매 시스템과 유사한 증언을 한 바 있다. 그는 2000년대 북한에서 중국으로의 마약 밀반출은 북한 민간 밀수업자들이 담당했고, 북한인으로 구성된 운반조(1개조당 3명)가 중국 장백조선족자치현長白朝鮮族自治縣(이하 장백현)에서 청도로 운반했다고 한다. 그는 이 운반조들이 이용했던 필로폰 반출 지점을 다음과 같이 지목했다.

이 탈북민은 반출 지점에 따라 내륙 이동 루트들은 달랐지만, 각 루트별로 총 6개 조가 투입됐다고 한다. 그는 운반을 담당한 북한인들이 탈북민(민간인)들이 아니었다고 한다. 이 북한인들의 배후에는 중국 범죄조직(흑사회)이 있었고, 청도에서 북한산 필로폰을 구매하는 사람들은 모두 한국인들이었다고 덧붙였다.[368]

3-3-3 밀매 시스템에 투입된 북한인들은 당연히 민간인이 아

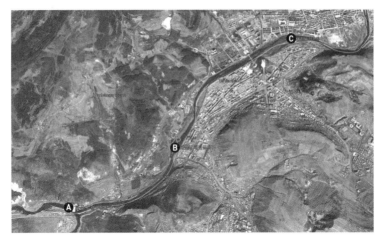

량강도 혜산시 메스암페타민 밀반출 지점(2000년대)

· 이미지: Google Earth, 2014년 10월 이미지 기준
· A: 혜산시 강구동(41°22'45.48"N, 128° 8'10.98"E)
· B: 혜산시 혜탄동(41°23'19.95"N, 128° 9'26.66"E)
· C: 혜산시 성후동(41°24'36.61"N, 128°11'10.18"E)

니며 국가보위성 소속일 가능성이 높다. 중국 본토에서의 북한산 마약 거래는 일반적으로 흑사회와 같은 범죄조직들이 전면에 나선다. 하지만 중요 거래의 경우 북한 당국자들이 직접 중국에 나오기도 한다. 국가보위성 요원들은 중국 당국의 묵인 속에 북한에서 마약 밀매를 진행한다. 중앙당 35호실(대외정보조사부 대외명칭)에서 근무하다 일본으로 망명했던 박건길은 국가보위성과 중국의 국가안전국 사이의 밀약密約 때문에 국경에서 마약이 검문 절차 없이 통과된다고 했다.[369] 이러한 탓에 국가보위성 요원들의 마약 밀매는 지속적으로 발생하고 있다. 장백현 공안은 2019년 5월 북한 마약

범죄조직을 체포했는데, 조사 과정에서 국가보위성 체포전담반으로 드러났다. 이들은 오래전부터 국가안전국의 도움을 받아 중국에서 탈북자 색출 작전을 진행했는데, 이 과정에서 마약 밀매도 실행한 것이다.[370]

무엇보다 북한 지도부가 마약 거래를 위해 반드시 비합법(블랙) 요원이나 국가보위성, 보위사령부 당국자들만 내보내는 것은 아니다. 이들은 당국 개입을 은폐하기 위해 일반 주민들을 활용하기도 한다. 중국에서 적발된 북한인들이 민간 범죄조직처럼 보이는 것도 이 때문이다.

북한산 마약 생산 거점 중국

장경태 의원(더불어민주당)은 2022년 11월 8일, 제400회 국회(정기회) 예산결특별위원회에서 당시 한동훈 법무부 장관에게 북한산 마약이 중국에서 생산되어 한국으로 들어오고 있다는 의혹을 제기했다. 국회 회의록에 기록된 양측의 발언들은 이렇다.

장경태 혹시 북한에서 마약 제조 공장을 많이 돌리고 있습니까?

한동훈 그것까지는 제가 알 수 없는데요. 여러 가지 설들이 많이 있지요.

장경태 중국에 있는 모 공장에서 북한 주민을 고용해서 마약을 대한민국에 들이고 있다는 의혹도 알고 계십니까?

한동훈 구체적 의혹을 알고 계시면 제보해 주시면 저희가 검찰에……

수령과 마약

장경태 그런 의혹들을 밝히고자 장관께서 열심히 노력하고 계신다는……(후략)[371]

이 회의 후 장 의원이 법무부에 관련 근거나 정보들을 제공했는지 알 수 없다. 또한 한 전前 장관도 법무부 차원에서 조사를 시작했는지 아직 밝혀진 바 없다. 장 의원은 중국에서 생산된다는 북한산 마약 관련 의혹을 어떻게 또 어디까지 알고 있었을까. 국회의원이 국무위원에게 던진 질의인 만큼 장 의원은 분명한 근거를 갖고 있었을 것으로 보이며, 북한산 기술자들이 실제로 중국에서 마약을 생산한 사례들이 있었다.

북한은 1990년대 후반부터 중국 범죄조직과 연계해 중국에서 마약 생산 시설을 공동 운영해 왔다. 일례로 홍콩(혹은 마카오) 기반 삼합회와 대만의 죽련방은 동북3성 지역에 위치한 벽돌공장에서 필로폰을 생산했다. 삼합회와 죽련방이 위험을 감수하고 중국 본토에서 북한과 함께 마약 생산 시설을 운영한 이유는 그만큼 이익이 컸기 때문이다. 중국 본토에서 활동하는 흑사회도 북한과 연계해 마약을 생산했는데, 관련 사례를 하나 소개한다.

요녕성 동항東港에서 활동했던 한 범죄조직은 북한 기술자들을 영입해 마약을 생산했다. 이 기술자들은 적어도 2015년 이전부터 해외 출장(여행)증명서를 발급받아 중국에 주기적으로 들어갔고, 매회 10~30kg의 마약을 생산했다. 요녕성 공안부는 중국 범죄조직을 2018

년 4월 체포했다. 공안에 따르면 범죄조직 두목 이름은 송치宋琦(송기) 이다. 그는 자회사 20여 개를 보유한 보화집단寶和集團(바오화지투안; 보화실업그룹) 이사장이기도 했다.° 공안은 송치와 그의 형제 송펑宋鵬, 송잉宋瑛을 390건 이상의 범죄 혐의가 있는 흑사회 두목이라고 밝혔다. 또한 송치는 장성택, 39호실, 국가보위성 등과 긴밀한 협력 관계인 것으로 알려졌다.[372]

일부 흑사회 조직 두목들이 구속되었다고 중국에서 북한산 마약 생산이 중단된 것은 아니다. 다른 마약 카르텔처럼 이 빈자리에는 다른 인물들로 채워질 뿐이다. 그래서 북한은 여전히 범죄조직과 함께 중국에서 마약을 생산하고 있을 것으로 판단된다.

° 참고로 보화실업그룹 송치는 2015년 12월 12일, 전라남도 목포시와 투자 협력 양해각서MOU를 체결하기도 했다. 송치가 목포시에 진출하려고 했던 속내에 대해서도 한번 고민해 볼 필요가 있다.

28

러시아 – 동유럽에
침투한
북한산 마약

한국 정보당국은 1991년 3월, 김정일이 러시아 주재 북한 대사관에 국가정치보위부(현재 국가보위성) 대좌급 요원을 파견해 3개월에 1회 러시아와 동유럽 공관들의 마약 판매 상황들을 검열했다고 밝힌 바 있다.[373] 김정일은 1970년대부터 모스크바 대사관을 러시아 및 동유럽의 마약 유통 거점으로 활용했다. 북한 당국은 북한 벌목공들을 앞세워 모르핀, 코데인codeine, 프로메돌promedol 등을 연해주 중심부로 판매했고, 1990년대에 들어서는 러시아 마피아와 마약을 대량 거래하기 시작했다.[374]

김정일이 러시아 시장에 진출한 이유는 소련 붕괴 후 러시아와 동유럽이 사실상 마피아 통치로 넘어갔기 때문이다. 마피아는 정부보다 한발 앞서 시장경제 시스템을 학습했고, KGB와 군에서 복무했던 고급 인력들이 마피아에 들어가거나 새로운 조직을 만들기도 했다. 김정일 입장에서 러시아 마피아는 훌륭한 파트너였다. 그는 마피아를 통해 KGB가 생산한 첩보는 물론 군이 보유했던 WMD와 WMD 개발 기술을 마약 등으로 대가를 치르고 구매할 수 있었다.

잘 알려져 있듯이 블라드미르 푸틴Vladimir V. Putin 러시아 대통령 은 KGB 출신이다. 그는 1991년 8월 KGB를 사직하고, 1994년 3월 상트페테르부르크 제1부시장으로 정계에 입문했다. 하지만 그는 정치인이 된 이후부터 오늘날까지 전직 KGB 요원들과 마피아를 통해 국가와 시장을 통제하고 있다.[375] 그런데, 이러한 푸틴에게도 북한산 마약은 큰 걱정거리였다. 푸틴은 2000년 2월 2일, 모스크바 크렘린궁에서 미국 국무부 올브라이트Madeleine K. Albright 장관에게 아래와 같은 언급을 했다.

북한 최고위급 인사들이 마약 제조와 판매에 관여하고 있고 대량 생 산 방식으로 이루어지고 있다.[376]

그만큼 러시아 내 북한산 마약 문제가 심각했다는 뜻이다. 그렇 다면 김정은 집권 이후 상황은 어떨까. 《조선일보》는 2013년 3월 20일, 귀순 공작원의 정보를 인용해 동유럽에서 유통되는 북한산 마약 문제를 다음과 같이 보도했다.

북한 당국이 작년(2012년) 12월 동유럽 A국 주재 북한 대사관 등에 대량의 마약을 보내 '2013년 4월 초까지 현금화하라'는 지시를 내린 것으로 19일 알려졌다. 서울의 외교 소식통은 이날 "한국의 정보당국이 최근 귀순한 공작원으로부터 이 같은 정보를 입수했다"며 "A국뿐만 아니라 주요국의 북한 대사관에 비슷한 지시가 내려갔다"고 말했다. 북한은 태양절(김일성 생일·4월 15일) 이전에 마약 등을 현금화하는 수법으로 '1인당 30만 달러씩 충성 자금을 상납하라'는 지시를 내렸다는 것이다.[377]

귀순 공작원은《조선일보》에 직접 다음과 같이 얘기했다.

통상 해외 공관이 1년 동안 바치는 충성 자금이 10만 달러 정도이다. 공관마다 '원수님(김정은)이 젊어서 그런지 너무 통이 크다'며 아우성(이었다.)[378]

또한 Washington Post(WP)는《조선일보》기사를 인용 보도했다.[379] 그런데 보도 나흘 후인 2013년 3월 22일,《조선중앙통신》은 WP를 맹비난했다.

미국 신문《워싱톤 포스트》가 당국의 대조선 적대시 정책에 추종하여 날조된 그 무슨《마약 판매》설에 대해 떠들어대며 여론을 오도하고 있다.《워싱톤 포스트》23일부는《북조선이 자기 나라 외교관들에게 마약 거래자가 될 것을 명령》이라는 제목으로 우리 외교 일꾼들이 정부로부터《마약 판매 명령》을 받고 움직이고 있다는 허위기사를 실었다. 그야말로 황당무계하기 짝이 없는 새로운 모략소동이 아닐 수 없다.《조선중앙통신》, 2013년 3월 26일.[380]

북한은 속이 쓰릴 만했다. 태양절(2013년 4월 15일)을 앞두고 그동안 정교하게 은폐해왔던 마약 밀매가 귀순 공작원에 의해 폭로되었기 때문이다. 더욱이 김정은 집권 이후 첫 마약 범죄 뉴스였다.

후속 보도에서 이어지는 이 공작원의 언급을 이어서 살펴보자.

북한은 마약뿐 아니라 슈퍼노트를 해외 공관들에 발송해 특정 시기까지 현금화하라는 지시를 수시로 하달한다고 한다. 2012년 12월에는 북한 당국이 동유럽의 모某 국가 주재 대사관에 보낸 마약은 필로폰, 헤로인을 포함한 4종이며 1인당 할당 판매량은 20kg 이상이었다. 북한산 마약이 판매된 곳은 대부분 옛 공산권 국가들과 아프리카 국가 등 북한과 관계가 좋은 나라들이라 반입이 까다롭지 않다.[381]

귀순 공작원은 북한의 마약 판매 대상은 동유럽 국가들뿐 아니라 구 공산권 국가 등 북한과 가까운 나라들이다. 북한 외무성 유럽 1국은 러시아, 벨라루스, 중앙아시아 국가들을, 유럽 2국은 유럽연합(EU)와 나머지 유럽 국가들을 담당한다. 즉 북한은 러시아에도 마약을 유통했다. 그리고 귀순 공작원의 증언이 사실이라면, 북한이 러시아와 동유럽 국가 등에 판매하고자 했던 마약은 2012년 12월에만 최소 1t 이상으로 추산된다. 통일부가 매년 발간하는《북한 주요 기관·단체 인명록》을 기준으로 러시아, 동유럽 전체 북한 공관원들은 최소 49명이고,* 공관원 1인 할당량이 20kg이 확실하다면, 980kg이다. 또한 통일부가 파악하지 못한 공관원들까지 고려한다면, 1t을 훨씬 상회했다고 봐도 무방하다.

한편, 귀순 공작원은 북한과 동유럽 구매자 간의 거래 방식에 대해서도 상세히 설명했다.

북한 공관이 개설된 주재국들에 1년에 수차례에 걸쳐 육로와 해로로 마약이 반입되면, 그곳에 상주하는 공작원들은 마약을 특정 아지트로 운송한 후 다시 대사관에서 보관한다. 또한 북한 외교관들은 마약을 소지하거나 범죄조직과 직접 거래하지 않는다. 외교관들은 알선책 역할만 하면서 제3의 인물을 내세워 거래에 가담한다. 범죄조직들도 북한 외교관들의 보증 때문에 의심을 하는 경우가 거의 없다. 지방의 군부대장이나 경찰서 간부 등을 상대로 팔기도 하지만, 주재국의 범죄집단과 협력하지 않고는 할당량을 도저히 소화할 수 없다. 북한과 범죄조직 간의 거래 과정은 마약 샘플 발송, 물량 및 단가 교섭, 대금 입

• 러시아 대사관 18명, 러시아 나홋카 총영사관 11명, 오스트리아 대사관 6명, 불가리아 대사관 5명, 폴란드 4명, 우크라이나 3명, 체코 대사관 2명. 통일부 자료를 바탕으로 추정한 현황이며, 전담 공관원 없이 겸임 대사 1명만 있는 국가들은 제외했다. 또한 불가리아, 오스트리아, 우크라이나는 겸임 대사가 포함된 숫자이다. 통일부 정세분석국 정치군사분석과《북한 주요 기관·단체 인명록》(서울: 통일부, 2012년), pp. 654~659, 663.

금 계좌 통보, 약속된 장소에 마약 전달 순으로 이루어진다. 거래 대금은 북한 공작원들이 포섭한 주재국 인사나 신분 세탁이 완료된 공작원 계좌로 이체된다. 아니면 북한의 특별기편*에 실려 항공으로 직접 운송되기도 한다.[382]

이렇듯 김정은도 선대 수령들처럼 러시아 및 동유럽 마피아와 같은 범죄조직들과 파트너십을 통해 마약을 밀매했다. 그렇다면 현재 상황은 어떠할까. 2022년 2월부터 시작된 러시아 - 우크라이나 전쟁은 현재(2024년 7월 기준)도 계속되고 있다. 북한은 2023년부터 러시아에 무기를 수출해 오고 있다.** 김정은은 2024년 6월 19일, 푸틴과 '포괄적인 전략적 동반자 관계에 관한 조약'에 서명하더니 이제는 러시아에 군인들까지 파견했다. 김정은의 관심사는 당연히 돈이며, 그는 무기 판매 대금이나 군인들의 급여로만 만족하지 않을 것이다. 김씨 일족은 그동안 전 세계 분쟁 지역에 무기와 마약을 수출했고, 뒤에서도 살펴보겠지만 그들은 아프리카(나이지리아, 우간다)에 군수공장을 지어 무기뿐 아니라 마약도 생산하고자 했다. 만약 러시아 점령지에 북한이 운영하는 군수공장

• 1990년대 보위사령부(현 군 보위국) 소관 5.18소의 마약 대금 회수도 특별기편을 통해 직접 운송되었다.

•• 국정원은 북한이 2023년 8월부터 러시아 선박 등을 이용해 무기 및 군수품을 10여 차례 이상 수송한 것으로 파악했고, 2023년 10월 이스라엘을 침공한 하마스Hamas는 당시 북한산 F-7 로켓유탄발사기(RPG) 등을 사용한 것으로 확인했다.

수령과 마약

이 가동되고 있다면 그곳에서도 당연히 마약이 생산된다고 보는
게 맞다.

29

북한산
신종
마약

범죄왕조는 마약산업 확장을 위해 세계 전역의 '고객'들이 원하는 '다양한 상품들'을 만들어 왔다. 북한은 1960년대부터 대마를 대량 재배해 최근까지 대마초를 수출하고 있다.[*] 또한 조선만년보건총회사는 1984년, 벤조디아제핀계benzodiazepine로 분류되는 중추신경억제제 디아제팜diazepam을 공식적인 수출품으로 홍보했다. 비슷한 시기 조선부강제약회사는 마취제인 금당-1 주사약을 생산해 일반 의약품처럼 수출했고, 1980년대 중반부터는 모르핀, 코데인, 프로메돌과 같은 아편알칼로이드계opium alkaloids 마약들도 판매했다.

1990년대 후반부터는 외교관들을 통해 벤조디아제핀, 알카로이

---

[*] 북한의 대마 재배는 1960년대부터 '역삼(대마)재배운동'이라는 대중 동원 형태로 시작되었다. 조선대성무역총상사(대성총국: 현재 대성지도국)는 1975년부터 대마를 농촌길 주변 등의 유휴지에 대량으로 재배했다.

드, 암페타민 등에서 파생된 마약들을 밀매했다. 예를 들어, 1998년 1월 이집트 경찰은 로히프놀rohypnol** 50만 정을 반입한 시리아 주재 북한 외교관을 체포했다.[383] 이집트 당국은 같은 해 7월에도 시리아 주재 북한 외교관 2명을 체포했다. 이들은 LSD*** 50만 정錠을 가지고 에티오피아 아디스아바바Addis Abäba를 출발 이집트에서 환승해 멕시코로 향할 계획이었다.[384] 1999년 4월 불가리아 주재 북한 외교관은 로히프놀 55kg을 불가리아에서 체코로 밀반입하다 적발되었다.[385] 또 2004년 12월에도 불가리아 주재 북한 외교관 양태원, 김선진이 튀르키예에서 체포되었다. 이 두 명은 외교관용 자동차를 이용해 불가리아에서 튀르키예로 캡타곤 50만 정을 반입했다. 튀르키예 당국은 2004년 상반기부터 북한 외교관과 함께 체포된 튀르키예인 2명을 추적하고 있었다.[386] 그리고 한국에서는 2000년부터 야바와 LSD가 적발되었고,[387] 대만은 2004년부터 필로폰, 케타민, 엑스터시가 급격히 증가했다.[388]

현재까지 북한 당국자들이 캡타곤, 로히프놀, LSD와 같은 마약들을 밀매하다 적발된 사례는 많지 않다. 그래서 이 밀매 사건들로

●● 로히프놀은 진정 작용을 하는 벤조디아제핀계인 플루니트라제팜(Flunitrazepam)의 상품명으로 불면증 치료제로 개발되었고 디아제팜과 유사한 작용을 한다. 로히프놀은 심신을 무력하게 하는 효과가 있어 데이트 강간 약물로도 사용된다.
●●● LSD(Lysergic Acid Diethylamide)는 1938년 스위스 산도스(Sandoz) 제약회사의 알버트 호프만(Albert Hofmann) 박사가 맥각麥角 알칼로이드에서 유도된 우연한 합성물질로 탄생했다. LSD는 강력한 환각제로 그 효과는 코카인의 100배, 필로폰의 300배에 달한 것으로 알려져 있다.

만 북한이 이 마약들을 생산한다고 볼 수 없다. 그런데 북한 입장에서 보면 이 마약들을 생산하는 것이 더 큰 이익이다. 제3자가 공급한 마약들을 구매해 되파는 것보다 마약들을 직접 생산, 판매하는 것이 합리적이다. 세계 전역에서 북한의 마약 생산 역량에 기대치가 높은 만큼, 북한은 다양한 수요들을 충족시킬 필요가 있다. 그 수요가 바로 캡타곤, 엑스터시, LSD 케타민, 야바와 같은 마약들이다.

캡타곤 먼저 살펴보자. 원래 캡타곤은 1961년 독일 Degussa Pharma Gruppe에서 개발한 페네틸린Fenethylline의 상표명이다. 이 향정신성 의약품은 암페타민 대체제(중추신경흥분제)로서 주의력 결핍 장애와 기면증 치료제로 사용되었다. 그러나 이 약품의 중독성과 부작용은 매우 심각했다. 이에 따라 유엔은 1986년 캡타곤을 통제 약물로 지정했지만, 1980년대 초반부터 중동에서 성적 흥분제로 각광받자 현재는 전 세계적인 금지 약물로 자리 잡았다. 한편, 1990년대 초반까지 유통되었던 캡타곤들은 페네틸린 성분이었다. 그런데 2000년에 중동 국가들에서 압수된 캡타곤들에는 카페인과 에페드린 혹은 퀴닌quinine 성분이 검출되었다.[389] 에페드린 기반 캡타곤의 등장은 북한의 개입을 의심케 한다. 북한이 세계적으로 가장 잘 만드는 필로폰의 원료가 바로 에페드린이다.

냉전 시기, 캡타곤을 대량 밀조, 밀매한 곳은 불가리아였다. 1981년 불가리아 당국은 국영제약회사 파마힘Pharmachim에 캡타곤 대량 생산을 지시했다.[390] 중동에 페네틸린 성분 캡타곤이 인기를 얻기 시작한 시기와도 일치한다. 어디까지나 가설이지만, 북한은 동유럽 마피아*나 시리아와 연계해 캡타곤을 부활시켰을 가능성이 있다.

북한은 냉전 시기부터 불가리아 당국 주도 마약 산업에 대해 파악하고 있었다. 양국은 1960년대 소련이 지휘하는 글로벌 마약 전략에 참여했다.**391** 1968년 불가리아 국가보안위원회는 소련 지휘아래 3개의 무역회사들을 통폐합해 '킨텍스Kintex'라는 회사를 설립했다. 킨텍스는 1971년부터 마약을 본격적으로 유통했다. 소련이 지휘하는 전략답게 킨텍스의 사명은 마약으로 '서구 사회의 불안정'을 꾀하는 것이었다. 킨텍스는 튀르키예계 마피아와 테러 조직 그레이 울브스Grey Wolves 그리고 시리아, 이란, 요르단, 레바논, 유럽에서 선별된 범죄자들과 함께 유럽과 중동에 마약을 유포했다.**392** 하지만 냉전이 종식되자 1990년을 기해 파마힘은 캡타곤 생산을 중단했고 생산 기술자들도 자취를 감췄다. 1980년대 말, 한국 필로폰 생산 조직들이 붕괴하자 그 공백에 북한이 들어온 것처럼, 파마힘이 사라진 자리에 북한이 뿌리를 내렸을 수도 있다. 다시 말해 불가리아도 북한의 마약 공급 거점 중 하나로 추정된다.

현재 캡타곤의 최대 생산지는 시리아다. 시리아산産 캡타곤은 사우디아라비아, 튀르키예를 비롯한 중동 국가들을 점령하고 있다. 2023년 3월, 영국 정부는 캡타곤이 '알아사드Bashar al-Assad의 재정 생명줄'이라고 지적한 바 있다. 그 이유는 바로 캡타곤의 엄청난 가

• 　불가리아는 코소보, 벨라루스, 우크라이나, 몬테네그로는 대표적인 마피아 국가 중 하나이다. Moisés Naím, Moisés Naím, "Mafia States: Organized Crime Takes Office," *Foreign Affairs*, 91(3) (2012), pp. 103-105.

치 때문이다. 영국 정부는 시리아 캡타곤 무역 가치는 약 570억 달러로 추산되는데 이는 멕시코 마약 카르텔 전체 무역액의 3배에 달하는 수치라고 한다.³⁹³

북한과 시리아는 미국과 이스라엘의 감시를 피해 핵무기 개발로 밀접한 관계를 유지하고 있다. 양국의 관계는 2004년 4월 22일 평안북도 용천역에서 발생한 열차·폭발 사고를 통해서도 확인할 수 있다. 미국 정보당국은 열차에 실려 있었던 미사일 부품과 로켓 원료 때문에 열차가 폭발했고, 사고 15~30분 전 김정일 전용 열차가 용천역을 통과했다고 밝혔다.³⁹⁴ 이 사건이 우발적 사고인지 외부 세력이 개입한 김정일 암살 작전인지는 알 수 없다. 다만 한국과 미국 정보당국은 북한이 1990년대부터 미사일 부품과 로켓 원료를 시리아에 수출해 온 것을 오래전부터 추적해왔다.• 또 한국 정보당국은 북한이 2000년대 초반 북한이 시리아에 원자로 1기를 건설한 대가로 러시아산 순항미사일 Kh-35를 받은 사실을 2015년 김정일 생일 무렵 공개했다. 한편, 북한이 건설해 준 원자로는 2007년 9월

• 1996년 3월에는 북한에서 홍콩을 거쳐 시리아로 향하던 미사일 발사체 연료인 과염화 암모니움 10t이 홍콩 당국에 적발되었다. 같은 해 9월에는 북한의 룡악산수출공사가 남포항에서 시리아로 향하던 미사일 부품을 선적이 홍콩에서 적발되었다. 또한 *The Mole* 의 주연 울리히는 2023년 9월 한국 매체에 "북한 당국자들은 내가 다큐멘터리를 촬영하는 도중에도 우리 일행에게 미사일 발사체와 폭탄을 시리아로 운반하는 역할을 맡아줄 수 있는지 묻기도 했다"는 언급도 한 바 있다. 이동욱, "북한의 해외 무기밀매 거점-홍콩·마카오: 용악산 수출공사를 주시하라,"《월간조선》, 1997년 3월호, pp. 353-354; 류혁, "[단독] '북, 아프리카에 마약 비밀공장'…현지인 환심 산 뒤 몰래 제조,"《스카이데일리》, 2023년 9월 21일.

이스라엘의 '오차드 작전Operation Orchard'에 의해 파괴되었다.[395]

용천역 폭발 사고 원인과 배경을 떠나 열차에 탑승했던 시리아 과학자 12명을 포함 총 1,500여 명의 사상자가 발생했다.[396] 이와 관련해 중동 외교관 출신 탈북민은 저자에게 시리아가 용천역 폭발 사고 후 15t에 달하는 의약품을 북한에 지원했다고 말했다.

이렇듯 북한과 시리아는 생사고락을 함께 하고 있어 막대한 이익이 발생하는 캡타곤 시장에서도 이권을 공유할 가능성이 농후하다. 무엇보다 북한은 암페타민계amphetamine - type stimulants; ATS 마약인 캡타곤을 고품질로 생산할 수 있는 충분한 역량을 갖고 있다. 또 시리아를 비롯한 중동에는 제2경제위원회 산하 단천상업은행과 조선광업개발무역회사KOMID 대표부들이 다수 진출해 있다.

다음으로 엑스터시와 케타민, 야바에 대해서도 알아보자. ATS 종류 중 하나인 엑스터시는 암페타민계 화학물질인 MDMA로 만든 대표적인 환각성 마약이다. MDMA는 1985년 미국에서 엑스터시ecstasy라는 이름으로 출시되었는데, 1987년 영국의 레이브 파티 등을 통해 전 세계로 뻗어나갔다. 케타민은 1962년 마취제인 펜사이클리딘PhenylCyclohexyl Piperidine; PCP의 부산물로 등장했다. 케타민ketamine도 엑스터시와 같이 환각성 마약이며 중국에서는 K가루, 한국에서는 스페셜special K로도 불린다. 그리고 야바yaba는 메스암페타민 20~30%, 카페인 50%, 코데인이 혼합된 알약인데 정제형 필로폰이라고도 할 수 있겠다.

엑스터시, 케타민, 야바도 필로폰과 헤로인처럼 북한이 직접 생산해 원산지 세탁 후 국제 시장에 유통되고 있을 가능성이 크다. 중국은 2005년 1월에서 11월 사이 엑스터시 32만 9,000정, 케타민 1.5t을 압수했고, 2005년 11월 국정원은 엑스터시와 케타민이 미국, 네덜란드뿐 아니라 중국과 동남아에서도 들어오고 있다고 밝혔다.[397] 또한 2005년 8월 미국 정부가 발표한 북한-삼합회 연계 사건에서 중국에서 미국으로 들어온 마약이 바로 엑스터시였다.

그리고 북한과 이 3종의 마약들을 밀매한 사건들도 있다. 2004년 5월 중국 창춘시 공안국은 창춘시에서 장시성江西省 난창시南昌市로 향하는 비행기에 탑승한 조선족 여성을 요두환搖頭丸(엑스터시) 대량 소지 혐의로 체포했다. 이 조선족 여성은 창춘시 소재 북한 식당에서 근무하다 동 식당 소속의 '려麗 언니'라는 별명을 가진 북한 여성으로부터 1만 위안의 대가를 받고 엑스터시를 체내에 숨겨 운반했다.[398] 또한 2005년 2월 단동시 당국은 북한으로부터 밀반입된 엑스터시 2,000정과 마구麻古, Magu● 300정을 압수하고 7명의 용의자를 체포했다.[399] 2009년에는 전前 단동마약수사대 부대장 바오鮑와 수사대 직원 렁冷이 북한인으로부터 필로폰과 엑스터시를 구매해 체포되었다.[400]

● 마구는 마고麻古의 중국식 표현으로 메스암페타민(필로폰), 카페인, 아편이 혼합된 알약이며, 야바와 유사하다. 야바, 마구와 유사한 마알이라는 정제형 필로폰도 있다. 다만 마알은 메스암페타민 성분이 14% 정도이고, 외형은 약 0.5cm 정도 크기의 적색과 녹색의 원형 정제이며 표면에 WY 문자가 인쇄되어 있어 식별이 용이하다. 한편 야바와 마알은 현재 미얀마 샨주Shan State의 와족연합군United Wa State Army; UWSA이 대량 밀조하고 있는 것으로 알려졌다.

수령과 마약

한편, 저자가 인터뷰한 한 탈북민은 2006~2007년 사이 함북 보위부 A과장으로부터 '홍뼁紅氷(선홍색 빙두)'이라는 각성제 알약을 중국으로 1정당 3위안에 판매해 달라는 의뢰를 받은 적이 있다고 했다. 이 보위부 과장은 그에게 홍뼁을 보여주며 당국에서 개발한 전시용戰時用 마약이라고 귀띔했다고 한다. 또한 이 탈북민이 저자에게 묘사한 홍뼁의 외양은 야바와 유사했다.[401]

이렇듯 김씨 일족은 필로폰과 헤로인뿐 아니라 캡타곤, 엑스터시, LSD, 케타민, 야바 등을 생산해 국제 마약 시장에 공급하고 있다. 한 언론매체 보도에 따르면, 2024년 5월 중국 훈춘변방대는 북한 남성 3명을 체포했는데, 이들은 '얼음(필로폰)보다 더 센 수kg의 마약'을 소지했다고 한다.[402] 즉 북한은 기존 마약보다 더 중독성이 강하고, 마약 성분 검사에서 음성 판정을 받을 수 있는 마약도 개발했을 것이다. 북한의 오랜 행태와 역량을 고려했을 때 이들의 신종 마약 개발은 계속 진행 중이다.

30

DEA 수사 결과로
추론한 필로폰
생산 규모

DEA의 북한산 필로폰 수사

북한과 삼합회와의 관계, 삼합회의 글로벌 네트워크 및 역량을 고려했을 때, 삼합회는 북한산 마약의 가장 큰 공급책임을 짐작할 수 있다. 삼합회의 북한산 마약 글로벌 공급망은 결국 미국 DEA에게도 포착되었다. 이와 관련한 중요 사건 하나를 소개해 보겠다.

DEA는 짐바브웨 출신 르룩스Paul Calder Le Roux(이하 르룩스)를 미국에 북한산 필로폰을 밀반입한 혐의로 2012년 9월 15일 브라질에서 체포했다. 그는 뛰어난 소프트웨어 개발자*이자 개인 용병팀

---

* 르룩스의 엄청난 프로그래밍 실력 때문에 그가 비트코인을 만든 사토시 나카모토Satoshi Nakamoto일지도 모른다는 추측들이 계속되고 있다. 만약 그가 비트코인을 개발한 것이 확실하다면, 북한과 르룩스는 마약뿐 아니라 다양한 범죄 요소들을 거래했을 것이다.

을 보유하고 있는 국제범죄조직의 킹핀Kingpin이었다.[••] DEA 언더커버 클라우센Klaussen 요원은 르룩스 체포를 위해 콜롬비아 출신 위장 밀매업자를 투입했다. 르룩스는 위장 밀매업자와 거래하기 위해 삼합회 조직원 예 티옹 탄 림Ye Tiong Tan Lim, 일명 Giorgio(이하 탄 림)에게 고순도 북한산 필로폰 48kg을 주문했다. 르룩스가 주문한 필로폰은 각 24kg씩 필리핀과 태국으로 배송되었다. 르룩스는 조직원들을 통해 푸켓에서 뉴욕으로 24kg을 보냈고, 나머지 24kg도 필리핀에서 뉴욕으로 발송했다.

르룩스가 필로폰을 미국으로 발송하자 DEA는 그를 즉각 체포했다. 미국에 도착한 두 묶음의 필로폰 순도는 각각 98%, 96%로 나타났다. 르룩스는 뉴욕으로 압송되는 비행기에서 DEA 요원들에게 수사 협조 의사를 밝혔다. 르룩스는 자신의 조직원들과 북한산 필로폰 공급망 그리고 이란과 북한 간의 모종의 거래 정보들도 공유하기로 했다. 그래서 그는 미국의 '국가안보 자산(정보원)'이 되었다.[403]

DEA는 르룩스가 제공한 정보로 북한산 필로폰 공급책인 탄 림과 르룩스 조직원들을 동시에 체포하기 위한 작전에 돌입했다. 르룩스는 페렐타Allan Kelly Reyes Peralta를 통해 탄 림과 접촉했다. 그리고 DEA는 콜롬비아 출신 위장 밀매업자를 재차 투입해 탄 림

[••] 킹핀이란 그룹(특히 마약 범죄조직)에서 가장 중요하거나 가장 영향력이 있는 사람을 의미한다. 주로 영어권 뉴스 보도에서 자주 접할 수 있다.

과 거래를 진행했다. 북한산 필로폰 100kg 최종 거래가는 600만 달러(1kg당 6만 달러), 순도는 99% 이상이었다. 거래 성사를 위해 탄 림과 조직원들은 필리핀을 거쳐 태국에서 뉴욕으로 해상 운반을 할 계획을 세웠다. 그들은 마약 운반선이라는 의심을 사지 않기 위해 선상 파티를 열 생각이었다. 하지만 선박이 태국을 떠나기 직전인 2013년 9월 25일, 태국 당국은 이들을 체포해 미국에 인도했다.

탄 림과 조직원들은 2013년 11월 20일 뉴욕연방법원에 기소되었다. 기소된 피의자들은 탄 림(대만 국적; 홍콩 및 필리핀 거주), 페렐타(필리핀 국적; 르룩스의 연락책, 일명 Kelly), 발코빅Adrian Valkovic(체코 국적, 일명 Alexander Checo; 운반책임자), 스태머스Scott Stammers(영국 국적, 태국 보관책임자, 일명 Shaun Simmons)와 샤클스Phillip Shackels(영국 국적, 일명 Paul Smith) 등 5명이었다.

뉴욕연방법원은 2016년 스태머스, 발코빅, 페렐타, 스켈스에게 각각 징역 181개월, 113개월, 91개월, 85개월을 선고했다. 탄 림의 재판은 2016년 6월이었지만 그의 형기는 공개되지 않았다. 또한 르룩스는 2020년 6월 25년 징역형을 받았지만, 감형 여부를 포함한 근황은 현재까지 밝혀지지 않았다. 이 사건 후 DEA는 르룩스와 연계된 범죄자들을 다수 체포한 것으로 알려졌다.

천문학적인 필로폰 생산 규모
뉴욕남부검찰청이 공개한 기소장과 미국 법무부 보도자료에는

DEA 언터커버 요원이 확보한 탄 림의 도청 기록이 상세하게 나와 있다. 탄 림이 언급한 북한의 필로폰 생산 역량을 정리하면 다음과 같다.

○ 내Tan Lim가 확보한 필로폰은 나의 조직(삼합회)이 확실하게 북한에서 가지고 나온 것이다. 과거에는 (북한산 필로폰을 가지고 나올 수 있는) 8개의 조직들이 존재했다. 그러나 이제는 나의 조직만 북한 물건(필로폰)을 갖고 있다.

○ 북한은 나의 조직과 일하고 있는 (마약 생산) 시설을 제외하고 모든 시설들을 불태웠다. 이후 북한은 다른 근거지로 (시설들을) 이전했다.

○ 북한이 시설들을 불태운 이유는 미국인들에게 자신들이 더 이상 마약을 판매하지 않는다는 것을 보여주기 위함이다. 나의 조직은 이미 미국, 한국, 북한, 일본 간에 이런 일들이 발생할 것이라고 예측했다. (그래서) 모든 위성들이 (지켜보고 있기 때문에) 북한에서 필로폰을 가지고 나올 수 없다.

○ 그래서 나의 조직은 사전에 북한산 필로폰 1t을 필리핀의 한 보관 시설에 비축했다.[404]

탄 림의 도청 기록과 수사 내용에서 도출된 단서 등을 통해 북한의 필로폰 생산 규모를 추론하면 다음과 같다.

○ 탄 림의 삼합회를 포함한 총 8~9개 조직들은 2013년 1월 전까지

북한의 마약 생산 시설(메가랩)들과 각각 연계를 맺고 있었다. 각 삼합회 조직과 메가랩의 매칭 형태를 1:1로 가정한다면, 북한의 메가랩은 최소 8개 이상일 수 있다. 이 숫자에 대해 의문이 있을 수 있지만 이 책에서 다루고 있는 메가랩 즉 단기간에 1t의 마약을 생산할 수 있는 시설만 7개이다. 또한 중국, 아프리카, 동남아의 생산 거점들까지 포함하면 북한의 메가랩은 최소 10개 이상일 수도 있다. 이 정도 규모의 메가랩들은 핵시설 존재만큼 위협적이다.

○ 탄 림의 조직은 필리핀에만 1t을 비축했었다. 탄 림은 구매자에게 1회에 최대 300kg까지 판매할 수 있었는데, 재고가 소진되더라도 빠른 입고가 가능했던 것으로 보인다. 페렐타는 과거에 북한산 필로폰 약 4.7t을 배송한 경험이 있다. 요컨대 탄 림의 조직처럼 5t 정도의 필로폰을 매입할 수 있는 조직이 최소 7~8개가 더 있었다면, 북한은 실로 막대한 양의 필로폰을 삼합회와 거래했다고 볼 수 있다.

○ 북한과 삼합회의 관계는 매우 밀접하다. 그래서 북한은 삼합회의 영향력이 미치는 곳이라면 어디에서든 조력을 받을 수 있다. 북한이 중국과 동남아에서 마약 원료 수급은 물론 각종 범죄와 공작을 쉽게 실행할 수 있는 이유도 바로 삼합회 때문이다. 탄 림의 국적과 활동 영역을 볼 때 그의 보스는 홍콩, 대만에 기반을 두고 필리핀, 태국 등을 거점으로 필로폰을 보관, 재포장, 배송하고 있다.

○ 2013년 1월 이전 한국, 미국, 일본 정부는 북한의 마약 생산에 강

력한 대응을 한 것으로 보인다. 2011년 2월 10일, 중국 공안부장 맹건주가 방북한 것도 이와 분명한 관계가 있다. 그래서 북한은 적국敵國들이 위성으로 관찰할 수 있도록, 마약 시설들에 방화放火라는 쇼를 연출했다. 하지만 불에 탄 것은 외관일 뿐, 중요 자재와 설비들은 사전에 다른 곳으로 옮겨졌다.

이렇듯 북한이 보유한 다수의 메가랩들이 쉬지 않고 가동된다면, 북한의 필로폰 생산 역량은 연간 100~200t 수준도 아닌 상상 그 이상의 천문학적인 단위일 수도 있다. 또한 북한은 미국과 중국 등을 의식해 1990년대 초반부터 2012년까지 메가랩들을 여러 차례 폭파하는 쇼를 연출했는데,[405] 이러한 쇼는 2008년부터 최근까지 벌인 핵시설 폭파에서도 동일하게 실행되기도 했다.* 요컨대 북한 메가랩들은 여전히 가동 중이다.

● 　북한은 2007년 6자회담 '10·3합의'에 따라 영변의 5MW 실험용 원자로, 재처리시설 (방사화학실험실) 및 핵연료봉 제조시설의 불능화를 약속했고, 2008년 6월 27일 냉각탑을 폭파했다. 하지만 이는 '연출된 쇼'(show)에 불과했다. 냉각탑 폭파는 원자로 가동 중지 와는 아무런 관련이 없었다. 이와 같은 사기극은 2018년 5월 24일 풍계리 핵실험장 폭 파하면서 다시 연출되었는데, 2019년 10월 한국 합동참모의장은 언제든 복구가 가능하다고 밝혔다. 이와 유사한 쇼는 이후에도 계속되었다. 이관형, 《북한 마약 문제 연구》, p. 324; Zachary Cohen and Kylie Atwood, "New satellite images reveal North Korea took recent steps to conceal nuclear weapons site," *CNN*, March 2, 2021.

31

북한군 산하 메가랩

저자는 앞에서 1980년대 후반부터 설치된 다양한 메가랩들을 소개했고, 본 챕터에서도 마약 생산 시설들을 소개한다. 이 책에 나오는 북한 내부 메가랩들은 사실 일부에 불과하다. 탄 림의 얘기처럼 북한의 마약 생산 시설들은 여러 개가 있지만 존재 파악조차 어려운 시설들도 있다. 특히 군軍 산하 시설들이 여기에 속한다. 일례로 군수동원총국은 함흥시에 소재한 지하갱도에 마약 생산 시설을 갖고 있다. 군의국의 경우에는 마약 생산 기술 개발과 밀매를 담당하는 명신기술개발소, 조선명신합자회사가 있고, 회령시 풍산리에 생산 시설인 52호 및 54호 지하갱도를 보유하고 있다. 또한 후방총국은 군 차원에서 생산된 마약들 중 일부를 전투예비물자, 즉 전시용戰時用으로 분류해 지하갱도에 비축하고 있다.[406]

하지만 이 시설들은 모두 지하갱도에 있어 북한 외부는 물론 내부에서도 파악하기 어려운 곳들이다. 북한의 '전시사업세칙' 61조가 규정하고 있듯 전시 작전에 투입되는 부대들은 대부분 지하갱도에 주둔한다.* 한미 정보당국은 북한 내 지하갱도는 약 8,200개소, 연장 길이는 547km에 달한다고 추정했다.[407] 이 많은 갱도들 중 어떤 곳이 마약 생산 시설인지는 알 길이 없다.

그런데 더 심각한 문제는 이곳에서 생산되는 전시용 마약들이다. 전쟁과 마약은 불가분의 관계이다. 1차 세계대전은 모르핀 소비전이었고, 2차 세계대전에서는 독일군이 정제형 필로폰인 페르비틴 Pervitin을 복용했다. 이러한 진정제와 각성제 마약들은 현대전에서도 사용되고 있다. 북한의 경우에는 1980년대부터 전시용 마약들을 생산, 비축해 왔으며 김정은 집권 후에도 계속되고 있다.

룡문술공장

국내 뉴스 보도들에 따르면, 김정은은 2010~2013년 사이 수차례에 걸쳐 군에 전시용 마약 관련 지시를 하달했다.

○ 전선주와 모르핀,** 모르핀 투약용 주사기를 항시 휴대하라. (2010년

- • "최고사령부는 전시 조건에 맞게 모든 부대들에 갱도 생활로 넘어갈 데에 대한 지시를 하달"해야 한다. 조선로동당 중앙군사위원회, "(조선로동당 중앙군사위원회 지시 제002호 붙임표)《전시사업세칙》", 2004년 4월 8일, p. 10.
- •• 북한에서는 모르핀이 담긴 앰플을 '총탄'으로 부른다. 앰플이 총탄 모양과 닮기도 했지만, 모르핀이 전시용 마약으로 생산되었기에 붙은 명칭일 수도 있다.

5월 27일 평양시항공구락부 모형 항공기 훈련 참관 중)[408]

○ 전선주와 모르핀을 진공 포장해 대대 단위로 비축하라 (2013년 5월)[409]

○ 모든 병사들에게 공포와 두려움을 떨치도록 전선주를 공급하라.
(2013년 하반기)[410]

히틀러Adolf Hitler가 군에 암페타민 계열 각성제인 '페르비틴Pervitin'을 공급해 단기간에 프랑스를 점령한 사례를 공부한 건지, 김정은은 군에 모르핀과 전선주 공급을 명령했다. 모르핀이 진통제이므로, 전선주는 단기간의 진격전을 펼칠 수 있는 액체형 필로폰(각성제)으로 보인다. 전선주를 생산하는 곳은 평안북도 구장군에 위치한 룡문술공장(구 명주술공장)이다. 이 공장은 지상 건물과 지하갱도를 모두 보유하고 있다. 2018년 1월, 국내 한 온라인 매체는 룡문술공장 건설에 참여한 군 출신 탈북민 B와의 인터뷰를 통해 이 공장의 구체적인 정보들을 공개했다.[411] 탈북민 B는 다음과 같이 공장설립 배경에 대해 언급했다.

2009년 초반, 김정일이 전선주 공장 건설 지시를 후방총국에 하달했다. 후방총국은 평안북도 구장군의 '곰골'이라 불리는 골짜기를 건설 부지로 선정했다. 공장은 2009년 6월 착공에 들어갔다. 착공 시 공장 명칭은 '전선주공장'이었다. 그런데 공장 건설 소식이 외부로 노출되면서 '명주술공장'으로 개칭되었고, 김정은 집권 이후 '룡문술공장'으로 재개칭되었다. 공장 건설에는 24여단과 후방총국 병력 등 총

룡문술공장(구 명주술공장) 전경

· 이미지: Google Earth, 2022년 7월 12일 이미지 기준

· 위도 및 경도: 39°55'52.65"N 126° 4'35.42"E

· 고도: 102m

· A: 모심실 및 전선주 생산 시설

· B: 전선주 비축 지하갱도 입구

· 참고: [그림]에서는 건물 5개 동이 보인다. 2011년 6월 완공 후 2개 동이 신설된 것으로 보인다. 한편, 2009~2011년 사이 이 위치의 Google Earth 이미지는 가림 처리가 되어 있다.

*출처: 다음의 기사를 참고해 작성. 김한솔, "북한 군 전시용 '마약 술' 생산공장 전모 공개," 《더 자유일보》, 2018년 1월 23일.(※ 이 기사에는 "평안북도 구장군 곰골 지역에 위치한 전선주공장" 제하의 위성 이미지만 공개되었고 위도와 경도는 공개되지 않았다. 위도와 경도는 본 연구자가 직접 Google Earth를 사용해 특정했다. 동 기사는 2018년 3월 24일까지 http://www.jayoo.co.kr/news/articleView.html?idxno=1992에 게재되어 있었으나 현재 이 링크에는 다른 기사가 게재되어 있다.)

500여 명이 투입되었다. 건설 인력의 대부분은 전선주를 저장하는 지하갱도 시설 건설에 투입되었다. 후방총국은 공장의 외부 노출을 최대한 제한하기 위해 지상 건물은 3개 동만 건설했다. 룡문술공장은 2011년 6월 완공되었다.

탈북민 B가 지목한 공장 위치와 시설은 279쪽 그림과 같고, 그는 각 시설 용도에 대해 다음과 같이 설명했다.

○ ㄷ 형태 건물 A구역(Γ 모양): 전선주 생산 시설과 모심실(김일성 가계 초상화, 석고상, 동상, 미술 작품 보관실)이 있다.

○ ㄷ 형태 건물 B구역(I 모양): 지하갱도 입구가 있다. 갱도 깊이는 100m, 넓이는 2대의 화물차를 나란히 운행할 수 있을 정도이다. 갱도에는 전선주 비축 시설이 있다.

○ 전선주는 후방총국이 공급하는 알콜, 함흥화학공장에서 생산된 마약성 물질, 곰골에서 용출되는 천연 샘물을 이용해 만든다.* 일반 주류도 생산하고 있으며 합격 검사를 받은 전선주는 캔can으로 포장된다. 출고를 마친 전선주는 중국, 필리핀 등에 수출된다.

한편, 279쪽 그림을 살펴보면 공장 입구에서 동쪽으로 420m 거

---

* 함흥화학공장이 원료 공급을 한다는 것은 제2경제위원회가 전선주 생산에 개입하고 있다는 뜻이다.

리에는 평양-희천 고속도로가 있고, 고속도로 옆에는 강이 흐르고 있다. 즉 룡문술공장도 다른 메가랩들처럼 훌륭한 인프라를 보유하고 있다.

김정은은 룡문술공장에 현지 지도를 한 바 있다. 이 시설의 중요성 때문인지 김정은은 2013년 5월과 2014년 5월 두 차례나 방문했고 매번 후방총국장이 김정은을 수행했다. 또 전쟁 수행과 당 재정을 담당하는 고위급 간부들이 동행했다. 2014년 5월 김정은은 룡문술공장이 김정일 교시에 의해 후방총국과 유관 기관 소속 과학자, 기술자들이 투입되어 건립, 운영되고 있다고 말했다. 또 김정은의 발언을 전한《조선중앙통신》은 또 이렇게 얘기한다.

> 높은 산발들이 병풍처럼 둘러싸인 골짜기에 자리 잡고 있는 생산 건물들과 구내를 환한 미소 속에 바라보시며 (중략) 김정은 동지께서는 물려과 공정, 술생산 및 포장공정, 저장고를 비롯한 여러 곳을 돌아보시면서 생산 및 현대화정형을 구체적으로 료해, (중략) 경애하는 최고사령관 동지께서는 공장에서 첨단설비들을 그쯘하게 갖추어 놓고 물려과도 과학기술적으로 하고 있다고 하시면서 술품질을 철저히 담보할 수 있게 용출량에 있어서나 물리화학적 성질에 있어서 사시장철 변함이 없는 천연샘물을 잘 려과하여 술생산을 하고 있는 것이 마음에 든다고 말씀하시였다.[412]

조선중앙통신이 전한 룡문술공장의 전경과 내부 모습은 앞선 탈북민 증언과 상당 부분 일치한다.

주지하듯 북한군의 식량 배급 사정은 1990년대부터 현재까지 최악의 상황으로 치닫고 있다. 그런데 김정은은 이 공장에서 생산한 주류를 전군에 보급할 것처럼 말하고 있다. 식량도 부족한데 과학자와 기술자들을 투입해 완벽한 품질과 포장을 갖춘 술을 공급한다는 것은 앞뒤가 맞지 않는 얘기다. 룡문술공장은 마약을 군수품 용도로 생산해 수출했다.

정성제약종합공장

정성제약종합공장(이하 정성제약)은 라남제약, 흥남제약처럼 일반 의약품과 마약을 동시에 생산하는 메가랩으로 판단된다. 정성제약의 전신은 1995년 평양시 락랑구역 승리 1동에 건립된 조선정성제약연구소(현재는 정성의학종합센터, 이하 연구소)이다.[413] 정성제약은 거의 모든 의약품 생산 공정이 멈춘 1990년대에 대규모 제약공장으로 변모한 시설이다. 정성제약의 확장은 한국 민간단체 '우리민족서로돕기운동'의 지원이 있었기에 가능했다. 이 단체는 2003년 3월 조선정성제약연구소 수액약품공장 건설을 시작으로 2010년까지 알약품공장, 종합품질관리실, 동물실험실 건설과 각종 의료 설비와 기자재들과 기술을 지원했다.[414] 정성제약은 연구소에 불과했지만, 2005년 6월 수액약품공장이 완공되면서 500만 개 수액 생산이 가능한 제약공장으로 변모했다.[415] 2015년 10월 북한 선전매체는 정성제약이 진통제, 항생제와 연간 1,000만 개의 수액 생산할 수 있

다고 밝혀 이후에도 확장을 거듭했다.[416]

정성제약은 라남제약, 만년제약, 흥남제약처럼 의약품 생산과 동시에 마약을 생산할 수 있는 충분한 설비와 시설들을 갖췄다. 더욱이 이곳은 '월터 화이트'가 될 수 있는 다수의 후보자들을 보유하고 있다. 2007년 3월 조선정성제약연구소 소장 전영란은 연구소 내에 김일성종합대학, 김책공업종합대학, 평양의학대학, 함흥약학대학, 함흥화학공업대학 등을 졸업한 120여 명의 약학연구사 공학기사, 품질관리전문가들이 근무하고 있다고 밝혔다. 또 그는 정성제약이 주로 해외 제약회사들로부터 의약품 생산 주문을 받고 있다고 소개했다.[417] 만성적인 의약품 부족을 겪고 있는 상황에서 수출을 한다는 전영란의 언급은 석연치 않은 대목이다.

막연한 의심보다는 정성제약이 왜 메가랩으로 비칠 수밖에 없는지, 그 배경과 근거들을 짚어보자.

첫째, 정성제약은 룡문술공장처럼 김정일, 김정은이 매우 큰 관심을 두고 있는 인민군 소관 시설이다. 김정일과 김정은은 정성제약에 여러 차례 현지 지도를 했는데, 관련 현황을 정리하면 284쪽 〈표〉와 같다.

김정일·김정은의 정성제약장 현지지도 현황(2000년 12월~현재)

지도 주체와 대상	현지지도 공개일	현지지도 수행 간부
김정일 "조선인민군들이 새로 건설한 약품연구소"	2000년 12월 20일	조명록(군 차수, 총정치국장, 국방위원회 제1부위원장) 김영춘(군 차수, 총참모장, 국방위원회 위원) 김일철(군 차수, 인민무력부장) 연형묵(국방위원회 위원) 최태복(중앙당 비서 겸 과학교육부장) 김국태(중앙당 비서 겸 간부부장) 박용석(중앙당 검열위원회 위원장) 정하철(중앙당 비서 겸 선전선동부장) 박송봉(중앙당 군수공업부 제1부부장) 장성택(중앙당 조직지도부 제1부부장)
김정일 "조선인민군 정성의학종합연구소"	2011년 2월 3일	리영호(군 차수, 당중앙군사위원회 부위원장) 김정은(군 대장, 당중앙군사위원회 부위원장) 김영춘(군 차수, 국방위원회 부위원장) 최태복(최고인민회의 의장) 김경희(군 대장, 중앙당 부장) 장성택(국방위원회 부위원장, 중앙당 행정부장) 김정각(군 대장, 총정치국 제1부국장) 김원홍(군 대장, 총정치국 부국장) 현철해(군 대장, 국방위원회 국장) 리명수(군 대장, 인민보안부장)
김정은 정성제약종합공장	2014년 11월 8일	최룡해(군 차수, 국방위원회 부위원장) 황병서(군 차수, 군 총정치국 국장) 서홍찬(군 상장, 인민무력부 제1부부장 겸 후방총국장) 한광상(중앙당 재정경리부장) 허환철(중앙당 부부장)
김정은 정성제약종합공장	2015년 10월 1일	황병서(군 차수, 국방위원회 부위원장) 김양건(중앙당 비서, 조선대풍국제투자그룹 이사장) 서홍찬(군 대장, 인민무력부 제1부부장 겸 후방총국장) 조용원(중앙당 조직지도부 부부장)

*출처: 통일학술정보센터 편, 《김정일 현지지도 동향(1994~2011)》(서울: 통일연구원, 2011);
통일부 북한정보포털 웹사이트 내 북한 동향 메뉴.

수령과 마약

현지지도 수행 간부들을 보면 지도 대상(장소)에 대한 파악이 어느 정도 가능하다. 정성제약에도 룡문술공장처럼 군 고위급 간부들과 중앙당 재정경리부장이 동행했다. 눈에 띄는 인물들도 있다. 장성택은 사망 전까지 김정일과 함께 두 차례 모두 이곳에 방문했고, 2011년 2월에는 김정은과 김경희도 동행했다. 뒤에서도 소개하겠지만 장성택과 김경희는 마약산업을 이끈 주요 주체들 중 하나이다.

그리고 2000년 전후부터 2015년까지 정성제약 지배인을 맡은 전영란은 1995년에 사망한 오진우 전 인민무력부장의 며느리이다. 또한 그녀의 배우자는 1990년대 작전부 4과장으로 활동한 오일수이다. 가문의 충성도에 따라 중요 산업을 맡기는 김씨 왕조 특성상, 정성제약은 일반 의약품 공장이 아니라는 것을 짐작케 한다. 무엇보다 작전부는 마약산업 실행 주체들 중 하나이다.

둘째, 2016년 3월 국내 언론매체는 2015년 11월에 입국한 탈북민 정 씨의 인터뷰 기사를 게재했다. 정모는 정성제약 지하에 있는 5직장이 마약 생산 라인이라고 지목했다. 그는 5직장(라인)이 보안구역으로 설정되어 있어 일반 종업원들의 출입이 전면 금지되고 있고, 5직장 종업원들의 주택도 한곳에 집결되어 있다고 한다. 무엇보다 5직장 종업원들은 공장 내외에서 다른 직장 종업원들과의 교류도 금지되어 있다고 한다. 또 제약공장 4~5층은 주사약과 링거 생산 직장, 1~2층은 공장 운영 사무실들과 약재와 포장용지를 보관한 약품 창고들이 있고, 공장 곳곳에는 경비초소가 배치되어 있다고 한다. 정모는 5직장에서 주력으로 생산하고 있는 마약은 아편과 대마초를 기반으로 한 마약이며, 이 외에도 9종이 생산된다고 밝혔다. 이 마약들은 무역일꾼들을 통해 해외에서 불법 판매된다. 5직장 소속 종업원들의 처우는 매우 좋다고 한다. 식량 배급은 정상적으로 보장되며, 친척들 중 범죄를 저질러도 정치범이 아닌 이상 100% 사면한다고 덧붙였다.[418] 즉 메가랩인 5직장 기술자, 노동자들과 그들의 친인척들은 당국으로부터 물질적 보상과 정치적(사법적) 보상인 북한식 면책특권도 받는다.

셋째, 탈북민 정 씨의 증언은 앞에서 소개한 흥남제약, 라남제약 상황과 유사하다. 정성제약도 5직장에서 마약이 생산되며, 공장 부지 내에 보안 구역을 설정해 마약 생산 라인을 가동한다. 다른 점이 하나 있다면 정성제약은 제품 포장에 특화되어 있다는 것이다. 정성제약의 포장 품질 역량은 김정일, 김정은의 언급에서도 잘 나타나 있다. 김정일은 2011년 2월, '여러 가지 의약품을 많이 생산하며 그 질을 높이고 포장을 결정적으로 개선하여야 한다'고 지적했고, 정은은 2014년 11월, '약품 포장을 잘하면서도 포장 원가를 낮추어야 한다면서도 약품 포장에서 새로운 개선을 가져왔다'고 평가했다.[419] 그리고 국내 한 시사 방송에서는 2019년 5월, '정성제약은 마약의 마지막 포장을 처리하는 곳인데 이곳에서 바로 해외로 수출된다'는 언급을 한 바 있다.[420] 김정일 부자가 강조한 포장 품질 향상 대상은 '의약품'이 아닌 '마약'으로 읽히는 대목이다.

넷째, 정성제약이 생산하고 있는 마약 종류가 무엇인지 현재까

수령과 마약

지 외부에 알려져 있지 않다. 이곳은 군 소관 메가랩이므로 전시용 마약으로서 모르핀과 필로폰은 당연히 제조할 것으로 짐작되고 이와 더불어 공개용 수출 상품들도 있다. 북한이 성기능 촉진제, 즉 발기부전치료제로 홍보하고 있는 '네오비아그라-Y.R.(이하 네오비아그라)', '양춘삼록' 등이 그것이다. 한국 식품의약품안전청은 2006년 10월, 이 제품들의 성분 검사를 한 결과 마약 성분 등이 함유된 것으로 밝혀졌다. 네오비아그라는 발기부전 치료 성분인 구연산실데나필sildenafil citrate 92.2mg/g과 수은 1.5ppm, 비소 1.07ppm, 납 8.0ppm이 검출되었고, 양춘삼록은 구연산실데나필 48.4mg/cap과 디아제팜diazepam 1.7mg/cap이 검출되었다.[421]

그리고 국내 언론매체는 2015년 1월, 정성의학종합센터가 발간한 영문 홍보 책자를 입수했는데, 책자에는 테트로도톡신tetrodotoxin이 정성제약의 주력 상품인 것으로 나타났다.[422] 테트로도톡신은 공작원과 전투원들의 암살 혹은 자결용 맹독猛毒 물질이다. 또한 2004년 8월, 조선장생합영회사도 테트로도톡신을 원료로 '테트로도카인(마취제)'을 개발했다고 홍보했는데,[423] 이 회사는 군 보위국(구 보위사령부) 소속이다.

요컨대 정성제약은 마약 및 맹독 물질을 개발, 생산하는 핵심 제약 시설이다. 북한의 정성제약은 마약을 일반 의약품, 건강기능식품으로 '훌륭하게 포장'해 수출하고 있는 것으로 추정된다. 정성제약이 만든 '제품'은 이미 한국에 들어왔는지도 모른다.

32

북한산 마약
생산 거점
아프리카

북한이 국제사회 감시를 피해 마약을 생산하는 방법은 지하갱도만 있는 게 아니다. 원산지를 숨기는 가장 좋은 방법은 처음부터 북한 외부에서 마약을 생산(공급)하는 것이다. 필로폰의 경우에는 북한과 거리가 먼 곳이어도 관계없다. 마약 생산 기술 인력들을 IT, 건설, 요식, 벌목 노동자들을 해외에 파견하는 것처럼 제3국으로 보내면 된다. 또한 전구물질들은 삼합회나 현지 범죄조직들을 통해 쉽게 확보할 수 있다. 북한이 경제 발전을 위해 늘 강조해왔던 합영合營 및 합작合作* 산업은 반드시 합법 상품에만 적용되는 것이 아니다. 마약도 북한 내부와 외부에서 얼마든지 합영과 합작이 가능하다.

● 북한식 합영은 북한과 해외의 개인, 기업 등이 공동 투자와 운영을 하고 투자 금액에 따라 분배하는 것을 말한다. 또한 합작은 공동으로 투자하되 기업은 북한이 운영하고 계약조건에 따라 공동 투자자의 투자 금액을 상환하거나 이윤을 분배하는 형태이다.

북한의 제3국 메가랩은 중국, 불가리아도 적합한 후보군이나 '취약국가Fragile States'들이 집중되어 있는 아프리카는 더할 나위 없이 훌륭한 생산 거점이다. 중동 외교관 출신 탈북민은 저자에게 북한 외교관들이 가장 선호하는 부임지를 아프리카, 동남아시아, 중남미로 꼽았다. 또 '너무 밝고 깨끗한 나라'는 기피 국가들이라고 한다. 왜냐하면 선진국들은 상대적으로 사법당국의 감시가 강력하고 관료들의 부정부패가 적어 외화벌이를 하는 데 있어 제약이 따르기 때문이다. 또한 그는 외교관이든 노동자든 해외로 나가고자 하는 이유는 한결같이 돈을 벌기 위해서인데, 북한에서는 단돈 1달러도 벌기 힘들기 때문이라고 덧붙였다.

나이지리아

국정원은 1999년 5월, 한 계간지를 통해 북한의 마약산업에 대해 다음과 같이 밝혔다.

> 북한은 나이지리아 등 해외에서 합작 명목으로 제약회사를 설립, 마약을 제조하여 밀매하고 있고 미주, 중남미 지역 등에도 위장 거점을 통해 마약을 미수하는 등 해외 밀매를 적극 기도하고 있다.[424]

북한산 여부는 확인할 수 없지만, 나이지리아발發 필로폰들은 1990년대부터 한국과 일본에 들어오고 있었다. 이와 관련해 서울지검 강력부는 1996년 12월, 홍콩과 대만에 거점을 둔 삼합회 계열

14K 조직원 관지강關志强과 나이지리아 국적자 패트릭 이케추쿠아나디, 콜롬비아인 패트릭 해리슨 아구 등 38명을 구속 기소했다. 이들은 국내로 필로폰, 헤로인, 코카인 등을 밀반입했다. 또한 일본 경찰은 1997년 5월, 일본에 나이지리아를 비롯한 서아프리카 국적자들이 필로폰을 밀반입하고 있다고 밝히기도 했다.

북한이 나이지리아에서 마약 생산을 한 시점은 북한-나이지리아 관계가 개선된 1990년대 중반 이후부터로 추정된다. 양국은 김정일이 1995년 12월, 사니 아바차Sani Abacha 잠정통치평의회 의장에게지지 표명을 하면서 밀접해졌다. 이후 북한과 나이지리아는 군수 및 제약 부문의 합작, 합영 회사들을 설립했다. 당시 아바차는 국제사회에서 '도둑정치kleptocracy'●의 아이콘이었다. 또한 그의 아들은 스위스 법원에 의해 조직범죄단체에 가담한 혐의로 2009년 11월, 집행유예형을 받기도 했다. 또한 아바차는 1998년 6월 8일 사망 전, 자신이 정적에 의해 축출될 것을 우려해 김정일에게 도피자금을 맡기고 보호를 받으려고도 했다. 이처럼 두 독재자들은 파트너 관계였다.

아바차가 1998년 6월 사망한 후에도 양국의 친선 관계는 지속되었는데, 그 연결 고리는 제약 및 의료 합영 사업이다. 당시 나이지리아의 파트너는 조선만년보건총회사였다. 양측의 관계와 관련해 만년보건 사장 리세철이 2008년 9월 2일, 중국에서 개최된 동북아

● 지배 계급이 국민의 자금을 횡령하고 개인의 부와 권력을 늘리는 부패한 정치 체제를 일컫는다.

수령과 마약

박람회에서 다음과 같은 언급을 남겼다.

> 만년보건총회사는 나이제리아(나이지리아), 기네아(기니)에 지사 혹은 합영회사가 있다. 나이제리아에 설립한 파실락원제약합영회사에서는 인삼차를 비롯한 종합비타민제, 인삼차 등의 보약, 기네아에서는 인삼차, 인삼정액 안궁우황환 우황첨심환을 주로 생산하는데 현재 조선의 의료단들도 그쪽에 많이 나가 있다.[425]

또한 북한은 파실락원제약합영회사 외에도 나이지리아와 프라노손만년국제주식회사, 만년치카손합영회사, 아부리메장수고려합영병원을 합영 운영 중에 있다고 밝히고 있다.[426]

북한과 나이지리아의 합영은 현재에도 계속되고 있다. 나이지리아의 한 비영리 탐사보도 매체는 2023년 1월 31일, 수도 아부자Abuja에서 북한인 의사 김정수Jongsu Kim가 중국인 의사를 행세하면서 나이지리아 고위 인사들을 진료하고 있다고 밝혔다. 이 매체에 따르면 김정수의 병원은 4년 이상 운영됐지만 세금을 낸 흔적도 없고, 병원 간판을 내걸지도 않았다고 한다. 또한 김정수는 북한 대사관 차량을 이용하고 있으며 병원 건물에는 김정수 외에도 외국인 3명이 생활하고 있다고 덧붙였다.[427] 나이지리아에 소재한 북한의 제약 회사와 병원들은 북한의 공작 및 범죄 거점이다. 북한은 나이지리아에서 일반 의약품 판매와 의료 서비스만으로 대량의 외화를 벌 수 있는 상황이 아니다. 북한이 그곳에서 돈을 벌 수 있는 길은 결국 마약 생산과 밀매뿐이다.

한편, 한국과 일본에는 나이지리아에서 생산된 것으로 추정되는 필로폰이 계속 밀반입되고 있다. 싱가포르인과 나이지리아인 등 3명은 순도 99.9% 필로폰 1kg을 한국으로 밀반입해 2009년 3월, 서울 남대문경찰서에 구속되었다. 이들은 한국을 경유해 일본 야쿠자에게 필로폰을 공급했다.[428] 또한 나이지리아에 기반을 둔 국제 범죄조직은 2010년 8월, 일본으로 필로폰 1,978kg을 보내기 위해 가나, 두바이를 거쳐 한국을 경유지로 선택하기도 했다.[429] 나이지리아발發 필로폰은 유사한 루트와 수법으로 한국과 일본을 겨냥해 여전히 밀매 중이다.[430] 1990년대부터 가동된 나이지리아의 북한 메가랩은 계속 가동하고 있을지도 모른다.

우간다

북한 당국은 2017~2019년, 우간다에 마약 및 무기 생산 시설 건립을 시도했다. 이러한 북한의 행각은 2020년 10월 11일, *BBC Storyville*, *NRK*(노르웨이), *DR & SVT*(스웨덴) 방송사가 방영한 다큐멘터리, *The Mole: Undercover in North Korea*(국문 제목: '잠복')에서 구체적인 면모가 드러났다.* 이 다큐멘터리의 주인공은 덴마크의 평

---

* 이 다큐멘터리는 국내에서 2022년 5월에 개최된 제2회 서울락스퍼국제영화제, 2023년 9월 북한인권 증진을 위한 북한인권영화 특별상영회에서 소개된 바 있다. 현재까지 국내 지상파, 종합편성채널 등에서는 방영되지 않았다. Mads Brügger's *The Mole: Undercover in North Korea* (Series 1: Part 1, Part 2).

범한 요리사였던 울리히 라르센Ulrich Larsen(이하 울리히)이다. 그는 북한에 의도적으로 접근하기 위해 2011년부터 통일전선사업부 산하 '조선과의친선협회Korean Friendship Association'(이하 KFA)라는 조직과 관계를 맺었다. 즉 The Mole은 사실 그대로를 담은 다큐멘터리이다.

울리히는 2012년, 덴마크 영화제작자 매즈 브루거Mads Brügger와 만나 언더커버 활동을 통한 다큐멘터리 촬영을 기획했다. 이 프로젝트가 가동되자 영국 및 이스라엘 정보기관 등이 제작진을 지원했다. 정보기관들은 프랑스 외인부대 출신이자 전직 코카인 딜러인 짐 라트라슈-큐보트럽Jim Latrache-Qvortrup을 고용해 그에게 '국제무기상이자 투자자인 제임스Mr James(이하 제임스)'라는 위장 신분을 부여하고 울리히와 동행시켰다.

제임스는 2016년부터 2019년 사이 노르웨이 오슬로, 스페인 마드리드와 타라고나, 북한 평양, 우간다 캄팔라, 중국 베이징, 캄보디아 프놈펜 등지에서 북한 당국자들과 접촉했다. 그는 울리히와 함께 북한의 마약 및 무기 밀매 사업 과정을 신호 탐지기에 잡히지 않은 스파이 카메라Spy Camera로 직접 촬영했다.

The Mole에서 제임스와 접촉한 인물들은 제2경제위원회 소속으로 보이는 북한의 군수 당국자들과 KFA 회장 알레한드로 카오데 베노스Alejandro Cao de Benós de Les y Pérez(북한명 Cho Son-il, Jo Seon Il; 이하 알레한드로)이다.** 특히 알레한드로는 북한과 국제범죄를 연

** 알레한드로는 2022년 4월 미국 연방 대배심에 〈국제긴급경제권한법International Emergency

결하는 핵심 중계자이다.

다큐멘터리에서 공개된 영상들을 살펴보면, 제임스는 2017년 1월 25일 평양에서 타가 투자회사Taga Investment, Ltd. UK라는 위장회사 명의로 북한의 조선나래무역회사 대표 김룡철과 '조선나래무역회사와 타가 투자회사(영국) 사업 및 투자협정'을 체결했다.* 영상에 공개된 협정문에는 다음과 같은 내용들이 명시되어 있다.

> 이 협약은 금광 공동개발 및 운영 사업, **군수장비 및 의약품 제조** 등 협약 체결 후 6개월 이내에 출범하는 사업을 통해 우호적인 사업관계를 구축해 향후 양자 간 업무 협력을 증진·발전시키는 것을 목적으로 한다. (중략) 3.2.2.항: **시범 구매 계약 체결된 후 나래는 군수 장비 생산을 위해 제3국에 장비공장을 건설하고 타가와 공장을 공동으로 운영하기 위한 기술 인력을 제공**한다.[431]

이 협정은 제임스의 타가 투자회사가 조선나래무역회사에 투자하면, 북한이 제3국에 군수장비(무기) 및 의약품(마약) 생산 시설을 직접 시공해 양자가 공동으로 운영한다는 게 요지이다. 제임스는

Economic Powers Act: IEEPA)과 대북제재 행정명령 위반으로 기소되었다.

- 평양에서의 투자 협정 체결 장면은 제임스와 함께 위장 활동을 한 울리히에 의해 촬영되었다. 울리히는 2017년 1월 제임스와 함께 평양에 동행해 KFA 선전 영상을 촬영한다는 명분으로 당국으로부터 공식적인 허가를 받고 직접 비디오를 촬영했다. 또한 울리히 역시 제임스와 같이 북한 당국자들과 접촉 시 항상 스파이 카메라를 소지했다.

협정 체결 후 자신의 투자 의향을 연출하기 위해 2017년 우간다 캄팔라에서 무기 판매 담당 북한 당국자 일명 '대니Danny'와 접촉한다. 제임스는 대니에게 우간다 빅토리아호Lake Victoria에 있는 한 섬을 매입해 시공하자고 제안했다. 2018년 스웨덴 스톡홀름 주재 북한 대사관 소속 외교관(일명 Mr. Ri)은 울리히에게 우간다 캄팔라에 구축할 지상의 리조트 시설과 지하의 무기 및 마약 생산 시설 도면 등을 제공했다. 또 2019년 북한 당국자들은 덴마크 코펜하겐에서 제임스와 울리히에게 이 프로젝트 이름을 'The Tourism Project'로 하자고 제안하면서 즉시 투자금을 보내달라고 요청했다.

울리히와 제임스가 확보한 설계 도면에는 북한의 의중이 그대로 담겨 있었다. 북한이 제임스에게 지상에 리조트 설립을 제안한 이유는 지하 시설을 위성 감시로부터 은폐하기 위함이었다. 지하의 마약 및 무기 생산 시설에는 비행장과 가까운 곳에 출구 1개, 인력과 물자가 각각 들어갈 수 있는 입구 2개, 출입구 진입로에는 지붕을 설치하고자 했다. 또한 벙커 버스터bunker buster 등의 공격에 대비하기 위해 지하 시설 내 중요 장비를 보관하는 장소를 주 건물과 분리해 'ㄱ'자 통로 혹은 'ㄹ'자 통로를 설치, 주시설을 방어할 수 있도록 설계했다.

북한 당국은 대북제재 문제만 없었다면 나미비아에 이 시설을 만들고자 했다. 나미비아는 바다를 접하고 있어 무기와 마약 반출이 용이하다. 그런데 북한 입장에서 나미비아를 선호했던 이유는 제2경제위원회 조선광업개발무역회사KOMID가 만든 무기 공장이

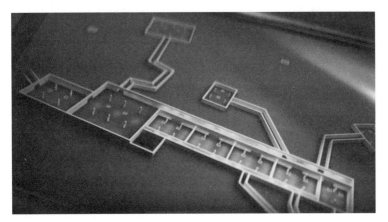

북한이 설계한 우간다 캄팔라 소재 마약 및 무기 생산 시설 도면

*출처: Mads Brügger's The Mole: Undercover in North Korea (Series 1: Part 2, 40:42).

있기 때문으로 보인다.* 북한은 우간다와 군사 훈련 계약을 체결해
2007년부터 합법적인 거점을 마련했었다. 그런데, 다큐멘터리에
나온 것처럼 우간다 정부는 제임스로부터 500만 달러를 받는 조건
으로 캄팔라에 있는 섬을 매각하고 동시에 섬 주민들을 이주시킬
계획이었다. 북한이든 우간다든 이윤이 있는 사업이라면 무엇이든
가능하다.

북한은 이 시설에 대한 외부 노출을 철저히 막고자 했다. 또 중계

- 예를 들어, 서아프리카 나미비아에는 제2경제위원회가 개입한 무기 공장이 운영되
  고 있다. 이와 관련해 2016년 3월, 나미비아 부총리 네툼보 난디-다잇와Netumbo Nandi-
  Ndaitwah는 수도 빈트후크Windhoek에 소형 무기 및 탄약 공장이 있음을 확인했다. 이
  공장은 2005년 제2경제위원회 산하 조선광업개발무역회사KOMID에 의해 설립되었
  다. Oscar Nkala, "Namibia Confirms North Korean-Built Arms and Ammunition
  Factory," DefenseNews, March 17, 2016.

자인 알레한드로도 보안에 각별했다. 알레한드로는 울리히에게 대화를 나누는 과정에서 '메스암페타민'과 '무기'라는 용어 대신, '유기농 해산물 혹은 목공예품'이라는 용어를 사용해달라고 강조했다. 또한 울리히는 KFA 스칸다나비아 지부장 회의(2019년, 덴마크 코페하겐)를 주관한 자리에서 The Tourism Project의 건축 모형 등을 공개했다. 이 회의 참석자들 중 한 명이 SNS에 건축 모형과 회의 장면을 게시하자, 알레한드로는 이 게시물을 즉각 삭제 조치하라는 메시지를 울리히에게 발송하기도 했다.

북한 당국자들과 알레한드로는 울리히와 제임스를 신뢰했다. 그래서 그들은 스파이 카메라 존재에 대해서도 인지하지 못했다. 대니(무기 판매 담당 북한 당국자)는 제임스에게 'IS(Islamic State)가 시리아에서 패배해 더 이상 고객들을 찾을 수 없다며, 무기 구매처를 소개해달라'는 부탁도 했다. 이 당국자는 제임스에게 드론 격추용 전자총, 대전차 미사일, 대함 미사일 및 발사 차량, 공대공 미사일 등의 목록 담긴 무기 카탈로그를 보여줬고, 아울러 캄보디아 프놈펜에 소재한 북한의 무기 판매 거점도 데려갔다. The Mole은 매즈 브루거와 울리히가 알레한드로에게 그동안의 모든 미팅 과정이 스파이 카메라로 촬영되었고 촬영 이유에 대해 영상 통화를 하는 장면이 나오면서 끝을 맺는다.

김씨 왕조의 마약산업과 관련해 이 다큐멘터리는 세 가지 포인트를 짚고 있다. 그중 하나는 무기가 생산되는 곳에서 마약이 생산되며, 무기가 수출될 때는 마약도 함께 수출될 가능성이 높다는 것이다. 그런 차원에서 본다면, 아프리카를 비롯한 세계 곳곳에 있는 북한의 무기 공장들도 주의 깊게 살펴볼 필요가 있다. 다음 포인트는 북한은 삼각 거래 방식을 통해 대북제재를 손쉽게 회피하고 있다는 것. 북한은 우간다에서 생산된 마약과 무기를 제임스에게 제공하고, 제임스는 북한이 원하는 정유精油로 대금을 치르는 것이다. 북한의 조선나래무역회사는 제임스가 요르단 국적의 다수키Hisham Al Dasouki라는 중계인을 통해 정유를 구매해 줄 것을 원했다.•

*The Mole*의 여파 때문인지 북한은 2023년 10월, 우간다 주재 대사관을 폐쇄했다. 대사관이 폐쇄되었다고 그들의 마약 및 무기산업이 중단되는 것은 아니다. 대사관이 아니더라도 그들의 거점은 아프리카 곳곳에 존재한다.

• 다수키에 따르면 이 거래 과정은 모두 제3국 선박과 회사가 개입하므로 적발되더라도 문제가 되지 않는다. 다수키는 제임스에게 러시아 정부에 1만 달러만 주면 어디든 항해할 수 있다며 '(러시아 정부는) 마피아와 같고 우리도 그들과 같다'고 언급했다.

수령과 마약

33

북한산마약
생산 거점
동남아시아

동남아시아는 전 세계 최대의 마약 생산 및 밀매 거점이다. UNODC 통계에 따르면, 동남아에서 2022년 압수된 필로폰만 137.8t이고, 이 중 약 82%가 골든 트라이앵글 지역에서 적발되었다.[432] 동남아는 오래전부터 국제범죄조직들에 의해 마약에 오염되었다. 예를 들어 일본 야쿠자는 2000년대 초중반부터 동남아에 진출했고 최근에는 멕시코 시날로아 카르텔도 이곳에서 활동하고 있는 것으로 알려졌다. 한국 조폭은 물론 북한에 포섭된 지하조직도 오래전 동남아에 진출했다. 무엇보다 국내 마약 범죄자들은 동남아를 활동 거점이자 도피처로 활용하고 있다.

그래서 북한이 동남아에 거점을 둔 것도 너무나도 당연한 일이다. 북한은 오래전부터 동남아에 공작기관이 관리하는 식당, 리조트, 회사 등이 다수의 거점을 만들었다. 북한의 마약 생산 및 밀매 최대 거점은 원래 중국이었다. 하지만 중국 정부가 2010년 이후 강력한 마약 통제 정책을 펼치자,* 북한은 동남아 거점에 더 무게를 두고 있는 것으로 보인다.

북한이 동남아 국가들을 선호하는 이유는 삼합회의 각종 자원들을 자유롭게 활용할 수 있기 때문이다. 삼합회는 중공의 통일전선과 일대일로 이니셔티브—帶—路, Belt and Road Initiative; BRI 전위조직으로서 오래전부터 동남아 지역에 진출했다. 그리고 그 여파는 동남아와 인접한 남태평양, 오세아니아까지 미치고 있다. 이렇다 보니 동남아 지역은 삼합회와 중공이 차려 놓은 밥상에 북한이 숟가락만 놓으면 되는 곳이 되었다. 북한은 삼합회와 함께 마약을 비롯해 돈세탁(가상화폐의 현금 교환 포함)을 비롯한 각종 범죄들을 자행하고 있고, 그중에서도 눈여겨봐야 할 국가들은 바로 캄보디아와 필리핀이다.

캄보디아

캄보디아는 동남아시아 여러 국가 중 북한이 가장 애용하는 범

---

* 2014년 8월 중국 공안부는 고해상도 관측 위성인 가오펀高分 1호를 활용해 길림성과 네이멍구자치구에서 건국 이래 최대 면적의 대마 재배지를 적발했고 흑룡강성, 허베이성, 네이멍구자치구에서 여러 곳의 양귀비 재배지를 찾아냈다고 밝혔다. 또한 2023년 6월, 공안부는 마약 관련 범죄가 전반적으로 지속 개선되고 있으며 마약 범죄는 10년 이래 최소 수준이라고 밝혔다. 김현수, "중국 인공위성으로 북중 마약, 탈북루트 적발,"《서울경제》, 2014년 8월 25일; 박종국, "'세계 마약공장' 북 국경봉쇄 효과?…중 마약 범죄 10년 만에 최소,"《연합뉴스》, 2023년 6월 26일.

죄 거점이다. 그 이유 중 하나는 필리핀 정부의 도덕적 해이와 부패를 비롯한 사회적 취약성 때문이다. 이에 따라 북한과 밀접한 관계를 맺고 있는 삼합회가 필리핀에서 막강한 영향력을 행사하고 있다. 특히 우리는 앨빈 차우의 14K 선대 보스였던 완콕코이Wan Kuok Koi, 尹國駒(일명 Broken Tooth Koi)라는 인물을 주목해야 한다.

완콕코이는 카지노와 마약으로 막대한 부를 축적했다. 1999년 4월 마카오 검찰 발표에 따르면, 그는 스탠리 소유 리스보아 호텔의 카지노 VIP룸에 5,000만 달러 상당의 지분을 소유한 건물이었다.[433] 완콕코이는 카지노 외에도 엔터테인먼트를 비롯한 각종 사업을 전개했다. 하지만 그는 밥티스타António Marques Baptista 마카오 경찰청장 암살 시도로 1999년 5월 체포되었다. 그의 혐의는 법정에서 유죄로 인정되지 않았지만, 마카오 재판부는 완콕코이가 캄보디아에서 로켓, 미사일, 탱크, 장갑차 및 기타 중장비 등을 거래한 혐의를 인정해 1999년 11월, 15년 형을 선고했다.

완콕코이는 스탠리 호와 함께 평양 카지노 사업에 뛰어든 것으로 보인다. 또한 북한은 1990년대부터 최근까지 캄보디아에서 무기 거래를 해왔는데,[434] 완콕코이와 무관해 보이지 않는다. 무엇보다 손전본 일족이 앨빈 차우와 관계를 맺게 된 것도 완콕코이라는 연결 고리가 있었기 때문이다. 완콕코이는 마카오에서 구금된 후 앨빈 차우에게 14K 지휘권을 넘겼다. 그는 2012년 12월 1일 형기를 마쳤다. 석방된 완콕코이는 SCMP에 '조용히 살고 싶다'는 소회를 남겼다.[435] 그는 잊혀진 삶을 살겠다고 했으나, 결국 말뿐이었다.

    미국 정부는 2020년 12월, 완콕코이를 제재 대상으로 지목했다. 그는 캄보디아, 라오스, 미얀마, 말레이시아, 태국, 필리핀을 비롯해 팔라우, 파푸아뉴기니에 카지노, 마약, 공갈, 인신매매, 부패(뇌물) 등에 개입한 혐의가 있었으며, 일대일로 실행 조직인 중국인민정치협상회의中国人民政治协商会议(이하 인민정협) 위원이기도 했다.[•] 또한 미국 국무부, 재무부, 상무부가 2021년 11월 10일 발표한 합동주의보에 따르면, 완콕코이는 캄보디아 소재 세계홍문역사문화협회世界洪门历史文^{••}와 홍콩의 동메이그룹, 팔라우차이나홍문문화협회를 통해 14K의 글로벌 플랫폼을 구축했다. 완콕코이와 함께 제재 대상으로 지목된 인물이 또 있다. 그는 바로 미얀마 주재 북한 대사 김석철Kim Sok Chol; Kim Chol Sok(일명 Sok Kha)이다. 미국은 김석철이 캄보디아에서 KOMID를 지원하고 마약, 위조화폐, 도박 등 '기업형 범죄제국'을 주도했다고 밝혔다. 또한 미얀마 북부 지역은 필로폰을 포함한 각종 마약 생산 및 유통 거점이며, 전구물질들은 중국에서 공급된다고 덧붙였다.⁴³⁶

    한편, 미국 합동주의보 발표 후 완콕코이는 자신이 '중국의 진정

•   미국의 완콕코이 제재 근거는 〈글로벌 마그니츠키 인권 책임법Global Magnitsky Human Rights Accountability Act〉이다. 동 법은 미국 대통령에게 인권 침해나 부패에 가담한 것으로 확인된 외국인(개인)에 대하여 경제적 제재를 부과하고 미국으로의 입국을 거부할 수 있는 권한을 부여한다.

••   완콕코이가 '홍문洪门'이라는 간판을 내건 것으로 보아 자신이 삼합회의 큰 줄기 중 하나인 홍방洪帮, Tiandihui을 대표한다는 것을 보여주고 싶었던 것 같다.

한 애국자'이며 미국은 악의적인 비방을 멈춰야 한다는 메시지를 그의 SNS에 게재했다. 완콕코이의 충정이 중공 지도부까지 닿은 건지, 중국 정부는 미국의 발표 내용을 모두 부인했다. 또한 중국은 앨빈 차우처럼 완콕코이에게 체포 영장을 발부하지도 않았다. 어떻게 보면 중공이 앨빈 차우를 버리고 완콕코이를 14K 보스로 다시 앉힌 모양새다.

14K 보스이자 '애국자'인 완콕코이와 북한의 공통분모는 당연히 마약과 돈세탁이다. 북한은 1970년대부터 골든 트라이앵글 지역에서 마약들을 수집했고, 1990년대에 들어서는 이곳의 반군들과 함께 마약 생산에 개입한 흔적들을 남겼다.••• 특히 북한이 완콕코이와 함께 반군과 게릴라들이 장악하고 있는 미얀마 북부••••와 캄보디아에 진출했다면, 이곳에서는 야바뿐 아니라 고품질 필로폰도 생산될 수 있다.

북한은 완콕코이가 운영하는 카지노 등을 통해 돈세탁도 하고 있다. 완콕코이는 일반 카지노뿐 아니라 온라인 정켓e-junkets, 'HB Token'과 'Dragon Coin(DRG)'이라는 이른바 '삼합회 암호화폐 (혹은 홍문 암호화폐; Hongmen cryptocurrency)'도 출시했다. 이와 관련

••• 1994년 5월 태국 사법당국 관계자는 한국 언론에 '북한이 라오스, 태국, 미얀마 반군과 관계를 맺고 있고 비엔티엔의 미군 구호품 창고로 사용했던 건물에는 13t의 마약이 비축되어 있다'고 언급한 바 있다. 이재승, "마약 밀매/북한 외화벌이 '혈안'," 《세계일보》, 1994년 5월 18일.

•••• 미얀마 북부는 산주 기반의 UWSA와 카렌주Karen State의 민주카렌불교군Democratic Karen Buddhist Army 근거지이다.

해 UNODC는 2024년 1월, 북한의 라자루스 그룹Lazarus Group(일명 APT38)과 같은 해킹 조직들이 캄보디아, 미얀마, 라오스, 태국의 온·오프라인 돈세탁 플랫폼을 이용하고 있다고 지적했다.[437]

이처럼 북한은 캄보디아에서 삼합회를 통해 다양한 범죄들을 실행하고 있다. 그런데 북한은 캄보디아를 대남공작 거점으로도 활용하고 있다. 현재 한국 법정에서 재판을 받고 있는 청주 자주통일충북동지회(2021년 9월 기소), 창원 자주통일민중전위(2023년 3월 기소), 제주 ㅎㄱㅎ(2023년 4월 기소), 민주노총 전현직 간부 4명(2023년 5월 기소)은 캄보디아와 동남아 일대에서 문화교류국(구 대외연락부) 공작원들과 여러 차례 접선했다. 즉 캄보디아는 국내 지하조직들이 북한 공작원들로부터 지도, 검열, 지령을 받는 거점이다. 북한 공작원의 활발한 활동 때문인지, 국정원은 2024년 5월 초 캄보디아, 라오스, 베트남, 러시아(블라디보스톡), 중국(심양) 주재 한국 재외공관에 테러 경보를 격상시켰다.[438]

이처럼 북한의 마약 범죄를 비롯한 초국가적 조직범죄들이 캄보디아에 뿌리를 내릴 수 있었던 것은 장기 집권한 훈센Hun Sen 총리의 영향이 컸다. 훈센은 미국 정부의 대북제재 권고를 묵살하다 미국 상원이 2018년 6월, 캄보디아 원조 중단을 결정한 후에야 태도를 바꿨다. 훈센의 태도 변화는 연이어 발생했다. 그는 2019년 11월 24일, 문재인 대통령과의 정상회담을 하루 앞두고 취소했다. 캄보디아 당국은 11월 25일, 북한과의 우호 상징물인 '앙코르 파노라마 박물관'(시엠레아프시 소재)을 폐쇄했고, 같은 날 북한 식당 8곳도 영

수령과 마약

업을 중단시켰다.[439]

하지만 훈센이 2023년 8월, 아들 훈마넷Hun Manet에게 권좌를 물려준 후 캄보디아와 북한의 거리는 다시 가까워지고 있다. 프놈펜 소재 결제 기업 '후이원 페이Huione Pay'는 2023년 6월-2024년 2월 사이 북한 해킹 조직 라자루스Lazarus가 사용하는 디지털 지갑에서 15만 달러가 넘는 암호화폐를 받은 것으로 밝혀졌다. 이 기업은 훈마넷 총리의 사촌 훈 토Hun To가 이사로 재직하고 있다.[440]

필리핀

필리핀은 2000년대부터 동아시아 지역 필로폰 생산 거점으로 부상했다. 필리핀 위험약물위원회Dangerous Drugs Board: DDB가 2018년 발간한 보고서에 따르면, 2002년 이후 '샤부shabu(필로폰)' 생산 시설에서 적발된 범죄자 중 66%가 중국인이라고 밝혔다. 중국 및 필리핀-중국 마약조직은 필리핀에 마약 생산, 보관 시설들을 개설하고 있다.[441] 2012년 3월, 미국 국무부는 '중국계 조직범죄 집단' 즉 삼합회가 필리핀에서 필로폰 밀매와 자금 조달을 하고 있다고 강조했다.[442]

그런데 2000년대 중반부터는 북한산 필로폰이 범람하고 있다. 2008년 5월 28일, 필리핀 마약단속국Philippine Drug Enforcement Agency(이하 PDEA) 디오니시오 산티아고Dionisio Santiago 국장은 과거 미군 해군기지로 사용되었던 수빅크만Subic Bay 소재 시설에서 최고 품질의 필로폰 744kg을 압류했다고 밝힌 바 있다. 이 필로폰은 북한에 기항했던 베트남 선박이 수비크 인근 해상에서 소형 고속 보트를 통해 운반한 것이다. 산티아고는 압수한 필로폰의 출처가 북한의 '비밀 생산 시설'일 가능성이 높다고 강조했다. 그는 오래전 부터 필리핀이 북한산 필로폰 공급 거점으로 전락했고, 공급 과열 로 거래 가격도 폭락했다고 지적했다.[•] 또 마약을 유통하는 조직은 중국, 대만 기반의 8개 범죄조직이라고 덧붙였다.[443]

북한에서 필리핀으로의 대량 마약 반입은 미국에 북한산 필로폰 100kg을 발송해 2013년 9월 체포된 삼합회 조직원 탄 림Tan Lim의 언급을 통해서도 잘 나타났다. 그는 북한과 필로폰을 거래하는 조 직은 8개이고 자신의 조직은 필리핀에 1t을 보관하고 있다고 말했 다. 산티아고뿐 아니라 탄 림도 필로폰 유통 조직이 8개라고 했다. 이 두 사람이 언급한 조직들이 모두 동일한 조직인지는 알 수 없다. 그런데 이 조직들도 탄 림의 조직처럼 필리핀에 보관 시설을 뒀다 면, 필리핀은 산티아고의 얘기처럼 북한산 필로폰 공급 기지로 전 락한 것이 맞다.

북한은 주로 선박을 이용해 필리핀에 필로폰을 가져왔다. 예를 들 어, 북한 선박 남양-8호NAM YANG-8는 필리핀 최북단 아파리Aparri

---

• 산티아고 국장은 2008년 5월 기준 필리핀 내 북한산 필로폰 가격은 1kg당 최고 600~800만 페소였지만, 이후 북한산 필로폰이 대량 유통되면서 300만 페소까지 떨어 졌다고 언급했다. 한편 2013년 9월 체포된 Tan Lim은 자신의 삼합회 조직이 북한산 필 로폰을 필리핀에 1t을 비축했다고 밝힌 바 있다. Tan Lim이 체포 직전 DEA 언더커버 요원과 거래한 가격은 1kg에 6만 달러였다. 이는 필리핀에 북한산 필로폰이 이후에도 계속 증가했다는 것을 반증한다.

항 출항 다음 날인 2010년 1월 1일, 좌초된 적이 있었다. 필리핀 합동조사단은 남양-8호 좌초 사고를 조사하면서 선박 내 은닉된 마약을 적발했다.[444] 한편, 이 선박은 2009년 12월 22일, 필리핀에 입항한 상태였다. 그런데 우연의 일치인지 PDEA는 남양-8호가 정박지 근처인 마닐라 동쪽 아우로라Aurora주 인근에서 고품질 필로폰 100kg을 압수했다.[445] 즉 PDEA가 압수한 필로폰은 남양-8호가 운송한 것으로 의심된다. 또한 북한의 진텅호JIN TENG는 인도네시아 팔렘방을 경유해 2016년 3월 필리핀 수비크만으로 입항했는데, 미상의 사유로 필리핀 당국에 의해 억류된 사례도 있었다.

필리핀 내 마약 범죄는 시간이 흐를수록 심각한 상황으로 치달았다. 두테르테Rodrigo Roa Duterte 전 대통령은 2016년 6월~2022년 6월 집권 기간 내내 '마약과의 전쟁'을 벌였다. 하지만 두테르테는 이 상황과 관련해 중국과 북한은 물론 삼합회에 대한 직접적인 비난을 하지 않았다. 이는 두테르테의 친중 성향이 작용한 것일 수도 있지만, 삼합회 연루 의혹을 받은 그의 장남과 사위 때문일 수도 있다.••

두테르테는 마약의 원흉을 삼합회와 연루된 정치인과 관료들 그리고 문틴루파Muntinlupa시에 소재한 뉴빌리비드 교도소New Bilibid Prison(이하 NBP)로 지목했다. NBP 실상은 2014년 12월 이곳을 기습 조사한 필리핀 법무부와 필리핀 경찰PNP, 국립수사국NBI, PDEA를

•• 한편 2017년 9월 필리핀 상원은 두테르테 대통령의 장남 파올로 두테르테와 사위 마나세스 카르피오가 삼합회 조직원이라는 의혹을 제기한 바 있다.

통해 드러났다. NBP 내 'VIP 수감자들'로 지목된 19명은 마약 및 폭력조직 두목 등으로 알려졌다. 그들은 교도소 내부에 호화 빌라와 유흥 및 편의 시설들을 만들어 '왕'처럼 살고 있었다.[446]

필리핀 당국의 단속에도 NBP의 킹핀들과 필리핀 정관계 인사들의 뿌리 깊은 부패 고리는 끊어지지 않았다. 두테르테 정권의 법무부 장관 아기레Vitaliano Aguirre II는 2016년 6월 한 매체와의 인터뷰에서 마약 및 부패 범죄의 가장 중요한 척결 대상은 법무부 교정국과 NBP라고 단언했다. 그는 필리핀에서 거래되는 마약 거래의 75%가 문틴루파, 즉 NBP에서 이루어진다고 강조했다.[447] 두테르테도 2016년 8월 25일 NBP의 마약 유통 구조를 공개하면서 전직 법무부 교정국장을 비롯한 고위 관료와 정치인들이 개입되어 있다고 밝혔다.

NBP는 필리핀 내 북한산 필로폰 유통 기지였다. 필리핀 하원(민의원) 법무위원회의 NBP 조사 과정에서 교도소를 통해 유통되는 마약 중 60~70%가 북한산이라는 증언이 2016년 10월 10일 공개되었다. 증언자는 NBP 수감자 세바스찬Jaybee Sebastian이었다. 세바스찬은 NBP에 수감된 중국 범죄조직이 외부 조직과 연계해 마약을 들여오고 있다고 밝혔다. 또한 그는 수감자들이 NBP 내부에서 하루에만 5,000만~1억 페소* 상당의 마약 거래를 한다고 주장했다.[448]

● 2024년 6월 환율로는 약 85만 2,600~170만 5,200달러. 한화로는 11억 7,450~23억 4,900만 원 정도이다.

수령과 마약

필리핀에서 북한산 마약이 범람한 이유는 필리핀이 북한산 마약 생산 거점이 되었기 때문이다. 북한과 삼합회 입장에서 북한에서 필리핀으로 마약을 반입하는 것보다 필리핀에서 직접 마약을 생산하는 것이 더 큰 이익이다. 북한 기술자와 현지 보조 인력 그리고 원료만 있다면 더 많은 양의 마약을 단시간에 만들 수 있다.

그렇다면 북한산 필로폰이 생산된 필리핀 내 생산 시설은 어디에 있었던 걸까. 이와 관련해 필리핀 당국이 적발한 필로폰 생산 시설을 살펴볼 필요가 있다. PDEA는 2004년 9월 세부Cebu주 만다우에Mandaue에서 한 시설을 급습해 필로폰 675kg과 전구물질 1.1t을 압수하고, 시설 관리자 홍웬젱Hong Wenzheng을 포함한 중국인 9명을 체포했다.⁴⁴⁹ 당시 이곳은 전 세계에서 가장 큰 규모의 밀조 시설인 것으로 확인되었는데, 미국 DEA가 슈퍼랩과 메가랩을 구분●● 하기 시작한 것도 바로 이 시설 때문이다.

메가랩은 필리핀 전역에서 발견되었다. 필리핀 남부 민다나오Mindanao섬에서는 2005년 혹은 그 이전부터 중국계 범죄조직과 관련된 시설이 운영되었다.⁴⁵⁰ 또한 2007년 한 해만 마닐라 인근 9개 필로폰 생산 시설과 13개의 보관 창고가 PDEA에 의해 해체되었다.⁴⁵¹ 그리고 PDEA는 2008년 7월, 루손Luzon섬 북서쪽에서 한 메가랩을 적발했는데, 이 시설의 필로폰 최대 생산량은 180t에 달했다. 또 민다나오의 잠보앙가Zamboanga에서도 2008년 11월 마약

●● 슈퍼랩은 생산 주기당 4.5kg, 메가랩은 1,000kg의 필로폰을 생산할 수 있다.

생산 시설이 적발되었다.[452] 루손섬의 팜팡가Pampanga주 아라야트 Arayat 마을에서는 2016년 9월 메가랩이 적발되었는데, 매일 필로폰 400kg이 생산되었다.[453]

국내 주간지 《일요시사》는 2024년 2월, 최근 민다나오가 제2의 골든 트라이앵글로 부상하고 있다면서 이 지역 인사의 언급을 다음과 같이 전했다.

> 필리핀산 마약은 없다고 봐야 한다. 이 지역은 마닐라 지역과는 다르다. 10년 전(2014년 전)까지만 해도 이슬람 과격단체가 테러 자금을 만들기 위해 필로폰 제조 판매까지 했는데 그들의 교관이 북한군이었고, 제조 기술자까지 지원해서 상당 부분의 마약이 퀄리티가 좋았다.[454]

위의 인터뷰 내용처럼 필리핀은 마약을 만들 수 있는 역량도 없었고, 북한이 이곳에 진입한 후에 최상급 필로폰이 등장했다. 북한은 1990년대부터 민다나오 기반 필리핀 반군 세력인 모로이슬람해방전선Moro Islamic Liberation Front(이하 MILF)과 무기 거래를 시작했다.* 민다나오 지역은 MILF가 장악했던 지역으로 2000년대 초중

---

* 1999년 중반 북한은 MILF의 가잘리 자파르Ghazali Jaafar 정치 담당 부의장과 무기와 각종 군수품 총액 200만 달러 상당의 계약을 체결했다. 당시 북한 측 계약자는 림규도라는 인물로 알려져 있다. 이후 MILF는 1999년 9월 25일 말레이시아인의 중개로 대금을 지불했고 무기는 제3국을 경유해 2000년 말까지 수차례에 걸쳐 민다나오섬으로 운반됐다. MILF는 이 거래와는 별개로 1999년 6월, 북한 잠수함 구매도 시도했다. 2002년 MILF는 북한에 계약금을 지불했지만 필리핀 당국에 의해 적발되었다.

반부터 필로폰이 생산되었다. 2014년 3월 필리핀 정부와 MILF의 평화협정 체결로 필로폰 생산도 소강 국면에 접어든 것처럼 보였지만, 현재까지도 상황은 개선되지 않았다. 민다나오는 두테르테의 고향이다. 민다나오 상황을 포함한 발언인지는 모르겠지만, 2016년 12월 두테르테 대통령은 필리핀이 마약 생산 거점으로도 이용되고 있다고 강조했다.[455]

필리핀 국민들은 2022년 6월, 두테르테의 후임으로 마르코스 주니어Ferdinand Marcos Jr.를 선택했다. 대통령이 바뀌었어도 필리핀 내 마약 상황은 개선의 기미가 없다. 마르코스 주니어 대통령이 친미親美, 탈중脫中 노선을 외치고 있지만, 그의 부모가 일궈왔던 독재와 부패를 벗어날 수 있을지 의문이다.

34

수령의
마약 범죄
신디케이트

김정일은 마약산업 확장을 위해 1980년대부터 자신의 직속 일
꾼들과 특수 기관들에게 범죄 신디케이트crime syndicate 역할을 부
여했다. 범죄 신디케이트는 범죄조직들이 다양한 수준의 불법 행
위를 위해 혈연, 지연 등을 통해 결성된 '자기조직화된 그룹self-
organizing group'을 의미한다. 그런데 북한의 범죄 신디케이트들은 자
발적으로 생성되었거나 자율성을 갖는 주체들이 아니다. 이들은 수
령의 조직권(챕터 39 참조)에 의해서만 설립, 운영할 수 있는 대상들
이다. 이와 관련해 김국성(가명) 전 정찰총국 대좌는 2021년 12월,
국내 매체와의 인터뷰에서 이렇게 얘기했다.

마약 제조는 국제범죄지만 북한에서는 '공작'에 불과하다. 임무를 준
다는 것 자체가 정치적 신임을 받는 것이고 영광스러운 일이다.[456]

이렇듯 북한의 '마약 범죄 신디케이트'는 삼합회, 마피아, 카르텔과 같은 조직과도 분명한 차이를 보인다. 하지만 이러한 시각은 어디까지나 북한 내부에서만 통용될 뿐이다. 그들은 국제사회에서 볼 때 마약 범죄단체일 뿐이다.

장성택 그룹

장성택과 그 휘하의 조직 및 단체들은 김정일로부터 마약산업 위임과 신임을 받은 북한의 대표적인 범죄 신디케이트였다. 주지하듯 장성택은 1970년대부터 마약을 비롯한 각종 범죄들로 충성의 외화벌이를 책임졌던 김정일의 직속 일꾼이다. 장성택은 1972년 김경희와 결혼 후 중앙당 국제부 6과 지도원, 조직지도부 외교 담당 과장과 당원등록과장, 1980년대에는 중앙당 청년 및 3대혁명소조부 부부장으로 임명된 후 제1부부장을 거쳐 부장으로 승진했다. 또한 1990년 전후에는 조직지도부 제1부부장(사법검찰 및 사회안전부문 담당)직을 맡기도 했다.

장성택은 1990년대부터 만년보건과 만년제약을 통해 마약산업에 본격적으로 개입했다. 승승장구를 거듭한 장성택이었지만, 1978~1980년, 2003~2005년 두 차례 혁명화를 겪으면서 그가 관리했던 마약산업도 잠시 주춤했다. 그러나 그는 2006년에 조직지도부 제1부부장(사법검찰 및 사회안전, 수도건설부문 담당)으로 복귀했고 다음 해에는 중앙당 행정부장에 임명되었다. 행정부는 39호실처럼 지방당위원회에 하위 부서를 둔 거대 기관으로 성장했다.

김정일은 2008년 병세가 악화된 후 장성택에게 더 힘을 실어주었다.

마약을 비롯한 김정일의 이권 산업들도 장성택에게 운영 권한이 넘어갔다. 그중 대외건설사업이 대표적이다. 1976년부터 본격화된 북한의 대외건설사업은 2000년대까지 확장을 거듭했다. 장성택은 방만해진 대외건설사업들을 일원화한 후 이 자금으로 수도 건설에 이바지하겠다는 명분으로 2008년 김정일의 비준을 받았다. 이후 그는 행정부 산하에 '대외건설지도국*'을 설치했다. 장성택은 대외건설지도국을 통해 39호실 산하 락원지도국(러시아 대외건설사업 담당), 인민무력성 산하 7총국(공병총국)과 8총국(도로총국)의 행정실무 사업을 흡수했다. 또한 그는 39호실 대흥지도국 산하 라선대흥무역회사(당시 사장은 오사성)와 대흥수산사업소, 선흥식료공장과 같은 알짜배기 공장 및 기업소도 행정부에 배속시켰다. 이 중 라선대흥무역회사는 마약 밀매를 하기도 했다.

군 소속의 54부도 장성택이 흡수한 경제연합체였다. 54부는 총참모부 산하 매봉무역총회사의 자회사로 1980년대 설립되었다. 지속적인 성장세를 보인 54부는 총정치국 산하로 배속되어 승리무역회사라는 대외 명칭으로 활약했다. 장성택은 2010년 6월, 국방위원회 부위원장직을 맡으면서 54부를 행정부로 끌어들였다. 54부

---

* 정확하게 얘기하면 기존의 대외경제사업부 대외건설지도국을 행정부로 가져왔다고 보는 것이 맞다.

수령과 마약

책임자는 장수길이었는데, 그는 행정부 부부장도 겸직했다. 김정은은 장성택을 제거하기 위해 그의 수하인 장수길과 리룡하 행정부 제1부부장을 먼저 처형했다. 그들의 비리는 곧 장성택 처형 근거가 되었다.

54부는 각종 이권을 바탕으로 문어발식 사업을 전개했다. 그리고 그 이권 중에는 김정일이 용인한 마약산업도 포함된 것으로 보인다. 장수길은 거액의 외화를 벌어들여 김정일의 선물정치에 직접적으로 기여했다. 또한 2009년에는 대동강타일공장을 건립하기도 했다. 김정일은 이 공장을 2012년 8월 현지지도했다. 당시 수행 간부들에는 김정은, 장성택, 김경희 등이 포함되었다. 이렇듯 54부의 성장은 마약을 빼면 설명할 길이 없다. 국가과학원 함흥분원이 생산한 마약은 장성택 처형 전까지 승리무역회사를 통해 수출된 것으로 보인다.

김정은은 2013년 12월, 장성택을 처형했다. 김정은은 도널드 트럼프Donald J. Trump 미국 대통령에게 '장성택 시신을 고위 간부들이 사용하는 건물의 계단에 전시했고 잘린 머리는 가슴 위에 놓아뒀다'는 언급을 했다고 한다. 김정은 발언의 진위는 알 수 없다. 다만 장성택 처형 방식은 무척 잔인했던 것으로 보인다.

김정은은 2013년 12월 8일, 장성택이 '사상적으로 병들고 극도로 안일 해이된 데로부터 마약을 쓰고 당의 배려로 다른 나라에 병 치료를 가 있는 기간에는 외화를 탕진'했다고 말했다.[457] 여기에서 김정은이 언급한 '장성택의 마약 사용'은 장성택이 보유한 마약산업 이권을 자신에게 바치지 않았다는 뜻으로 읽힌다. 정은은 장성택뿐 아니라 대부분의 고위급 간부들이 마약과 주색酒色을 즐긴다는 사실을 잘 알고 있다. 장성택의 비행과 비리는 처형을 위해 소급된 것일 뿐, 장성택은 독재에 흠집을 낼 수 있는 장애물이었기에 제거되어야만 했다.

김정은은 장성택의 모든 흔적을 지웠다. 성택이 처형되었다고 그의 마약산업 기반들마저 사라진 게 아니다. 54부가 행사했던 이권은 김정은 직속 일꾼과 군軍에 귀속되었을 뿐이다.

당중앙위원회 39호실

1974년 5월 설립된 조선대성무역총상사는 39호실의 전신前身으로 오늘날 39호실 소속 지도국(회사)들의 인큐베이터incubator 역할을 했다. 조선대성무역총상사는 중앙당 재정경리부 6과의 대외명칭이었으며, 6과는 1970년대 초반 내각 무역성 산하의 1개 과를 흡수해 만든 부서였다. 6과는 외관상 재정경리부 산하 부서였지만, 실질적으로는 김정일 개인의 재정과 사치품들을 충당하기 위한 직속부서였다. 김정일은 1970년대 후반, 39호실을 중앙당 산하로 배속시키고 이 부서를 직접 지휘했다.

김정일은 39호실과 산하의 중앙기관(지도국)들을 통해 금, 인삼, 대외건설사업과 같은 이권들을 독점할 수 있도록 하고, 대외결제 창구인 조선대성은행을 1978년 11월 설립해 외화들을 독식했다. 즉 39호실은 착취계급의 정점에 있는 김정일을 대신해 주민들을 착취하는 일종의 '마름'*이었다.

39호실은 전국의 당 조직과 해외 공관에 하위 부서들을 설치해 경제연합체로 성장해 갔고 동시에 마약산업도 수행했다. 39호실은 1970년대 대마초 재배와 밀매를 시작으로 현재까지 마약산업의 한 축을 담당하고 있다. 그런데, 1990년대 초반경 39호실이 마약에 손을 뗐다는 증언들이 있었다. 예를 들어, 호혜일(가명)은 김정일이 1980년대 후반 노동당의 위상을 고려해 39호실, 작전부와 같은 중앙당 소속 기관들은 배제하고, 보위사령부와 국가보위부(해외 반탐국)에만 운영 권한을 부여했다고 밝힌 바 있다. 또한 전 대흥총국 중국 다롄 지사장 리정호는 해외 언론 매체와의 인터뷰에서 김정일은 노동당의 이미지 손상을 우려해 39호실의 마약 생산과 밀매를 중단시켰고, 그 시점은 1992년경이라고 밝혔다.[458]

하지만 39호실은 마약 범죄를 중단한 적이 없는 것으로 판단된다. 대성총국 국장 전춘식은 1993년 2월, 중국에서 아편 밀매를 하다 적발되었다. 또한 러시아 정부는 1995년 11월, 39호실이 소관 해외 대표부를 통해 마약을 수출했다고 밝혔고, 안기부도 1998년 11월, 러시아와 유사한 정보를 공개했다. 또한 미국 재무부는 2010년 8월, 39호실이 상원군에서 필로폰을 생산했고, 중국과 한국에 유통하고자 자국 민간 밀수업자들에게 필로폰을 공급했다고 언급했다. 윤상현 의원(한나라당: 현재 국민의힘 소속)도 2011년 2월, 관계 당국으

● 　지주를 대리하여 소작권을 관리하는 사람.

로부터 입수한 자료들을 근거로 마약산업 총괄 기관이 39호실이라고 지적하기도 했다.

39호실이 당黨경제, 즉 수령 개인 자금을 관리하는 역할에 변함이 없다면, 현재도 마약산업에 개입하고 있다고 보는 것이 맞다. 당경제 차원의 수입 및 지출 지표는 알 길이 없으나 마약산업에서 발생한 수익은 무기 수출, 사이버 범죄에서 얻은 이익보다 훨씬 더 클 수도 있다.

당중앙위원회 작전부

북한 공작기관들은 80여 년의 역사를 자랑하는 가장 오래된 범죄 신디케이트다. 마약은 북한의 공작 자금원이자 한국을 공격하기 위한 무기였다. 황장엽은 1998년 5월 북한 외화벌이 기관 230여 개 중 절반 이상을 공작기관들이 장악했다고 언급했다. 또한 중앙당 35호실에서 활동했던 박건길은 2003년 5월, 공작기관들은 재일교포와 일본인들과 함께 마약 판매처들을 개척했다는 언급을 남기기도 했다.

작전부는 공작기관 중에서도 마약산업과 관련해 가장 큰 두각을 나타냈다. 작전부가 신디케이트로 발돋움할 수 있었던 이유는 1992년경 작전부장으로 임명된 오극렬 때문이었다. 그가 20여 년 가까이 작전부장을 유지할 수 있었던 이유는 당연히 김정일의 신임 때문이었다. 김정일은 오극렬의 대남 테러와 공작뿐 아니라 마약 밀매와 관련해서도 높은 평가를 한 것으로 보인다.

수령과 마약

작전부는 독립적인 마약 생산과 밀매를 실행해 왔다. 일본 경찰청은 1997년부터 2006년 5월까지 적발한 북한산 필로폰들의 성분들을 분석했는데 출처를 원산, 청진, 남포로 특정했다. 이곳들은 모두 작전부 연락소들이 소재한 곳이다. 작전부는 한국 필로폰 기술자들의 도움을 받아 2000년 1차 남북정상회담 기간에 사리원연락소에 필로폰 생산 시설을 구축했다. 그리고 작전부 소속 전직 공작원과 함경북도 청진시에 거주했던 탈북민은 저자에게 '작전부가 1990년대에 남포, 원산, 해주, 청진연락소 전투원들을 동원해 공해상에서 야쿠자들과 마약 거래한 사실이 있다'는 언급을 한 바 있다. 또한 작전부는 자체적인 역량으로 마약 거래 시 북한 측 경호와 해외에서 북한 당국자 체포 시 '작전조'를 투입해 구출하는 역할도 하고 있다.[459]

주지하듯 작전부는 1990년대부터 공작선을 동원해 야쿠자, 조총련과 연계해 필로폰을 밀매했고, 2003년 4월에는 호주에 헤로인 150kg을 밀반입했다. 이 사건들과 관련한 여담 하나가 있다. 과거 작전부 소관 마약 범죄를 주도한 인물은 작전부장 오극렬의 아들 오세욱이었다. 그런데 오세욱과 그의 가족들은 2004년 여름, 청진항에서 공해상으로 탈출했다. 일본 근해까지 탈출을 도운 이들은 오세욱과 마약 거래를 해왔던 야쿠자 조직이었다. 또한 이 작전에는 미국(DIA)과 일본 정보기관이 개입한 것으로 알려졌다.[460] 오세욱과 그의 가족은 미국으로 망명했는데, 오세욱은 당연히 미국 정부에 굵직한 정보들을 제공했을 것이다. 예를 들어, 2005년 8월, 미국의 북한-삼합회 연계 범죄 수사와 2005년 9월 BDA 제재도 오세욱과 관련되어 있지 않을까 조심스레 추측해 본다.

오극렬은 2009년 퇴임했다. 하지만 작전부의 마약 밀매는 중단되지 않았다. 김정은 집권 후 베트남 주재 북한 대사관에서 근무했던 전직 외교관은 자신의 근무지에 '서 대좌'라는 작전부 공작원이 상주했다고 언급했다. 서 대좌는 북한의 대표적인 메가랩 중 하나인 만년제약 베트남 지사장 직함을 갖고 있다고 한다. 이 전직 외교관은 2012년경 서 대좌로부터 '평양에서 전세 비행기로 수백 kg의 마약을 자신이 직접 가져올 수 있고, 거래할 수 있는 베트남 범죄조직을 소개해 달라'는 제안을 받았다고 한다. 앞에서 동유럽 소재 북한 공관들의 마약 밀매 상황들을 전한 전직 공작원 증언과도 맥락이 유사하다. 요컨대 작전부 주도 마약 범죄는 여전히 계속되고 있다.

보위사령부 조선수정합영회사

현재 보위국으로 불리고 있는 보위사령부는 군軍 차원의 방첩과 대남공작 업무를 수행하고 있다. 구체적으로는 군 내부 범죄 수사와 반체제(반국가, 반사회주의 등) 활동을 예방하고 탐지하는 역할을 하고 있다. 또한 수령의 지시가 있을 경우에는 민간 부문에 대한 검열과 처형도 실행하는 북한의 대표적인 폭압기구이다.

보위사령부는 1980년대 후반, 김정일로부터 마약산업 운영 권한을 위임받았다. 이 기관은 1990년대에 들어 북한 내부에 5.18소와 같은 마약 생산 시설을 설치하고 중국, 동남아시아, 러시아와 동유럽 지역에 공급 거점들을 구축했다. 보위사령부는 조선수정합영회사(이하 수정합영)를 통해 마약산업을 운영했다. 황장엽 전 노동당 비서와 함께 1997년 2월 한국에 망명한 김덕홍 전 당중앙위원회 자료연구실 부실장은 수정합영에 대한 흥미로운 단서를 남겼다. 그는 재북 당시 자신의 통역사였던 류철이 '과거에 보위사령부 산하 수출조(7명으로 구성) 책임자 리영만 휘하에 있었다'는 말을 들었다고 한다. 또한 '리영만은 보위사령부 소속 생산 시설과 라남제약에서 생산된 헤로인들을 수정합영을 통해 밀매했다'고 한다.[461]

리영만이 관리한 보위사령부 수출조가 수정합영과 동일한 조직인지는 알 수 없다. 다만 1990년대 중반을 기준으로 수정합영의 대내 명칭은 '보위사령부 6부'이며, 이 회사는 1990년대 남북교역에도 참여한 전력前歷이 있다.* 한편, 미국 국무부 산하 북한실무그룹은 39호실, 작전부, 보위사령부를 불법 상품 생산 및 밀매 주도 기관으로 2003년에 지목했다. 이즈음 리영만은 수정합영 사장직에서

---

* 수정합영은 홍콩에 수정합영홍콩유한공사를 설립, 이 회사를 통해 1995년 5월 북한산 생수 브랜드인 수정금강산 샘물을 판매하려고 했다. 한편, 1992년 12월, 북한의 룽라 888이 차 모某 플라스틱스케니 사장에게 아편을 판매했는데, 차경주는 1994년 조선샘물주식회사(플라스틱스케니와 조선룽라도무역총상사의 합작 회사)를 통해 한국에 신덕샘물을 수출하려고 했다. 북한의 모든 무역회사들이 마약 밀매에 개입되어 있다고 볼 수는 없다. 다만 북한의 수정합영, 룽라도무역 그리고 마약 밀매 전력이 있는 재미교포 차경주의 의도가 무엇인지 의문이 든다. "북한 신덕샘물 반입…업체마다 군침 물밑경쟁 치열,"《매일경제》, 1994년 6월 1일, 13면; 서울＝연합, "북한 금강산생수 5월 반입될 듯,"《연합뉴스》, 1995년 2월 23일.

해임되었고,* 6부는 31부로 개칭되었다.

한편, 서울중앙지검 공안1부는 2010년 5월, 보위사령부 소속 여성 공작원 김수옥에게 2000년 2월 포섭된 한국인 A를 간첩 활동 및 북한산 필로폰 유통을 시도한 혐의로 구속 기소했다.** A는 1차 남북정상회담 개최 직전인 2000년 3~6월, 보위사령부 보위부장 B의 지시를 받고 총참모부 산하 외화벌이 사무소에서 필로폰 2kg을 수령했다. 이후 A는 중국 조선족 범죄조직과 일본 야쿠자와 50kg 이상의 필로폰 거래를 시도했던 것으로 밝혀졌다.[462] 또한 한 탈북민은 2009~2012년 중국에 마약을 판매해 노동당에 충성자금으로 제공하고, 중국 거주 탈북민들의 동향을 조사해 보위사령부에 전달한 바 있다.[463] 또한 앞에서 언급했듯이 보위사령부에서 근무했던 박씨는 2014년 5월, 메가랩인 흥남제약 5직장을 방문하기도 했다.

보위사령부 주도의 마약 범죄는 여러 차례 부침浮沈이 있었다. 하지만 이 기관은 산하에 메가랩을 보유하고 있고, 대남공작을 위한 자금 마련이라는 명분도 있기에 여전히 마약산업의 핵심 축 중·하나로 작동하고 있는 것으로 보인다.

● 리영만은 1988년 12월 정무원 총리에서 해임되었다가 1992년 12월 함경북도당 책임비서로 복귀한 리근모의 아들이다. 리근모는 전임 책임비서인 강성산이 담당했던 함경북도 마약산업(양귀비 재배, 라남제약 관리 등)을 이어갔다. 리영만이 수정합영 책임자로 임명된 이유는 전임자인 송태빈이 1994년 7월 중국에서 마약 밀매를 하다 체포되었기 때문이다. 한편 리근모는 2001년 7월 함북도당 책임비서에서 해임되었고, 리영만도 이후 종적을 감췄다.
●● 한국 사법당국이 보위사령부의 마약 밀매 개입을 처음으로 공식 확인한 사건이다.

국가보위성 조선신흥무역회사

국가보위성의 전신은 사회안전성 정치보위국이다. 이 부서는 1973년 3월, 국가정치보위부라는 독립 기관으로 승격했다. 국가정치보위부는 1982년 국가보위부로 1993년 국가안전보위부, 2015년에는 국가보위성으로 개칭되었다. 국가보위성은 군을 제외한 모든 영역에서 방첩 및 공작 활동을 수행하고 있으며 수령 독재 유지에 반드시 필요한 핵심축이기도 하다. 그래서 김정일은 1980년대 후반 국가보위성에게도 마약 범죄 신디케이트 권한을 부여했다.

국가보위성이 중국에 대량의 마약을 유포할 수 있었던 이유는 해외반탐국 산하에 중국 거점들을 다수 보유하고 있기 때문이다. 해외반탐국 산하 312실(혹은 312호실)은 1990년대 중국에서 '조선신흥무역회사'라는 위장 명칭으로 활동하면서 마약 밀매로 공작 자금을 확보했다. 또 국가보위성은 흑사회와의 연계를 통해 마약 밀매를 더욱 확장했다. 1998년 안기부는 북한이 1990년대부터 베이징 기반의 한 범죄조직에 자금을 지원해 마약 범죄 하위 네트워크로 활용했다고 밝혔다.[464]

국가보위성은 관리소(정치범수용소) 내에 대규모 양귀비밭을 보유한 것으로 추정되지만, 작전부나 보위사령부처럼 필로폰 메가랩 운영 여부는 알 수 없다. 단, 국가보위성은 중국 범죄조직과 함께 중국에서 마약 생산 거점을 운영하고 있을 가능성이 짙다.

국가보위성은 현재에도 중국과 제3국에서 마약산업을 실행하고 있는 것으로 판단된다. 주지하듯 국가보위성은 김정은이 후계자가 된 직후부터 직할 통치했던 기관이다. 그러한 연유에선지 2017년 2월 27일 국정원은 국회 정보위원회 비공개 회의에서 국가보위성이 김정남 암살을 주도했다고 보고했다.[*] 국정원의 정보가 사실이라면 정은의 국가보위성에 대한 신임은 매우 두터울 것이다. 김정일처럼 정은도 자신이 신임하는 직속 일꾼이나 기관에 마약산업 이권을 배분했고 여전히 누군가가 중국에서 북한산 마약을 공급하고 있다면, 국가보위성보다 더 적합한 신디케이트는 없다.

● 국가보위성 내에 연락부, 작전부, 조사부처럼 장기간의 훈련을 통해 독자적인 작전 및 테러 역량을 보유한 공작원 혹은 전투원이 있는지는 알 수 없다.

35

글로벌 엔터프라이즈 제2경제위원회

무기와 마약

'약은 전쟁에 기생하고 전쟁은 약을 먹고 자란다'고 한다.[465] 1차, 2차 세계대전, 6.25전쟁, 베트남전쟁 그리고 현대의 모든 전쟁과 국지전에서는 항상 마약이 등장했다. 마약은 아군 전투력의 일시적 강화나 적군을 와해시키는 무기이자 전쟁 자금원으로 활용되었다. 이러한 역사적 배경 때문인지 마약과 무기는 밀매 루트와 돈세탁 인프라를 공유한다. 그래서 마약 거래는 불법 무기에 대한 수요를 증가시키기도 한다. 김씨 일족도 오래전부터 마약과 무기를 정권 유지 자금으로 활용하고 있다. 또한 앞에서도 확인했듯이 그들은 마약과 무기를 병행 생산, 판매하고 있다. 이 병행산업의 주축은 바로 제2경제위원회(이하 2경제위)이다. 이 기관은 제3세계 국가 및 테러 단체들과 협력해 전 세계 시장을 누비는 '글로벌 엔터프라이즈global enterprise'이다.

김일성은 1975년 2경제위를 신설, 연형묵을 초대 위원장으로 임명했다. 일성은 기존의 군수공장과 기술 역량이 뛰어난 민수부문 기계공장들을 군수공장으로 전환해 2경제위에 배속시켰다. 또한 정일은 1980년, 당중앙위원회에 기계사업부(1993년 1월 군수공업부 개칭)를 신설하고 연형묵을 군수 담당 비서로 임명하고 고급 생필품 생산과 대대적인 외화벌이 지시를 하달했다.[466]

김정일이 1991년 12월 군 최고사령관에 추대되고, 국방위원회가 1992년 '국가주권의 최고군사지도기관'으로 격상되면서 2경제위는 국방위원회에 배속되었다. 2경제위는 기존 군수공업부 소속 부서들을 총국 편제로 흡수했다. 2경제위는 무기 생산 담당 7개 총국, 무기 개발 담당 제2자연과학원, 외화벌이 담당 대외경제총국(룡악산무역총회사), 무기 계약과 거래 등 대외사업을 담당하는 99호총국 등을 두었다.

특히 99호총국˙은 제3국에서 무기뿐 아니라 마약 생산과 밀매를 실행하고 있는 것으로 추정되며, 앞서 소개한 BBC 다큐멘터리 *The Mole*에 등장한 북한 당국자들도 99호총국 소속으로 추정된다. 이 부서는 해외에 다수의 대표부와 당국자들을 파견하고 있는데, 해외 주재 대사관에 외교관 혹은 상사원(민간인) 신분으로 상주하고 있다.[467]

• 99호총국은 '중앙당 99호실', '99호지도소조'라는 명칭으로도 알려졌다.

수령과 마약

99호총국은 무역 및 생산 분과로 구분되어 있다. 무역 분과는 계약을 담당하는 조선광업개발무역회사KOMID와 대금 회수를 담당하는 단천상업은행(대내 명칭 23지도국)으로 불리는 부서로 구분되어 있다. 이 은행의 전신은 1983년 2월에 설립된 조선창광신용은행(대내 명칭 창광총국)이다. 또한 생산 분과는 해외에서의 무기 생산과 기술 이전을 담당하고 있는 것으로 추정된다. 북한이 제3국에서 마약을 생산한다면, 2경제위 국방과학원(구 제2자연과학원) 소속 기술자들을 파견할 것으로 보인다.

김경희와 마약

장성택과 친인척 관계였던 한 탈북민은 저자에게 김정일이 1990년대 중후반부터 군수 담당 비서를 포함한 산하 기관의 간부권(인사권)을 김경희에게 일임했다고 술회했다. 이는 김경희가 간부권을 통해 2경제위의 군수 및 마약산업에 직·간접적으로 개입했다고 볼 수 있는 대목이다. 김경희는 1975년 중앙당 국제부 1과 과장, 1976년 국제부 부부장을 거쳐 1987년에는 중앙당 경공업부장에 임명되었다. 또 1995년에는 중앙당 경제정책검열부장, 2009년 6월에는 중앙당 산하 미상의 부장직을 수행했다.

김경희가 마약산업에 개입했다는 것은 어찌 보면 너무나도 당연하다. 앞에서도 소개했듯이 김정남은 2001년까지 무기 및 마약 판매 대금을 관리했다. 즉 정일은 정남에게 2경제위 산하 조선창광신용은행 관리 책임을 맡긴 것이다. 또한 현재 시리아의 알아사드

Bashar al-Assad 대통령도 친동생 마헤르Maher에게 캡타곤 산업을 맡긴 상태이다. 무엇보다 독자들도 잘 알고 있듯이 마피아와 마약 카르텔은 가족을 기반으로 운영되는 조직이다.[468]

앞에서 소개한 흥남제약은 군수 시설로 2경제위 소관이다. 2경제위는 흥남제약, 정성제약, 룡문술공장, 국가과학원 함흥분원 등과 같은 메가랩에 전구물질을 수입해 공급하는 것으로 알려졌다. 흥남제약공장 5직장에서 2013년까지 근무했던 탈북민 최은식 씨는 '5직장에서 헤로인과 필로폰이 생산되었고, 동 공장의 실질적인 책임자는 김경희'라고 언급했다. 그는 김경희가 1년에 8회 정도를 흥남제약을 시찰할 정도로 마약산업에 각별한 관심을 쏟았다고 한다.[469]

김경희와 장성택은 김정일의 건강이 악화된 2008년 10월부터 김정일의 현지지도를 비롯한 외부 활동 일체를 관리하기 시작했다. 북한이 로동신문을 통해 공개한 김정일의 함흥시 현지지도 시 동행 인물들의 횟수를 살펴보면, 김경희는 2010년 11회, 2011년에는 7회였다. 또한 마약산업을 수행한 라선대흥무역회사와 정성제약은 2009년과 2011년 각 1회 방문했다. 즉 김경희는 마약산업 시설이 집중되어 있는 지역과 기관을 공개 방문했을 정도로 그의 마약산업에 대한 관심이 매우 컸다고 추정할 수 있다.

김경희가 마약중독에 빠진 이유는 2006년 8월 딸 장금송의 갑작스러운 사망 때문이었다.[470] 그는 이미 2000년대 초반부터 프랑스에서 알코올중독 치료를 받아온 것으로 알려졌다. 즉 그의 마약중독도 전혀 이상한 얘기가 아니다. 또한 김경희는 삼촌 김영주의 딸 영심에게도 필로폰을 공급했을 만큼 항상 마약과 함께였다.[471] 한편, 김경희는 2013년 9월 9일 조선인민내무군협주단 공연 관람 이후 공개 활동을 하지 않았다. 장성택 처형에 따른 여파였다. 경희는 지난 2022년 2월 1일, 설 명절 경축공연에 다시 모습을 나타냈다.

전 세계를 누비는 제2경제위원회

김정일은 1980년대부터 2경제위 99호총국에 글로벌 공급망 확보를 지시했다.

○ 군수공업부문에서 생산되는 무기들을 반미 국가와 반미 무장 단체들에 내다 팔아서 그들의 투쟁을 지원하며, 그로부터 벌어들이는 외화로 군수생산도 정상화하고 (중략) 우리에게 필요한 현대적 무기들도 사들여 와야 한다. (1982년 9월)

○ 반미 국가와 단체는 물론 종교분쟁, 지역분쟁이 벌어지는 모든 지역들에 다 뚫고 들어가서 무기를 팔아 외화를 벌어들이시오. (1993년 3월)[472]

그 결과 2경제위는 2015년 기준 무기와 각종 군수품을 비롯해 기술 인력과 훈련 교관들을 62개국의 정부 및 비정부 단체에 수출하고 있다.[473] 또한 앞에서도 확인했듯이 아프리카를 등 제3국에서 무기와 마약을 병행 생산하고 있다. 즉 2경제위의 발길이 닿은 지역에는 마약도 함께였다. 관련 사례들을 살펴보자.

북한-파나마 합작회사 소속 북한 요원 두 명은 1982년 12월, 파나마에서 마약과 무기를 판매하다 체포되었다.[474] 대외연락부 공작원 김형구는 체코 주재 북한대사관 참사로 활동 중 스웨덴 말뫼Malmö에서 헤로인 1kg을 거래하다 1991년 3월 체포되었다. 김형구는 체포 당시 브라질, 영국, 프랑스 위조 여권과 수단과의 소련제 전투기 및 무기 거래 일지 소지하고 있었다.[475] 또한 우크라이나 당국은 2010년 1월 말, 흑해 연안 남부 니콜라예프Nikolaev항에 입항한 북한 화물선 청천강호에서 자동소총과 탄약 그리고 마약과 정제형, 캡슐형 향정신성의약품을 압수했다.[476] 압수된 마약은 캡타곤 혹은 야바로 추측된다.

2경제위는 일반 의약품으로 위장한 마약도 수출한다. 2경제위 대외경제총국 산하 조선부강제약회사(이하 부강제약)는 1983년경 '금당-1' 주사약을 개발, 2001년에는 '금당-2'도 개발했다. 부강제약은 금당이 간염, 불면증, 당뇨병, 암, 마약중독에 치료 효과가 있는 의약품이라 선전했다.[477] 물론 이 선전은 거짓이다. 금당의 주성분은 합성국소마취제로서 코카인과 비슷한 약효가 있는 프로카인procaine이다. 또한 금당은 보위사령부 산하 5.18소에서도 생산되었고, 김경희가 책임을 맡았던 중앙당 38호실 묘향지도국 산하 조선묘향무역총회사에서도 판매했다. 즉 금당은 40년 넘게 음성적으로 판매되어 온 마약이란 얘기다.

금당은 현재까지 한국과 해외에서 밀매 중이다. 이 마약이 국내에서 첫 적발된 시기는 1998년 3월이다.[478] 또한 부산경찰청은 2015년 4월, 금당-2를 국내로 밀반입한 몽골인(공급책) 4명과 한국인 11명을 체포했다. 이들은 2015년 1월부터 4월까지 금당-2호 6,000여 개(총 12,000ml)를 중국에서 한국으로 들여왔다.[479] 이 사건을 계기로 《SBS 뉴스》는 2015년 5월 1일, 금당의 마약 성분에 대해 보도했지만,[480] 온라인 매체《통일뉴스》는 2015년 6월 19일, 북한의 선전 내용을 교차검증 없이 인용 보도하기도 했다.[481] 금당은 유럽까지 진출했다. 벨기에 당국은 2024년 1월, 금당-2 주사약을 적발했는데, 운반책은 이번에도 몽골인이었다.[482]

이처럼 2경제위는 북한과 제3국에서 생산된 마약들을 한국과 국제사회에 판매하고 있다. 전쟁과 분쟁이 발생하는 곳이라면 저렴하고 품질이 뛰어난 2경제위의 무기와 마약이 있다. 또 그렇지 않은 곳에는 일반 의약품으로 위장한 마약이 침투하고 있다.

36

류경회사와
삼합회 14K

북한과 삼합회는 1980년대부터 마약, 위조지폐, 돈세탁과 같은 초국가적 조직범죄로 공생하고 있다. 양자를 잇는 끈은 1950년대 마카오에 파견된 공작원 손전본이었다. 손전본은 마카오, 홍콩에서 카지노, 무역 사업으로 돈을 벌었고, 1970년대에는 조광무역을 비롯한 여러 회사를 만들어 북한에 자금 조달과 공작 활동을 이어갔다. 또한 그는 14K와 관련된 홍콩, 마카오의 카지노 거물들을 북한으로 끌어들였다. 이 챕터에서는 손전본의 후손들이 이끄는 류경회사와 삼합회 14K의 공생 실태에 대해 소개한다.

류경회사의 정체

류경회사는 북한 공작기관 산하 회사이자 마약 범죄 신디케이트이다. 류경회사와 관련된 공개 정보들을 통해 이 회사의 실체를 조

명해 보자. 탈북민 이광철은 1996년부터 2002년까지 라남제약 노동
자로 근무했다. 그는 2003년 11월《월간조선》과의 인터뷰에서 류경
회사가 라남제약 5직장에서 생산된 헤로인 판매사라고 언급했다.

월간조선 유경회사(류경회사)는 어떤 회사입니까.

이광철 유경회사(류경회사)는 중앙당 97호실 소속으로, 당 중앙위원
회 직속으로 알고 있습니다. 우리 공장에 물품을 조달하고,
생산물을 판매하는 일은 전부 유경회사에서 담당했습니다.
공장에서 나오는 이익을 유경회사와 우리가 7대 3으로 먹었
습니다. 우리 공장 몫은 달러로 직접 받습니다. 그 돈으로 중
국에서 밀가루를 사서 직원에게 나누어 줬습니다.

월간조선 '이익을 7대 3으로 나눈다'는 건 어떻게 알았습니까.

이광철 나남제약(라남제약)에서 일하는 사람은 누구나 아는 사실입
니다. 예를 들어, 공장에 식량이 들어오면 '우리 공장에서 이
번에 달러를 얼마 벌어서, 지배인이 중국에 가서 밀가루를
사왔다'는 얘기가 확 도니까요. 제가 경리과에서 일했으니
까 더 잘 알죠.

(중략)

월간조선 '태국의 마약 제조 전문가들이 나남제약공장을 방문해서 제
조 방법을 알려줬다'는 정보 보고가 있습니다. 나남제약에
서 외국인들을 본 적이 있습니까.

이광철 외국 사람들이 많이 드나들었습니다. 우리는 '홍콩에서 온

사람들이다'는 얘기를 들었습니다.[483]

또한 1993년부터 8년간 호위사령부 군관으로 근무하다 2004년에 탈북한 호혜일의 수기에서는 다음과 같은 대목이 등장한다.

당 대외연락부 예하 어느 한 연락소에서는 북한에서 생산된 마약 종류들을 전시해 놓고 외국의 바이어buyer들을 초대소에 초청하여 마약 거래를 흥정하고 있는 상황이다.[484]

호혜일은 '류경회사'라는 명칭을 언급하지 않았지만, 해외 바이어를 초대한 주체를 공작기관 산하 연락소라고 했다. 즉 이광철이 언급한 류경회사의 마약 마케팅 방식과 유사하다.

탈북민 장진성도 그의 수기에서 류경회사가 북한의 마약을 비밀리에 생산 및 밀매하는 전담 부서라고 강조했다. 그는 류경회사 사장 손건화의 생년월일은 1953년 10월 19일이고, 부부장급 대우를 받는 대외연락부 77호실장이라고 했다. 손건화의 배우자는 리해순이며 생년월일은 1957년 6월 28일생이라고 한다. 장진성은 리해순이 창광외국인숙소 가라오케, 서경상점, 설봉봉사소 등을 운영한다고 밝혔다. 또한 그는 손건화가 이러한 얘기를 했다고 한다.

2000년 홍콩에서 마약 바이어들을 초청해 신식 마약 생산 설비들을 보여주면서 계약에 성공했는데, 바이어 1인당 한 끼 식사에 2,000달

수령과 마약

러를 썼다.[485]

　'홍콩에서 온 바이어와의 마약 거래', 공작기관인 '연락부' 등 장진성의 증언도 앞의 두 탈북민들이 말한 내용들과 비슷하다.

　장진성이 언급한 손건화 부부 관련 정보는 《주간조선》 2023년 4월 21일 보도를 통해 사실인 것으로 확인됐다. 《주간조선》은 과거에 '평양시민 210만 명' 신상 자료(국가보위성 작성)를 단독으로 입수한 바 있다. 《주간조선》에 따르면 이 자료에는 손건화가 '77호실 실장'으로 기록되어 있었다. 또한 '77호실', '내각 77호실', '정무원 77호실' 직위가 있는 인물들은 총 19명이 있는데, 이 중 손건화를 포함한 13명은 조선노동당 소속으로 명시되었다고 한다. 또한 이 중 상당수가 설봉상점에도 적籍을 두고 있었다. 한편 리해순은 창광외국인숙소 사무원으로 확인되었고, 이 기록에 나타난 손건화 부부의 생년월일은 장진성의 증언과 명확히 일치했다.[486]

　이 보도는 77호실과 손건화의 실존 여부를 명확히 확인했을 뿐 아니라 77호실의 지휘 주체에 대해서도 보여준다. 77호실 간부들이 설봉상점에도 소속되었다는 것은 77호실이 특수 부서라는 의미이다. 북한 주민들은 일반적으로 1개 이상의 직장에 소속되지 않는다. 또 77호실은 해외에서 각종 사치품과 생필품들을 수입하는 업무도 맡고 있다는 뜻이기도 하다. 또한 손건화를 비롯한 13명의 77호실 간부들은 노동당 소속이다. 다시 말해 77호실은 2011년 기준으로 문화교류국(구 대외연락부) 혹은 통일전선사업부 소속으로 추정된다.

이상에서 확인한 손전본과 손건화의 류경회사의 행적을 반추하면, 이들은 김씨 일족의 직속 일꾼(공작원)이자 중앙당 산하 범죄 신디케이트로서 마약 수출과 사치품 수입을 포함한 각종 범죄 활동을 수행 중이다.

류경회사와 14K의 공통분모

*FT*와 영국의 왕립합동군사연구소Royal United Services Institute; RUSI는 북한과 삼합회의 불법 커넥션을 조사하고 그 결과를 2023년 3월 29일 공개했다. *FT*와 RUSI에 따르면, 홍콩 선박 유니카호(Unica)는 2022년 9월 남포항에 입항해 북한 선박에 정유를 공급했다. 이 선박은 2019년 이후 최소 23회 이상 중국과 북한의 배타적 경제수역으로 항해한 전력이 있었다. 유니카호 선주는 게리 토Gary To, 杜家軒 썬골드그룹Sun Gold Group, 太陽金業集團 회장이며, 정유 구매 및 선적 의뢰자는 손철훈孫鐵勛, Sun Tit Fan(쑨팃판)으로 밝혀졌다. *FT*와 RUSI는 북한과 연계된 동아시아 지역 100여 개의 회사, 부동산, 선박, 개인 등을 조사한 결과 류경회사와 삼합회가 동업 관계라는 사실을 밝혀냈다.[487]

*FT*와 RUSI는 '손전본과 손철훈의 회사 기록에 류경회사Ryugyong Corporation를 운영했던 북한 국적의 손건화孫建華라는 이름이 있다'고 언급했다. 또한 게리 토와 손철훈은 앨빈 차우라는 인물과 공동으로 회사를 운영한 이력이 있다. 특히 손철훈은 2014년에 등록된 마카오의 썬인터내셔널오토모빌Sun International Automobile Company

Limited, 太陽國際車業有限公司 법인 기록에서 앨빈 차우Alvin Chau Cheok -wa, 周焯華(1974년생)와 함께 이사로 등재되어 있다고 한다. 또한 손철훈이 등재된 산싱사이 투자San Sing Sai Investment 회사 기록에는 삼합회 계열 화안락和安樂 보스의 전직 사업 파트너도 함께 등재되었다.[488]

손전본, 손철훈, 손건화의 관계를 설명하기에 앞서 우선 차우라는 인물에 대해 짚고 넘어가야 한다. 손씨 일가의 회사 기록에는 '앨빈 차우'라는 이름이 반복해서 등장한다. 차우는 14K 보스였다. 그는 전임 보스 완콕코이Wan Kuok Koi가 1999년 11월 수감된 후부터 14K를 이끌었다. 그는 마카오 카지노를 통해 거액의 자금을 벌었고 2007년에는 썬시티그룹Suncity Group, 太陽城集團을 설립했다. 이 그룹은 호텔(리조트), 부동산, 식당, 수입차, 엔터테인먼트 등 다양한 분야로 사업 범위를 넓혔고 필리핀, 캄보디아까지 진출했다. 앨빈 차우는 2021년 11월 체포 전까지 썬시티그룹 회장, 인민정협* 위원이었다. 즉 그의 뒷배는 중공이었다.

FT 취재에서 손건화와 손철훈이 부자父子 관계인지는 불확실했지만, 손철훈은 손전본의 손자로 밝혀졌다. 손전본과 철훈은 홍콩에 본사를 둔 2개의 회사에 공동 소유주로 등재되었다. 그리고 이

● 중공은 인민정협을 중공이 영도하는 애국통일전선 조직이라고 밝히고 있다. 이 조직은 중공과 중공의 외곽단체인 중국 민주 동맹, 중국 민주 촉진회, 중국 민주 건국회, 중국 국민당 혁명위원회 등과 외부에서 조직원들을 영입하고 있다. 인민정협의 주석은 왕후닝王滬寧이며 그는 중공 중앙정치국 상무위원이기도 하다. 왕후닝은 중국의 일대일로의 설계자이다.

회사들은 39호실 산하 조선대동신용은행 자회사인 DCB 파이낸스를 통해 2007~2014년 90건의 정유精油 구매에 3,400만 달러에 가까운 대금을 지불했다. 즉 손철훈은 차우가 썬시티그룹을 창립한 2007년부터 2023년까지 북한에 최소 113회 이상 정유를 공급했다.

그렇다면 손철훈은 어떤 수입원으로 14K와 연계된 개인과 회사에 거액의 석유 대금을 지불했을까. 손전본 가족이 대금 지불에 이용한 DCB 파이낸스는 2006년 6월 27일 버진아일랜드에 설립된 북한의 페이퍼 컴퍼니paper company이다. 즉 북한이 대북제재를 피해 사용하는 금융 창구이고 모회사인 조선대동신용은행은 지불 능력이 없다. 손전본 가족이 자금을 마련할 수 있는 방법들 중 하나는 류경회사가 손대고 있는 마약이다. 북한이 *The Mole*에서 보여준 것처럼 손철훈이 14K 관련 회사에 정유 공급을 주문하고, 류경회사가 마약으로 대금을 치르는 이른바 삼각 거래를 했을 가능성이 높다.

앨빈 차우의 주 수입원은 카지노, 마약, 돈세탁이었고, 류경회사도 차우의 활동에 개입했을 가능성이 높다. 마카오 법원은 2013년 3월~2021년 3월 사이 썬시티그룹의 불법 도박 매출액이 1,050억 달러에 달한다고 추정했는데, 이 수익은 매우 보수적으로 산출된 금액일 뿐이다.[489] 또한 UNODC는 호주 사법기관의 자료를 인용해 차우의 카지노는 2013~2015년 사이, 하루에 최대 200만 호주 달러를 세탁했는데, 이 자금 중 상당액이 마약 수익금이라고 지적했다. 무엇보다 썬시티그룹은 아시아 태평양 지역에 유통되는 필로폰의 40~70%를 공급한 것으로 알려진 삼합회 계열 삼고르三晤,

Sam Gor(일명 The Company)와도 관련되어 있다고 밝혔다.[490]

캐나다에 기반을 둔 삼고르는 연간 수익 100~230억 달러에 달하는 글로벌 범죄조직이다. 북한과의 연결점은 딱히 찾기 힘들다. 다만, *The Mole*에서 2016년 알레한드로가 제임스에게 '우리는 세계에서 금지된 것들, 즉 제약 산업 제품들을 개발하고 있고 캐나다 제약회사가 북한에 필로폰 생산을 의뢰했다'는 언급이 걸린다. 정상적인 제약회사라면 북한에 마약을 주문할 리 없기 때문이다. 즉 북한과 삼고르도 모종의 관계가 있을 수도 있다.

14K 보스 차우는 2021년 11월 불법 도박과 범죄조직 운영, 사기 등 289개 혐의로 체포되었다. 그는 2023년 1월, 18년 형을 받고 현재 수감 중이다. 또한 삼고르 보스 체치롭谢志乐, Tse Chi Lop도 2022년 1월 22일 체포되었다.* 삼합회 보스들이 체포되었다고 그들의 조직도 사라진 것은 아니다. 그 공백은 항상 다른 누군가로 대체된다. 앞에서 확인했듯이 손전본 일가와 류경회사에게 앨빈 차우만 있는 게 아니다. 아직 북한에게는 완콕코이라는 카드가 있고(챕터 33 참조) 그가 아니더라도 북한과 연계된 삼합회 조직은 다수로 추정된다.

손전본은 2008년, 89세의 나이로 사망했다. 그가 사망했어도 손씨 일가와 류경회사는 김씨 일족에 대를 이어 충성하고 부를 축적하고 있다.

• 호주를 비롯한 8개국 사법기관들은 2022년 1월 22일, 네델란드 스키폴 국제공항에서 체치롭을 체포했다. 그는 14K 그룹 소속 대권자大圈仔 출신으로 1988년 캐나다로 건너간 후 삼고르를 이끌었다. 삼고르는 14K, 죽련방, 신의안 출신 조직원들로 구성되었다.

37

80년간 지속된 북한산 마약의 한국 침투

북한산 필로폰의 뜨거운 인기

북한산 마약의 한국 침투 역사는 80년을 바라보고 있다. 아편 및 알칼로이드계 마약은 1945년 8월 광복 직후부터 38선을 넘어 한국에 침투했다. 북에서 남으로 직행했던 마약은 한국 정부의 대북 태세 강화와 마약 범죄 엄단으로 1960년대 후반 잠시 자취를 감췄다. 하지만 북한산 마약은 제3국으로 우회해 들어오기 시작했다. 북한산 필로폰은 1990년 전후[●] 한국에 침투한 이래 현재까지 멈춘

● 일본 당국이 북한과 관련한 필로폰 사건을 처음으로 발표한 것은 1990년 11월, 안기부가 조총련, 조선족에 의한 북한산 마약 반입에 대해 처음으로 경고한 시점은 1991년 4월이었다. 또한 1992~1995년 사이 홍콩, 대만의 삼합회 조직들이 중국산 필로폰을 들여오다 적발되었다는 보도들도 있었다. 당시 삼합회가 취급한 고품질 필로폰은 중국

수령과 마약

적이 없다. 어디 필로폰뿐일까. 북한산 대마초, 케타민, 엑스터시 등도 국내에 오래전부터 들어온 것으로 추정된다.

북한산 필로폰은 한국에 들어오기 시작한 때부터 소비자뿐 아니라 공급자들에게도 뜨거운 인기를 유지하고 있다. 북한산 필로폰의 수요가 급등해 1990년대 중반에는 북한산 프로카인이 필로폰으로 둔갑해 판매될 정도였다.[491] 앞에서도 확인했듯이 국내 범죄조직들은 1990년대 후반부터 북한에서 직접 필로폰을 들여왔고, 직행 루트가 막히자 2000년대 초반부터는 중국, 동남아에서 우회해 반입하고 있다. 북한산 필로폰의 뜨거운 인기는 식을 줄 몰랐다. 국내 마약 투약자들은 북한산 필로폰을 찾아 2013년 3월 중국 산둥성 웨이하이威海로 원정 투약을 가기도 했다.[492] 또 어떤 국내 마약상은 북한산 필로폰의 인기 때문에 '북한산 필로폰을 취급하는 탈북민'으로 사칭해 활동하다 2015년 7월 적발되기도 했다.[493]

북한산 필로폰은 한국에서 이렇게 뜨거운 인기가 유지되고 있는 만큼 지금 이 순간에도 우리 사회를 잠식하고 있다. 서울중앙지검은 다크웹dark web에 '순도 97% 이상의 북한산 필로폰 판매' 게시글을 올린 피의자를 2018년 11월 초 구속했다.[494] 2023년 5월에는 일반적인 SNS에서도 북한산 필로폰이 거래된다는 사실이 보도

산이 아닌 북한산이었다. 김대영, "북한 정부차원의 마약 밀매 자행 〈해설〉," 《연합뉴스》, 1991년 4월 4일; 정권현, "중국산 필로폰 국내 첫 밀반입," 《조선일보》, 1994년 3월 31일, 31면; 이효재, "대만 최대 갱조직 '죽련방' 국내 마약시장 침투," 《조선일보》, 1995년 7월 22일, 31면.

되기도 했다.[495] 무엇보다 구글Google 등 포털 사이트에서는 북한산 필로폰 광고를 너무나도 쉽게 찾아볼 수 있다. 북한산 필로폰은 우리 주변을 맴돌고 있지만, 경찰은 최초 출발지가 북한인지 동남아인지 정확한 루트를 찾기 어렵다고 한다.[496]

북한산 필로폰이 인기가 높은 이유는 100%에 가까운 순도와 뛰어난 품질을 자랑하기 때문이다. 이와 관련해 《MBC 뉴스》가 2021년 1월 5일 보도한 황하나 씨(남양유업 창업주 외손녀)의 마약 투약 관련 대화 녹취록을 잠시 살펴보자.

> 남○○ 우리 수원에서 (필로폰 투약) 했을 때 있지. 그때는 진짜 퀄(퀄리티)이 좋았어.
>
> 황하나 퀄(퀄리티) ×× 좋았어. (거침 없는 욕설).
>
> 황하나 내가 너한테 그랬잖아. ×× 이거 북한산이냐. (느낌이) 내가 2015년에 했던 뽕인 거야.
>
> (마약을 구해온 사람이 누구인지 털어놓기까지 합니다.)
>
> 오○○ 마지막 그때 났던 뽕.
>
> 황하나 그게 눈꽃이야, 눈꽃. 내가 너네 집 가서 맞았던 거 눈꽃 내가 훔쳐 온 거 있어. 그거야. 그거 ×× 좋아. 미쳤어, 그거.[497]

이 녹취록에 등장한 인물은 황 씨의 전 남편 오○○와 오 씨의 친구 남○○이다. 황 씨는 이 대화에서 자신이 2015년 투약한 북한산 필로폰에 대해 '끔찍한 애정'을 드러냈다. 황 씨뿐이 아니다. 북한산 필로폰은 국내 마약 소비자들이 가장 선호하는 '제품'이다. 이와 관련해 TV 조선 '탐사보도 세븐' 취재진과 인터뷰한 탈북민 필로폰 판매상의 얘기도 들어보자.

> 일단 중국산도 그렇고 캐나다, 동남아시아 제가 다 다녀봤는데 북한 산이라고 하면 최고로 봐줘요. 마약상들한테는 북한산 마약이라고 하 면 최고죠. 흥정할 수 없는 물건? 북한산 마약을 가지고 있다 그럼 흥 정이 잘 안 돼요. 흥정을 안 하려고 해요. 왜? 순도가 좋아서. 순도가 좋으니까 없어서 못 판다는 거죠. 마약 자체가 물건 자체가. ('한국에 얼 마나 많이 퍼져 있나'라는 취재진 질문에) 30~40%는 북한산 루트로 들어옵 니다. (중략) 한국 사람들도 북한산이라고 하면 두 시간 세 시간씩 차 타고 와서 가져가더라고요. 가격도 더 비싸요. 한 20만 원 정도 그런 데도 가지러 내려오는 거예요. 본인들이 그렇게 말하더라고요. '내가 북한산을 써봤는데 진짜 좋았다.'[498]

북한산 필로폰이라고 모두 최상품이 아니다. '진짜 최상품'은 민 간인들이 밀조한 게 아닌 흥남제약, 국가과학원(함흥분원), 제2자연 과학원 등에서 생산한 제품들이다. 그래서 북한의 민간 마약 밀매 상들도 접하기가 어렵다. 저자와 인터뷰한 탈북민들은 '최상품은 해외로 수출되거나, 아니면 평양에 있는 어른들(고위급 간부들)이 1g 에 30~40달러(코로나 팬데믹 이전 기준)에 구매한다'고 입을 모았다. 2000년대 초중반, 이 제품을 접했던 탈북민들은 투약 후 부작용이

거의 없고, 각성 효과가 오래 지속된다고 했다. 요컨대 최상급 북한산 필로폰은 극소량으로도 빠른 중독 효과가 있다는 얘기다.

이토록 무서운 북한산 필로폰이 국내에서 유통되는 마약 중 적게는 30%, 많게는 50% 이상을 차지한다는 보도들이 최근까지 있었다.[499] 북한산 필로폰은 제3국에서 여러 단계의 재가공을 거친 저품질의 마약부터 북한에서 직송되는 최상품까지 다양하다. 품질에 따라 가격과 유통량도 천차만별일 것으로 보인다. 그런데 한국 당국은 북한산 마약 관련 정보들을 공개하지 않아 이 비율이 실제와 얼마나 부합하는지 확인할 길은 없다.

북한산 여부는 확인할 수 없지만, 최근 몇 년 전부터 국내로 엄청난 양의 마약이 들어왔다. 2016년 국내 마약류(마약, 향정, 대마 등) 압수량은 244.2kg이었으나, 2021년에는 430.6%가 증가한 1,295.7kg이 압수되었다. 역대 최대 압수량이었다.[500] 압수량은 어디까지나 압수량일 뿐 실제 한국에 들어온 마약은 압수량의 10~30배에 달한다.* 이렇듯 2016~2021년 사이에는 누군가 의도적으로 빗장을 연 것처럼 한국은 마약 범죄에 무방비 상태였다. 문재인 정부는 검찰개혁을 목표로 2018년 6월, '검경 수사권 조정안'을 발표했다. 이후 더불어민주당 주도의 속칭 '검수완박(검찰 수사권 완전 박탈)'을 위한 법률 개정 작업이 진행되었다. 결과적으로 2021년 1월 검

---

* 국내 마약 범죄 암수율暗數率은 대검찰청의 경우 10배, 박성수 세명대 경찰행정학과 교수는 28.57배로 추정하고 있다. 박성수·백민석, "마약류 범죄의 암수율 측정에 관한 질적 연구,"《한국경찰연구》, 18(1) (2019), p. 166.

찰 수사지휘권은 폐지되었고, 마약 범죄는 가액 500만 원 이상 마약 밀수출에 대해서만 수사권이 부여되었다. 조직폭력, 무고, 위증 등에 대한 직접 수사도 불가능해졌다.**

검찰 수사권과 기소권을 분리해 검찰 권한을 견제한다는 조정안의 취지는 일부분 이해할 수 있다. 하지만 검찰의 마약 및 조직폭력 수사 기능까지 무너뜨린 일은 납득이 어렵다. 대검찰청 강력부는 2018년 반부패수사부에 흡수되면서 마약 수사 컨트롤 타워 기능이 정지됐다. 1989년 창설된 대검 마약과는 2020년 반부패·강력부 조직범죄과에 통폐합되었고, 2021년에는 전국 지방검찰청 강력부들도 대부분 반부패 부서로 개편되었다. 2022년 3월, 윤석열 정부가 들어선 후 소위 '검수원복(검찰 수사권 원상 복구)'이 일부 실행됐지만,*** 어디까지나 시행령 개정이라는 임시방편일 뿐이었다.

그런데 경찰 출신 황운하 의원(더불어민주당; 현재 조국혁신당 소속)은 2022년 11월 9일, 한 라디오 방송에 출연해 '우리 마약류 실태가 대통령이 나서서 마약과의 전쟁을 선포할 만큼 심각한 상황이

───────────

** 형사소송법, 검찰청법 및 각 법률 시행령 일부개정안이 2020년 1월 국회 본회의를 통과했다. 이에 따라 검찰 수사 범위는 6대(부패, 경제, 공직자, 선거, 방위사업, 대형참사)범죄로 축소되었다. 또한 각 법률은 2022년 4~5월, 재개정되어 검찰 수사 범위는 2022년 5월 3일부터 부패 및 경제범죄로 국한되었다.

*** 법무부가 2022년 8월 제출한 〈검사의 수사개시 범죄 범위에 관한 규정〉(시행령) 개정안은 검찰의 경제범죄 수사 범위에 '마약류 유통 관련 범죄, 경제범죄를 목적으로 하는 조직범죄'를 포함시켰다. 또한 2023년 10월, 국무회의에서 검경 협력 강화, 검찰의 보완수사 범위 확대 등을 골자로 하는 〈검사와 사법경찰관의 상호협력과 일반적 수사준칙에 관한 규정〉(대통령령) 개정안이 통과되었다.

냐, 정책 판단의 영역이지만 불과 5년 사이에 5배 늘어난 수준'이라고 했다.[501] 또한 법무부 장관을 역임한 박범계 의원(더불어민주당)은 2023년 4월 4일, 국회에서 법무부의 시행령 개정과 관련해 '전국적으로 시행령에 의한 검찰 직접 수사 부분 현상이 있다면, 수사를 받는 분은 민주당에 신고해달라'고 언급했다.[502] 이들의 언급을 통해 짐작할 수 있듯이 검찰에 대한 또 다른 입법 조치가 발생하면, 검찰은 다시 마약 및 조직범죄 수사에서 손을 떼야 할 수 있다.

누구를 위한 검찰개혁이었을까. 결국 피해는 검찰을 평생 마주할 일이 거의 없는 일반 시민들의 몫이 되었다. 한국은 어쩌다 이러한 상황까지 처하게 된 걸까. 국내 마약 압수량은 2022년과 2023년 각각 804.5kg, 998.0kg으로 2021년 대비 감소 추세를 보이고 있지만, 안심할 수 있는 상황이 아니다. 현재 마약은 중국, 동남아는 물론 북미, 중남미, 유럽 등 수많은 국가에서 국내로 들어오고 있다.[503] 하지만 한국이 가장 우려해야 할 마약은 북한산이다. 수령은 지난 80년 동안 마약을 포함한 온갖 수단과 방법으로 한국을 공격해 왔다. 이 상황에서 한국은 사법적 수단과 방법으로만 대처해야 했다. 하지만 우리는 이 도구들마저 잃을 처지에 이르렀다.

국제범죄조직과 한국 범죄조직의 연계

북한산 마약의 최상위 공급책들은 삼합회, 흑사회, 야쿠자이다. 이 국제범죄조직들은 글로벌 공급망을 보유하고 있으며 북한과 연계해 생산에도 직접 참여하고 있다. 삼합회, 야쿠자는 1980년대 후반부터 북한산 마약을 취급했다.[504] 또한 14K와 이나가와카이稲川会 등은 1990년대 초반 한국에 대거 진출, 마약을 밀반입했다.[505] 또한 흑사회는 2000년대 후반부터 한국에 거점을 개설하고 서울, 인천, 부산, 대구 등에서 활동하는 22개 분파分派를 통해 북한산 필로폰을 판매해 왔다.[506]

한국 조폭들은 국제범죄조직으로부터 북한산 필로폰을 공급받아 서울 강남을 비롯한 전국의 유흥업소에 유통하는 구조를 만들었다. 이와 관련해 조선족 김 씨는 2010년 9월, 북한산 필로폰을 중국에서 한국으로 들여와 안양타이거파와 김포거삼파에 판매했다. 이 조직들은 다시 리버사이드파, 부천식구파, 원당부천파, 전주나이트파에 판매했다.[507] 국제범죄조직과 한국 조폭이 만든 마약 유통 구조는 여전히 건재하다. 국정원은 2018년 7월, 죽련방의 필로폰 거래 첩보를 입수해 같은 해 8월 해당 조직원을 체포했다. 죽련방 조직원은 태국에서 한국으로 총 112kg의 필로폰을 들여온 뒤 90kg을 서울의 한 임대주택에 보관했고 나머지 32kg은 이나가와카이稲川会에게 넘겼다. 이 야쿠자 조직은 다시 22kg을 북한산 마약을 취급하다 2002년에 적발된 성일파에 판매했다.[508]

한편, 최근 한국 뉴스를 장식했던 마약 공급책 박왕열(일명 전세계)도 배후에 삼합회가 있는 것으로 판단된다. 박왕열은 현재 필리핀 뉴빌리비드 교도소NBP에 수감 중이다. 그는 이곳에 복역 중인 삼합회 킹핀들처럼 'VIP 수감자' 혜택을 받고 있다. 앞에서 필리핀 상황을 살펴본 것처럼 NBP에는 북한산 마약이 대량 유통되고 있고,(챕터 33 참조) 박왕열은 전화 한 통으로 국내로 마약을 계속 반입하고 있다. 즉 그는 다른 VIP들처럼 삼합회와 필리핀 정관계 인사들과 밀접한 관계를 맺고 있는 것으로 보인다. 특히 박왕열은 2023년 NBP를 찾아간 국내 방송사 PD에게 "내가 말하면 한국 뒤집어져. 검사부터 옷 벗는 놈들도 많을 거야."라는 말을 남겼다.[509] 박 씨의 말이 기망인지 아닌지 진위를 가리기 위해서라도 한국 사법당국은 조속히 그를 송환해야 한다. 또한 필리핀의 비쿠탄 이민자 구금센터와 여타 교도소들에 수감 중인 다른 한국인 공급책들도 마찬가지다.

한국 범죄조직의 북한 직거래

국제범죄 전문가인 조성권 교수가 10여 년 전에 예견했듯이 현재 한국 범죄조직들의 핵심 불법 행위 중 하나가 바로 마약이다.[510] 마약은 여전히 최상의 수익을 창출하며, 특히 북한산 마약은 그 인기만큼 높은 수익을 보장한다. 또한 범죄조직 입장에서 북한과의 직거래는 북한산 마약을 저렴하게 구매할 수 있는 가장 효율적인 방법이기도 하다. 북한에 포섭된 지하조직만 북한과 접촉할 수 있는 게 아니다. 우리는 광복 후부터 자신의 탐욕을 위해 북한과 협력하고 거래하는 많은 사례들을 목격했다.

그리고 이 상황은 여전히 지속 중이다. 2000년 1차 남북정상회담 기간 중 작전부와 함께 필로폰을 만들었던 A는 2009~2011년 사이 북한 공작원으로부터 황장엽 전 비서 암살(실패), '2012~2013

한국군 무기연감' 제공(성공), 가스저장소 및 열병합 발전소 위치 정보 제공(성공) 등의 지령을 받고 그 대가로 약 4만 달러를 받았다.[511] 또한 2007~2013년 노동당 산하 릉라도정보센터와 접촉해 DDoS 공격 파일, 도박 프로그램 해킹 파일 등으로 수익을 올린 최 씨, 2008~2010년 39호실 산하 릉라도정보센터로부터 온라인 게임 '핵 파일'을 받아 판매해 돈을 번 허 씨, 2011~2013년 한국과 중국에서 북한 공작원과 수시로 회합하면서 국가조달시스템(나라장터) 서버 IP 탐지를 시도하고, 악성코드가 포함된 북한 프로그램을 국내에 유포해 돈을 번 전 씨 등의 사례도 있다.[512]

그런데 더 심각한 문제는 조폭들의 북한 연계 가능성이다. 국정원은 2024년 2월, 국내 범죄조직이 39호실 산하 경흥정보기술교류사에 온라인 도박사이트 제작을 의뢰해 수조 원대 소득을 취했다고 발표했는데, 그 의뢰자는 조폭으로 알려졌다.[513] 무엇보다 한국 범죄조직의 동남아 진출은 이곳에 거점을 둔 삼합회, 현지 범죄조직뿐 아니라 북한과의 접촉 가능성도 높아졌다. 호남 조폭•과 청주 파라다이스파 등은 2010년 전후 마카오, 필리핀, 베트남, 캄보디아에 진출해 호텔 카지노 VIP룸, 즉 정켓 운영과 마약 밀매, 불법 기업인수합병(M&A) 등을 실행했고,[514] 성남 국제마피아는 2011년 중국 청도, 태국 푸켓 등에 진출해 불법 도박업을 벌였다.[515]

• 마카오는 광주송정리파, 충장OB파, 방배동파(이상 범죄방파 계열), 필리핀은 학동파(양은이파 계열)와 청주 파라다이스파, 베트남은 영광파(범서방파 계열), 캄보디아는 영산포파, 영등포파(이상 범서방파 계열)가 진출했다.

북한은 1990년대 초반부터 한국 조폭을 영입하려고 했다. 돈만 되면 수단과 방법을 가리지 않는 김씨 일족과 조폭의 공통점을 고려한다면, 이들이 마약 거래를 하지 않는다는 게 오히려 이상할 수 있다.

탈북민들의 공급책 부상

탈북민도 북한산 마약 공급책 중 하나다. 탈북민들은 2000년대부터 가족과 지인을 통해 중국에서 마약을 들여오거나 일부는 북한에 직접 방문해 마약을 공수했다.[516] 2000년대 후반부터 현재까지 탈북민 범죄 유형 중 마약 범죄는 30% 내외로 가장 많은 부분을 차지하고 있다. 북한 당국 주도의 마약 범죄가 일반 사회에 전이됨에 따라 2000년대부터는 민간 차원의 마약 생산과 소비가 급격히 증가했다. 즉 김씨 일족의 외부 세계로 뿌린 마약이 부메랑이 되었다. 이에 따라 북한을 떠난 주민들도 마약의 그림자에서 벗어나지 못하는 상황이다.

현재 북한 사회의 마약중독 문제는 어떠한 수식어로도 표현을 할 수 없을 정도다. 2012~2019년 사이 탈북한 주민들은 저자에게 북한 내 마약 소비 상황을 이렇게 얘기했다.

전당全黨, 전군全軍, 전민全民이 다 사용한다. 머저리, 미물微物, 소아마비 걸린 사람이 아닌 이상 모두 했다.[517]

북한에서는 2010년 이후 아동, 청소년, 임산부 등 연령, 계층, 지역과 관계없이 일상적으로 마약을 접하고 있고, 현재도 마찬가지다.[518] 마약 통제를 담당하는 일선 보위원, 보안원, 검사들부터 평양의 고위급 간부들도 예외가 아니다. 이들은 마약 사용은 물론 마약에서 비롯된 크고 작은 부패 사슬을 만든 지 오래다. 김정은도 형식적으로는 마약 통제를 하고 있다. 하지만 일반 주민들의 마약 범죄가 김정은의 이권이나 독재 유지에 지장을 주지 않는 이상 실제로는 방치에 가깝다.

북한에서 한국으로 이어진 탈북민들의 마약 범죄는 2010년 이후 조직화 양상을 보이기 시작했다. 울산지검 특수부는 2013년 12월 18일, 탈북민 6명을 마약 밀매 혐의로 구속했다. 전원 탈북민으로 구성된 마약조직이 처음으로 적발된 사건이었다.[519] 서울중앙지검 강력부는 2016년 4월, 북한산 추정 필로폰을 중국 단동에서 한국으로 밀반입한 25명을 적발했다. 이들 중 16명은 탈북민, 8명은 조선족이었으며 나머지 1명은 탈북민을 사칭한 내국인이었다.[520] 또한 서울지방경찰청은 2019년 9월, 탈북민을 포함한 내외국인 19명을 북한산 필로폰 사용, 유통 혐의로 검거했다. 당시 전국 경찰청이 검거한 북한산 마약 유통 사범은 100명에 달했다.[521]

탈북민과 북한의 연계가 의심되는 사례도 있었다. 경찰청은 2022년 4월 1일, 국정원 및 인터폴과 공조해 동남아 마약 공급책 탈북민 최 씨를 한국으로 강제 송환했다. 최 씨는 2018년 3월 중국으로 출국한 후 2018년 중반부터 북한산 마약을 국내로 공급했다.

이후 그는 베트남, 태국, 캄보디아로 체류지를 옮겨 국내 공범들을 통해 필로폰 등 마약을 국내로 유통했다. 최 씨와 수개월간 같이 지냈던 한 마약상은 국내 온라인 매체에 그가 북한에 있는 가족을 통해 마약을 공급받았다고 말했다.[522] 만약 이 언급이 사실이라면, 최 씨는 북한산 마약의 독자적인 공급망을 구축했다고 볼 수 있다. 또한 그 '가족'이라는 상선上線이 최 씨가 동남아에 체류할 때도 마약을 공급했다면, 그 가족은 민간인으로 볼 수 없다. 북한-중국 접경지역도 아닌 동남아로 마약을 보낼 정도라면 당국자가 아니면 불가능하다. 이처럼 탈북민 최 씨 사건은 마약 사건인 동시에 대공 사건일 수도 있다. 하지만 경찰은 이 사건을 단순 마약 사건으로만 처리한 듯하다.

일부 탈북민들의 마약 범죄 특히 북한 당국과 개연성이 있는 범죄는 철저히 통제해야 한다. 동시에 탈북민 전체를 범법자 몰이 하는 행태도 반드시 경계해야 한다. 북한은 1990년대부터 한국으로 입국한 탈북민들에 대해 '정신병자', '인간쓰레기', '반동분자', '반혁명분자', '변절자', '배신자'라고 비난하고 있다.[523] 김씨 일족은 6.25전쟁 시기부터 한국을 주적으로 여겨왔기에 우리 사회에 정착한 탈북민에게도 증오를 표출하고 있다. 그런데 한국 정치권과 사회 일각에서도 일부 탈북민들을 북한과 동일한 용어를 사용해 힐난하는 모습을 보이기도 했다. 특히 일부 국회의원이 김씨 일족과 동일한 시선에서 탈북민을 바라보고 있다는 사실은 납득하기 힘들다.[524]

경찰 안보수사과는 탈북민 신변 보호를 맡고 있다. 즉 경찰의 탈북민 범죄 인지는 일반 범죄조직과 비교했을 때 상대적으로 수월하다. 또한 탈북민들의 조직력이나 자금 동원력도 조직폭력 및 마약범죄조직들과 비할 바가 아니다. 한국이 진정으로 경계해야 할 대상은 북한과 합종연횡하고 있는 보이지 않는 세력들이다.

38

보이지
않는
세력들

버닝썬 게이트의 배후들

버닝썬 게이트는 한 폭행 사건에서 출발했다. 김상교 씨는 2018년 11월 24일, '클럽 버닝썬'*에서 성추행당하는 여성에게 도움을 주는 과정에서 클럽 VIP인 일명 '나사팸'의 최 씨와 버닝썬 이사 장 씨 등으로부터 폭행을 당했다. 김상교 씨의 신고로 서울강남경찰서 역삼지구대 경찰관들이 출동했지만, 경찰은 김 씨를 체포했다. 김상교 씨는 역삼지구대로 이동하는 순찰차와 지구대에서 경찰관들로부터 3회에 걸쳐 폭행을 당했다고 했다. 사건 당일, 역삼지구대는 김 씨를 영업방해 및 공무집행방해 혐의로 강남경찰서에 입

●   호텔 르메르디앙 서울(서울시 강남구 역삼동) 지하 1층에 소재했던 버닝썬은 2018년 2월 23일 개업, 2019년 2월 16일 영업을 종료했다. 르메르디앙은 2021년 1월 21일 매각되었다.

수령과 마약

건했다. 이후 김 씨는 경찰관들의 독직폭행瀆職暴行•• 증거 확보를 위해 역삼지구대에 CCTV 원본 제출을 요구했으나, 역삼지구대는 CCTV 고장을 이유로 제출하지 않았다.[525]

2019년 1월, 김상교 씨의 폭로와 언론의 본격적인 취재가 시작되었다. 3월부터 버닝썬에서 발생한 범죄들이 꼬리에 꼬리를 물고 드러났다. 버닝썬 대표 가수 승리(본명 이승현) 씨는 성매매 알선, 횡령 혐의와 특경법 위반, 공동 대표인 유인석 씨는 특수폭행교사 혐의, 가수 정준영과 최종훈 씨는 불법 촬영 및 유포와 성폭행 혐의를 받았다. 피의자 대부분은 한국뿐 아니라 해외에서도 유명한 연예인들이었기에 이 사건의 쟁점은 이들이 자행했던 성범죄와 불법 촬영 등에만 초점이 맞춰졌고 지금도 마찬가지다.

버닝썬에서는 다양한 범죄들이 발생했다. 그런데 이 중 제대로 조명을 받지 못한 쟁점, 즉 '우리가 놓친 이야기'가 있다. 그 쟁점은 한국 조폭 및 삼합회가 연루된 마약 유통과 불법 도박 의혹이다. 버닝썬 사건은 현재까지 전 사회적으로 주목을 받고 있다. 하지만 이 사건은 버닝썬 피의자들의 GHB(일명 물뽕)를 이용한 성범죄, 강남경찰서 및 역삼지구대와 유흥업소 유착에 대해서만 초점이 맞춰진 모양새다. 이 의혹들도 매우 중대한 문제이며 그 규명도 요원한 상태다. 하지만 버닝썬 거점 마약 유통 의혹은 그늘진 곳에서 공전空轉만 거듭하고 있다.

•• 공무원이 직무를 수행하면서 사람을 폭행하거나 가혹 행위를 저지르는 죄.

SBS 시사 프로그램 '그것이 알고 싶다(이하 그알)' 제작진과 만난 클럽 MD는 버닝썬에 출입한 손님들의 마약 사용과 관련해 이렇게 얘기했다.

> 예를 들어, 중국 재벌이나 돈이 많은 애들은 중국에서 마약을 하면 사형이다, 이런 사람들 이런 걸 솔직히 알고 있는 사람이 몇 명이나 될까요? 중국에서 마약을 하다 걸리면 바로 사형이니까. 이거를 어떻게 보면 영업으로 이용한 것일 수도 있겠죠.[526]

또한 그알 제작진 의뢰로 버닝썬 재무 구조를 살펴본 반기홍 세무사는 다음과 같은 의견을 제시했다.

> 투자 유치를 하기 위한 수단이나 도구가 이 버닝썬인 것 같아요. 일단 마진율이 컸잖아요. 그리고 더군다나 현금 매출이 많았기 때문에 현금화시키기도 좋고 흔히 말하는 캐시 카우cash cow(현금 창출원)잖아요.[527]

위 인터뷰 내용을 종합하면, 버닝썬에서는 중국 및 동남아 등에서 온 손님들을 위해 마약과 유흥이 제공된 것으로 보인다. 이와 관련해 버닝썬 MD '애나(본명 바인나)'는 2019년 3월 경찰 조사에서 중국인 손님들을 유치하고 그들과 엑스터시와 케타민 투약 사실에 대해 인정했다. 하지만 애나는 마약 유통 혐의는 부인했다.

버닝썬은 마약 유통 거점으로 활용되었을 여러 정황이 있다. 주지하듯 한국 조폭과 삼합회는 국내 마약 공급망의 거대 축이며 당연히 북한산 마약도 다룬다. 즉 버닝썬 사건에는 이 두 세력도 개입한 것으로 의심된다. 이와 관련해 검찰은 2019년 3월, 버닝썬 탈세수사 과정에서 카지노 원정도박을 위해 한국에 온 중국계 관광객 등이 버닝썬 VIP룸 등을 이용한 정황을 포착했다. 검찰은 외국인들의 국내 원정도박 VIP 서비스에 '버닝썬 VIP룸 이용'이 포함됐을 가능성을 주시하면서 조폭이 연루됐을 것으로 봤다.[528] 또한 경찰도 버닝썬에 대한 삼합회의 투자 의혹을 확인하기 위해 2019년 4월 초, 중국 공안기관에 수사 협조 요청을 했다.

앞에서도 살펴봤듯이 호남 조폭 등은 2010년 전후부터 동남아에 진출해 카지노 VIP룸을 운영해왔다.(챕터 37 참조) 2018년 2월에 개업한 버닝썬이 짧은 기간 동안 해외 손님을 유치할 수 있었던 이유도 동남아에 진출한 한국 조폭과 삼합회의 개입 때문으로 의심되었다.

버닝썬과 삼합회 연루의 중심에는 버닝썬엔터테이먼트 해외 투자자 '린사모'*가 있었다. 그알(2019년 3월 23일 방영)은 린사모와 삼합회 연루 가능성을 제기했다. 린사모는 대만 패션잡지(*Elle Taiwan*, August 2018 Issue)와의 인터뷰에서 '샤넬Chanel 파티에서 빅뱅을 만났고, 의외의 인연으로 승리와 친분을 가졌다'고 말했다. 승리와의 두터운 친분 때문인지, 린사모는 버닝썬 지분 4,000주(40%)를 사들여 이 중 2,000주(20%)를 유리홀딩스에 무상으로 양도했다.[529]

• 버닝썬 주주 명부에 기재된 린사모의 성명은 린이주(林怡如: Lin Yi Ju)로 알려졌다.

하지만 그날 방영 나흘 후인 3월 27일, MBC는 린사모는 삼합회와 관련이 없다며 다음과 같은 내용을 보도했다.

> 이 수상한 린사모는 대체 어떤 인물일까요? "범죄조직 삼합회에 연루됐다" 혹은 "홍콩 카지노 재벌의 부인이다" 각종 설이 난무합니다. (중략) 하지만 린사모를 잘 아는 지인들은 "알려진 바와는 달리 린사모가 홍콩 카지노 재벌 선시티(썬시티) 그룹과 관련 없는 인물"이라고 말합니다. 수사당국도 "한 방송 프로그램이 제기한 린사모와 중국 범죄조직 삼합회 간의 연루설은 사실이 아닌 것으로 확인됐다"고 밝혔습니다. 방송에서 삼합회 조직원들로 지목된 린사모 주변 남성들 역시 대부분 린사모 금고지기의 지인인 한국인들로 확인됐습니다.[530]

MBC의 보도처럼 린사모는 홍콩 카지노 재벌 부인, 썬시티그룹 관계자라는 설이 있었다. 다시 말해 앞에서 다룬 썬시티그룹 회장이자 14K 보스였던 앨빈 차우의 배우자 '천후이링陳慧玲, Chan Wai-leng (Heidi Chan)'이 린사모와 동일인으로 의심되었다.● 현재까지의 보도들만 보면, 이는 사실이 아닌 것으로 보인다. 국내 수사당국과 린사모 지인들도 관련 의혹은 사실이 아니라고 했다. 이에 따라 버닝썬의 삼합회 연루는 '사건의 본질을 흐리는 엉뚱한 의혹'으로 치부

● 앨빈 차우와 천후이링은 오래전부터 이혼설이 불거졌지만, 2022년 앨빈 차우의 법정에 모습을 나타내 그에 대한 지지를 표명하기도 했다. Heidi Hsia, "Alvin Chau: My wife is my true love," *Yahoo News*, 22 March 2015.

되었다.

그런데 의혹의 불씨는 꺼지지 않았다. 대만 주간지 《鏡週刊》은 2019년 4월 3일 보도에서 '린사모林太'의 정체를 확인할 수 없었다고 보도했다. 다만 린사모의 남편은 '위궈주于國柱'인데, 그는 1990년대부터 불법 도박 업체를 운영해 수천억 원의 재산을 보유한 자산가이고, 불법 도박 및 무기 관련 전과가 있다고 한다. 또한 그는 죽련방, 사해방 등 삼합회와도 관련이 있다고 알려졌다.[531] 이뿐만이 아니다. 디지털 포렌식digital forensic으로 복원된 정준영 핸드폰 메신저 대화에서도 삼합회로 추정되는 내용이 등장했다. 다음은 승리, 정준영, 최종훈, 유인석, 클럽 관계자 등 8명의 2015년 12월 6~7일 사이의 대화 내용이다.

승리   대만에서 손님이 온 모양이야.

김〇〇** 지금 여자 부를 애가 누가 있지? 가뜩이나 차이니스 OMG다 일단 자리는 다 픽스해놨어.

승리   잘 주는 애들로

김〇〇   일단 부르고 있는데 주겠나 싶다. 니들이 아닌데 주겠냐ㅋㅋㅋ

김〇〇   대만 깡패라ㅋㅋㅋ

정준영   중국 애들은 성형녀 같이 생긴 애들 좋아할 걸.

** 김〇〇는 강남 모 클럽 MD 출신이며 유리홀딩스에서 승리와 유인석의 지시를 수행했다. 또 버닝썬 VIP 중 하나인 '나사팸'과도 관련이 있는 것으로도 알려졌다.

유대표　내가 지금 창녀들을 준비하고 있으니까 창녀들 두 명 오면

　　　　김○○이가 안내하고 호텔 방까지 잘 갈 수 있게 처리해.

　　　　두 명이면 되지.

김○○　예쓰

　　　　깡패 두 명은 보냄.[532]

　대만의 여성 재력가 '키○'가 남성 일행 3명과 함께 승리를 찾아왔다. 승리와 유인석은 김○○에게 대만에서 온 손님에게 성 접대 지시를 했다. 접대 대상은 이 대화에서 나온 '대만 깡패'이며, 키○의 일행이다.[533] 한편, 그알 취재진과 인터뷰한 복수의 버닝썬 관계자들은 '린사모가 삼합회와 버닝썬을 찾았다'고 했다.[534] 버닝썬과 삼합회가 모종의 관계가 있는 것은 분명해 보인다. 그 고리가 린사모이든 키○이든 말이다. 또한 승리는 2023년 2월 출소 후 캄보디아, 말레이시아, 인도네시아, 홍콩 등에서 활동하고 있는 것으로 알려졌다. 공교롭게도 이곳은 삼합회 근거지들이다.

　강남 유흥업소는 북한산 필로폰은 물론 다종의 마약류가 유통되는 거점이다. 이곳은 오래전부터 조폭들의 주요 활동무대였고, 이제는 삼합회와 야쿠자도 강남에서 버젓이 마약을 거래한다.[535] TV조선 시사 프로그램 '탐사보도 세븐'(2019년 5월 17일 방영)은 버닝썬 사건을 취재하는 과정에서 한 강남 유흥업소 관계자를 만났다. 이 관계자는 제작진에 다음과 같이 언급했다.

가격도 비싸고 실질적으로 북한산 (마약) 그런 건 고급 VIP들만 쓰는 걸로 알고 있습니다. 한국에서는 순도가 더 높다고 설명한 거니깐 쾌락을 더 느낄 수 있는 게 더 가격이 높겠죠? 적게는 5배 많게는 10배 정도 나는 걸로 알고 있어요.*536*

이 관계자의 언급처럼 북한산 마약은 강남 유흥업소에서 인기가 높아 VIP들만 사용할 수 있는 고가 제품이다. 즉 버닝썬이 한국 조폭, 삼합회와 연관된 사업이라면 이곳은 중국산, 동남아산은 물론 북한산 마약이 유통되는 거점으로 의심될 수밖에 없다. 또한 지난 2023년 10월, 강남구 소재 고급 유흥업소 '굿플레이스'에서 발생한 마약 사건도 조폭과 삼합회 그림자가 보인다. 하지만 이 사건도 버닝썬처럼 마약 유통 구조와 관련된 의혹들이 조명되지 않고 있다.•

이제는 버닝썬 사건 배후에 대해 알아보자. 이 사건은 '버닝썬 게이트'라 불리고 있지만, 정(관)재계 커넥션은 보이지 않는다. 버닝썬 지분 42%를 보유한 '전원산업' 관계자들은 물론 버닝썬 VIP들••

• 인천광역시경찰청 마약범죄수사계는 2023년 10월 19일, 마약 투약 혐의로 유흥업소 실장과 종업원, 재벌 3세, 연예인 지망생, 영화배우 40대 L씨 등 8명에 대해 입건 전 내사 또는 형사 입건, 조사하고 있다고 발표했다. 수사 대상에 오른 8명이 마약을 투약했던 장소는 유흥업소 굿플레이스였다. 한편, 수사 과정에서 영화배우 'L씨'의 실명(이선균)이 공개되어 파장이 커졌고, 이 씨는 2023년 12월 27일 서울시 성북구 와룡공원 인근에서 숨진 채 발견됐다. 현재 굿플레이스의 마약 유통 구조에 대해서는 수사가 이루어지지 않고 있는 것으로 알려졌다.

•• 그알(2019년 3월 23일 방영)을 통해 공개된 버닝썬 VIP는 연예인은 물론 나사팸, 온온햄, 일등팸, 골든, W, 오비스, 왈츠, 로즈웰, JM 등이다.

에 대한 정보도 구체적으로 알려진 게 없다. 또한 강남경찰서의 버닝썬 유착 혐의도 2019년 말을 기해 수사가 종결되었다. 이로써 버닝썬에서 정관계로 연결되는 고리는 모두 끊긴 것처럼 보였다.

하지만 윤규근 총경이라는 인물이 수면 위로 드러났다. 그는 승리, 정준영, 최종훈, 유인석의 메신저 단체 대화방에서 '경찰총장'으로 언급된 경찰공무원이다. 그들의 대화에서 실명이 언급되지 않았던 만큼 '경찰총장'은 실체 파악이 어려운 대상이었다. 하지만 가수 故구하라 씨의 조력*과 SBS 강경윤 기자의 보도(2019년 3월 13일)로 '윤규근 총경'의 실체가 밝혀졌다.[537] 윤 총경은 2015년 1월 강남경찰서 생활안전과장으로 근무한 경력이 있고, 2016년 1월 총경으로 승진했다. 윤 총경과 승리, 유인석이 첫 대면을 한 시기는 2016년이었다. 이후 윤 총경은 승리와 유 씨가 운영했던 유흥주점 몽키뮤지엄**의 각종 불법 문제를 덮어주는 '해결사'였다. 윤 총경은 2017년 7월, 청와대 민정수석실 산하 민정비서관실 민정특별감찰

---

* 구 씨는 친분이 두터웠던 최종훈을 설득해 강 기자에게 경찰총경과 관련된 정보를 제공해달라고 했다. 이후 최 씨는 강 기자에게 "(윤 총경과) 골프 한 번 쳤었다. 얼핏 듣기로는 청와대에 계신다고 하더라. 과거에 경찰 경력이 있으시다고"라고 언급했다. 이 사실들은 2024년 5월 방영된 BBC 제작 버닝썬 관련 다큐멘터리를 통해 조명되었다. 이 다큐멘터리는 BBC 코리아 공식 유튜브 채널 공개 하루 만에 조회수 100만 회를 기록했고, 2024년 6월 29일 현재 1,047만 회에 달하고 있다. 높은 조회수만큼 이 사건은 세간에 많은 관심을 받고 있지만, 이 사건의 배후와 실체 규명은 여전히 답보 상태이다.
** 승리와 유인석은 2016년 서울시 강남구 청담동에 몽키뮤지엄을 개업했다. 이들은 몽키뮤지엄 개업 시 '일반음식점'으로 신고하고 실제로는 유흥주점으로 운영하다 〈식품위생법〉 위반으로 2018년 폐업했다. 이후 같은 소재지에 '핫인히어'라는 유흥주점이 같은 방식으로 운영되어 2019년 7월 영업정지 처분을 받았다.

수령과 마약

반(이하 특감반) 인사 담당 행정관으로 파견된 후에도 이들과의 만남을 이어갔다. 윤 총경과 승리의 돈독한 관계는 광주 출신이라는 공통점이 주요하게 작용한 것으로 보인다. 또한 버닝썬과 강남경찰서 유착 고리 의혹을 받았던 전직 경찰관 강 씨(강남경찰서 근무하다 2011년 해외 도박 혐의로 파면), 강 씨를 도운 전직 조폭 이 씨도 광주 출신이다. 또한 민갑룡 당시 경찰청장과 버닝썬 수사 총책임자였던 조용식 서울지방경찰청 차장도 호남 출신이며, 윤 총경은 경찰 내 호남 실세 라인으로 통했던 인물이다.[538]

이렇게 윤 총경의 실체가 드러났음에도 버닝썬 사건 배후와 관련된 쟁점은 윤 총경 관계 인물이 아닌 다른 대상으로 번졌다. 문재인 대통령은 2019년 3월 19일, '고 장자연 씨와 김학의 전 법무부 차관 의혹, 클럽 버닝썬 사건에 대해 진상을 철저히 규명하라'고 지시했다. 오영훈 의원(더불어민주당)은 3월 22일, 국회 대정부 질문에서 '김학의 - YG(엔터테인먼트) - 버닝썬 의혹 관계도'를 제시하면서, 박근혜 정부와의 연계 의혹을 주장했다. 또한 김상교 씨는 3월 23일부터 5월 사이 더불어민주당 의원과 진보 단체 인사가 자신을 찾아와 이 사건을 '제2의 최순실 사태'로 키우자는 제안을 했다고 주장했다.[539]

버닝썬 게이트의 배후가 엉뚱한 곳을 향한 듯했지만, 윤규근 총경에 대한 세간의 관심은 그칠 줄 몰랐다. 그는 2006년 노무현 정부 당시 민정수석실에서 근무한 바 있는데, 2017년에 다시 청와대로 파견되었다. 특감반 근무 당시 윤 총경의 상관은 백원우 민정비서관과 조국 민정수석이었다. 두 인물은 문재인 정부의 '적폐 청산'

을 주도하면서 공직公職 전반에 막강한 영향력을 행사했다. 윤 총경도 이광철 선임행정관과 함께 백원우 전 비서관의 '별동대'로 불리며, 막강한 힘을 과시했다.[540] '경찰총장'은 그의 실제 별명이었다. 이를 반증하듯 윤 총경은 2018년 8월, 경찰청 핵심보직인 인사담당관으로 복귀했다.

민갑룡 당시 경찰청장은 2019년 3월 14일, 국회 행정안전위원회 전체 회의에서 '버닝썬과 관련한 모든 사안을 명명백백히 밝히겠다'고 언급했다. 하지만 같은 날, 윤규근 총경은 특감반에서 같이 근무했던 '이 모某 청와대 선임행정관'과 메신저로 연락을 주고받은 사실이 알려졌다.* 3월 14일은 윤 총경의 경찰 소환 하루 전날이었다. 또한 윤 총경은 2019년 3월 말, 민갑룡 경찰청장과 청와대 비서관들의 식사 자리를 주선하기도 했다.[541] 윤 총경이 보인 행보는 결백에서 비롯된 자신감일 수도 있다. 하지만 그가 버닝썬의 뒤를 봐준 것처럼 그도 다른 누군가로부터 비호를 받을 수 있다는 확신으로도 읽힐 수 있다.

서울지방경찰청은 2019년 9월, 윤 총경의 뇌물죄 및 청탁금지법 위반 혐의는 제외하고, 직권남용 혐의로만 검찰에 송치했다. 검찰의 사건 검토가 시작되면서 윤 총경이 코스닥 상장사 대표의 경찰수사 무마에 관여한 대가로 수천만 원어치의 비상장 주식 1만 주를

---

* 이 선임행정관은 윤 총경에게 "더 세게 했어야 했는데", "검찰과 (경찰이) 대립하는 구도를 진작에 만들었어야 했는데…"라는 메시지를 발송했다고 한다. 권세진, "경찰 '버닝썬 경찰총장' 윤규근 총경 부실 수사한 정황 드러났다,"《월간조선 뉴스룸》, 2019년 10월 12일.

공짜로 받은 혐의 등이 추가로 밝혀졌다. 윤 총경에 대한 1심 재판은 2020년 4월에 있었는데, 재판부는 그에 대해 무죄를 선고하면서 다음과 같은 말을 덧붙였다.

> 합리적으로 증명되지 않았다는 것이지 공소사실을 확정하는 것이 아니며, 피고인이 100% 결백하다는 것이 아니다.[542]

윤 총경은 2심(2021년 5월), 3심(2021년 9월)을 통해 알선수재, 증거인멸 교사 등만 유죄로 인정되어 벌금형을 받았다.[**] 1심 재판부가 언급했듯 윤 총경의 버닝썬 유착 혐의는 입증되지 않았을 뿐이다. 윤 총경의 뒷배는 누구인지 아직 밝혀지지 않은 채, 그는 2024년 7월 현재, 경찰공무원 신분을 유지하고 있다. 한편, 위에서 언급한 인물들 외에도 추가로 언급해야 할 인물이 있다. 버닝썬 수사책임자였던 서울청 지능범죄수사대장 곽정기 총경이다. 그는 2019년 5월, 버닝썬 수사 방해 의혹을 받았다.[***] 곽 총경이 강남경찰서 형사과장(경정)

[**] 윤 총경이 기소된 혐의는 코스닥 상장사 큐브스(현 녹원씨엔아이) 정 모某 대표로부터 수천만 원 상당의 주식을 받아 미공개 정보로 거래한 혐의(특정경제범죄법의 알선수재 및 자본시장법 위반), 버닝썬 수사 과정에서 정 씨에게 휴대전화 메시지 등 삭제 지시 혐의(증거인멸 교사), 몽키뮤지엄에 대한 경찰 단속 활동을 사전에 알려준 혐의(직권남용) 등이다.

[***] 강남경찰서 엄 모某 경위(2019년 3월 강남경찰서 파견)는 2019년 5월 말, 서울지방경찰청 지능범죄수사대장과 강남경찰서장의 직권남용과 관련해 검찰에 진정서를 제출했다. 윤수정·김윤주, "'버닝썬 사건, 상관이 내사 막았다'…검찰에 진정서 낸 경찰,"《조선일보》, 2019년 6월 7일.

으로 있을 때 형사과 강력1팀 소속 이용준 형사가 2010년 7월 충북 영동군 소재 저수지에서 순직했다. 이 형사는 강남 유흥업소와 경찰의 유착 관계*를 수사하다 의문의 죽음을 맞이했다. 하지만 당시 곽 형사과장은 이 형사의 부검을 만류한 것으로 알려졌다.[543] 이후 곽 경정은 2011년 12월 총경 승진대상자로 선발된 후 주요 보직을 거쳤다. 그런데 그는 버닝썬 수사가 진행 중이던 2019년 7월, 돌연 퇴직을 했다. 이후 그는 대형 로펌의 변호사로 활동하다 '백현동 개발사업 비리 의혹 수사' 무마 대가로 금품을 수수한 혐의로 2024년 1월 구속 기소되었다.[544]

버닝썬 게이트는 물론 마약과 불법 도박 그리고 삼합회가 등장하는 사건들에 '보이지 않는 거대 세력들이 배후에 있다'는 추측은 낭설浪說에 불과한 걸까. 저자로서는 실제 배후들이 정확히 누군지 알 길이 없다. 다만, 이를 파헤친다면 큰 위험이 뒤따를 수 있다는 점은 분명히 알고 있다.

예를 들어, 윤 총경의 실체 규명에 기여한 구하라 씨는 2019년 11월 24일 자택에서 숨진 채 발견되었고, 2020년 1월 14일에는 한 남성이 구 씨 자택에 침입해 고인의 휴대전화가 보관된 금고를 훔

● 이용준 형사의 정확한 수사 대상에 대해서는 아직 구체적으로 밝혀지지 않았다. 참고로 2009년 7월 서울강남경찰서 역삼지구대 소속 경관 24명은 유흥업소로부터 매달 금품을 상납받고 단속을 무마해 준 사실이 적발돼 징계 처분(해임 4명, 파면 17명, 정직 3명)을 받은 전력이 있다. 즉 이후에도 이 유착관계가 계속되었을 가능성이 있다. 강영신, "'버닝썬 폭행' 역삼지구대, 유흥주점 정기상납 전력까지?"《머니S》, 2019년 1월 29일.

수령과 마약

처 도주한 사건이 발생했다.[545] 경찰은 이 형사와 구 씨 사건 모두 내사 종결한 상태다. 또한 황하나 씨는 버닝썬과 굿플레이스 마약 사건 연루 의혹이 있지만, 수사는 답보 상태다. 황 씨와 관련된 마약 범죄의 진실을 밝히겠다던 오 씨는 2020년 12월 24일 극단적 선택을 했다. 오 씨의 친구 남 씨는 같은 해 12월 17일 자살 시도를 해 현재는 원활한 의사소통이 불가능한 상태다.

여야 정치권은 물론 검찰과 경찰 그리고 언론은 버닝썬과 연결된 수많은 의혹들을 방관하고 있다. 이 의혹이 낭설에 불과해선지 아니면 수많은 세력들이 이 사건과 엮인 것인지 그 배경이 궁금할 뿐이다.

한국 정재계 관련 인물들

국내 정재계 관련 인물들도 북한산 마약의 공급책이나 유통책이 될 수도 있다. 그들은 마약 범죄와 연루되더라도 자신들이 가진 재력과 영향력으로 사법 리스크를 최소화할 수 있다. 대표적인 사례가 황하나 씨의 사법 특혜 의혹이다.

황하나는 2009년 대마초 흡연과 2015년 5~9월 자택 등에서 필로폰을 투약했지만, 구속은 물론 검찰과 경찰에 소환되지 않았다.**

** 2009년 12월경 서울시 강남구에서 대마초를 흡연한 혐의로 입건됐으나 2011년 3월 검찰로부터 기소유예 처분을 받았다. 또 황 씨는 2015년 9월 강남에서 조 모某 씨와 함께 필로폰 1g을 건네고 함께 투약했으나, 이 사건을 담당한 경찰은 황 씨를 소환하지도 않았고 검찰에 불기소 의견으로 송치했다.

황 씨는 약혼자였던 가수 박유천 씨와 함께 2018년 9월~2019년 3월까지 수차례 필로폰을 투약한 혐의를 받았다. 황 씨는 2019년 11월 항소심서 징역 1년에 집행유예 2년을 선고받고 석방되었다. 하지만 황 씨는 집행유예 기간 중인 2021년 1월, 마약 투약 혐의로 구속되었다. 황 씨는 지인인 마약 유통책 일명 '바티칸'을 통해 마약을 입수한 것으로 알려졌고, 바티칸의 상선上線은 국내 최대 마약 공급책 박왕열(일명 전세계)이었다.[546] 황 씨는 2022년 1월에 징역 1년 8개월 형이 최종 확정되었다.

황 씨는 2022년 10월 석방되었지만, 굿플레이스 마약 사건과 연루되어 2024년 1월 31일 경찰에 또 입건되었다. 하지만 황 씨는 경찰 수사를 받던 중 2024년 2월 중순, 돌연 태국으로 출국했다. 한 경찰 관계자는 '피의자로 전환된 황하나에 대해 출국 금지 명령이 내려지지 않은 게 의아하다'고 했다. 이렇듯 황 씨는 놀라울 정도의 사법 특혜를 받았다. 동종 사건 관련 뉴스만 비교하더라도 납득하기 힘든 수준이었다. 무엇보다 황 씨의 마약 사건과 관련된 인물들은 대부분 사망했다.[547] 황하나가 2015년 이후에도 북한산 필로폰을 입수했는지 알 수 없다. 하지만 황 씨가 모든 마약 종류를 취급한다는 박왕열과 연결되었다면[548] 가능했을지도 모른다.

황하나 외에도 우리는 유명 정치인들의 가족, 친척들이 마약 투약 혹은 밀매하다 적발된 언론 보도들을 자주 접했다. 그들의 사법 특혜 여부도 궁금하지만, 북한산 마약 문제에 조금 더 집중해 보겠다. 세간에 잘 알려지지 않았지만, 북한산 필로폰을 밀수하다 적발된 정계 인사 친척이 있었는데, 사건 내용은 이렇다.

요녕성 심양시에서 마약을 밀반출하려던 한국인 세 명이 2006년 7월 31일 체포되었다. 당시 중국 세관은 이들로부터 '북한 주민으로부터 필로폰을 구입했다'는 진술을 확보했다. 체포된 세 명 중 한 명은 정계 인사의 친척인 권 씨로 밝혀졌다. 그는 심양타오셴국제공항沈阳桃仙国际机场에서 1kg의 필로폰을 숨겨 김해국제공항으로 향하는 비행기(CZ665)에 탑승하려다 적발되었다.[549]

권 씨는 무기징역을 선고받고 심양제2감옥에서 10년간 복역했다. 그런데 한국 법무부는 2016년 3월 2일, 그의 국내 송환 절차를 진행하고 있다고 발표했다. 당시 법무부는 권 씨가 2009년 8월 5일 공표된 '한중 수형자 이송 조약'을 근거로 국내 송환을 요청했으며, 사유는 건강 문제였다고 밝혔다. 이 상황을 전했던 국내 언론 보도들에서는 권 씨를 '유력 대선주자의 조카'로만 밝혔다.[550]

이 유력 대선주자의 조카는 고故 박원순 시장●의 조카(누나의 아들)로 밝혀졌다. 박 시장과 권 씨의 관계는 2016년 3월 10일, 한 온라인 매체를 통해 공개되었다.[551] 권 씨는 2016년 8월 19일 아침, 중

● 그는 2011년 10월 서울시장으로 당선된 후 연임에 성공해 유력 대선 후보로 부상했다. 하지만 박 시장 비서가 그를 성추행으로 고소한 사실이 2020년 7월 8일 불거졌다. 박 시장은 서울시 종로구 북악산 숙정문과 삼청각 중간 지점 성곽길 인근 산속에서 숨진 채 2020년 7월 10일 발견됐다.

국에서 한국으로 송환되었다. 중국이 통상적으로 보여온 무원칙 행정과 2016년 한국 사드THAAD 배치로 악화된 한·중 관계를 고려 했을 때, 그의 송환은 매우 이례적이었다. 중국에서 이송된 한국인 수감자는 2010~2015년 총 18명에 불과했고, 2016년에는 권 씨가 유일했다. 한편, 권 씨와 같은 시기에 수감된 한국인은 권 씨가 한 국으로 이송될 정도의 중증질환자가 아니라고 했다.[552] 심양제2감 옥을 비롯한 중국 수감 시설에서의 심각한 구타 및 가혹 행위 때 문에 오래전부터 한국인 사상자가 끊이지 않았고, 중증질환자들에 대한 조처도 매우 미약했다. 이와 관련한 한국 정부의 소극적 대처 도 자주 문제가 됐었다.[553]

중국은 헤로인, 메스암페타민 50g 이상을 밀매, 운송에 대해서는 사형, 50g 이상 단순 소지 사범에 대해서도 무기징역에 처하는 등 양형 기준이 엄격하다. 그래서 2006년 9월 기준, 중국에서 마약 범 죄로 수감 중인 한국인은 32명으로 이 중 14명은 1심 판결에서 사 형(집행유예)을 선고받기도 했다.[554] 권 모가 체포된 시기 유사 사건 들도 대부분 사형 판결을 받았다.

예를 들어, 2006년 3월 중국-북한 국경무역업에 종사했던 탄더 천譚德臣은 조선족 정성두, 박춘덕과 함께 북한인으로부터 필로폰 1.22kg을 구매해 단동에서 외국인 마약사범에게 다시 판매하려다 적발되었다. 이 중국인 3명은 2006년 8월 단동시 중급인민법원에 서 사형에 집행유예 2년이 선고되었다.[555] 또 중국에서 북한산 필로 폰 1.56kg을 구매하다 2006년 9월 체포된 야쿠자 구매책 아카노 미쓰노부는 2010년 4월 사형되었다. 이렇듯 권 씨의 한국 송환은 한국 및 중국 당국이 제공한 사법 특혜로 보일 수밖에 없다.●

만약 한국 정관계나 재계와 직접 관련된 인물이 마약 공급책, 더 나아가 마약 범죄조직 킹핀으로 드러난다면 어떻게 될까. 우리가 걱정해야 할 부분은 그들의 사법 특혜가 아니다. 그것은 바로 어디까지 연결되었을지 종잡을 수 없는 보이지 않는 거대한 네트워크와 이 네트워크에서 파생될 수 있는 강력한 위협들이다.

범죄왕조의 수하들

우리는 북한 공작원들이 분단 직후부터 국내에 마약을 유통한 사실들을 앞에서 충분히 확인했다. 김씨 일족의 공작기관은 마약뿐 아니라 사이버 공격, 돈세탁 등과 같은 초국가적 조직범죄를 실행하고 있다. 그들은 오래전부터 삼합회, 야쿠자, 마피아와 연계해 왔고, 중국과 러시아 당국의 의도적인 방관 속에서 이 범죄를 국제적 수준으로 확대했다. 문화교류국(구 연락부)과 같은 대남공작기관

● 박원순 시장과 중국의 관계는 구체적으로 밝혀진 게 없다. 다만 그의 대중국 시각은 2015년 8월 4일 방중 당시 베이징의 한 호텔에서 열린 기자간담회에서 명확하게 나타났다. 박 시장은 이 간담회에서 "시진핑 주석의 일대일로, 현대판 실크로드라는 것이 중국의 성장과 번영, 세계적 지배는 그렇고 네트워킹을 상징화한 것"이라며 "그걸 딱 보면서 서울시나 대한민국이 잘 활용해야 한다"고 했다. 또 그는 "파리가 만리를 가는데 날아갈 순 없다. 말 궁뎅이에 딱 붙어서 가면 간다"며 "중국이라는 국가를 우리가 잘 활용하는 방법은 중국이라는 말 궁둥이에 딱 달라붙어 가는 것이다"라고 말했다. 손대선, "박원순 '중국 사용법 제대로 알아야'" 《뉴시스》, 2015년 8월 5일.

의 임무는 한국에 지하조직 구축과 연계 세력 확대이다. 즉 북한에 포섭된 국내 간첩들은 여전히 공작기관과 함께 범죄를 실행하고 있을 가능성이 높다. 그래서 국내에 유통되고 있는 북한산 마약 문제는 단순 마약 범죄가 아니라 안보 범죄이다.

서울지방경찰청은 2019년 하반기 마약 단속에 마약수사대가 아닌 보안수사대(현재 안보수사과)를 투입했다. 이와 관련해 경찰 관계자는 '국내 북한산 마약 문제가 아주 심각하거나, 북한산 마약의 국내 유통에 북한 정부가 개입돼 있을 가능성을 들여다본다는 의미'라고 언급했다.[556] 또한 경찰은 2022년 안보 수사를 진행하면서 관련 혐의자들을 〈국가보안법〉이 아닌 〈마약류 관리에 관한 법률〉 위반으로 검찰에 송치하는 사례가 다수 발생했다 한다. 즉 안보 사범이 마약 범죄도 실행하고 있다는 의미로 읽힌다.[557] 상황이 이러함에도 2022년 9월 검수완박 개정 법률 시행 후 일선 경찰들의 수사 부서 기피 현상이 심화되고 있다. 또한 경찰은 2024년 1월부터 안보수사를 전담했지만, 안보경찰 2,300여 명 중 70%가 관련 수사 경험이 없는 것으로 파악됐다.[558]

간첩망은 마약조직처럼 적발과 해체가 어려운 점조직이며, 다년간의 추적이 필요하다. 그래서 저자를 포함한 평범한 사람들 눈에는 간첩망이 보이지 않는다. 하지만, 보이지 않는다고 해서 존재하지 않는 것은 아니다. 과거 남로당원을 비롯해 김일성, 성시백, 박정호 등이 심은 지하 조직원들은 우리 정부와 의회 심지어 군軍에도 잠복했었다. 그들은 자신의 정체를 숨긴 채 소련과 김일성이 한국을 붕괴시킬 수 있도록 사력을 다했다. 정전停戰 70년이 훌쩍 지난 현재, '요즘 시대에 북한의 지령을 따르는 간첩이 어디 있냐'는 반문이나, '철 지난 색깔론'이라는 지적도 있을 수 있다. 그런데 김 씨 일족의 혁명과업은 아직 중단된 바 없고, 이를 위해 투신하는 지하조직들은 여전히 존재하고 있다.

지난 2019년 한국에 정착한 한 탈북민은 저자에게 '수백 명의 한국인들이 북한에 충성헌금을 바쳤다'는 놀라운 증언을 했다. 그는 2012년에 설립된 중앙당 선전선동부 산하 김일성김정일기금위원회(이하 기금위원회)에서 기금을 관리했다. 이 탈북민의 증언을 들어보자.

한국 사람들도 많아요. 한국 사람들이 가명으로 들어오거든요. 통전부에서 취급해요, 한국 사람들은. 가명으로 해 가지고 이름은 안 쓰고 헌납 증서만 받아 가는 거죠. 금액만 써주거든요. **한국 사람들이 액수가 제일 높아요. 한 번에 3,000에서 5,000불(달러). 2만 불까지 하는 사람들도 있어요.** (헌금을 내는 한국인 규모는?) **몇백 명은 되죠.** (헌금액의 최소 단위는?) 최소 1,000불이고. 최대로 많이 낸 게 2~3만 불 될 거예요. 한 명이, 혼자서. (기금 헌납 명단 관리는 어떻게?) 명단을 관리하는 곳은 전산망으로 되어 있습니다. 기금위원회 프로그램이 있습니다. 그 프로그램에 떠 있습니다. 프로그램 봉사기(서버)를 기금위원회에서 관리하고, 도道마다 서버기가 다 나가 있습니다.

또한 이 탈북민은 북한 공작원들이 해외에서 미상의 접선 방법으로 헌금을 직접 수령한 후 그 자리에서 영수증과 헌납 증서를 발급한다고 덧붙였다. 또 헌금이 북한 원화일 경우에는 조선중앙은행, 달러는 조선무역은행에 입금된다고 한다. 기금을 입금할 때에는 헌금을 수령한 공작원과 기금위원회 직원, 은행 직원이 배석한다. 기금 관리자였던 이 탈북민은 해당 공작원으로부터 '한국에 충성심이 높은 사람들이 많다'는 얘기를 듣곤 했다고 언급했다.

김씨 일족에게 충성심이 높은 한국인들이 수백 명에 달한다는 증언은 믿기지 않을 수도 있겠다. 그러면 과거 대남공작원으로서 한국에서 조직공작(지하조직 구축, 지도, 검열)을 담당했던 김동식 씨가 한 언급도 이어서 살펴보자.

> 북한 공작지도부는 1988~1992년 사이에만 10개 공작조들을 한국에 침투시켰다. 이 공작조들은 기존에 한국에 구축했던 지하조직들을 지도, 검열한 동시에 새로운 간첩망들을 만들었다. 이 공작조들은 적어도 2개 이상의 간첩망들을 새롭게 구축했을 것으로 추정된다. 일반적으로 1개 간첩망은 3~5명의 조직원들로 구성된다. 1990년대 초반까지 한국에서 구축된 20여 개의 간첩망(전체 지하조직원은 60~100명)들 중 10개 정도는 검거된 것으로 보인다.[559]

김 씨의 언급을 정리하면, 현재까지 검거되지 않은 간첩망은 최소 10개, 간첩은 최대 50명에 달한다. 북한은 새로운 간첩망, 즉 지하조직 구축뿐 아니라 이미 파괴된 남로당과 통혁당의 수습과 재건을 시도해왔다.* 이 시도가 성공했다면, 50명이 아니라 몇 배에 달하는 지하조직원(간첩)들이 국내에 존재한다는 뜻이다. 또 이들이 조직 외곽에 연계 세력까지 두었다면, 수백이 아닌 그 이상일 수도 있다.

문제는 지하조직(간첩망)의 규모가 아니라 이들이 미칠 수 있는 영향력이다. 일례로 김동식 씨가 1995년 9월 남파 직전 공작지도부로부터 받은 임무는 한국 유력 대선후보와 연락망을 구축하는 것이었다. 그는 1995년 10월 24일 부여에서 우리 군경과의 총격전 끝에 검거되었고, 그의 조원組員은 사살되었다. 만약 김 씨가 성공적으로 임무를 마쳤다면, 그의 지하조직은 한국 정관계에서 깊숙한 곳에서 활동하고 있었을 것이다. 물론 그가 실패했더라도, 북한은 다른 공작원을 통해 연락 체계 구축을 완료했을 것이다.

북한에 포섭된 한국인들은 다양한 방식으로 지하조직에 들어갔

• 통혁당은 1965년 11월 결성된 후 남로당 잔존 세력들과 함께 전국적 범위로 지하당을 구축했다. 1968년 8월 통혁당은 공식적으로 해체되었지만, 1969년 9월 남파공작원 임종영(가명) 등 12명이 적발된 '경남지구 지하당 사건', 1969년 10월 8일 노동당 간첩망 전북조직책 진락현 등 10명이 체포된 '전북지구 지하당 사건' 등 1979년까지 최소 9건 이상의 수습 및 재건 시도가 있었다. 이와 관련해 노재봉 전 국무총리는 2019년 10월 《월간조선》과의 인터뷰에서 '김일성의 특명을 받은 여간첩이 통혁당 재건에 성공했다'고 밝혔다. 또한 그는 '통혁당 잔존 세력을 대표하는 인물이 신영복이며, 이 세력들은 시민단체들을 기반으로 청와대까지 진출한 것으로 보인다'고 덧붙였다. 김성훈, "문 대통령이 북 김영남 앞에서 존경한다 말한 신영복은 누구?," 《월간조선 뉴스룸》, 2018년 2월 11일; 배진영, "노재봉 전 국무총리: '대한민국 해체하는 위험한 혁명 진행중'," 《월간조선》, 2019년 10월호.

다. 자발적인 친북 활동 중 공작기관의 눈에 띄었거나, 통혁당 사건처럼 지하조직에서 활동하는 가족이나 지인에 의해 포섭될 수도 있다. 김씨 일족에 대한 충실성이 검증된 지하조직원은 북한으로부터 대호 및 연계 번호(예를 들어, 지리산 101호, 대둔산 302호)를 받아 '참된 노동당원'으로 거듭난다. 이에 따라 당원 임명 권한을 가진 대남공작원이나 지하조직 총책과 접촉하기를 오매불망寤寐不忘하는 사람들도 있다. 한편, 자신도 모르게 포섭된 사례도 있다. 또 북한이나 지하조직에 약점(예를 들어 부패, 치정, 재북 가족 신변 등)을 잡혔거나, 오직 자신의 정치·경제적 이익만을 위해 지하조직으로 들어가는 경우도 있다.

북한산 마약은 1990년대부터 한국을 다시 강타했지만 이를 저지해야 할 정보 및 사법기관은 파괴 수순을 밟고 있었다. 김대중 정부는 1998년 4월, 안기부 직원 581명과 대공 경찰 2,500명, 기무사령부 요원 600여 명, 공안 검사 400여 명을 해직시켰다. 안기부 직원 300명이 같은 해 12월 또 옷을 벗었고, 정보사령부에서는 몇 명이 해직됐는지 알려지지도 않았다. 또한 북한에서는 1998년 10월, 당·군 고위 인사 등 250여 명이 처형되었다. 이들은 한국 정보기관과 연계된 정보원들이다. 즉 한국 정보기관에서 고의적인 명단 유출이 발생했음을 짐작할 수 있는 대목이다.[560] 김일성은 1960년대 후반부터 한국 정치계와 사회계뿐 아니라 정보 및 사법기관 침투를 지시했다.* 이와 관련해 고위급 탈북 인사들과 전직 국정원 관계자들의 지적이 끊이지 않았다.[561] 김일성이 뿌린 씨앗이 열매를 맺

수령과 마약

은 걸까. 한국 정보기관은 1998년에 이어 현재까지 참사가 발생하고 있다. 국정원 간부 A는 2019년 대북공작국에 자리를 옮긴 후 수십 명의 정보원 명단을 출력해 관련 조사가 진행 중이다. 정보사령부 군무원 B는 블랙요원 명단을 유출한 혐의로 2024년 8월 구속되었다. 그가 정보사에 입직한 시기는 2000년대 초반경이며 정보 유출 시점은 2017년부터인 것으로 알려졌다.[562] 김씨 일족의 수하가 보안 장벽이 높은 정보기관까지 침투한 게 사실이라면, 그들은 우리 사회 곳곳에 있다고 보는 게 맞다.

블랙요원 명단은 중국에도 넘어갔다. 한국은 북한뿐 아니라 중국의 위협도 받고 있다. 중국은 한국을 대상으로 '초한전unrestricted warfare'을 전개하고 있다. 북한뿐 아니라 중국도 군사와 금융, 사이버, 마약 등 수단과 방법을 가리지 않는 전법을 사용해 오고 있다. 그런데 한국 정치권은 중공의 공격에 적극적으로 대응하지 않는다. 중공의 통일전선 공작이 성공한 걸까. 중공은 오래전부터 한국에 공작 거점을 개설, 운영하고 있다.[563] 중공 기관지 인민망 한국

● 김일성은 1968년부터 1974년 사이 대남공작원들에게 한국의 정계와 학계, 민간단체, 종교단체 그리고 정보 및 사법기관에 침투하라는 비밀교시를 하달했다. 또한 공작기관 차원에서 '검증 완료된 학생들이 고시 합격에 전념할 수 있도록 물심양면으로 적극 지원하라'는 교시도 남겼다. 한편, 노동당 사회문화부(구 연락부)는 1992년 정계 은퇴를 한 김대중 대통령 후보가 1997년 12월 15대 대통령선거에 출마, 당선될 것을 예측하고 1995년부터 핫라인 구축을 시도했다. 김용규, "대남사업 관련 김일성비밀교시(중)," 《월간 북한》, 2001년 11월호, pp. 83-88; 고대훈·김민상, "대선 2년 전 '김대중 될 거다'… 北, 고은 포섭 지령 내린 까닭," 《중앙일보》, 2024년 6월 26일.

지사장 주옥파(周玉波), 식당 업주로 위장한 왕해군(王海軍) 등은 10여 년 전부터 국내 여야 중진 의원들을 다수 접촉했다.[564] 또한 여야 의원들은 22대 국회의원선거(2024년 4월 10일)를 앞두고 외교로 보기 힘든 노골적인 친중 행보를 보이기도 했다.[565] 그래서일까. 정치권은 중공 전위대 삼합회의 범죄에 대해서도 관심을 보이지 않는다. 이는 북한, 중국, 동남아 등 세계 각지에서 들어오는 마약을 방관하겠다는 제스처로 비칠 수도 있다.

수령과 마약

수령과
마약

마약은 혁명 도구

마약은 수령의 혁명 도구이다. 어디 마약뿐일까. 당黨, 군軍, 정政과 주민들을 포함한 체제의 모든 게 김씨 일족의 도구이다. 여기에서 혁명이란 김씨 일족 주도의 통일과 한국을 북한처럼 만들어 지배하겠다는 의미다. 수령은 오래전부터 '온 조선의 왕'이 되려는 자신의 탐욕을 혁명, 즉 체제의 공적 목표로 포장했다. 그래서 수령은 마약으로 한국을 파괴하고 혁명의 재원을 획득하고자 했다. 혁명이 먼저인지 돈이 먼저인지 헷갈릴 수도 있지만, 김씨 일족은 3대를 이어 혁명에 지속적이고 일관적인 모습을 보여왔다.

북한은 혁명 달성을 위해 '고정불변의 전략'과 '변화무쌍한 전술'을 사용하고 있다. 김씨 일족은 한국과 국제사회의 대북정책 기조가 강경 혹은 유화이든 제재, 관여, 자구, 억지이든 관계없이 전략을 일관적으로 유지한다. 반면 전술은 상황과 필요에 따라 수정한다. 북한의 대남혁명전략은 〈조선노동당 규약〉(이하 당규약)의 당면목적과 최종목적에 고정불변의 과업으로 명시되어 있다. 그런데 북한은 2021년 1월, 당규약 개정을 통해 아래와 같이 당면 및 최종목적의 문구들을 수정했다.

당면목적

(개정 전) 전국적 범위에서 민족해방민주주의혁명의 과업 수행

(개정 후) 전국적 범위에서 사회의 자주적이며 민주주의적 발전 실현

최종목적

(개정 전) 온 사회의 김일성-김정일주의화

(개정 후) 인민의 이상이 완전히 실현된 공산주의사회 건설

문구가 수정된 것은 맞지만 그들의 전략에는 어떠한 변화도 없었다. 또한 기존의 최종목적이었던 '온 사회의 김일성 – 김정일주의화'는 당규약 전문에 '최고강령'이라고 명시했다.

그런데 북한의 대남혁명전략이 수정되었다는 견해도 있다. 통일부 장관과 국가안전보장회의 의장을 역임한 이종석 박사는 2021년 6월, 언론매체와의 인터뷰에서 당규약의 '민족해방민주주의혁명' 용어 삭제는 '단순한 문헌상의 변화를 넘어 북한의 대남혁명전략 변경 여부를 둘러싼 기존의 국내 논쟁에 종지부를 찍어주는 의미가 있고 무엇보다 북한의 대남혁명 노선 목표가 희미해졌다'고 밝

했다.[566] 하지만 이 전 장관은 전술 변화를 전략 변화로 오인한 것으로 보인다.

북한의 전략은 표면상 드러나지 않고 일관적이고 고정적이지만, 전술은 항상 유동적이다. 당규약 개정 전의 '민족해방민주주의혁명'은 대남혁명의 목표가 아니라 성격(본질)을 표현한 용어이며, '전국적 범위'와 '온 사회'는 한국을 포함한 한반도 전체를 의미한다. 또한 개정 후 등장한 '자주적이며 민주주의적인 발전'은 '민족해방혁명(대남혁명)을 통해 주한미군 철수와 미국의 식민 통치를 종식시키고 한국에 자주적 민주정권(인민민주독재 정권)을 수립하는 것'을 뜻한다. 이렇게 수립된 '자주적, 민주적 한국 정부'는 곧 김씨 일족의 혁명 과업에 동조해 정권을 양도해줄 수 있는 한국의 새로운 정치 세력이다. 따라서 개정 후 당면목적은 한국에 자주적 민주정권 수립이라는 대남혁명의 목표가 그대로 반영되어 있다. 또한 북한의 용어 전술도 함께 살펴봐야 한다. 예를 들어, 북한은 2010년 3차 당대표자회에서 당면목적인 '민족해방인민민주주의혁명'에서 '인민'을 삭제했다. 그 이유는 한국 국민들이 '인민'이라는 용어에 거부감이 컸기 때문이다. 요컨대 '민족해방민주주의혁명'이라는 문구 전체를 삭제한 것도 혁명 대상인 한국 국민들이 갖는 '혁명'이라는 용어의 폭력성과 거부감 등을 고려한 조치로도 이해해야 한다.[567]

북한의 대남혁명전술은 북한이 광복 후 현재까지 제시한 각종 대남제의나 통일방안, 남북합의 등의 공개적인 정책 및 조치와 대남도발과 대남공작 등 대남전략 추진 과정에 보여준 행위들과 폭력 및 비폭력 전술들을 망라한다.[568] 단적인 사례로 북한이 과거에 제시해 왔던 '연방제 통일'은 전략이 아니라 정책(전술)이며, 2024년 1월 김 정은의 '통일 개념 자체를 제거하라'는 지시도 전략이 아닌 전술이 다. 즉 대외적으로 노출되는 수령과 당국의 발언 자체가 모두 전술 이다. 김정일은 마약과 관련해 다음과 같은 언급들을 한 바 있다.

○ 나는 우리나라에서 마약 밀매자는 물론이고 마약 사용자도 모 두 총살시키도록 명했습니다. 우리는 인구가 많습니다. 다만 중 국인 마약 밀매자들은 몽둥이로 치라고 명했습니다. 만일 조선인 마약 사용자가 적발되면 내가 허락할 테니 총살하세요! (김정일이 2001년 7월 26일~8월 18일, 러시아 순방 중 풀리코프스키Konstantin Borisovich Pulikovski 러시아 극동연방지구 대통령 전권 대표에게 한 발언)[569]

○ 그 어느 특수단위를 막론하고 아편 재배 및 마약 밀매를 금지할 것 (2002년 3월 17일, 김정일의 내부 지시)[570]

○ 사실 세상에 우리나라만큼 마약 밀매나 화폐 위조, 인신매매와 같 은 반인륜적 행위들을 반대하여 강하게 투쟁하는 나라는 없을 것 (조선외무성 대변인 성명, 2003년 6월 19일)

○ 우리나라에서는 인간을 정신적 불구자로 만드는 마약의 비법적인 사용과 거래, 생산이 존재하지 않는다. (조선중앙통신사 논평, 2013년 3월 26일)[571]

수령이나 당국의 발언에는 항상 기만이 묻어 있음에도, 과거 청와대 통일외교안보정책실은 김정일의 언급을 근거로 '김정일 국방위원장은 2002년 3월 북한 내 마약 생산 및 밀매를 엄금토록 지시하는 등 최근 북한의 마약 관련 불법행위 자제 노력을 하고 있다'는 오판이 담긴 보고서를 작성(2007년 9월 27일)하기도 했다.[572]

그런데 한국 사회는 북한의 대남혁명전략과 전술 그리고 양자의 차이에 대해 큰 관심을 두지 않는다. 무엇보다 김씨 일족이 염원하는 혁명도 우리 입장에서 볼 때 실현 가능성이 매우 낮아 보인다. 하지만 김씨 일족은 한국 정치권의 미숙에서 자신감을 느끼고 있다. 그래서 마약을 비롯한 다종의 전술 도구로 한국 사회에 혼란을 더 가중한다면, 충분히 실현 가능하다고 믿는다.

실현 가능성을 떠나, 김씨 일족은 그들의 항구적인 생존과 이익을 담보하기 위해 단기적으로는 한국 사회를 파괴하고 장기적으로는 한국을 점령해야만 한다. 그 이유는 지극히 현실적이다. 김씨 일족에게 한국은 자신과 가장 가까이에 있는 비교 대상이다. 한국 역대 정권들이 통일을 내세울 때, 그들이 위협으로 받아들일 수밖에 없는 이유도 〈대한민국헌법〉 제4조에 명시된 '자유민주적 기본질서에 입각한 평화적 통일' 원칙 때문이다. 자유민주주의는 수령 독재와 양립할 수 없어 김씨 일족은 소멸의 길을 가야 한다. 또 그들이 개방을 선택할 수 없는 이유도 비교 우위에 있는 한국 때문이다. 개방은 일반 주민들에게 경제적 성장과 정보 확대에 따른 각성覺醒이 뒤따른다. 즉 김씨 일족이 무無에서 유有로 창조한 정통성은 다시 '무無'로 돌아가야 한다. 물론 김정은은 이 열세를 뒤집을 수 있는 핵무기와 전면전 감행이라는 옵션도 갖고 있다. 하지만 이 옵션은 자신의 생존을 포기하는 일이기도 하다. 이에 따라 그들은 한국의 조용한 자멸을 원한다.

북한의 대남혁명전략과 전술 그리고 김씨 일족 입장에서 왜 한국을 파괴 및 제거해야 하는지 납득했다면, 그들에게 마약이 왜 '훌륭한 혁명 도구'인지도 이해할 수 있을 것이다. 중공은 국민당군과의 2차 내전(1946년 6월~1949년 1월)에서 이미 마약을 무기로 사용한 경험이 있다. 이와 관련해 중앙정보부 북한국장, 통일부 장관 등을 역임한 강인덕 박사는 1994년 5월, 언론매체에 이렇게 언급했다.

> 북한이 한국에 마약을 침투시키는 것은 단순한 외화벌이 등 경제적 이유뿐만이 아니다. 지난날 베트콩들이 미군의 전투력을 마비시키기 위해 마약을 사용했으며 모택동의 중공군이 장개석 군대를 무력화시키기 위해 마약을 무기화했듯이 '마약무기화전술'로 봐야 한다.[573]

중공은 이후에도 마약을 무기, 즉 혁명 도구로 활용했다. 이와 관련해 앤슬링거Harry J. Anslinger 미국 재무부 마약국 1등 판무관은 1957년 3월 1일, '중공이 헤로인과 아편 판매를 통해 정치활동에 자금을 조달하고 자유 진영에 마약중독을 확산시키기 위한 목적으로 20년 계획을 수립했다'고 주장했다. 이 주장은 한때 '음모론'으로 치부되었다.[574] 하지만, 1950년대 후반 미국으로 망명한 중공 고위급 간부가 '20년 계획이 1952년부터 가동되었다'고 증언했고,[575]

일본 저널리스트 오치아이 노부히코落合信彦는 1978년 2월, '중공은 지난 20년 동안 자본주의 사회 붕괴를 목표로 마약을 서방세계에 밀수, 연간 8~10억 달러의 수입을 올렸다'고 밝히기도 했다.[576] 즉 중공의 '20년 계획'의 존재는 사실 가능성에 무게가 실렸다.

소련도 1950년대부터 글로벌 마약 전략을 수립해 마약을 무기로 사용했다. 소련과 체코슬로바키아는 6.25 전쟁에서 미군들을 상대로 부검을 진행했다. 그들은 부검 시신 중 22%가 마약에 의한 심장 마비로 사망했다는 것을 알아냈다. 이때부터 소련은 마약이 무기로서의 효용성이 매우 높고, 가장 취약한 상대는 미국, 캐나다, 프랑스, 서독이라는 결론을 도출했다. 소련은 1956년 초, 전략 수립에 착수했고, 그 영향은 한국까지 미치기도 했다.* 한편 1962년 가을, 흐루쇼프Nikita S. Khrushchyov 소련공산당 서기장은 모스크바에서 비밀회의를 개최해 이 전략의 세부 내용을 소개했다. 이 회의에 참석한 체코슬로바키아의 셰이나Jan Sejna 소장Maj. Gen**이 전한 흐루쇼

• 진보당 확대 공작에 연루되어 체포된 이태순(서울 용산중 교감), 김동혁(이중간첩), 허봉희(이중간첩)는 1947년 9월부터 남북교역을 가장해 북한 정치보위부 산하 선일상사로부터 각종 지령과 함께 마약을 받았다. 이들은 1958년 1월, 서울용산경찰서에 북한으로부터 '소련의 인공위성 발사 성공에 대한 적극적 찬양 선전을 전개할 것'과 '아편을 널리 퍼뜨려 마약중독자를 늘리라'는 지령을 받았다고 진술했다. "蘇의 인공위성 성공 등 찬양," 《조선일보》, 1958년 1월 7일, 2면.

•• 이 회의에는 바르샤바 조약기구 Warsaw Pact 회원국 소속 고위 간부 15명이 참석했다. 참고로 셰이나는 1946년 체코슬로바키아 공산당에 입당한 후부터 군에서 경력을 쌓아온 인물이다. 그는 1956~1968년 초반까지 체코슬로바키아 공산당 중앙위원회 위원, 국방위원회 비서 등을 역임했다. 셰이나는 1968년 2월, 서방으로 망명했는데 이후 미국 정보기관에서 근무하면서 소련의 세계 공산화 전략과 관련된 집필 활동 등을 이어갔고, 대표

프의 발언을 정리하면 다음과 같다.[577]

우리가 이 전략을 논의할 때 이 작전이 비도덕적일 수 있다고 우려하
는 사람들도 있었습니다. 그러나 자본주의의 파괴를 가속화하는 것은
무엇이든 도덕적이라는 점을 분명히 말해야 합니다. (중략) 이 전략의
핵심은 자유민주주의 사회의 마비와 공작 활동을 위해 소요되는 외
화 창출입니다. 마약을 이용한 주요 공격 대상은 바로 미국이며 구체
적으로는 ① 미국 국방 인적 요소 약화, ② 부르주아의 미래 지도자들
즉 미국 청소년과 학교 및 교육 시스템 마비, ③ 미국인들의 직업윤리,
자부심, 충성심에 대한 약화, ④ 종교의 영향력 약화입니다.[578]

흐루쇼프는 이 전략을 '드루즈바 나로도프Druzhba Narodov; National
Friendship'*로 명명했다. 비밀회의 종료 후 소련과 체코슬로바키아는
불가리아, 헝가리, 동독, 폴란드, 쿠바, 니카라과의 공작기관과 함께
전략을 실행했다. 또 이 전략의 일환으로 북한, 동독, 불가리아, 쿠

저서는 다음과 같다. Jan Sejna, *We will Bury You* (London: Sidgwick & Jackson, 1982);
Jan Sejna and Joseph D. Douglass Jr., *Decision-Making in Communist Countries:
An Inside View* (Cambridge, Massachusetts, and Washington, D.C.: Institute for Foreign Policy
Analysis, INC, January 1986).

● 세이나의 원고에는 드루즈바 나로도프Druzba Narobov는 직역하면 인민들의 우정, 민족의
우정이란 뜻이다. 흐루쇼프가 언급한 드루즈바 나로도프는 '견고한 소비에트연방공화
국의 우정нерушимыйая дружба народов СССР'이라는 세계 공산화에 따른 단일국가 이념을
내포하고 있다.

바, 북베트남 등에 작전 요원 육성을 위한 '마약 밀매 훈련센터'가 건립되었다. 무엇보다 소련은 베트남전쟁에서 미군 약화를 위해 마약을 태국과 북베트남을 거쳐 남베트남으로 투입했다.[579] 세이나의 증언대로 소련이 1960년대부터 이 전략을 실천에 옮긴 게 확실하다면, 오늘날 미국이 고통받고 있는 마약 문제의 원인 중 하나도 소련임을 상기해야 한다.

김일성도 흐루쇼프로부터 영향을 받았는지, 베트남전쟁이 한창이던 1971년 10월 9일, 다음과 같이 언급했다.

> 미국 안에서 경제위기가 더욱 심각화되고 인민들의 반전운동이 날로 강화되고 있으며 청년들 속에서 염전사상이 높아가고 있습니다. 지금 남부 월남(베트남)에 가 있는 미국 병사들은 거의 다 마약중독에 걸려 있으며 어떻게 하면 싸움을 하지 않고 군대 복무기간을 마치겠는가 하는 것만 생각한다고 합니다. 미제국주의자들이 전쟁을 계속하여 부상자들과 타락한 마약중독자들이 늘어나게 되면 그들의 패망은 더욱 촉진될 것입니다.[580]

또한 《로동신문》은 2018년 8월 20일, 마약 등에서 비롯되는 도덕적 부패와 관련해 아래와 같은 '정세논설'을 발표하기도 했다.

> 위대한 령도자 김정일 동지께서는 다음과 같이 교시하시였다.
> "도덕적 위선은 착취계급의 본색이며 도덕적 부패는 부르죠아 사회의

필연적 산물입니다."

착취사회에서는 참다운 도덕이 지배할 수 없다. (중략) 자본주의 사회에서는 의도적으로 부화방탕한 생활을 조장시키고 인간의 육체와 정신을 마비시키는 각종 수단을 만들어 내고 있다. 이로 하여 마약중독자와 알코올중독자들, 변태적 욕망을 추구하는 타락 분자들이 날을 따라 늘어나고 있다.[581]

이렇듯 김씨 일족은 마약의 파괴력에 대해 충분히 학습했고, 그들 스스로도 효과 검증을 마쳤다. 그래서 김씨 일족은 국제사회 특히 한국을 향해 마약을 던졌다. 그런데 그 마약은 부메랑이 되어 북한 내부를 파괴하기도 했다. 특히 북한의 10대 청소년들 사이에서 마약은 사용은 2000년대 중반부터 급속도로 증가해 통제 불능의 상태로 치닫고 있다.[582] 이와 관련해 북한 당국은 주민들을 대상으로 다음과 같은 유언비어를 의도적으로 유포하고 있다.*

○ 적대 세력들(한국)이 우리 인민이 대대손손 지켜온 국가의 존립 자

---

* 북한은 외부 세계를 대상으로 한 역정보逆情報뿐 아니라 내부 주민들에 대한 다양한 유언비어들을 오래전부터 유포해 왔다. 국가보위부(현 국가보위성) 출신 탈북민 김정연에 따르면, 김정일이 1986년 국가보위부 부장 리진수에게 국가보위부에 여론조작 전담 부서를 설치하라고 지시했다고 한다. 이에 따라 리진수는 국가보위부에 작전기요과, 심리전술과, 역이용과로 구성된 작전비서국을 신설했다. 또한 1989년에는 유언비어를 생산해 유포하는 '음모조작조'도 신설했다. 김정연, 《평양여자(하): 비밀 정보원 '비로봉'의 탈출 증언》 (서울: 고려서적(주), 1995), p. 42.

수령과 마약

체를 건드리려고 내부에서 마약을 생산해 유통하거나 사용하는 마약중독자들이 늘어나게 해 국가의 뿌리를 흔들고 있다. (2023년 10월, 사회안전성)

○ 올 초에 증가한 마약 생산, 밀매 범죄 행위는 우리 공화국을 고립, 압살하려는 미제와 그 주구 남조선 것들의 모략에 발맞춘 내부 고용 간첩들의 책동이다. (2024년 1월, 사회안전성)**583**

그런데 위의 선전에서 주목해야 할 부분은 비정상적인 남 탓, 즉 한국에 대한 중상모략이 아니다. 우리가 눈여겨봐야 할 대목은 그들이 '마약은 국가 존립 자체를 흔들고 내부 고용 간첩에 의해 유포된다'는 사실을 알고 있다는 점이다. 다시 말해 그들은 오래전부터 마약 범죄를 설계 및 실행해 왔고 그 효과도 검증을 완료했다는 뜻이다. 한국의 미래를 책임질 10대, 20대들의 마약 범죄 증가는 우리 사회의 심각한 위협 요소로 자리 잡고 있다.** 마약은 국내 대학가는 물론 중·고등학교 교문 안으로도 들어왔다. 이러한 상황에서 김정은은 한국의 미래세대를 겨냥해 마약을 유포할 가능성이 높다. 그는 선대로부터 물려 받은 '낡은 도그마'가 10대, 20대에게 더 이상 통하지 않는다는 사실을 잘 알고 있다. 그래서 한국에 동조 세력을 확대하는 것보다 자멸을 원하고 있다.

•• 10, 20대 마약사범은 2013년 1,068명으로 전체 마약사범의 10.9%를 차지했다. 이 수치는 비슷한 수준으로 유지되다 2017년 2,231명(15.8%), 2021년 5,527명(34.2%), 2023년에는 9,845명(35.7%)까지 급증했다.

그런데 우리는 어느새 우리 안에 스며든 반도덕과 반지성에 무덤덤해졌고, 이에 기생하는 온갖 세력들의 탐욕을 지켜만 보고 있다. 그 사이 우리의 사회적, 사법적 안전판들도 하나둘씩 사라져가고 있다. 마약 및 위폐 범죄를 감시하는 국정원 국제범죄정보센터는 1994년 1월 설립 이래 국제범죄수사권을 가져본 적이 없다. 또한 국정원 대공수사권은 2024년 1월 폐지되었고 이제는 조사권마저 박탈될 처지에 놓여있다.● 이제 창槍은 다시 검찰을 향하고 있다. 앞으로 정보 및 사법기관의 본연의 역할을 기대할 수 있을까.

탐욕의 마약산업

김씨 일족 입장에서 마약이 훌륭한 혁명 도구라고 할지라도 이윤이 창출되지 않는다면 계속 이 산업을 이끌고 나가야 할 이유가 없다. 다시 말해 김씨 일족이 마약 범죄를 포기할 수 없는 이유는 끊임없는 탐욕 때문이기도 하다.

마약산업은 일반산업들처럼 생산, 유통(밀매), 소비, 재투자라는 단계를 거치며, 이 순환 단계들은 역동성과 지속성이 발현된다. 생

● 이기헌, 윤건영, 박해철 등 더불어민주당 소속 의원 17명은 국정원 조사권(현장조사, 문서열람, 시료 채취, 자료제출요구, 진술요청 등)이 수사권보다 광범위하게 인권을 침해할 소지가 있다며, 조사권을 폐지하는 내용을 골자로 하는 국가정보원법 개정안(제5조 2항 삭제)을 2024년 7월 2일 발의했다. 현재 이 개정안은 소관위원회를 거쳐 입법예고 기간(2024년 7월 3-14일)을 거치는 중이다. 이기헌의원 대표발의, "국가정보원법 일부개정법률안," 의안번호 1323, 2024년 7월 2일.

수령과 마약

산 단계의 역동성은 생산 지역이나 시설이 통제되면 신속하게 다른 지역으로 이동하고, 유통 단계도 밀매 루트가 하나 적발되면 새로운 루트가 개발되고 다시 과거에 사용했던 루트를 이용하는 패턴이 반복된다. 소비 단계의 경우 마약 소비 통제가 강해지면 가격이 급상승하고 이에 따라 소비자는 상대적으로 저렴한 대체 마약을 찾게 되며, 마약 생산 주체는 소비자들이 선호하는 마약 생산에 더욱 박차를 가했다. 재투자 단계에서도 전구물질 거래가 통제되면 새로운 수입 대상국과 루트를 찾는다. 이처럼 마약산업의 순환 단계는 어떠한 변수나 통제가 발생하더라도 대체되고 반복된다. 이렇게 마약산업이 단절되지 않는 이유는 생산과 밀매를 통한 경제적 욕구이든 소비를 통한 정신적 욕구이든 근본적으로 인간의 탐욕에서 비롯된다.[584] 요컨대 김씨 일족을 비롯한 전 세계의 마약 카르텔들이 이 산업을 지속하는 이유도 탐욕에서 비롯된다.

우리는 이 책에서 김씨 일족이 보여준 마약산업의 역동성을 이미 확인했고, 80여 년간 이어 온 그들의 마약 범죄는 앞으로도 지속될 전망이다. 김씨 일족은 이미 수십 년 전부터 마약으로 벌어들인 막대한 돈에 중독되었다. 김씨 일족은 현재까지 합법적인 산업을 일군 경험도 없고, 국가 명의로 채무를 지고 상환한 적도 없다. 그래서 그들은 한국의 자본과 산업을 갈취해 부를 쌓는 '단번도약'을 꿈꾸고 있다. 김정은은 세계 각국의 정상들과 어깨를 나란히 하며 존경을 받는 것도 꿈꿨을 것이다. 하지만 그는 범죄왕국만 물려받았을 뿐, 스스로 노력해 이룩한 업적도 없다.

김정은이 자신의 생존을 위해 선택할 수 있는 옵션은 마약, 사이버 공격, 무기와 같은 범죄뿐이다. 마약은 다른 범죄들과 비교했을 때 훨씬 더 거대한 수익을 창출한다. 마약 시장은 전 지구적으로 폭발적인 성장을 이어왔고, 그래서 상당수의 범죄조직들이 마약을 주 수입원으로 삼고 있다. UNODC는 2011년 전 세계 마약 거래 규모를 320억 달러로 추산했는데, 2023년에는 약 53배가 증가한 1.7조 달러였다.[585] 그런데 김정은이 새삼스레 정상 국가로 거듭나겠다며 마약 생산과 밀매를 중단할까. 그는 오히려 멕시코 카르텔 등과 마약 품질 경쟁을 하며 글로벌 공급망을 더욱 확대하려 할 것이다.

북한과 밀접한 관계에 있는 시리아의 사례를 잠깐 살펴보자. 시리아는 외화의 90%를 마약산업(캡타곤)에서 벌어들이고 있다. 시리아가 수출하는 캡타곤은 중동 전체를 오염시키고 있는데, 사우디아라비아가 주도하는 아랍연맹Arab League은 2023년 5월, 시리아의 연명 복귀를 허가하고, 시리아에 캡타곤 수출 포기를 조건으로 40억 달러를 원조한다고 공표했다. 캡타곤 중독에 따른 국가적 손실이 그만큼 엄청나다고 판단한 것이다. 그런데 2023년 9월. 아랍에미리트UAE 제벨 알리Jebel Ali Free Zone 항구에 정박했던 화물선에서 시가 10억 달러 상당의 8,600만 정(13t)의 캡타곤이 적발되었다. UAE 당국은 캡타곤의 출처를 시리아로 추정했다.[586] 영국 정부는 시리아의 마약산업 수익이 연간 570억 달러에 달한다고 밝혔다.[587] 시리아 입장에서는 아랍연맹의 제안을 무시하고 마약산업을 계속

이어가는 것이 더 이익이다.

주지하듯 김씨 일족은 1990년대부터 천문학적인 수익을 안겨준 마약산업을 중단해야 할 이유가 없다. 그리고 이는 일선 현장에서 실행하고 있는 담당자들에게도 마찬가지다. 수령의 마약 일꾼들은 반드시 수령의 강압이나 명령으로만 움직이는 게 아니다. 그들은 성과를 이룬 만큼 큰 보상을 받는다. 그중 하나가 해외 파견 기간 연장을 포함한 정치적 신임이다. 마약을 비롯해 외화벌이 담당자들의 해외 파견 기간은 2년에서 3년이다. 하지만 이 파견 기간도 성과에 따라 10년 혹은 그 이상도 될 수 있다. 성과 지표는 간단하다. 벌어들이는 달러 액수이다. 만약 마약 판매 당국자가 마약을 차질 없이 판매해 수령에게 바칠 충성자금과 사전에 정해진 국가 납부금, 이 외에도 주변 간부들에게 조용히 제공할 뇌물까지 마련했다면,* 그에 대한 정치적 신임과 파견 연장은 사실상 확정된 것이다. 그리고 경제적 보상도 따른다. 예를 들어, 2013~2015년 베트남 주재 외교관으로 근무했던 탈북민은 같은 대사관에 파견된 작전부 당국자들이 무기 밀매 대금의 3%를 커미션commission으로 수수했고, 마약의 경우에는 더 높은 비율로 책정된다고 언급했다.[588] 북한의 커미션 제공은 이미 1980년대부터 실행되어 온 관행이다.[589] 또 IT 노동자들의 경우에는 성과에 따라 10~15%의 커미션을 받기도

---

* 해당 당국자의 당조직생활과 간부사업(파견 연장)을 담당하는 조직지도부 소속 간부, 신변 감시와 여권 연장 등을 담당하는 국가보위성, 외무성 소속 당국자 등이다.

한다.[590]

이렇듯 범죄왕조의 마약산업은 중단해야 할 동기보다, 앞으로도 지속해야 할 동기가 압도적으로 크다. 무엇보다 수령의 일꾼(간부)과 수하들도 수령을 닮아 자신의 탐욕에 더욱 충실하고 있다.

수령보다 수괴

김일성, 김정일, 김정은은 지난 80여 년간 대를 이어 당黨, 군軍, 정政을 사유화했다. 김씨 일족은 체제의 모든 역량을 동원해 마약 범죄를 실행했다. 물론 사유화된 북한 당국은 부정할 것이다. 당연히 그들은 확실한 증거가 있더라도 일부 간부의 일탈로 치부하거나 증거를 인멸할 것이다. 이와 관련해 2005년 7~11월, 북핵 6자회담 우리 측 수석대표로 참석했던 송민순 전 외교부 장관은 김계관 북한 수석대표로부터 다음과 같은 말을 들었다고 한다.

> (북한) 정부기관이 (마약 범죄) 관여되었다 하더라도 결국 개인이 불법을 저지르는 경우이므로 그런 사람은 법으로 처리하면 된다.[591]

김계관의 얘기대로라면 수령과 당의 방침을 받아 활동하는 '일꾼'이라고 할지라도 검거될 경우 스스로 일탈을 초래한 '사인私人'으로 둔갑해야만 한다는 것이다. 김계관의 언급은 '수령은 머리, 일꾼들은 그의 손과 발'이라는 북한의 '사회정치적생명체론'* 은 물론 '당의 유일사상체계확립의 10대 원칙', 5조 '무조건성의 원칙'에도 위배된다.**

북한은 수령의 명령과 결정에 의해서 움직이는 체제이다. 그들의 이념은 공산주의나 사회주의가 아니며, 집단지도체제도 아니다. 수령은 자신의 의지(생각)와 교시(말씀)인 '유일사상'을 유일한 이념으로 내세웠다. 김씨 일족은 유일사상으로 전 주민들을 정신적, 물리적으로 강압하고 자율의지마저 박탈하는 독재체제를 만들었다.***

오늘날의 수령 독재는 주지하듯 김정일이 만들었다. 그는 1974년 4월 14일, 당의 유일사상체계확립의 10대원칙(현재는 당의 유일적령도체계확립의 10대 원칙; 이하 10대 원칙)을 발표한 동시에 전원회의 확대회의 자리에서 이렇게 언급했다.

죽을 때에도 수령님부터 떠올리도록 교양하는 게 나의 목표이다.[592]

- 북한은 체제 존립의 근원을 수령에서 찾고 있는데 이는 수령이 존재하지 않으면 체제도 존재할 수 없다는 뜻이다. 그리고 그 근거로 북한은 수령, 노동당, 대중이 3위일체로 된 사회정치적생명체이며 이 단일체의 최고뇌수는 수령이기 때문이라고 밝히고 있다. 차영애 편,《위대한 령도자 김정일동지의 사상리론(문예학 3)》(평양: 사회과학출판사, 1996), pp. 66-67, 138-139.
- 당의 유일적령도체계확립의 10대 원칙 5조는 "위대한 김일성 동지와 김정일 동지의 유훈, 당의 로선과 방침관철에서 무조건성의 원칙을 철저히 지켜야 한다"고 규정하고 있다.
- 수령의 의지와 교시는 과거에 주체사상, 김일성주의라는 용어로 표현되었고 김정일 사후에는 김일성-김정일주의로 수정되기도 했다. 수령의 의지와 교시는 은유적, 상징적 표현이 아니라 체제 전체를 움직이고, 구속하는 물리적인 도구로서 모든 법률과 제도에 각인되었다. Kwanhyung Lee and In Su Kwak, *The Suryong Dictatorship Mechanism*, pp. 47-50.

김정일은 이 목표를 위해 1967년부터 유일사상체계 확립을 주도
했다. 그는 1973년부터 1976년 사이 당黨, 군軍, 정政과 공작기관들
에 대한 유일지도체제*와 간부 및 검열사업 체계 구축 등을 완비했
다. 김정일이 만든 '수령의 의지와 교시에 의해 움직이는 유일영도
체계'는 체제 전체를 작동하는 메커니즘이 되었다. 그래서 이 체계
는 60여 년 동안 체제 내 모든 법률과 제도에 각인되어 다음과 같
은 위계로 굳혀졌다.

① 지상 명령인 수령의 의지와 교시

② 10대 원칙

③ 당규약

④ 헌법

⑤ 형법 등 일반 법률

위에서 ①은 당국의 정책뿐 아니라 전 일상을 지배하는 규범으
로서 절대성을 갖는다. 또한 ①을 그대로 관철하기 위한 세부 기준
인 ②가 다음의 위계를 갖고 있다. 10대 원칙은 한 개인과 그의 모
든 가족과 친척들을 몰살시킬 수 있는 '무기'(처벌 시스템)이자 북한
을 지탱하고 있는 '골격'이다. 또한 ③은 말 그대로 노동당에 해당

• 유일지도체제란 유일사상을 실천하기 위해 모든 권력을 김정일에게 집중하는 것을 뜻
한다. 다시 말해 김정일이 김일성을 앞세워 독재권력을 행사한다는 뜻이다. 이 용어는
현재 유일영도체계로 수정되었다.

수령과 마약

하는 규약이지만, 수령이 당을 통해 체제 전체를 움직이고 있다는 점에서 사실상 ④와 ⑤보다 높다고 할 수 있다. 주지하듯 ①과 ②는 유래를 찾아볼 수 없는 초법적 규범이다.[593]

이러한 위계 체계가 아니더라도, 북한 내부 선전매체와 국내외 뉴스만을 보더라도 김정은은 독재자로 비친다. 정은은 정일이 '수령의 말 한마디로 당국과 주민이 일사분란하게 움직이는 체제'를 그대로 물려받았다. 그런데 문제는 김정은이 독재 권력을 어떻게 운용하는지에 대해서는 명확하게 알려진 내용이 없다는 것이다. 사실 그럴 수밖에 없는 이유가 있다. 이 독재 권력의 작동 방식은 북한이 공개하고 있는 10대 원칙이나 당규약에 드러나 있지도 않고, 매우 다양한 기제機制들로 구조화되어 있기 때문이다. 하지만, 우리는 수령의 마약 범죄 개입, 즉 범죄단체 수괴 여부를 확실히 하기 위해서는 이 메커니즘의 얼개를 간략히라도 짚고 넘어가야 한다.

일반적으로 잘 알려진 수령 독재 기제는 종신 구금 시설인 관리소(정치범수용소) 운영, 8촌까지 적용되는 연좌제, 자의적 처형과 같은 폭력(반인도적범죄)과 전방위적인 감시 시스템 등이다. 하지만 이것들은 표면적으로 드러난 일부에 불과하다. 수령이 체제 전 영역을 작동하는 근본적인 메커니즘은 노동당 총비서, 즉 수령만이 행사할 수 있는 당적지도黨的指導 권력(이하 당권)이다.

당권 중 하나인 '조직권'은 당 생활을 포함한 모든 조직사업을 좌지우지할 수 있는 권력이다. 북한의 모든 주민들은 태어난 순간부터 자동적으로 조직(인민반, 직장, 근로단체 등)에 유입되어 사망하는 그 순간까지 벗어날 수 없다. 수령은 당중앙위원회 조직지도부를 통해 체제 내 모든 조직과 그곳에 가입된 전체 주민을 감시, 통제한다. 또한 수령은 조직들의 설립, 해체, 변경을 조직지도부 규약기구과를 통해 결정하고 있으며 일반 주민은 물론 간부들도 공적, 사적, 비정치적 모임을 할 수 없다.[594] 북한에 '깨어있는 시민의 조직된 힘'은 고사하고 '시민'이 탄생할 수 없는 이유도 바로 수령의 조직권 때문이며, 이에 따라 자생적인 순수 민간 범죄조직도 존재할 수 없다.

'간부권'도 수령의 대표적인 당권이다. 수령은 간부사업, 즉 간부들의 선발, 배치, 상벌을 결정할 수 있는 권력을 행사한다. 수령은 특히 최고위급 간부, 즉 책임일꾼들에 대한 간부권을 조직지도부를 통해 실행한다. 북한 내부에서는 수령의 직접 결재에 의해 선발된 간부들을 '비서국 비준 대상'으로 칭하고 있는데, 중앙당 전문부서의 부장(장관급)과 부부장(차관급), 내각 행정기관들의 상(장관급), 부상(차관급)들 그리고 당, 군, 정 직속 중앙기관장 등이 대표적인 직급이다. 그 밖의 간부들은 중앙당 조직지도부[•]와 각급 당위원회 비서처를 통해 선발한다.[595] 물론 수령의 지시만 있다면, 최선희 외무상처럼 복잡하고 지난한 간부사업 절차를 거치지 않고서도 핵심일꾼이 될 수도 있다.[596] 요컨대 수령은 북한 내에서 일반 주민뿐 아니라 간부들의 생사여탈권生死與奪權을 갖고 있는 유일한 존재이다.

• 행정 및 경제기관, 근로단체 간부 등은 중앙당 간부부에서 선발을 맡고 있지만, 간부부도 조직지도부의 통제를 받는다.

수령은 정책 결정권을 보유한 유일한 주체이다. 수령은 노동당 특히 조직지도부를 통해 정책(법률) 입안 및 결정을 포함한 전 과정에 직접 개입하는 '정책적 지도'를 실행하고 있다. 북한에서는 상향식으로 올리는 일반 정책 기안起案들도 관련 근거에 수령의 지시가 붙지 않으면 생성 자체가 불가하다. 수령이 최종적으로 결정한 정책은 '당 내부 사업'으로 공식화된 후 집행 성과가 도출되기까지 수많은 지시와 보고가 반복된다. 수령에 대한 보고는 정책 부문만 해당되는 게 아니다. 수령은 조직지도부의 '일보체계'와 '통보체계'를 통해 북한 전역의 세세한 부분까지 보고를 받고 있다.** 이와 관련해 김정일, 정은은 다음과 같은 교시를 남기기도 했다.

○ 열 가지를 하고 싶어도 당이(내가) 하나만 하라면 하나만 하라. (김정일)

○ 나는 지금(김정일 사망 후)이 배신자들이 머리를 쳐들기 적합한 때라고 생각합니다. 나는 그들(간부들)의 속심을 알아야겠습니다. 그뿐만 아니라 우리나라 산간벽지에서 일어나는 모든 일에 대하여, 바늘 떨어지는 소리까지도 들어야겠습니다. (김정은)[597]

●● 일보(일일보고)체계는 일명 '장악보고체계'로도 불리며, 당조직 업무와 당원들의 당생활 실태를 매일 각급 당위원회를 거쳐 조직지도부 일보과로 보고하는 체계이다. 또한 통보체계는 각급 당위원회 조직부 소속 통보지도원들이 관할 지역(부문)에서 발생한 각종 사건 및 사고들을 실시간으로 상급 당조직에 보고하는 체계이다.

실제로 김정은은 최고지도자의 통치 행위라고 믿기 힘들 정도로, 당적지도를 통해 주민 개개인의 미시적인 부분까지 직접 통제하고 있다. 김정은이 결재한 '말씀자료'나 '비준방침 문서'들을 살펴보면,* 정은은 직접 간부들의 전화 예절(2012년 3월 7일), 평양시 공원 청결 상태(2013년 4월 7일), 가라오케 반주 화면에 뜨는 노래 가사 글씨체(2013년 4월 23일), 일반 주민들의 음주와 가무(2017년 7월 26일, 8월 3일) 등을 지시했다. 또한 간부들도 청소년 일탈(2017년 7월 26.일), 평양 시내 도로공사 상황(2017년 8월 31일), 일반 주민들의 비속어 사용(2017년 9월 6일)과 결혼이나 치정 문제(2018년 2월 6일) 등 시시콜콜한 사안들을 보고해야 한다. 수령에게 선보고先報告와 결재 없이 독단으로 행동하면, '반당반혁명분자'가 되는 건 순간이다.[598]

이렇듯 수령은 당적지도라는 메커니즘을 통해 입법, 사법, 행정은 물론 정치, 군사, 경제, 사회, 문화 등 모든 부문을 통제하고 있다. 수령 독재 메커니즘 내에서 거대한 이권이 걸려 있는 마약산업을 개별 당국자나 민간인 단독으로 실행한다는 것은 원칙적으로 불가하다. 물론 간부들도 일탈을 할 수 있다. 하지만 그 결과는 관련자 목숨 하나만으로 끝나지 않는다. 사형보다 더 잔혹한 관리소

• 수령이 최종적으로 결정한 당 내부사업은 북한 내 전체 노동당 기층조직에 '비준 방침 문서'로 하달되며, 각 당조직들은 이 문서들을 묶어 '당의 방침집행대장'으로 보관하고 있다. 또한 교시말씀 자료는 김정은이 '책임일꾼'(노동당 부부장, 내각의 부상 이상의 고위급 간부들)들과 측근들 앞에서 한 언급을 전문(혹은 일부 내용들만 발췌해 해당 조직과 간부들에게만 배포되는 문서이다.

수령과 마약

종신 구금과 가족과 친척의 연좌제 처벌도 각오해야 한다.** 그래서 수령은 마약 범죄의 최종 결정권자이자 책임자가 맞다.

김일성, 정일, 정은은 자신의 의지와 결정으로 조선민주주의인민 공화국을 범죄단체로 전락시켰고, 결과적으로 '수괴首魁'가 되었다. 김일성의 탐욕에서 태동한 범죄왕조는 김정일 시대를 거쳐 확장을 거듭했다. 또한 정은은 선대보다 더 월등한 수괴로 진화 중이며, 그는 변함없이 '일심단결의 범죄단체'를 영도하고 있다. 이제 범죄왕조는 4대를 바라보고 있다.

**•• 북한도 대외활동 인력들의 비밀 누설과 탈북을 방지하기 위해 직계 가족 전원 동반 출국을 불허하고 있다. 반합법, 비합법 영역에서 활동하는 정찰총국 등의 방첩기관 소속 인력은 자녀가 1명이더라도 동반 출국을 할 수 없다.

미주

1 이기봉, 《실록 김일성과 김정일》(서울: 공산권문제연구소, 1976), p. 33; 김덕홍, 《나는 자유주의자이다》(서울: 집사재, 2015), pp. 109 - 111.

2 유순호, 《김일성 평전(상)》(서울: 지원인쇄출판사, 2017), pp. 29 - 32.

3 국가보훈부 독립유공자 공적정보(공훈전자사료관); 이기봉, 《실록 김일성과 김정일》, pp. 34 - 37.

4 "秘密結社發見處分ノ件(不逞團關係雜件 朝鮮人ノ部 在內地 二)," 1918년 2월 18일 (국사편찬위원회 한국사데이터베이스).

5 陸軍省, "白山武士團員 逮捕의 件," 1921년 5월 12일(국사편찬위원회 한국사데이터베이스); 鈴木要太郎(間島總領事), "陸軍側 調查에 관계된 鴨綠江 沿岸地方 支那地에서의 在住 朝鮮人의 戶口 其他에 관한 件," 1925년 5월 5일(국사편찬위원회 한국사데이터베이스); 김덕홍, 《나는 자유주의자이다》, pp. 109 - 111; 유순호, 《김일성 평전(상)》, pp. 60 - 62, 70 - 71.

6 (국사편찬위원회 한국사데이터베이스) 鈴木要太郎(間島總領事), "陸軍側 調查에 관계된 鴨綠江 沿岸地方 支那地에서의 在住 朝鮮人의 戶口 其他에 관한 件," 1925년 5월 5일.

7 이기봉, 《실록 김일성과 김정일》, pp. 86 - 90.

8 유순호, 《김일성 평전(상)》, p. 71, 77; 김명성, "김일성은 보천보에 가지도 않았다," 《조선일보》, 2017년 2월 7일.

9 CIA, "The Identity of Kim il Sung (CIA - RDP80 - 00809A000600270269 - 4)," December 12, 1949.

10 표도르 째르치즈스키(이휘성), 《김일성 전기》(경기: 한울엠플러스(주), 2022), pp. 32 - 33; 유순호, 《김일성 평전(상)》, pp. 81 - 82.

11 국가보훈부 독립유공자 공적정보(공훈전자사료관); 이기봉, 《실록 김일성과 김정일》, p. 94.

12 국가보훈부 독립유공자 공적정보(공훈전자사료관); 유순호, 《김일성 평전(상)》, pp. 81 -

84, 667.

13   장세윤, "허형식, 북만주 최후의 항일 투쟁가: '백마 타고 오는 초인'," 《내일을 여는 역사》, 27 (2007), pp. 128 - 134.

14   배용진, "김일성 소련 '붉은군대' 이력서 단독입수," 《주간조선》, 2019년 4월 1일; 표도르 쩨르치즈스키(이휘성), 《북한과 소련》 (경기: 한울엠플러스(주), 2023), pp. 13 - 15.

15   "북한은 김일성의 개인 병영," 《경향신문》, 1989년 9월 12일, 3면.

16   도준호, "'보천보 전투'의 진실," 《조선일보》, 1993년 12월 7일, 23면.

17   배문규, "'보천보 전투, 중국인이 지휘' 김일성 신화 걷어내다," 《경향신문》, 2020년 8월 26일.

18   오효진, "전 남로당 총책 박갑동씨 '북한이 선의의 동반자라니'…," 《조선일보》, 1989년 7월 12일, 9면; "다수부하를 파견: 영경과 교화도 수차," 《동아일보》, 1931년 2월 3일, 2면; "김창영 반민족행위특별조사위원회 자료: 피의자신문조서(제2회)," 1949년 4월 19일(국사편찬위원회 한국사데이터베이스); "김창영 반민족행위특별조사위원회 자료: 진술서," 1949년 5월 17일(국사편찬위원회 한국사데이터베이스); 함지하, "CIA, 북한 김일성 '가짜' 명시한 기밀 문건 공개…소련이 '국가 영웅 조작'," VOA, 2024년 4월 6일.

19   "국경의 비적수괴 김일성 회견기," 《삼천리》, 1937년 10월 1일(9권 5호); "귀순한 여당원과 김일성, 그의 운명은 장차 엇더케 될가," 《삼천리》, 1938년 11월 1일(10권 11호)(이상 국사편찬위원회 한국사데이터베이스).

20   오준동, "김일성 중국에서 약탈, 도둑질 일삼아," 《연합뉴스》, 1993년 4월 19일; 표도르 쩨르치즈스키, 《김일성 전기》, p. 326.

21   CIA, "The Identity of Kim il Sung (CIA - RDP80 - 00809A000600270269 - 4)," December 12, 1949.

22   유순호, 《김일성 평전(상)》, p. 60; 김일성, "회고록 '세기와 더불어' 3(1933.2 - 1935.2)," 《김일성전집 97》 (평양: 조선로동당출판사, 2011).

23   Katharine Lyman (MPS.), *Opium: A Japanese technique of occupation* (Schools and Training Branch, Office of Strategic Service, 1945), pp. 15 - 16.

24   Alfred W. McCoy, The Politics of Heroin: CIA Complicity in the Global Drug Trade (Revised Edition) (Chicago: Lawrence Hill Books, 2003), pp. 264 - 270.

25   Chen Yung - fa, "The Blooming Poppy under the Red Sun," p. 274 - 287.

26   CIA, "Chinese communist government opium regulation (CIA - RDP82 - 00457R007500390013 - 0)," May 9, 1951; CIA, "Chinese communist opium traffic (CIA - RDP82 - 00457R007700420011 - 6)," May 10, 1951.

27 UN Economic and Social Council, *Offer for sale in China of Five Hundred tons of Opium* (E/CN.7/211, Commission on Narcotic Drugs, 5th session) (New York: United Nations, 1950); CIA, "Chinese communist collection of opium for sale in Hong Kong and Macao (CIA-RDP82-00457R009400490008-1)," November 20, 1951; United States Senate, *Communist China and Illicit Narcotic Traffic* (Hearings before the Subcommittee to Investigate the Administration of the Internal Security Act and Other Internal Security Laws of the Committee on the Judiciary United States Senate 84 Congress 1st Session, March 8, 18, May 13, and March 19, 1955) (Washington D.C., 1955); United States Senate, *Organized Crime and Illicit Traffic in Narcotics Part 3* (Hearings before the Permanent Subcommittee on Investigations of the Committee on Government Operation United States Senate 88 Congress, July 28-30, 1964) (Washington D.C., 1964) "Peiping's Narcotics Offensive," *Taiwan Today*, July 01, 1965; "Red China's narcotics war against the free world," *Taiwan Today*, July 01, 1972; "Narcotics Offensive," *Taiwan Today*, February 01, 1974.

28 "Narcotics Offensive," *Taiwan Today*, February 01, 1974; Joseph D. Douglass Jr., *Red Cocaine: The Drugging of America and the West* (*2nd edition*) (New York: Edward Harle Limited, 1999), p. 11.

29 Chen Yung-fa, "The Blooming Poppy under the Red Sun," pp. 290-293.

30 송재윤,《슬픈 중국: 인민민주독재 1948-1964》 (서울: 까치글방, 2020), pp. 126-128.

31 "Soviets Groomed Kim Il-Sung for Leadership," Vladivostok News, January 10, 2003.

32 김국후,《비록 평양의 소련군정: 기록과 증언으로 본 북한정권 탄생비화》 (경기: 도서출판 한울, 2011), p. 213; "북한정권수립 산파역 레베제프 사망,"《경향신문》, 1992년 5월 16일, 11면.

33 *Jasper Becker, Rogue Regime: Kim Jong Il and the Looming Threat of North Korea* (Oxford University Press, 2005), p. 50

34 오준동, "김일성 중국에서 약탈, 도둑질 일삼아,"《연합뉴스》, 1993년 4월 19일; Christopher M. Andrew and Oleg Gordievsky, *More Instructions from the Centre: Top Secret Files on KGB Global Operations 1975-1985* (Taylor & Francis, 2012), p. 78-79; 이웅수, "소련 극동군 제88여단의 조선인 공산주의자들: 북한 정치에서 제88여단파의 기원과 형성,"《역사연구》, 30 (2016), p. 54.

35 CIA, "The Identity of Kim il Sung (CIA-RDP80-00809A000600270269-4)," December 12, 1949; 김국후,《비록 평양의 소련군정》, pp. 78-80, 187, 212-213.

36　김국후,《비록 평양의 소련군정》, pp. 215 - 347.

37　Christopher M. Andrew and Oleg Gordievsky, *More Instructions from the Centre: Top Secret Files on KGB Global Operations 1975 - 1985* (Taylor & Francis, 2012), p. 78.

38　표도르 쩨르치즈스키,《북한과 소련》, p. 16.

39　박지영, "'적색 마약'과의 전쟁: 한국의 마약 정책과 반공주의, 1945 - 1960,"《의사학》, 25(1) (2016), p. 90.

40　채인택·황수연, "[남기고 싶은 이야기] 전력 92% 보유 북, 1948년 5월 갑자기 전기를 끊었다,"《중앙일보》, 2018년 10월 1일.

41　"올 농사의 비료는 어떠케 하나? 팔 할 생산은 삼팔이북,"《동아일보》, 1946년 3월 8일, 2면.

42　중앙정보부,《북한대남공작사(제1권)》 (서울: 중앙정보부, 1972), pp. 123, 137, 144 - 145, 169.

43　CIA, "Narcotics Smuggling between Korea and Japan (CIA - RDP82 - 00457R005100120006 - 0)," June 22, 1950.

44　"백만 원을 꿈꾸다: 마약위반자피검,"《조선일보》, 1948년 3월 4일, 2면.

45　"남북교역 대상에 아편밀수입 경기도후생국서 철저단속,"《동아일보》, 1948년 11월 14일, 2면.

46　"아편밀수입단: 수도청서 일망타진,"《경향신문》, 1948년 9월 10일, 2면; "나라와 민족을 좀먹는 아편: 90% 이상을 북한에서 밀수입,"《평화일보》, 1948년 9월 12일, 2면.

47　"생아편밀수단 일당 칠 명 송청,"《경향신문》, 1949년 5월 6일, 2면.

48　"이중간첩 강을 구속: 남북한교역하며 지령문전달,"《경향신문》, 1957년 12월 8일, 3면.

49　"최근까지 남북교역: 이중첩자 강도 검거 안간첩과 관련,"《동아일보》, 1957년 12월 8일, 3면.

50　곽인수,《북한의 대남혁명전략 전개와 변화에 관한 연구》 (서울: 북한대학원대학교 박사학위논문, 2013), pp. 184 - 188; 유영구,《남북을 오고간 사람들: 남의 조직사건과 북의 대남사업》 (서울: 도서출판 글, 1993), pp. 17 - 19.

51　본사 기자 최창격, "민족의 령수를 받들어 용감하게 싸운 통일혁명렬사: 신념과 절개를 목숨바쳐 지킨 성시백동지의 결사적인 투쟁을 두고,"《로동신문》, 1997년 5월 26일, 2면.

52　유영구,《남북을 오고간 사람들》, pp. 19, 22 - 26.

53　"매국도당을 근멸: 북노남반정치위원총검거,"《동아일보》, 1950년 5월 26일, 2면.

54　"'북노정위' 진상발표: 공작비에 사만불,"《조선일보》, 1950년 5월 26일, 2면.

55   곽인수,《북한의 대남혁명전략 전개와 변화에 관한 연구》, pp. 184-188; 유영구,《남
      북을 오고간 사람들》, p. 88.

56   곽인수,《북한의 대남혁명전략 전개와 변화에 관한 연구》, pp. 192-193; "간첩박정
      호암약상전모를 발표: 혁신세력포섭공작,"《조선일보》, 1957년 11월 7일, 3면; "기업
      체자금을 압수: 간첩박정호가 투자한 오개소,"《경향신문》, 1957년 11월 8일, 2면.

57   內務省衛生局・伊原安固,《外地に於ける阿片及痲藥の槪況》(藥業時報出版部,
      1935), p. 37: 재인용 구라하시 마사나오,《아편제국 일본》(서울: 지식산업사, 1999), p.
      184;,《20세기 전반 동북아 한인과 아편》(서울: 선인, 2008), pp. 116-117, 122.

58   CIA, "North Korean Opium Production (CIA-RDP82-00457R007700670009-2),"
      June 8, 1951.

59   "전매사업의 과거와 전도: 전매국장담,"《조선일보》, 1936년 7월 3일, 8면.

60   CIA, "Opium Cultivation and Opium Smuggling (CIA-RDP80-00810A008601140001-3),"
      December 22, 1955.

61   "대남공작에 아편전술-피체된 괴뢰간첩이 폭로,"《동아일보》, 1954년 10월 16일, 2
      면; "오열공작비충당에 아편사용 괴뢰집단만행탄로,"《경향신문》, 1954년 10월 16
      일, 2면.

62   CIA, "Opium Cultivation and Opium Smuggling," December 22, 1955; 엄주현・
      박혜경, "북한 의약품 생산체계의 형성과정에 대한 고찰,"《약학회지》, 62(4) (2018),
      p. 241.

63   신문 보도를 토대로 마약 가격을 추정해 보면, 1949년 기준 한국 암시장에서 아편 1g
      은 약 78.4원, 헤로인은 1g은 약 2,000원으로 헤로인이 약 25.5배가 더 비쌌다. "아
      편밀수단 일부를 검거,"《조선일보》, 1949년 1월 18일, 2면; "마약 밀매 한 대량체
      포,"《동아일보》, 1949년 2월 4일, 2면.

64   김창룡,《숙명의 하이라루: 육군 특무부대장 김창룡 장군 비망록》(경기: 도서출판 청미
      디어, 2022), pp. 88-91; 106-107; 138-143; "여수반란사건총주모 공산당수괴로 암
      약: 국군3삭의 활약에 개가,"《동아일보》, 1949년 4월 10일, 2면.

65   김창룡,《숙명의 하이라루》, pp. 143-159.

66   "육군본부 보도과, 옹진지구 전투와 북한으로의 물자 밀반출에 대한 담화를 발표,"
      《자유신문》, 1949년 7월 12일.

67   "남로자금으로 아편을 북로당원이 이송중에 피체,"《동아일보》, 1949년 11월 29일, 2면.

68   "정치공작대원 황박이피체,"《동아일보》, 1954년 8월 28일, 2면.

69   조석연,《한국 근현대 마약문제 연구》(서울: 한국외국어대학교 대학원 박사학위논문, 2018),
      pp. 67-69; "마약중독 십오만,"《동아일보》, 1949년 1월 14일, 2면; "한심한 마약중

독: 경기도만 무려 사만오천," 《동아일보》, 1949년 6월 20일, 2면.

70 국민방첩연구소 편저,《북괴대남스파이전선: 간첩은 당신을 노리고 있다》 (서울: 갑자
    문화사, 1977), pp. 297 – 298.

71 "김태선 치안국장, 마약 밀매매자와 밀매음부 단속 방침 발표," 《대구매일》, 1951년
    2월 10일 https://db.history.go.kr/item/level.do?levelId=dh_020_1951_02_08
    _0060 (검색일: 2024년 6월 25일).

72 "아편밀매꾼 덜컥," 《경향신문》, 1952년 1월 22일, 2면.

73 "괴뢰집단 아편공세: 괴뢰집단 아편공세, 미인계까지 이용, 유엔군 사기저하를 획
    책," 《조선일보》, 1954년 12월 13일, 3면; "적아편전술노골: 약품휴대코 남하한 이를
    체포," 《경향신문》, 1954년 12월 13일, 2면; "괴뢰 아편공세: 공작원 속속 검거," 《동
    아일보》, 1954년 12월 13일, 2면.

74 "중국인 장에 국외추방령 아편밀매: 중공지하공작혐의," 《민주중보》, 1949년 4월 15
    일; "아편밀매자 일당체포," 《동아일보》, 1951년 2월 16일, 2면.

75 김창룡,《숙명의 하이라루》, pp. 244 – 249.

76 "적 교묘한 마약 전술: 중심무대·서울지구, '유엔'군 병사도 중독자 상당," 《경향신
    문》, 1953년 2월 4일, 2면.

77 "해상경비 강화불가피 진내무장관 일어부사건위요한일분쟁에 담," 《동아일보》,
    1953년 2월 27일, 2면.

78 "괴뢰서 아편공세," 《조선일보》, 1959년 10월 17일, 3면.

79 "북한으로부터 파견된 간첩이 소지하였던 백육봉도의 마약 및 기타마취성약품을 압
    수하였다"고 말하였다. "간첩 통해 마약밀수: 유엔측, 괴뢰비난 군사정전위서," 《동아
    일보》, 1960년 3월 17일, 1면.

80 정주진,《박정희와 김일성의 스파이 전쟁》 (서울: ㈜북랩, 2021), pp. 30 – 31.

81 강인덕,《한 중앙정보 분석관의 삶 1》 (경기: 경인문화사, 2022), pp. 82 – 87, 105.

82 강인덕,《한 중앙정보 분석관의 삶 1》, pp. 85 – 86.

83 김동식,《북한 대남전략의 실체》 (서울: 도서출판 기파랑, 2013), p. 219.

84 강인덕,《한 중앙정보 분석관의 삶 1》, p. 105.

85 "(사설)촉구되는 방첩사상의 재무장," 《동아일보》, 1962년 3월 31일, 1면.

86 "마약 밀수입 방지책 토의: 북한에서도 대량," 《조선일보》, 1960년 4월 3일, 3면.

87 "4.19 이후에 부쩍 는 마약환자: 서울에만 6천 명," 《경향신문》, 1960년 11월 13일, 3면.

88 이승만 대통령 연설문(대통령기록관), "고 김창룡 중장의 공적을 찬양," 1956년 1월 30일
    https://www.pa.go.kr/research/contents/speech/index.jsp (검색일: 2024년 6월
    25일).

89 김종필 저·중앙일보 김종필증언록팀 엮,《김종필 증언록 1》(서울: ㈜미래앤, 2016), p. 24, 135.

90 박정희 대통령 연설문(대통령기록관), "1966년 대통령 연두교서," 1966년 1월 18일 https://www.pa.go.kr/research/contents/speech/index.jsp (검색일: 2024년 6월 25일).

91 김용규, "대남사업 관련 김일성 비밀교시(상),"《월간북한》, 2001년 10월호, p. 91.

92 국민방첩연구소 편저,《북괴대남스파이전선: 간첩은 당신을 노리고 있다》(서울: 갑자문화사, 1977), pp. 253 - 254.

93 김동식,《북한 대남전략의 실체》(서울: 도서출판 기파랑, 2013), pp. 212 - 214, 219 - 220.

94 강인덕,《한 중앙정보 분석관의 삶 1》, p. 179.

95 강인덕,《한 중앙정보 분석관의 삶 1》, pp. 196 - 199.

96 "4.19 이후에 부쩍 는 마약환자: 서울에만 6천 명,"《경향신문》, 1960년 11월 13일, 3면; "마약원료를 밀수,"《동아일보》, 1966년 1월 18일, 7면; "북괴것도 밀수,"《경향신문》, 1966년 1월 21일, 3면; "마약밀수에 지하점조직 밀조단 사건,"《경향신문》, 1966년 1월 21일, 3면; "국제마약단 마약밀수·제조·판매 등 219명 계보를 작성,"《동아일보》, 1966년 1월 21일, 3면.

97 운雲, "국제마약밀수 그내막,"《조선일보》, 1966년 11월 17일, 6면.

98 "마약밀조단 17명 구속: 경찰서 적발, 해방 후 최대 규모,"《매일경제》, 1970년 8월 24일, 3면; "무장 마약밀수단 적발: 두목 등 넷 구속, 유령 수출회사 차려,"《조선일보》, 1973년 6월 26일, 7면.

99 김창룡,《숙명의 하이라루》, p. 390; 이기봉,《실록 김일성과 김정일》, p. 28, 105.

100 표도르 쩨르치즈스키,《북한과 소련》, pp. 16 - 19; 표도르 쩨르치즈스키, "'광명성' 김정일 진짜 출생지는 어디일까?,"《주간조선》, 2024년 2월 16일.

101 신평길,《김정일과 대남공작》(서울: 북한연구소, 1997), p. 117.

102 김용규,《시효인간》(서울: 나라기획, 1978), pp. 233 - 234.

103 성혜랑,《등나무집》(서울: 세계를 간다㈜, 2000), p. 334, 376, 392; 후지모토 겐지 저·신현호 역,《김정일의 요리사》(서울: 월간조선사, 2003), p. 136.

104 김용규,《시효인간》, pp. 233 - 236.

105 김창룡,《숙명의 하이라루》, pp. 381 - 383, 387 - 397; "김일성 전속 간호부 조옥희, 체포 후 기자회견,"《부산일보》, 1951년 3월 1일 https://db.history.go.kr/id/dh_020_1951_02_28_0100 (검색일: 2024년 6월 25일); General Staff of Headquarters Far East Command Military Intelligence Section, *History of the North Korean Army*, July 31, 1952, pp. 90 - 91.

106 김덕홍,《나는 자유주의자이다》, p. 90.

107 성혜랑, 《등나무집》, pp. 366 – 368; 이한영, 《김정일 로열패밀리》, pp. 189 – 190.

108 이한영, 《김정일 로열패밀리》, pp. 184 – 197.

109 정창현, 《곁에서 본 김정일》 (서울: 김영사, 2000), pp. 39 – 43.

110 후지모토 겐지 저, 《김정일의 요리사》, pp. 84 – 85.

111 오동룡, "[독점인터뷰] '김정일의 요리사' 후지모토 겐지: 내가 만난 김정은," 《월간 조선》, 2010년 11월호.

112 "언어의 남북이질화 심화," 《경향신문》, 1977년 12월 15일, 6면; "세습제 생활고 풍자 은어 만발," 《동아일보》, 1989년 7월 28일, 10면.

113 신평길, 《김정일과 대남공작》, pp. 122 – 126.

114 최수남·박금순·안영, 《조선을 이끌어 70년》 (평양: 조선민주주의인민공화국 외국문출판사, 2015), pp. 86 – 87.

115 신평길, 《김정일과 대남공작》, pp. 126 – 127.

116 김용규, 《태양을 등진 달바라기: 영웅칭호를 받은 남파공작원의 고백》 (서울: 글마당, 2013), p. 227.

117 김덕홍, 《나는 자유주의자이다》, p. 225.

118 김현지, "[단독] 김일성 '인민 위해 아편 재배 – 핵실험 하라'…유령병·마약중독에 떠나간 北 주민들," 《시사저널》, 2024년 8월 17일.

119 쿠리티바(브라질) 4일 UP=동양, "북괴인에 1년 징역 마약밀수 혐의 선고," 《매일경제》, 1971년 4월 5일, 3면.

120 김영남, "[단독] 스웨덴 '북한, 채무이행 요구 불응…부채 돌려받을 것'," VOA, 2017년 10월 23일; 김영남, "스웨덴 '볼보 채무' 관련 북한과 정기적으로 접촉," VOA, 2023년 11월 14일.

121 신평길, 《김정일과 대남공작》, p. 174.

122 Bryce Loidolt, Mariya Omelicheva, and James Przystup, "Rogues, Disrupters, and Spoilers in an Era of Great Power Competition," ed. Thomas F. Lynch III, *Strategic Assessment 2020: Into a New Era of Great Power Competition* (Washington, D.C.: NDU Press, 2020), p. 59.

123 "북괴유엔대사 한시해 7년간 마약 밀매," 《조선일보》 1985년 3월 23일, 4면.

124 박종철·박성용·정은이, "헝가리의 북한 관련 기밀해제문건에 관한 연구," 《지역과 세계》, 37(1) (2013), pp. 83 – 85.

125 김용규, "대남사업 관련 김일성 비밀교시(상)," p. 88; 김용규, 《시효인간》, p. 417.

126 CIA, "North Korea: Internal (CIA – RDP81T00700R000100050003 – 6)," July 27, 1976; 이영훈, "북한무역 및 남북교역이 북한경제성장에 미치는 효과 분석," 《금융경제연

구》201호 (2004), p. 7; 조태형·김민정,《북한의 장기 경제성장률 추정: 1956 - 1989 년》 (서울: 한국은행, 2020), p. 30, 36, 43.

127 고영환,《평양 25시》 (서울: 고려원, 1992), p. 69.

128 "북괴 대형 외항선 선장 귀순 싱가포르서 극적 탈출,"《조선일보》, 1982년 2월 16일, 조간 10면; 박수만, "북괴 고위층들 외제 물품에 군침,"《경향신문》, 1982년 2월 15 일, 6면.

129 신석호, "식량 없다면서 '장군님 별장'에 달러 탕진,"《동아일보》, 2009년 9월 23일; 강인덕,《한 중앙정보 분석관의 삶 1》, p. 209.

130 김덕홍,《나는 자유주의자이다》, pp. 163 - 164.

131 "[월간조선 긴급 입수] 1996년 12월 김일성 종합대학 창립 50돌 기념 김정일의 연설 문: 우리는 지금 식량 때문에 무정부 상태가 되고 있다,"《월간조선》, 1997년 4월호, pp. 309 - 310.

132 황장엽,《나는 역사의 진리를 보았다》 (서울: 한울, 1999), p. 320; 구대명,《거품 1》 (경 기: 명화출판사, 2021), p. 59; "김정일은 애비만도 못하다,"《경향신문》, 1996년 10월 17 일, 5면.

133 최수남·박금순·안영,《조선을 이끌어 70년》 (평양: 조선민주주의인민공화국 외국문출판사, 2015), p. 141.

134 안희창, "요덕 수용소만 정치범 5만명",《조선일보》 1994년 5월 18일, 조간 1면; 김 연극, "김일성 '양귀비로 외화벌이' 교시",《조선일보》 1994년 8월 7일, 조간 5면.

135 조선일보, "북한, 아편 대규모 생산,"《조선일보》, 1991년 4월 4일, 조간 1면; 진민범, 《국제 마약류 밀거래실태와 우리의 대응방안에 관한 연구》, p. 56.

136 주용성, "북한 아편 생산 아시아 3위,"《연합뉴스》, 1999년 5월 6일.

137 송의달, "아편 재배, 북한 전역 확대,"《조선일보》, 1996년 7월 11일, 10면.

138 Bureau for International Narcotics and Law Enforcement Affairs, *INCSR* 1998 (February 1999), p. 1 of 15.

139 Committee on Governmental Affairs, *Drugs, Counterfeiting, and Weapons Proliferation: The North Korean Connection* (Hearing / CHRG - 108shrg88250), May 20, 2003, p. 29.

140 윤대일,《'악의 축' 집행부: 국가안전보위부의 내막》 (서울: 월간조선사, 2002), p. 122; 김 용삼, "[충격 증언] 최초의 북한 국가안전보위부 지도원 출신 탈북자 윤대일,"《월간 조선》, 2002년 7월호.

141 "안기부 국제마약정보 수집활동 강화 - 1,"《연합뉴스》, 1993년 6월 8일; 문영식, "북 한, 헤로인 등 생산능력 대폭 확대 〈미 정보소식통〉,"《연합뉴스》, 1998년 12월 12일.

수령과 마약

142 이병로, "러지, 북한의 러 극동지방 마약 거래 실태 폭로,"《연합뉴스》, 1996년 12월 17일; 신우선, "김정일, 마약 밀매 지시,"《SBS 뉴스》, 1998년 3월 6일.

143 서울=연합, "황장엽 씨가 본 북한 경제실태와 식량난,"《연합뉴스》, 1997년 7월 10일.

144 Committee on Governmental Affairs, *Drugs, Counterfeiting, and Weapons Proliferation: The North Korean Connection* (Hearing / CHRG-108shrg88250), May 20, 2003, p. 25.

145 이석영, "북한은 어떻게 마약천국이 되었나,"《월간 북한》, 2015년 8월호, p. 77.

146 김승철·박선영, "김정일 사생활 보장 사업 '제3경제',"《월간 북한》, 2006년 8월호, p. 139.

147 김연광·이상훈, "[최초 증언] 나남제약 근무 이광철 – 북한 헤로인 생산기지 나남제약 공장의 전모: 제5직장에서 헤로인 밀조, 생산 기술자는 정상길,"《월간조선》, 2003년 11월호.

148 Nicola Davison, "'Our purity is above 99%': the Chinese labs churning out legal highs for the west," *Guardian*, 1 May 2015; Shaley Sanders, "Sheriff's department finds new, pure form of crystal meth in Lubbock," *KCBD*, Aug. 4, 2015.

149 국가안전기획부, 《21C 새로운 위협 국제범죄의 실체와 대응》, p. 282.

150 U.S. District Court Southern District of New York, "Indictment (S8 13 Cr. 579)," November 20, 2013; Evan Ratliff, *The Master Mind: Drugs. Empire. Murder. Betrayal.* (New York: Random House, 2019), p. 282, 291.

151 대검찰청, 《2000 마약류범죄백서》 (서울: 대검찰청, 2001), p. 160; 대검찰청, 《마약류범죄백서 2002》 (서울: 대검찰청, 2003), p. 100; 조갑제, "히로뽕 지하제국 탐험(제1부): 코리언 커넥션(2),"《월간조선》, 1983년 12월호; 警察庁, 《平成15年 警察白書: 組織犯罪との闘い》 (東京: 警察庁, 2003), p. 60.

152 정희상, "'파멸의 바늘'이 전국에 꽂히고 있다,"《시사저널》, 1997년 7월 24일; 진민범, 《국제 마약류 밀거래실태와 우리의 대응방안에 관한 연구》 (서울: 경희대학교 행정대학원 석사학위논문, 1994), p. 37.

153 대검찰청, 《마약류범죄백서 2002》 (서울: 대검찰청, 2003), p. 100; "국내 히로뽕밀조 '교수진' 일망타진,"《연합신문》, 1996년 3월 21일.

154 대검찰청, 《마약류범죄백서 1994》 (서울: 대검찰청, 1995), p. 152.

155 대검찰청, 《마약류범죄백서 2001》 (서울: 대검찰청, 2002), p. 238.

156 정희상, "중국에 파고든 한국 마약 기술,"《시사저널》, 2001년 11월 12일.

157 정용백, "북한 공관·일본 야쿠자·국내조직 연계 히로뽕 국제밀조단 적발,"《중앙일

보》, 1996년 4월 5일; 이수윤, "북한 연계 히로뽕 밀매단 적발,"《한거례》, 1996년 4월 5일, 23면.

158　정희상, "한국 기술자 2명, 북한에서 마약 제조,"《시사저널》, 2001년 11월 12일.

159　우종창, "'김대중+현대 조성 대북 비자금'이 입금된 마카오 대남공작기관,"《월간조선》, 2003년 4월호.

160　이관형,《북한 마약 문제 연구: 국가주도형 초국가적 조직범죄 특성을 중심으로》(서울: 고려대학교 박사학위논문, 2021), p. 291.

161　서울중앙지방검찰청 공안제1부, "북한 공작조직 연계 필로폰 제조·반북인물 암살 시도 사건 수사결과,"《보도자료》, 2015년 5월 15일; 서울중앙지법 2015. 9. 25. 선고 2015고합392 재인용: 백남설, "북한의 국가적 불법행위에 대한 고찰: 북한의 마약 밀매를 중심으로," pp. 105 - 106.

162　이석영, "북한은 어떻게 마약천국이 되었나,"《월간 북한》, 2015년 8월호, pp. 78 - 79.

163　박승학, "북한군 정치군관의 참회록(5),"《월간 북한》, 2017년 2월호, pp. 95 - 96.

164　이관형,《북한 마약 문제 연구》, p. 164.

165　United Nations Office on Drugs and Crime, *2008 Global ATS Assessment: Amphetamine and Ecstacy* (Vienna: United Nations Office on Drugs and Crime, 2008), p. 16.

166　CIA, "Industries in North Korea (CIA - RDP80 - 00810A002900230007 - 7)," 25 November 1953.

167　김연광·이상흔, "[최초 증언] 나남제약 근무 이광철 - 북한 헤로인 생산기지 나남제약공장의 전모,"《월간조선》, 2003년 11월호.

168　"흥남제약공장,"《통일신문》, 2006년 7월 11일.

169　이정현, "북 인민군 상좌 출신 탈북자의 증언: '북, 최근까지도 마약 생산해 국내외로 팔아',"《월간조선》 2012년 3월호.

170　KBS TV, "밀착취재! 국내 파고든 북한 마약,"《추적 60분》 제1221회, 2016년 11월 9일 방영.

171　신준식, "[단독] 북한 내 함흥제약공장의 비밀 〈뉴포커스〉",《뉴데일리》 2016년 5월 8일.

172　이관형,《북한 마약 문제 연구》, pp. 293 - 294.

173　안윤석, "북, 마약 총괄은 노동당 39호실,"《노컷뉴스》, 2012년 2월 6일.

174　CIA, "Japanese: North Korea Trade and Contacts (CIA - RDP82 - 00457R004600240002 - 7)," April 4, 1950.

175　좋은벗들, "'마약의 뿌리를 뽑아야겠다'는 방침 내려,"《오늘의 북한소식》, 제102호

(2008년 1월 25일).

176 손혜민, "북 국가과학원, 마약원료 유출시켜 연구자금 마련," *RFA*, 2019년 3월 12일.

177 안윤석, "북한의 마약 사용 실태 심각하다,"《노컷뉴스》2009년 3월 31일.

178 하주희, "탈북자 김철진의 평양실록 ⑩ 마약에 빠져 사는 간부와 주민들: '좋은 마약 나눠 줄 바엔 부인을 빌려주겠다'",《월간조선》2015년 5월호.

179 호혜일,《북한요지경》(서울: 도서출판 맑은소리, 2006), pp. 123-125.

180 이관형,《북한 마약 문제 연구》, pp. 226-228, 283-284.

181 Raphael F. Perl, *Drug Trafficking and North Korea: Issues for U.S. Policy* (*RL32167, CRS Report*) (January 25, 2007), p. CRS-9.

182 William Bach, "*Drugs, Counterfeiting, and Weapons Proliferation: The North Korean Connection*, Testimony Before the Senate Committee on Governmental Affairs Subcommittee on Financial Management, the Budget, and International Security," May 20, 2003.

183 국가정보원, "북한, 정권차원에서 외화벌이 수단으로 마약을 본격 생산,"《계간 한국 마약범죄》, 1999년 5월호, p. 9.

184 이종화, "'필로폰 원료 북한행 막아라': 국제범죄와 전쟁 벌이는 인터폴 24시,"《신동아》, 2002년 6월호.

185 주용성, "북한 아편 생산 아시아 3위,"《연합뉴스》, 1999년 5월 6일.

186 United Nations Security Council, *Final report of the Panel of Experts submitted pursuant to resolution 1985* (*2011*) (*S/2012/422*), 14 June 2012, p. 38.

187 국가안전기획부,《21C 새로운 위협 국제범죄의 실체와 대응》, p. 282; Raphael F. Perl, *Drug Trafficking and North Korea*, p. CRS-5.

188 박종국, "중연변, 한국인 연루된 북마약조직 검거,"《연합뉴스》, 2010년 3월 31일.

189 최재영, "북한산 히로뽕 대량 밀반입,"《경향신문》, 1997년 12월 5일, 23면; 김홍기, "북한산 필로폰 130억대 밀반입,"《조선일보》, 1997년 12월 5일.

190 이영종, "[국정원 북 마약보고서] 양귀비 4천ha 경작,"《중앙일보》, 1999년 3월 13일; Raphael F. Perl, *North Korean Drug Trafficking*, p. CRS-5.

191 Bryan Harris, "Exclusive: Hong Kong triads supply meth ingredients to Mexican drug cartels," *South China Morning Post*, 12 Jan 2014.

192 이관형,《북한 마약 문제 연구》, pp. 289-292.

193 김정일, "총련은 위대한 수령님께 충실하여야 한다(조선로동당 중앙위원회 일군과 한 담화, 1964년 12월 14일),"《재일본조선인운동과 총련의 임무》(평양: 조선로동당출판사, 2000), pp. 16-17.

194 박동순, "일경비과서 밝혀진 조직과 '루트': 조총련을 중계기지로 암약하는 북괴 대한공작…그 전모,"《중앙일보》, 1974년 9월 6일.

195 이승만 대통령 담화문(대통령기록관), "재일교포의 입후보에 대하여," 1954년 4월 28일.

196 "대외관계에서 본 북한의 최근동향,"《조선일보》, 1961년 12월 30일, 3면.

197 박동순, "조총련, 남한적화 공작 계속,"《중앙일보》, 1973년 1월 10일.

198 한국경제, "일본 여행 한국인에 세뇌공작지령…조총련핵심조직 학습조,"《한국경제》, 1989년 3월 3일.

199 "정치자금제공기도: 일지, 교포 마약밀수 사건 보도,"《경향신문》, 1962년 10월 6일, 1면.

200 이한영,《김정일 로열패밀리》(서울: 도서출판 시대정신, 2004), pp. 74 - 77.

201 Anthony Spaeth, "Kim's Rackets," *TIME*, June 9, 2003.

202 Sheena E. Chestnut, "The 'Sopranos State'? North Korean Involvement in Criminal Activity and Implications for International Security," Working Paper (San Francisco, Calif.: Nautilus Institute, 2006), p. 136; 문영식, "일경찰, 재일 북한계 한인집서 마약 압수,"《연합뉴스》, 1990년 11월 17일; "북한서 마약 대량반출 가능성,"《조선일보》, 1991년 3월 18일, 15면.

203 우종창, "미국 현지 인터뷰: 북풍사건의 주인공 윤홍준 주장,"《월간조선》, 2001년 6월호; 최영재, "특종! '작은 장군' 김정남의 비밀행각,"《신동아》, 2001년 6월호; 마키노 요시히로 저 · 한기홍 역,《김정은과 김여정》(서울: ㈜글통, 2022), pp. 82 - 83.

204 우종창, "대북 송금 5억 달러로 본 김정일 비자금 43억 달러의 세계,"《월간조선》, 2003년 3월호

205 警察庁 編,《平成10年 警察白書: ハイテク犯罪の現状と警察の取組み》(東京: 警察庁, 1998).

206 국가정보원, "국제범죄조직에 의한 마약류 범죄 확산 실태,"《계간 마약범죄연구》, 1999년 10월호, p. 9.

207 *INCSR* 1997 (March 1998), p. 4 of 14.

208 미조구치 아츠시溝口敦 기고 · 이정훈 정리, "북노동당이 필로폰 밀수출 지령,"《시사저널》, 1997년 7월 3일.

209 海上保安庁 웹사이트, "海上保安庁が確認した過去の不審船 · 工作船事例" (2004年 11月 9日).

210 후지모토 겐지 저, 한유희 역,《북한의 후계자 왜 김정은인가?》(서울: 맥스미디어, 2010), pp. 191 - 192.

211 警察庁 編,《平成11年 警察白書: 国境を越える犯罪との闘い》(東京: 警察庁, 1999).

212 오주한, "일 야쿠자 간부, '북에서 마약밀수'," 《LIBERTY HERALD》, 2008년 10월 28일.

213 국가정보원, "북한, 정권차원에서 외화벌이 수단으로 마약을 본격 생산," p. 9; 이흥, "북한발-일본행 필로폰의 실태," 《월간조선》, 2001년 3월호; 문영식, "일검찰, 북한제 각성제 대량 밀수입 6명 기소," 《연합뉴스》, 1999년 1월 7일.

214 海上保安庁, "九州南西海域における工作船事件について," 2004年 11月 9日.

215 최영재, "일본은 왜 김정일의 돈줄을 틀어막는가: 허종만 조총련 책임부의장 망명설과 괴선박 미스터리," 《신동아》, 2002년 2월호.

216 Peter A. Prahar, "North Korea: Illicit Activity Funding the Regime (Statement)" Before the Subcommittee on Federal Financial Management, Government Information, and International Security Senate Homeland Security and Government Affairs Committee, April 25, 2006.

217 警察庁,《平成19年 警察白書》, p. 133; *INCSR 2007* (Volume I: Drug and Chemical Control), pp. 308-309; 서영아, "일, 북 화물선 '히로뽕 밀수 의혹' 강제수색," 《동아일보》, 2006년 5월 13일.

218 주용성, "북한 아편 생산 아시아 3위," 《연합뉴스》, 1999년 5월 6일.

219 法務省,《平成14年 犯罪白書: 暴力的色彩の強い犯罪の現状と動向》; 警察庁, '年間の犯罪'; 警察庁,《平成19年 警察白書: 暴力団による資金獲得活動との対決》(東京: 警察庁, 2007), p. 133.

220 *INCSR 2003* (*Part I: Drug and Chemical Control*) (March 2004), p. 295.

221 法務省,《平成13年版 犯罪白書: 増加する犯罪と犯罪者》(東京: 法務省, 2001).

222 警察庁刑事局組織犯罪対策部 薬物銃器対策課,《平成25年 の 薬物・銃器情勢》(東京: 警察庁, 2013), p. 18.

223 조성권, "북한 마약 밀매의 실태와 대응방안," 《정책연구》, 131 (1999), p. 190; 김상환, "미, '마약 생산국' 히든 카드 사용," 《연합뉴스》, 2000년 10월 6일.

224 Raphael F. Perl, *Drug Trafficking and North Korea*, p. CRS-9.

225 "북한, 아편 대규모 생산," 《조선일보》, 1991년 4월 4일, 1면.

226 "안기부 국제범죄 수사권 요청," 《연합뉴스》, 1995년 7월 14일.

227 "이복헌 간첩사건"《국가안전기획부 보도자료》, 1994년 4월: 진민범,《국제 마약류 밀거래실태와 우리의 대응방안에 관한 연구》, p. 57에서 재인용.

228 이호인, "국가안전기획부, 국제범죄단과 북한 연계한 간첩 이복헌 적발," 《MBC 뉴

스》, 1994년 3월 10일; 권영민, "동남아 폭력조직과 연계 6차례 밀입북 간첩 검거," 《중앙일보》, 1994년 3월 11일; 윤능호, "국제 마약조직의 이복헌 씨 북, 핵폭탄 보유 진술,"《MBC 뉴스》, 1994년 3월 25일.

229 "남한폭력단 '조평통' 연결 공작: 동남아 암약 간첩 구속,"《서울신문》, 1994년 3월 11일.

230 "잠수함 침투사건 이후 북한 반응 일지,"《연합뉴스》, 1996년 10월 3일.

231 이정훈,《공작: 대한민국 스파이 전쟁 60년 '평화통일을 만드는 길'》(서울: 글마당, 2013), pp. 226 - 227.

232 김석환, "주블라디보스토크 최덕근 영사 피살 수사 이모저모,"《중앙일보》, 1996년 10월 4일.

233 특별취재반, "북, 정보지키려 살해 가능성,"《동아일보》, 1996년 10월 7일, 3면.

234 문명호 · 하종대 · 서영수 · 강영진, "최영사 극비 첩보메모 남겼다: 북 공작원 마약 밀매혐의 기록,"《동아일보》, 1996년 10월 7일, 1면.

235 채널 A, "끝나지 않는 북한의 암살 의혹!,"《이제 만나러 갑니다》, 제613회(2023년 9월 17일 방영).

236 황성준 · 최우제, "최영사, 2중첩자에 당한 듯,"《조선일보》, 1996년 10월 8일, 1면.

237 통일부 정보분석국,《북한 기관 · 단체별 인명집》(서울: 통일부, 1999), p. 276.

238 이관형, "북한 공작원 연구," p. 311.

239 김인구, "북, 94년 주러 한인 목사 납치기도,"《조선일보》, 1996년 10월 4일, 5면.

240 김석환, "연해주일대 설치된 외화벌이 기관,"《중앙일보》, 1996년 10월 7일; 이병로, "북한, 러시아서 마약 밀매사업 크게 벌인 듯,"《연합뉴스》, 1996년 11월 11일.

241 유승진, "[단독] '최덕근 암살' 관련 북 공작원 활동 정황,"《채널A 뉴스》, 2024년 5월 3일.

242 "(조국평화통일위원회 대변인성명) 반공화국모략책동을 당장 걷어치워야 한다,"《로동신문》, 1995년 11월 1일, 5면.

243 서울=연합, "북한 외교관 올부터 마약밀수 재개,"《연합뉴스》, 1991년 11월 19일.

244 이병로, "북한, 러시아로 대규모 마약밀수 기도,"《연합뉴스》, 1996년 11월 6일; 이병로, "〈상보〉러 대규모 마약밀수기도 북한인 의문의 자살,"《연합뉴스》, 1996년 11월 11일.

245 Федор ГУРКО, "Наркотическое нашествие из Северной Кореи," *Владивосток (Электронная версия газеты)*, No.19 от 12 нояб. 1996 https://vladnews.ru/ev/vl/19/73804/narkoticheskoe_nashestvie (검색일: 2024년 6월 25일). (※ 동 기사의 기자명, 기사제목과 매체명을 한국어로 번역하면 다음과 같다. 표도르 구르코, "북한으

로부터의 마약 침해," 블라디보스톡(Vladivostok) No. 19의 전자 버전, 1996년 11월 12일.)

246 대검찰청, 《마약류범죄백서 1991》 (서울: 대검찰청, 1992), p. 144.

247 구성재, "북한산 마약 국내유입 가능성," 《조선일보》, 1996년 2월 6일, 10면.

248 정희상, "한국은 북한산 마약 '큰 고객'," 《시사저널》, 1997년 7월 24일.

249 서울=연합, "북한, '외화벌이'위해 히로뽕 밀조공장 차렸나," 《연합뉴스》, 1997년 12월 4일; 국가안전기획부, 《21C 새로운 위협 국제범죄의 실체와 대응》, p. 286.

250 서울=연합, "검찰, 폭력조직 마약 거래 개입 강력 대처," 《연합뉴스》, 1997년 9월 25일.

251 대검찰청, 《마약류범죄백서 2000》 (서울: 대검찰청, 2001), p. 56; 대검찰청, 《2002 마약 류범죄백서》 (서울: 대검찰청, 2003), p. 117.

252 김대경, "부산 칠성파 등 폭력조직 마약 밀매로 자금 확보," 《MBC 뉴스》, 2001년 10월 29일.

253 대검찰청, 《마약류 범죄백서 2000》 (서울: 대검찰청, 2001), pp. 259 - 260; 박홍기 · 김재 천, "폭력조직 출신 - 야쿠자, 북한산 히로뽕 5,000억대 거래," 《서울신문》, 1999년 5 월 11일.

254 이상호 · 연보흠, "5천억대 필로폰 일본 밀반입 야쿠자 적발," 《MBC 뉴스》, 1999년 5월 10일.

255 방성수, "북한산 추정 필로폰 적발," 《조선일보》, 1999년 5월 10일.

256 태원준, "북한산 히로뽕 100kg 찾아라," 《국민일보》, 2001년 3월 12일.

257 옥철, "일 야쿠자 연계 히로뽕 밀수출 사건 의미와 특징," 《연합뉴스》, 1999년 5월 10일.

258 최창봉, "북한산 추정 히로뽕 20만 명분 밀반입," 《동아일보》, 2011년 2월 7일; 이명 진 · 정한국, "'북한산 필로폰' 대량 국내 들여와 한 · 중 조폭 손잡고 20만 명분 뿌려," 《조선일보》, 2011년 2월 7일.

259 배혜림, "'中 흑사회 연계' 필로폰 유통 조폭 무더기 적발," 《머니투데이》, 2011년 2월 6일; 황보연, "흑사회 손잡고 마약 장사 '조폭' 무더기 검거," 《YTN 뉴스》, 2011년 2월 6일.

260 배혜림, "'中 흑사회 연계' 필로폰 유통 조폭 무더기 적발," 《머니투데이》, 2011년 2월 6일.

261 최창봉, "북한산 추정 히로뽕 20만 명분 밀반입," 《동아일보》, 2011년 2월 7일.

262 이홍, "추적! 평양발 마약 커넥션의 내막: 국가기관이 헤로인 · 필로폰 밀조 · 밀매를 주관하는 세계 유일의 사례 연구," 《월간조선》, 2003년 7월호.

263 파이낸셜뉴스, "북한산 추정 히로뽕 밀매단 검거," 《파이낸셜뉴스》, 2002년 7월 12일; 문성규 · 김인유, "북한산 추정 히로뽕 700억 원대 공급책 체포," 《연합뉴스》, 2002 년 7월 13일.

264 박상전, "이상배 의원 '부산항, 북 마약 통로 악용-'," 《매일신문》, 2006년 10월 17일.

265 홍순직, "북한의 사회간접자본 현황(Ⅰ): '항만'," 《통일경제》, 30 (서울: 현대사회경제연구원, 1997), p. 109.

266 진민범, 《국제 마약류 밀거래실태와 우리의 대응방안에 관한 연구》, pp. 56-57.

267 윤능호, "국제 마약조직의 이복헌 씨 북, 핵폭탄 보유 진술," 《MBC 뉴스》, 1994년 3월 25일.

268 홍콩=연합, "남·북, 5백억 규모 물물교환 신덕샘물 받고 플라스틱 제공 재미동포 밝혀," 《한겨레》, 1994년 5월 30일, 3면.

269 김상현·공병설 "사상 최대 규모 히로뽕 거래 적발(종합)," 《연합뉴스》, 2001년 12월 27일.

270 대검찰청, 《2002 마약류범죄백서》 (서울: 대검찰청, 2003), p. 120.

271 이흥, "추적! 평양발 마약 커넥션의 내막: 국가기관이 헤로인·필로폰 밀조·밀매를 주관하는 세계 유일의 사례 연구," 《월간조선》, 2003년 7월호.

272 강윤경, "북한 경유 부산입항 중선박 히로뽕 46kg적발," 《부산일보》, 2003년 6월 4일.

273 박동민, "북경유 선박서 수천억대 필로폰 적발," 《매일경제》, 2003년 6월 4일.

274 권구용, "[단독] 제재 위반 북 선박, 부산항서 3시간 GPS 잡혔는데 당국은 몰라," 《동아일보》, 2022년 10월 13일; 함지하, "제 3국 화물선, 또다시 북한 남포 입항…이전 출항지 한국 부산," VOA, 2022년 8월 16일; 함지하, "북한 입항했던 제 3국 선박, 북한 선박으로 탈바꿈…마지막 출항지는 부산," VOA, 2022년 10월 4일.

275 오택성, "동일 선박 신호, 남북한 항구에서 포착…한국 해수부 '입출항 기록 없어'," VOA, 2019년 5월 29일. 김형원, "[단독] 조국 처남이 몸담은 해운사, 계열사 명의로 北석탄 운반선 소유," 《조선일보》, 2019년 9월 8일.

276 조용석, "'선박 통한 마약 밀반입 못 막으면 치명적…콜롬비아 등과 공조 강화'," 《이데일리》, 2023년 4월 10일.

277 "[북한 마약 밀수] 타이완 첫 적발," 《조선일보》, 1999년 5월 25일; INCSR 2000 (March 2001), p. 30 of 56.

278 INCSR 2000 (March 2001), p. 30 of 56.

279 INCSR 2001 (March 2002), pp. VIII-45-VIII-46.

280 CNA and AP, "Police seize 198 bricks of heroin," Taipei Times, July 03, 2002.

281 이상민·홍덕화, "북한 군함·군부 마약·무기 대만 밀수출(종합2보)," 《연합뉴스》, 2002년 7월 2일; 이상민, "북해군 포함·여단장이 대만으로 마약밀수 관여," 《연합뉴스》, 2002년 7월 3일; Jay Solomon and Jason Dean, "Heroin Busts Point to Source Of Funds for North Koreans," The Wall Street Journal, April 23, 2003.

282 CNA and AP, "Police seize 198 bricks of heroin," Taipei Times, July 03, 2002;

INCSR 2002 (March 2003), pp. VIII-43-VIII-44; 이상민·홍덕화, "북한 군함·군부 마약·무기 대만 밀수출(종합2보)," 《연합뉴스》, 2002년 7월 2일.

283 "북한-대만범죄조직과 협력해 중국 마약 밀수(대만정부)," *RFA*, 2004년 1월 7일.

284 김현지, "[단독] 김일성 '인민 위해 아편 재배-핵실험 하라'…유령병·마약중독에 떠나간 北 주민들," 《시사저널》, 2024년 8월 17일.

285 양정아, "황장엽 '김정일 비자금 마카오-광저우 두 곳에서 관리,'" 《DailyNK》, 2006년 1월 16일.

286 고한성, "마약 밀수 북한 봉수호 선원들, 귀국길 올라," 《연합뉴스》, 2006년 3월 9일.

287 "N Korean heroin ship sunk by jet," *BBC News*, 23 March 2006.

288 "북한 선박 봉수호 98년 후 5차례 일본 입항," *RFA*, 2003년 7월 12일.

289 Richard Baker, "Passing secret notes: How the Pong Su's radio operator broke ranks," *The Age*, November 25, 2019.

290 이관형, 《북한 마약 문제 연구》, p. 260.

291 Office of Foreign Assets Control, "Treasury Designates Singapore-Based Targets for Laundering Money in Support of North Korea," *U.S. Department of the Treasury Press Release*, October 25, 2018.

292 KBS TV, "밀착취재! 국내 파고든 북한 마약," 《추적 60분》 제1221회, 2016년 11월 9일 방영.

293 *INCSR 2001* (March 2002), pp. VIII-45-VIII-46; 라파엘 펄, "북한의 마약 거래와 최대 피해국 일본," 《극동문제》, 통권 제278호 (2002), p. 59; "300 kilograms of heroin seized in Fiji, police say," *CNN*, October 30, 2000.

294 "Police raid huge meth lab in Fiji," *NBC News*, June 10, 2004; "Triad suspicions in Fiji," *Sydney Morning Herald*, June 12, 2004; *INCSR 2005* (*Volume I: Drug and Chemical Control*) (March 2005), pp. 297-298.

295 Benjamin K. Sovacool, "North Korea and Illegal Narcotics: Smoke but No Fire?," *Asia Policy*, 7 (2009), p. 91; David C. Kang, "Securitizing Transnational Organized Crime and North Korea's Non-Traditional Security," in Kyung Ae Park (ed.), *Non-Traditional Security Issues in North Korea* (Honolulu: University of Hawai'i Press, 2013), p. 81.

296 Richard Baker, "The heroin shipped to Australia by the Pong Su was probably a knock-off brand," *The Age*, November 28, 2019.

297 Michael Collins, Ellen Casale, D. Brynn Hibbert, Sini Panicker, James Robertson, Sasha Vujic, "Chemical Profiling of Heroin Recovered from the

North Korean Merchant Vessel Pong Su," *Journal of Forensic Science*, 51(3) (2006). pp. 597 - 602.

298 이석영, "북한은 어떻게 마약천국이 되었나," 《월간 북한》, 2015년 8월호, p. 77.

299 이관형, 《북한 마약 문제 연구》, pp. 330 - 331.

300 조흥국·신상철, "중국 흑사회 성질 범죄조직의 특징에 대한 고찰," 《아시아연구》, 13(2) (2010). p. 169, 177.

301 조성권, 《21세기 초국가적 조직범죄와 통합안보》 (서울: 한성대학교 출판부, 2011), pp. 135 - 142.

302 KBS, "홍콩 중국 반환, 삼합회는 어떻게 되었나," 《KBS 일요스페셜》, 1996년 2월 4일 방영.

303 KBS, "홍콩 중국 반환, 삼합회는 어떻게 되었나," 《KBS 일요스페셜》, 1996년 2월 4일 방영.

304 Austin Ramzy, "What Are the Triads, and What Is Their History of Violence?," *The New York Times*, July 24, 2019.

305 Christian Davies, Primrose Riordan and Chan Ho - him, "Inside North Korea's oil smuggling: triads, ghost ships and underground banks," *Finacial Times*, 29 March, 2023.

306 Raquel Carvalho, "How Macau became North Korea's window to the world... and its nexus for weapons and drugs trafficking," *South China Morning Post*, 6 May, 2017.

307 최우석, "[뉴스추적] 마약 밀매에 등장하는 북한 류경회사의 실체," 《월간조선》, 2014년 9월호; 장진성, 《수령연기자 김정은》 (서울: 비봉출판사, 2017), pp. 68 - 71.

308 김현희, 《이제 여자가 되고 싶어요(제2부)》 (서울: 고려원, 1991), pp. 292 - 293, 296.

309 이동욱, "북한의 해외 무기밀매 거점 - 홍콩·마카오: 용악산 수출공사를 주시하라," 《월간조선》, 1997년 3월호, p. 361.

310 외교부 동북아2과, "북한·마카오 관계" (생산년도 1975년, 공개번호 8224, 공개년도 2006년), 외교부 외교사료관 http://diplomaticarchives.mofa.go.kr (검색일: 2024년 7월 6일); 외교부 동북아2과, "주마카오 겸임 총영사관 설치, 1983 - 84" (생산년도 1983 - 1984년, 공개번호 20346, 공개년도 2015년); 이영석, "북괴공작기지화하는 홍콩 윤태식 씨 납치미수로 본 암약상," 《조선일보》, 1983년 1월 9일, 4면; 이동욱, "북한의 해외 무기밀매 거점: 홍콩·마카오," 《월간조선》, 1997년 3월호, p. 357; 우종창, "'김대중 + 현대 조성 대북 비자금'이 입금된 마카오 대남공작기관," 《월간조선》, 2003년 4월호.

311 최은희·신상옥, 《김정일 왕국(상): 홍콩 - 평양 - 비엔나 탈출까지》 (서울: 동아일보사,

1988), pp. 23 - 25.

312 우종창, "'김대중 + 현대 조성 대북 비자금'이 입금된 마카오 대남공작기관," 《월간조선》, 2003년 4월호.

313 마카오=연합, "북한 평양 류경호텔 홍콩사에 경영 위탁," 《동아일보》, 1990년 8월 23일, 2면; 문영식, "북한 세계최고층 호텔, 인부 없어 공사 지연," 《연합뉴스》, 1990년 8월 23일.

314 외교부 동북아2과, "북한·마카오 관계, 1988 - 91," (생산년도 1988 - 1991년, 공개번호 32331, 공개년도 2022), 외교부 외교사료관 http://diplomaticarchives.mofa.go.kr/new/open/view.jsp (검색일: 2024년 7월 6일).

315 우종창, "미국의 김정일 비자금 루트 봉쇄 전면전," 《월간조선》, 2005년 10월호; 이동훈, "김정남 - 마카오 15년 커넥션," 《주간조선》, 2017년 2월 27일.

316 Niall Fraser, "Stanley Ho claims North Korea offered dictator asylum," *South China Morning Post*, 2 Mar, 2003.

317 이동훈, "김정남 - 마카오 15년 커넥션," 《주간조선》, 2017년 2월 27일.

318 이동훈, "김정남 - 마카오 15년 커넥션," 《주간조선》, 2017년 2월 27일.

319 서울=연합, "북한의 라진·선봉투자포럼 결산," 《연합뉴스》, 1996년 9월 16일.

320 Anne Milgram(Attorney General) and Josh Lichtblau(Director of Assistant Attorney General), *Special Report of the Division of Gaming Enforcement to the Casino Control Commission on Its Investigation of MGM Mirage's Joint Venture with Pansy Ho in Macau, Special Administrative Region, People's Republic of China* (New Jersey: State of New Jersey Department of Law and Public Safety, May 18, 2009), pp. 1-4.

321 Anne Milgram and Josh Lichtblau, *Special Report of the Division of Gaming Enforcement to the Casino Control Commission on Its Investigation of MGM Mirage's Joint Venture with Pansy Ho in Macau, Special Administrative Region, People's Republic of China*, pp. 8 - 9, 21 - 24, 29 - 33.

322 Benjamin Carlson, Broken "Tooth and New Macau," *Foreign Poicy*, Jan 28, 2013.

323 우종창, "대북 송금 5억 달러로 본 김정일 비자금 43억 달러의 세계," 《월간조선》, 2003년 3월호.

324 홍순경, 《만사일생: 북한대사관 참사의 자유를 향한 탈출》 (서울: 도서출판 바른기록, 2014), p. 192.

325 우종창, "'김대중 + 현대 조성 대북 비자금'이 입금된 마카오 대남공작기관," 《월간조

선》, 2003년 4월호.

326 이상민, "마카오, 북한 위폐사건 9월 이후 재판,"《연합뉴스》, 1994년 7월 6일; 우종
창, "미국의 김정일 비자금 루트 봉쇄 전면전,"《월간조선》, 2005년 10월호.

327 조성권,《한국조직범죄사: 조직범죄와 정치권력(개정증보판)》(서울: 한성대학교 출판부,
2013), p. 250.

328 "Federal Racketeering Indictments Target International Smuggling, Counterfeit
Currency Operation: Undercover Operation Nets 59 Arrests Nationwide," U.S.
Department of Justice Release, August 22, 2005.

329 David L. Asher, "The Illict Activities of the Kim Jong Il Regime" (Seoul-
Washington Forum, Westin Georgetown, Washington D.C., May 1-2, 2006, Co-hosted by
The Brookings Institution and The Sejong Institute), p. 3; Dick K. Nanto, *North Korean
Counterfeiting of U.S. Currency* (RL33324) (Washington, D.C.: Congressional Research
Service, 2009), p. 6; Te-Ping Chen, "Smoking Dragon, Royal Charm: A tale
of four FBI agents, 62 Chinese smugglers, and a billion bogus cigarettes,"
International Consortium of Investigative Journalists, October 20, 2008.

330 이한영,《김정일 로열패밀리》, pp. 189-190; 후지모토 겐지 저,《북한의 후계자 왜
김정은인가?》, p. 59.

331 후지모토 겐지,《김정일의 요리사》, p. 136.

332 마키노 요시히로,《김정은과 김여정》, p. 84.

333 마키노 요시히로,《김정은과 김여정》, pp. 85-86..

334 최영재, "특종! '작은 장군' 김정남의 비밀행각,"《신동아》, 2001년 6월호.

335 오동룡, "'손자 김정남과 낚시하는 게 취미' (김일성, 1994년 방북한 카터 전 대통령에게),"
《월간조선》, 2017년 3월호.

336 "김정은 외조부 친일행적 日 극비문건 발견,"《YTN 뉴스》, 2013년 12월 24일.

337 김덕홍,《나는 자유주의자이다》, pp. 122-123.

338 조주형, "[단독] 김정은, 40살 더 많은 정찰총국장에게 '야, 영철아' 호칭…통치비결
은 '피',"《펜앤드마이크》, 2021년 12월 17일.

339 정용수, "북, 장성택 잔존세력 1만 명 조사 중… 6월까지 청산,"《중앙일보》, 2014년
2월 4일; 최우석, "[집중분석] 장성택과 함께 사라진 북한 주요인사는 누구?,"《월간
조선》, 2015년 1월호; 김호준, "[단독] 김정은, 장성택 흔적 지우기 집착…'트라우마
에 시달려',"《연합뉴스》, 2016년 8월 23일; 라종일,《장성택의 길》(서울: 알마 출판사,
2016), p. 27; 구대명,《거품 1》, pp. 76-77.

340 Kwanhyung Lee and In Su Kwak, *The Suryong Dictatorship Mechanism*, pp.

165-172.

341 김채연, "'김정남 암살은 스탠딩오더…김정은 편집광적 성격 반영된 것'," 《한국경제》, 2017년 2월 15일.

342 Stephan Haggard and Marcus Noland, "North Korea's External Economic Relations," Working Paper Series, 07-7 (Washington, D.C.: Peterson Institute for International Economics, August 2007), p. 8; David C. Kang, "Securitizing Transnational Organized Crime and North Korea's Non-Traditional Security," ed. Kyung Ae Park, *Non-Traditional Security Issues in North Korea* (Hawaii: University of Hawai'i Press, 2013), p. 76, 83; Justin V. Hastings, "The economic geography of *North Korean drug trafficking* networks," *Review of International Political Economy*, 22(1) (2015), p. 176, 187; 조동호, "김정일 시대 경제성장 전략의 평가와 함의," 《국가안보와 전략》, 제21권 4호 (2021), p. 170; 백남설, "북한의 국가적 불법행위에 대한 고찰: 북한의 마약 밀매를 중심으로," 《한국테러학회보》, 4(1) (2021), p. 102.

343 황정우, "'북 마약 밀매 2002년 이래 중단'〈유엔간부〉," 《연합뉴스》, 2009년 2월 19일.

344 어우양산 저, 박종철·정은이 역, 《중국의 대북조선 기밀파일》 (파주: 도서출판 한울, 2008), pp. 72-73, 82. (※ 이 책의 중국어판 제목은 《朝鮮眞相》, 일본어판은 《對北朝鮮·中國機密 ファイル》이다. 이 단행본에 대한 평가는 동 단행본의 서두와 다음의 글을 참조. 박종철, "중국의 대북조선 기밀 파일", 《현대사회과학연구》 12 (2008), pp. 129-133.)

345 이돈관, "주중 북한대사관 직원들, 마약 밀매 의혹," 《연합뉴스》, 1996년 12월 16일.

346 대검찰청, 《마약류범죄백서 1995》 (서울: 대검찰청, 1996), p. 184; 대검찰청, 《마약류범죄백서 2001》 (서울: 대검찰청, 2002), p. 244.

347 서울=연합, "중국 연변서 북한인 마약 밀매 성행," 《연합뉴스》, 1995년 8월 22일.

348 어우양산, 《중국의 대북조선 기밀파일》, p. 74.

349 "길림성 마약복용자 70%는 청년," 《길림신문》, 2006년 10월 9일 http://kr.chinajilin.com.cn/society/content/2006-10/09/content_50219.htm (검색일: 2017년 1월 14일).

350 한승호, "중 불법 마약사용자 179만 명…여성 16%," 《연합뉴스》, 2012년 6월 22일.

351 인교준, "중 작년 마약사범 11만 2천400명 달해," 《연합뉴스》, 2012년 5월 17일.

352 "중국공안부장 국경지역의 안정을 수호할데 대해 강조," 《조선중앙통신》, 2011년 2월 22일.

353 윤완준, "[단독] 중, 북한산 마약에 뿔났다," 《동아일보》, 2011년 7월 5일.

354 Li Cong, "Drugged by comrades," Global *Times* (人民网 영문판), 2013-3-12.

355 "(조선중앙통신사 론평) 남조선보수언론의《마약 류통》모략보도 비난,"《조선중앙통신》, 2011년 7월 8일.

356 신화통신, "중국 한국과 련합으로 특대다국마약 밀매사건 주범 나포,"《人民网(인민넷 조문판)》, 2012년 8월 29일 http://korean.people.com.cn/85524/15253786.html (검색일: 2016년 6월 14일).

357 신화사, "중국 등록된 마약류 흡입자 258만명,"《人民网(인민넷 조문판)》, 2014년 6월 26일 http://korean.people.com.cn/85524/15427289.html (검색일: 2016년 6월 14일).

358 "일본회사원이 마약밀수거래를 시도,"《조선중앙통신》, 2003년 10월 31일.

359 장용훈, "북 '마약밀수혐의' 일본인 5년 만에 석방(종합2보),"《연합뉴스》, 2009년 1월 3일.

360 채명석, "북한서 풀려난 일본 남성 '방북 목적은 필로폰 밀수'," RFA, 2009년 1월 15일.

361 어우양산,《중국의 대북조선 기밀파일》, pp. 84 - 87.

362 "중국 또 일본인 3명 사형 집행," VOA, 2010년 4월 9일.

363 대검찰청,《마약류범죄백서 2003》(서울: 대검찰청, 2004), p. 113; 대검찰청,《마약류범죄백서 2006》, p. 111; 대검찰청,《마약류범죄백서 2009》, p. 119; 대검찰청,《마약류범죄백서 2015》, p. 107; 대검찰청,《마약류범죄백서 2018》, p. 146; 대검찰청,《마약류범죄백서 2021》, p. 150.

364 윤지환, "대학가 북한산 마약 급속 확산 중,"《일요신문》, 2008년 10월 16일.

365 최창봉, "북한산 추정 히로뽕 20만 명분 밀반입,"《동아일보》, 2011년 2월 7일.

366 송승호, "[인터뷰] 4년간 중국에서 한국 정보기관의 정보원으로 활동했던 장모씨,"《월간조선》, 2006년 7월호.

367 윤완준, "[단독] 중, 북한산 마약에 뿔났다,"《동아일보》, 2011년 7월 5일.

368 이관형,《북한 마약 문제 연구》, pp. 265 - 266.

369 김용수, "'김일성이 마약 증산 지시'〈산케이〉,"《연합뉴스》, 2002년 8월 3일.

370 손혜민, "북 보위성 소속 마약밀수조직 중국 공안에 체포돼," RFA, 2019년 5월 24일.

371 국회사무처, "제400회 국회(정기회) 예산결특별위원회회의록," 제6호, 2022년 11월 8일, p. 120.

372 정영, "중 마약상, 북한 마약 제조 기술 탐내," RFA, 2015년 3월 6일; 정영, "중국 기업, 장성택에 투자했다 거금 날려," RFA, 2015년 3월 19일; 김지은, "북, 중국에 원정 마약 제조까지," RFA, 2016년 2월 2일; 이기성, "일 언론 '중, 북 해산물 밀수입 관여 중 사업가 체포',"《SBS 뉴스》, 2018년 12월 23일; "获两任市委书记包庇 , 宋氏兄弟盘踞辽宁东港30年,"《腾讯网》, 2021/4/21 https://new.qq.com/omn/20210421/20210421A02OE000.html (검색일: 2023년 2월 28일).

373 김대영, "북한 정부차원의 마약 밀매 자행〈해설〉," 《연합뉴스》 1991년 4월 4일.

374 Федор ГУРКО, "Наркотическое нашествие из Северной Кореи," *Владивосток (Электронная версия газеты)*, No.19 от 12 нояб. 1996.

375 캐서린 벨턴 저·박중서 역, 《푸틴의 사람들》 (경기: 주식회사 열린책들, 2023).

376 함지하, "20년 전 미 외교문서, '중국, 북한 ICBM 위협 일축···푸틴은 북한의 국가적 마약 생산 우려'," VOA, 2023년 3월 24일.

377 이용수, "북 내달 초까지 마약 팔아 1인당 30만 달러 상납 지시," 《조선일보》, 2013년 3월 20일.

378 이용수, "북 내달 초까지 마약 팔아 1인당 30만 달러 상납 지시," 《조선일보》, 2013년 3월 20일.

379 Max Fisher, "Report: North Korea ordered its foreign diplomats to become drug dealers," *The Washington Post*, March 22, 2013.

380 "(조선중앙통신사 론평) 제재 강화를 위한 추악한 모략설," 《조선중앙통신》, 2013년 3월 26일.

381 이용수, "전 세계를 상대로 '마약 장사'하는 북한, 한국까지 위협한다," 《조선일보》, 2013년 7월 17일.

382 이용수, "전 세계를 상대로 '마약 장사'하는 북한, 한국까지 위협한다," 《조선일보》, 2013년 7월 17일.

383 *INCSR 1999* (March 2000), p. 27 of 50.

384 김성용, "마약 180만 달러어치 반입 북 외교관 둘 적발," 《조선일보》, 1998년 7월 11일, 27면.; 라파엘 펄, "북한의 마약 거래와 최대 피해국 일본," p. 58.

385 Raphael F. Perl, "State Crime: The North Korean Drug Trade," *Global Crime*, 6(1) (February 2004), p. 125; *INCSR 1999*, p. 27 of 50.

386 BBC, "N Korea envoys 'smuggled drugs'," *BBC News*, 9 December, 2004.

387 박세진, "마약류 해외 공급선 다변화·신종 마약 유입 급증," 《연합뉴스》, 2000년 12월 10일.

388 *INCSR 2005* (*Volume I: Drug and Chemical Control*) (March 2005), p. 348.

389 United Nations Office on Drugs and Crime, World Drug Report 2009 (New York: United Nations, 2009), p. 130.

390 Ognian Shentov, Boyko Todorov, Alexander Stoyanov, *Organized Crime in Bulgaria: Markets and Trends* (Sofia: Center for the Study of Democracy, 2007), pp. 39 - 40, 68 - 70.

391 이관형, 《북한 마약 문제 연구》, pp. 121 - 131.

392 CIA, "Drug Trafficking: The Role of Insurgents, Terrorists, and Sovereign States(CIA-RDP85T00283R000300010008-6)," November 1, 1983, pp. 6-7; "Bulgarian-Turkish Narcotics Connection"-United States-Bulgarian Relations and International Drug Trafficking-Hearings and Markup Before the House Committee on Foreign Affairs, And Its Subcommittee in Europe and The Middle East House of Representatives (Ninety-Eighth Congress Second Session, June 7; July 24, September 26, 1984), pp. 1-3; CIA, "International Drug Trafficking and U.S. Foreign Policy (CIA-RDP90-00965R000504680001-1)," October 1, 1985.

393 Foreign, Commonwealth & Development Office and Lord (Tariq) Ahmad of Wimbledon KCMG, "Tackling the illicit drug trade fuelling Assad's war machine," *Press Release*, 28 March 2023.

394 오동룡·백승구, "[특종] 용천역 폭파 사고 관련 새 정보,"《월간조선》, 2004년 7월호.

395 David Makovsky, "The Silent Strike: How Israel bombed a Syrian nuclear installation and kept it secret," *The New Yorker*, September 10, 2012; 김정우, "[TV 조선 단독] '북, 2000년대 초 시리아 원자로 건설 확인',"《조선일보》, 2015년 2월 15일.

396 이장훈, "북-시리아 화학무기 커넥션 베일 벗다,"《주간조선》, 2017년 5월 4일.

397 이용욱, "일 야쿠자 등 국제 조폭들 한국에 '마수',"《경향신문》, 2005년 11월 24일.

398 어우양산,《중국의 대북조선 기밀파일》, pp. 90-91.

399 Sun Muotong and Song Zheng, "Dandong Patrol Guard Seized 2,000 MDMA Tablets," *Renmin Gongan Bao*, February 21, 2005, p. 3.; 재인용 Yong-an Zhang, "Drug Trafficking from North Korea: Implications for Chinese Policy," Brookings Article, December 3, 2010.

400 박종국, "중 마약수사대까지 침투한 북한산 마약,"《연합뉴스》, 2011년 10월 10일; "북-중 접경 지역 북한산 마약 밀매 성행," VOA, 2011년 10월 13일.

401 이관형,《북한 마약 문제 연구》, p. 318.

402 안창규, "중 훈춘 변방대, '마약 단속' 두만강 순찰 강화," *RFA*, 2024년 5월 28일.

403 Evan Ratliff, *The Master Mind: Drugs. Empire. Murder. Betrayal.* (New York: Random House, 2019), pp. 197, 257-261, 270.

404 United States District Court for the Southern District of New York, "Indictment (S8 13 Cr. 579)(21 U.S.C. §§ 959, 960, and 963.)," November 20, 2013; U.S. Attorney's Office, Southern District of New York, "Manhattan U.S. Attorney Announces Guilty Pleas Of Three Defendants Who Conspired To Import 100 Kilograms of North Korean Methamphetamine Into The United States," *Press Release*, August

19, 2015.

405 이관형,《북한 마약 문제 연구》, pp. 325 – 326.

406 이관형,《북한 마약 문제 연구》, pp. 238, 294 – 295, 317 – 318; 하주희. "탈북자 김철진의 평양실록 ⑩ 마약에 빠져 사는 간부와 주민들,"《월간조선》, 2015년 5월호.

407 최원기, "북한 4대 군사노선 46주년, 경제난 핵심 이유", VOA, 2008년 12월 10일.

408 조재영, "[단독] 김정은의 막장 지령, 군에 '마약 술' 공급,"《MBC 뉴스》, 2016년 10월 18일.

409 이상희, "[단독] '전투력 높이려 인민군에게 마약'",《채널A 뉴스》, 2016년 4월 25일.

410 김종원, "[단독] 김정은, 마약성 모르핀·환각제 '전선주' 전군 지급 지시 '충격'",《아시아투데이》, 2014년 7월 11일.

411 김한솔, "북한 군 전시용 '마약 술' 생산 공장 전모 공개,"《더 자유일보》, 2018년 1월 23일.

412 "김정은 동지께서 룡문술공장을 현지지도하시였다,"《조선중앙통신》, 2014년 5월 28일.

413 박수윤, "북, 남지원 끊긴 정성제약공장 선전하며 '자력갱생' 강조,"《연합뉴스》, 2019년 11월 7일.

414 우리민족서로돕기운동 웹사이트 내 사업소개 메뉴 http://ksm.or.kr/?charity - project=drug1486534344436 – 78ff7e25 – f497 (검색일: 2024년 7월 6일).

415 함보현, "〈연합인터뷰〉 전영란 평양 정성제약연구소장,"《연합뉴스》, 2005년 6월 10일.

416 "경애하는 김정은 동지께서 정성제약종합공장을 현지지도하시였다,"《조선중앙통신》, 2014년 11월 8일; 본사 기자, "공화국의 손꼽히는 현대적인 제약생산기지,"《조선의 오늘》, 2015년 10월 2일.

417 "조선정성제약연구소 사람들,"《통일신문》, 2007년 3월 20일.

418 박주희, "북, 평양 정성제약 지하공장에서 마약 생산,"《정경조선》, 2016년 3월 21일.

419 "김정일 장군님, 조선인민군 정성의학종합연구소를 현지지도,"《조선신보》, 2011년 2월 3일; "경애하는 김정은 동지께서 정성제약종합공장을 현지지도하시였다."《조선중앙통신》, 2015년 10월 1일.

420 TV 조선, "남, 북한 마약에 취하다,"《탐사보도 세븐》, 제70회, 2019년 5월 17일 방영.

421 윤철규, "마약성분 검출 등 북한산 유해 건강보조식품 '주의보',"《뉴시스》, 2006년 10월 22일; 허의도, "세계도 놀란 북 '청춘회복제' 복용 20분 뒤…,"《중앙일보》, 2012년 2월 24일; 주성하, "북한산 슈퍼 비아그라의 미스터리한 효능,"《동아일보》, 2015년 6월 18일.

422 김동현, "[단독] 김정은 시찰한 제약공장, '북한판 비아그라' 제조 전문",《TV 조선 뉴

스》, 2015년 1월 5일.

423 조계창, "북, 복어 독으로 차세대 진통제 개발," 《연합뉴스》, 2004년 8월 27일.

424 국가정보원, "북한, 정권 차원에서 외화벌이 수단으로 마약을 본격 생산," 《계간 한국 마약범죄》, 1999년 5월호, p. 10.

425 최승호, "발길 잡는 조선의 보건제품," 《길림신문》, 2008년 9월 3일.

426 "여러 나라에서 9.9절경축행사 진행," 《조선중앙통신》, 2004년 9월 6일; "여러 나라 에서 2.16경축행사," 《조선중앙통신》, 2006년 2월 13일; "위대한 령도자 김정일 동 지의 서거 3돐에 즈음하여 여러 나라에서 행사 진행," 《로동신문》, 2014년 11월 6일, 1면; "태양의 모습으로 영생하시는 절세의 위인 위대한 령도자 김정일 동지 서거 3돐 에 즈음하여 여러 나라에서 행사 진행," 《로동신문》, 2014년 12월 7일, 1면; "나이제 리아에서 조선 사진 및 도서 전시회," 《조선중앙통신》, 2016년 4월 24일; "나이제리 아에서 조선 도서 전시회," 《조선중앙통신》, 2016년 8월 9일; "여러 나라에서 태양절 경축행사," 《조선중앙통신》, 2019년 4월 27일.

427 Marcus Fatunmole, "How North Korean runs illegal hospital patronised by the high and mighty in Abuja," *International Centre for Investigative Reporting*, January 31, 2023.

428 김현아, "30억어치 필로폰 밀반출 일당 검거," 《YTN 뉴스》, 2009년 3월 6일.

429 차성민, "'야쿠자에 멕시코 갱단까지'…마약 유통도 세계화," 《뉴시스》, 2011년 4월 1일.

430 손국희, "[단독] 아프리카 친구가 준 약가방, 100억 마약 숨어있었다," 《중앙일보》, 2019년 5월 10일; 박유빈, "4국 마약상 손잡고 필로폰 62만 명분 밀수," 《세계일보》, 2023년 9월 11일; 배지현, "'62만 명 투약분' 마약 밀반입 나이지리아인 주범 구속송 치," 《KBS 뉴스》, 2024년 1월 25일.

431 Mads Brügger's *The Mole*: Undercover in North Korea (Series 1: Part 1, 55:10).

432 UNODC Regional Office for Southeast Asia and the Pacific, *Synthetic Drugs in East and Southeast Asia Latest developments and challenges* (Bangkok, June 2023), pp. 6-7.

433 Niall Fraser, "Broken Tooth planned arms factory: prosecutors," *South China Morning Post*, 18 Apr, 1999.

434 이재욱, "북한, 캄보디아에 군수송차량, 탄약 등 지원," 《연합뉴스》, 1994년 4월 10일; SBS 뉴미디어부, "북한 태생 40대 미국서 군용 야시경 구입 시도 체포," 《SBS 뉴스》, 2015년 7월 22일; United Nations Security Council, *Final report of the Panel of Experts submitted pursuant to resolution 2627* (S/2023/171), 7 March 2023, p. 73/487.

435 John Carney, "Gangster 'Broken Tooth' Wan Kuok-koi wants quiet post-prison life," *South China Morning Post*, 1 Dec, 2012.

436 United States Department of State, "Cambodia Business Advisory on High-Risk Investments and Interactions," *Press Release*, November 10, 2021.

437 UNODC Regional Office for Southeast Asia and the Pacific, *Casinos, Money Laundering, Underground Banking, and Transnational Organized Crime in East and Southeast Asia*, pp. 31-33, 41, 51; Tom Wilson, "North Korean hackers, criminals share money laundering networks in Southeast Asia-UN," *Reuters*, January 15, 2024.

438 김진명, "국정원 '북, 해외 우리 국민에게 테러 징후'," 《조선일보》, 2024년 5월 3일.

439 백종민, "[단독] 北-캄보디아 합작 박물관 영업 중단," 《아시아경제》, 2019년 12월 10일.

440 Tom Wilson, "Exclusive: North Korean hackers sent stolen crypto to wallet used by Asian payment firm," *Reuters*, July 16, 2024.

441 Dangerous Drugs Board, *Philippine Anti-Illegal Drugs Strategy* (Philippines, 2018) pp. 19-20.

442 *INCSR 2012* (*Volume I: Drug and Chemical Control*) (March 2012), pp. 367-369.

443 Manny Mogato, "INTERVIEW-N.Korean methamphetamines flood Philippines," *Reuters*, May 30, 2008; *INCSR 2008* (*Volume I: Drug and Chemical Control*) (March 2009), p. 482.

444 "필리핀해상 침몰 북 선박서 마약 발견," VOA, 2010년 1월 6일.

445 *INCSR 2010* (*Volume I: Drug and Chemical Control*) (March 2011), p. 512.

446 "Prison raid reveals drug lords 'living like kings'," The Straits *Times*, Dec 14, 2014; Bea Cupin, "IN PHOTOS: Drug lords, murderers, and high living in Bilibid," *Rappler*, Dec 19, 2014.

447 Reynaldo Santos Jr., "DOJ under Duterte admin: Reform BuCor, New Bilibid Prison," *Rappler*, Jun 26, 2016.

448 Patty Pasioin, "Sebastian: Chinese inmates on top of Bilibid drugs trade," *Rappler*, Oct 10, 2016; Mark Merueñas, "Sebastian: I gave P10-M drug money to De Lima, mostly through aide," *GMA* News, October 10, 2016; 김정우, "북한산 마약, 필리핀 대형 교도소 내 유통," VOA, 2016년 10월 12일.

449 Clarence Paul Oaminal, "The mega shabu lab raid 15 years ago," *The Freeman*, September 25, 2019; Bong O. Wenceslao, "Wenceslao: Shabu lab here?,"

Sunstar, Aug 23, 2018.

450 "Transnational shabu ring operating in Southern Mindanao," The Philstar, May 15, 2005.

451 Manny Mogato, "INTERVIEW-N.Korean methamphetamines flood Philippines," *Reuters*, May 30, 2008; *INCSR 2008* (*Volume I: Drug and Chemical Control*) (March 2009), p. 482.

452 *INCSR 2008* (*Volume I: Drug and Chemical Control*) (March 2009), p. 482.

453 "Hunt on for owners of biggest shabu lab," The Philstar, September 25, 2016.

454 오혁진, "[단독] '비쿠탄 마약왕' 관리하는 국정원, 왜?,"《일요시사》, 2024년 2월 5일.

455 John Chalmers, "Meth gangs of China play star role in Philippines drug crisis," *Reuters*, Dec. 16, 2016.

456 이유준·오종탁, "청와대 근무 북 공작원은 냉난방 기술자,"《시사저널》 2021년 12월 13일.

457 "조선로동당 중앙위원회 정치국 확대회의에 관한 보도,"《로동신문》 2013년 12월 9일, 1면.

458 호혜일,《북한요지경》, p. 122; 백성원, "[단독 인터뷰 전문] 미국 망명 전 39호실 고위 관리 리정호 씨," VOA, 2017년 6월 28일.

459 이관형,《북한 마약 문제 연구》, p. 299, 369.

460 김성동, "북한에서 사라진 오극렬 아들의 행방,"《월간조선》, 2006년 7월호.

461 David L. Asher, "The Illict Activities of the Kim Jong Il Regime" (Seoul-Washington Forum, Westin Georgetown, Washington D.C., May 1-2, 2006, Co-hosted by The Brookings Institution and The Sejong Institute), pp. 10-11.

462 서울중앙지방검찰청 공안제1부, "북한 공작조직 연계 필로폰 제조·반북인물 암살 시도 사건 수사결과,"《서울중앙지방검찰청 보도자료》, 2015년 5월 15일.

463 손해배상(기) [서울중앙지법 2021. 11. 26., 선고, 2016가합545748, 판결 : 항소] https://www.law.go.kr/precSc.do?menuId=7&subMenuId=47&tabMenuId=2131 icPrec219891 (검색일: 2024년 7월 6일).

464 국가안전기획부,《21C 새로운 위협 국제범죄의 실체와 대응》, p. 283.

465 백승만,《전쟁과 약, 기나긴 악연의 역사》(서울: 도서출판 동아시아, 2022).

466 김덕홍,《나는 자유주의자이다》, pp. 167-169.

467 이관형,《북한 마약 문제 연구》, pp. 296-297.

468 Ben Hubbard and Hwaida Saad, "On Syria's Ruins, a Drug Empire Flourishes," *The New York Times*, Dec 5, 2021.

469 신준식, "[단독] 북한 내 함흥제약공장의 비밀 〈뉴포커스〉," 《뉴데일리》 2016년 5월 8일.

470 라종일, 《장성택의 길》, pp. 215 - 220, 231 - 232.

471 리명훈, "필로폰의 왕국, 조선노동당," 《월간 북한》, 2004년 11월호, p. 125.

472 김덕홍, 《나는 자유주의자이다》, p. 241.

473 Andrea Berger, "Target Markets: North Korea's Military Customers in the
Sanctions Era," *RUSI Journal Virtual Special Issue: Peacekeeping*, 84 (2015), p. 15.

474 조성권, "북한 마약 밀매의 실태와 대응방안," p. 205.

475 유영준, "북한외교관부부 마약 밀매기도 피체," 《연합뉴스》, 1991년 3월 22일; 우종
창, "우종창 기자의 추적 북경에서 날아온 팩스 제보의 검증," 《월간조선》, 2001년
2월호.

476 United Nations Security Council, *Final report of the Panel of Experts submitted
pursuant to resolution 1985 (2011) (S/2012/422)*, 14 June 2012, p. 29.

477 "금당 - 2주사약," 《조선중앙통신》, 2001년 5월 15일; "신형조류독감예방과 치료에도
효과적인 금당 - 2주사약," 《조선중앙통신》, 2013년 5월 14일; "부강제약회사의 특허
제품들," 《내나라》, 2013년 6월 25일.; "세계적인 관심을 끌고있는 금당 - 2주사약,"
《려명》, 2016년 6월 27일.

478 국가안전기획부, 《21C 새로운 위협 국제범죄의 실체와 대응》, pp. 60 - 61.

479 강성명, "'만병통치약' 암환자들에 투약, 알고 보니 북한산 마취제," 《BBS 뉴스》, 2015
년 4월 30일.

480 송성준, "[취재파일] 북한산 의약품 '금당 2호' 주사약은 만병통치약인가?," 《SBS 뉴
스》, 2015년 5월 1일.

481 조정훈, "북, 메르스 치료약 개발(?)…'금당 - 2주사약' 소개," 《통일뉴스》, 2015년 6월
19일.

482 정빛나, "벨기에 공항서 북 마취제 적발…9년 전 한국서도 불법유통," 《연합뉴스》,
2024년 1월 17일.

483 김연광·이상흔, "[최초 증언] 나남제약 근무 이광철 - 북한 헤로인 생산기지 나남제
약공장의 전모," 《월간조선》, 2003년 11월호.

484 호혜일, 《북한요지경》, p. 126.

485 장진성, 《수령연기자 김정은》, pp. 69 - 70.

486 이동훈, "김씨 왕조 먹여살린 '김정은 생명줄' 마카오 커넥션 해부," 《주간조선》,
2023년 4월 21일.

487 Christian Davies, Primrose Riordan and Chan Ho - him, "Inside North Korea's
oil smuggling: triads, ghost ships and underground banks," *Finacial Times*,

March 29 2023.

488 Christian Davies, Primrose Riordan and Chan Ho-him, "Inside North Korea's oil smuggling," *Finacial Times*, March 29 2023.

489 Christian Davies, Primrose Riordan and Chan Ho-him, "Inside North Korea's oil smuggling," *Finacial Times*, March 29 2023.

490 UNODC Regional Office for Southeast Asia and the Pacific, *Casinos, Money Laundering, Underground Banking, and Transnational Organized Crime in East and Southeast Asia: A Hidden and Accelerating Threat* (Bangkok, January 2024), pp. 68-70.

491 국가안전기획부, 《21C 새로운 위협 국제범죄의 실체와 대응》, p. 60.

492 정창교, "중국 원정 마약 적발 '북한산 마약 순도가 좋아요,'" 《국민일보》, 2013년 3월 20일.

493 서울중앙지방검찰청 강력부, "북한이탈주민 필로폰 밀거래 사건 수사 결과," 《보도자료》, 2016년 4월 29일.

494 대검찰청, 《마약류 범죄백서 2018》 (서울: 대검찰청, 2019), p. 194.

495 황영우, "[단독] 포항서 마약류 공급책 거래 정황 포착…SNS로 유통하고 수사 감시망 공유도," 《경북일보》, 2023년 5월 2일.

496 이혜라, "현실판 극한직업…'마약왕 박왕열' 같은 조직 더 있을 수도,'" 《이데일리》, 2024년 2월 9일.

497 고은상, "황하나 '내가 훔친 거 진짜 좋아'…수상한 녹음," 《MBC 뉴스》, 2021년 1월 5일.

498 TV 조선, "남, 북한 마약에 취하다," 《탐사보도 세븐》, 제70회(2019년 5월 17일 방영).

499 국가안전기획부, 《21C 새로운 위협 국제범죄의 실체와 대응》, p. 286; 김영한, "[한마당] 북한의 마약 밀매," 《국민일보》, 2002년 7월 5일; 문성규·김인유, "북한산 추정 히로뽕 700억 원대 공급책 체포," 《연합뉴스》, 2002년 7월 13일; 최창봉, "북한산 추정 히로뽕 20만 명분 밀반입," 《동아일보》, 2011년 2월 7일; 안윤석, "북, 마약 총괄은 노동당 39호실," 《노컷뉴스》, 2012년 2월 6일; 이동휘, "북한산 필로폰 국내 유통시킨 19명 검거," 《조선일보》, 2019년 10월 10일.

500 대검찰청 마약·조직범죄부 마약과, "마약류 월간동향," 2020년 12월; 2021년 12월.

501 MBC 라디오, 《김종배의 시선집중 인터뷰》, 2022년 11월 9일.

502 염유섭·김무연, "마약 범죄 급증하는데…민주당 '檢 수사 받으면 신고해달라' 논란," 《문화일보》, 2023년 4월 7일.

503 대검찰청 마약·조직범죄부 마약과, "마약류 월간동향," 2022년 12월; 2023년 12월; 대검찰청, 《마약류 범죄백서 2023》 (서울: 대검찰청, 2024), pp. 143-149.

504 Anthony Spaeth, "Kim's Rackets," *TIME*, June 9, 2003; Sheena E. Chestnut, "The 'Sopranos State'?," p. 136; 이석영, "북한은 어떻게 마약천국이 되었나,"《월간 북한》, 2015년 8월호, p. 76.

505 이효재, "대만 최대 갱조직 '죽련방' 국내 마약시장 침투,"《조선일보》, 1995년 7월 22일, 31면; 함영준, "국제범죄조직 대거 잠입 비상,"《조선일보》, 1995년 10월 10일, 45면; 정용백, "북한 공관·일본 야쿠자·국내조직 연계 히로뽕 국제밀조단 적발,"《중앙일보》, 1996년 4월 5일; 황외진, "홍콩의 삼합회 등과 연계된 마약 밀매조직 11개파 적발,"《MBC 뉴스》, 1996년 12월 2일; 국가정보원, "국제범죄조직에 의한 마약류 범죄 확산 실태,"《계간 마약범죄연구》, 1999년 10월호, p. 9.

506 최창봉, "북한산 추정 히로뽕 20만 명분 밀반입,"《동아일보》, 2011년 2월 7일.

507 이태형, "북한산 필로폰→조선족, 조폭→전국 유흥업소로…,"《헤럴드경제》, 2011년 5월 3일.

508 남정민, "국내 최대 마약조직 '성일파'…두목 2심서도 징역 9년 중형,"《한국경제》, 2019년 12월 8일; 박대로, "안보위협 전선 지속 확대…테러·국제범죄 방어 첨병,"《뉴시스》, 2021년 6월 6일.

509 박정선, "웨이브 '악인취재기', '마약왕' 박왕열 옥중 인터뷰 공개,"《JTBC 뉴스》, 2023년 11월 2일.

510 조성권,《한국조직범죄사》, p. 316.

511 서울중앙지방검찰청 공안제1부, "북한 공작조직 연계 필로폰 제조·반북인물 암살시도 사건 수사결과,"《보도자료》, 2015년 5월 15일.

512 정희완, "스팸메일 업자, 북 해커와 손잡고 '돈벌이',"《경향신문》, 2013년 4월 7일; 우영식, "장교 출신 30대 사업가 '생계형' 간첩혐의 구속 기소,"《연합뉴스》, 2014년 12월 3일; 강애란, "북한 공작원에 게임 해킹파일 판매수익 보낸 30대 실형,"《연합뉴스》, 2017년 12월 6일.

513 고혜지, "국정원 '국내 사이버 도박 웹사이트 배후에 북 불법 외화벌이 IT 조직',"《서울신문》, 2024년 2월 14일; 김성훈, "북한, 불법 도박사이트 만들어 판매…한국 조폭이 사가서 떼돈 벌었다,"《매일경제》, 2024년 2월 14일.

514 조은정, "해외 도박장에 '新조폭지도'가 보인다,"《노컷뉴스》, 2015년 10월 20일; 서울중앙지방검찰청 강력부, "기업인 고액 원정도박 및 조폭의 해외 정켓방 운영 사건 수사결과,"《보도자료》, 2015년 11월 4일.

515 SBS, "권력과 조폭: 파타야 살인사건 그 후 1년,"《그것이 알고싶다》, 제1130회(2018년 7월 21일 방영); 장익창, "[단독] 2000억대 해외 불법도박 이준석 전 코마트레이드 대표 징역 6년 확정,"《비즈한국》, 2022년 5월 13일.

516 장준호·고성호,《북한이탈주민 범죄실태 및 대책(연구총서 10-06)》(서울: 한국형사정책 연구원, 2010), pp. 77, 99-100.

517 이관형,《북한 마약 문제 연구》, p. 158.

518 이관형, "북한 주민의 마약 소비 실태" (북한인권정보센터 '북한 주민의 마약사용 실태 현황과 과제' 세미나, 서울, 한국프레스센터 기자회견장, 2016년 12월 1일), pp. 24-42; 통일부 북한인 권기록센터,《2024 북한인권보고서》(서울: 통일부, 2024), pp. 358-361.

519 장영은, "검찰, 전원 탈북자로 구성된 마약 밀수조직 첫 적발(종합)," 《연합뉴스》, 2013년 12월 18일.

520 서울중앙지방검찰청 강력부, "북한이탈주민 필로폰 밀거래 사건 수사 결과," 《보도자료》, 2016년 4월 29일.

521 이동휘, "북한산 필로폰 국내 유통시킨 19명 검거,"《조선일보》, 2019년 10월 8일.

522 경찰청 인터폴국제공조과 인터폴계, "경찰·국정원 공조로 동남아 마약 밀수입 조직 총책 캄보디아에서 검거하여 국내 송환," 《보도자료》, 2022년 4월 1일; 경기북부경 찰청 형사과 강력범죄수사대, "해외 도피 마약밀수입 총책 등 검거, 국내 송환," 《보 도자료》, 2022년 4월 1일; 홍주환, "대한민국 마약: 최정옥 케이스 ②," 《뉴스타파》, 2022년 4월 13일.

523 이관형,《'탈북'에 대한 북한의 시각과 대응 연구》(석사학위논문, 북한대학원대학교, 2008), pp. 19-23; "남조선당국의 묵인하에《탈북자》쓰레기들이 반공화국적대행위 감행," 《로동신문》, 2020년 6월 4일, 2면; 김영권, "유엔 3위원회, 북한인권결의안 19년 연 속 채택…북한 '탈북민 인간쓰레기', 매도" VOA, 2023년 11월 16일.

524 이한승, "임수경, 탈북자·하태경에 폭언 파문,"《연합뉴스》, 2012년 6월 3일; 손덕 호, "[단독] '민족 배신자 최후 알 것' 태영호 집단협박한 '백두수호대',"《조선일보》, 2018년 11월 30일; 배재성, "문정복 '태영호 변절자' 글 삭제하자…진중권 '장군님이 실망',"《중앙일보》, 2020년 7월 24일; 김승재, "태영호에 '쓰레기'… 북이 탈북자에 쓰는 표현 그대로 쓴 야의원,"《조선일보》, 2023년 9월 8일.

525 박창민, "[단독] '승리 클럽 버닝썬' 성추행 막다 수갑 찬 사연,"《일요시사》, 2018년 12월 21일; MBC, "버닝썬: 우리가 놓친 얘기,"《PD수첩》, 제1424회 (2024년 7월 2일 방영).

526 SBS, "버닝썬 게이트 그 본질을 묻다,"《그것이 알고 싶다》, 제1161회 (2019년 3월 23일 방영).

527 SBS, "버닝썬 게이트 그 본질을 묻다,"《그것이 알고 싶다》, 제1161회 (2019년 3월 23일 방영).

528 서동철, "[단독] 버닝썬 VIP룸, 국내 원정도박 '전초기지'였나?,"《일요신문》, 2019년 3월 30일.

수령과 마약

529 SBS, "버닝썬 게이트 그 본질을 묻다,"《그것이 알고 싶다》, 제1161회(2019년 3월 23일 방영).

530 이기주, "[단독] 하루 술값 1억 린사모…명품 수집 신비의 VIP,"《MBC 뉴스》, 2019년 3월 27일.

531 窺樂組, "【極祕貴婦起底5】于國柱被綁架贖金40億 自行脫困都要感謝他,"《鏡週刊》, 2019년 4월 3일.

532 SBS, "버닝썬 게이트 그 본질을 묻다,"《그것이 알고싶다》, 제1161회(2019년 3월 23일 방영).

533 "[단독] '잘 주는 애, 그리고 창녀 소환'…승리, 성매매 알선의 단톡,"《디스패치》, 2021년 7월 2일.

534 SBS, "버닝썬 게이트 그 본질을 묻다,"《그것이 알고싶다》, 제1161회(2019년 3월 23일 방영).

535 이동우, "국정원 K요원의 독백 '강남 한복판서 야쿠자 마약, 소설 같은 일이',"《머니투데이》, 2019년 6월 12일.

536 TV 조선, "남, 북한 마약에 취하다,"《탐사보도 세븐》, 제70회(2019년 5월 17일 방영).

537 강경윤, "[단독] 빅뱅 승리 일행 카카오톡 문자 '경찰총장에게 문자',"《SBS연예뉴스》, 2019년 3월 13일; BBC News 코리아, "버닝썬: K팝 스타들의 비밀 대화방을 폭로한 여성들의 이야기," 2024년 5월 19일 방영.

538 최재필, "[심층취재] '버닝썬과 文정부 고리' 윤규근 총경,"《신동아》, 2019년 4월 20일.

539 박상현, "[단독인터뷰①] 김상교 "與의원·진보단체 인사, 버닝썬을 '제 2의 최순실 사태'로 키우자 제안…정치적 이용 당해,"《조선일보》, 2019년 10월 25일.

540 최우석, "[심층추적] 청와대 '백원우 별동대'와 별동대원 백 씨의 죽음,"《월간조선》, 2020년 1월호.

541 방상진, "[단독] 윤 총경, 경찰 소환 전날 청 행정관과 '은밀한 대화',"《SBS뉴스》, 2019년 5월 20일; 김기태, "[단독] 버닝썬 의혹 후 '경찰청장-청 모임' 주선한 윤 총경,"《SBS뉴스》, 2019년 5월 20일.

542 원종진, "[취재파일] '경찰총장' 윤 총경 직권남용 무죄와 '새로운 질서',"《SBS 뉴스》, 2020년 4월 27일.

543 신초롱, "유흥업소 비리 캐던 모범형사, 교통사고 후 저수지 속 주검으로,"《뉴스1》, 2024년 7월 29일.

544 박태인, "[단독] 버닝썬 수사책임자 곽정기 김앤장 간다, 연봉 7억+α,"《중앙일보》, 2019년 9월 6일; 정선형, "검찰, '백현동 수사 무마' 의혹 곽정기 변호사 구속기소,"《문화일보》, 2024년 1월 9일.

545 SBS, "아직은 '어느 운 좋은 도둑 이야기': 구하라 금고 도난 사건,"《그것이 알고싶다》, 제1403회(2024년 6월 22일 방영).

546 한지은, "국내 최대급 마약공급책 '바티칸 킹덤' 구속…황하나 지인 덜미,"《연합뉴스》, 2021년 1월 7일; 박정환·서민선, "[단독] 마약왕 '전세계'가 부르면 '바티칸킹덤'은 '네, 가요',"《노컷뉴스》, 2021년 1월 31일.

547 김성민, "'또 마약?' 황하나 인터폴 적색수배 내막,"《일요시사》, 2024년 6월 28일.

548 최광일, "[단독] '감옥서도 전화하면 다 된다'…'마약 사업가'라는 박왕열 '하려면 제대로 해야지',"《JTBC 뉴스》, 2023년 11월 1일.

549 조계창, "중 심양서 한국인 마약 밀반출 혐의로 체포,"《연합뉴스》, 2006년 8월 8일; 조계창, "중당국 '북주민에게서 마약 구입 진술' 확보,"《연합뉴스》, 2006년 11월 21일; 이동섭, "[단독] 중국 무기징역 마약사범, '박원순 조카'는 어떻게 한국으로 돌아왔나,"《일요신문》, 2019년 4월 12일.

550 여인선·신나리, "[단독] 유력 대선주자 '마약 조카' 중서 10년째 복역,"《동아일보》, 2016년 3월 3일.

551 권성민, "박원순 서울시장 조카 마약소지 혐의 10년째 '복역중',"《한국증권신문》, 2016년 3월 10일.

552 이동섭, "[단독] 중국 무기징역 마약사범, '박원순 조카'는 어떻게 한국으로 돌아왔나,"《일요신문》, 2019년 4월 12일.

553 김정우, [충격증언] 중국 선양 제2감옥의 인권유린을 고발한다,《월간조선》, 2008년 5월호; 한상진, "유언 묵살, 불시 집행, 멋대로 화장 유족은 시신 못 보고 유골만 수습: 중국에서 사형당한 한국인 마약범,"《신동아》, 2014년 9월호; 한상진, "유언 묵살, 불시 집행, 멋대로 화장 유족은 시신 못 보고 유골만 수습: 중국에서 사형당한 한국인 마약범,"《신동아》, 2014년 9월호; 이동섭, "[단독] 21년보다 더 힘들었던 21일…'중국 수감자' 우여곡절 한국 생활기,"《일요신문》, 2024년 2월 1일.

554 "한국인 중국 마약 범죄 빈번,"《길림신문》, 2006년 10월 1일 http://kr.chinajilin.com.cn/cxz/content/2006-10/01/content_50255.htm (검색일: 2017년 1월 14일).

555 이돈관, "중 법원, 북한서 마약밀수 조선족 등 3명에 사형선고,"《연합뉴스》, 2006년 8월 4일.

556 이동휘, "북한산 필로폰 국내 유통시킨 19명 검거,"《조선일보》, 2019년 10월 8일.

557 김도균·강주헌, "[단독] '간첩' 쫓으니 '마약사범'이 잡혔다…'북한산 마약' 퍼졌나,"《머니투데이》, 2022년 10월 12일; 서창완, "[단독] 경찰 안보수사, 마약사범이 국가보안법 위반의 10배,"《UPI뉴스》, 2022년 10월 21일.

558 윤우성, "검경 수사권 조정 뒤 수사자격 취득자 절반 이하로 '뚝',"《연합뉴스》, 2022년

수령과 마약

9월 27일; 박지현, "경찰의 대공수사 전담 6개월⋯전·현직 안보경찰 10人의 격정토로,"《월간조선》, 2024년 7월호.

559 곽인수, "국정원 수사권 박탈에 따른 북한의 대남공작 전망,"《2024 국정원 수사권 박탈 전망과 대응 전략》(국가안보통일연구원 2023 춘계학술세미나, 서울글로벌센터, 2023년 5월 24일), pp. 23 – 25.

560 안성규·전수진, "'대북 공작' 南 3000명, 北 250명 숙청된 98년이 분수령,"《중앙선데이》, 2011년 12월 25일.

561 "황장엽·김덕홍과의 극비접촉 3백일의 드라마,"《월간조선》, 1997년 3월호; "'황장엽 망명' 특종 김용삼 기자가 이제야 털어놓는 또 다른 특종,"《월간조선》, 2013년 5월호; 노석조, "[단독] 라종일 '국정원도 블레이크처럼 북간첩 있다',"《조선일보》, 2020년 12월 30일; 이유준·오종탁, "청와대 근무 북 공작원은 냉난방 기술자,"《시사저널》, 2021년 12월 13일; 강인덕,《한 중앙정보 분석관의 삶 2》(경기: 경인문화사, 2022), pp. 371 – 372; 장석광,《스파이 내전: 서커스·광대·두더지》(경기: 투나미스, 2024), p. 29.

562 김민관, "[단독] 이미 '간첩 혐의' 내부 보고 받았던 정보사⋯사건 쉬쉬하려다 방첩사 수사로 들통?,"《JTBC 뉴스》, 2024년 7월 30일; 권용범, "[단독] 국정원, 문 정부 당시 휴민트 유출 의혹⋯'명단 출력',"《MBN 뉴스》, 2024년 7월 31일; 손효주·신규진, "[단독] 기밀 유출 군무원 '간첩죄' 적용 유력⋯'北과 연계성 밝혀낸듯',"《동아일보》, 2024년 8월 7일; 강재묵, "[단독] '휴민트 활동이 그대로 북으로' 국정원서 유출?,"《MBN 뉴스》, 2024년 8월 9일; 허백윤, "7년 전 中에 포섭된 정보사 군무원, 기밀 최소 30건 넘겨,"《서울신문》, 2024년 8월 29일.

563 배진영, "중국 소프트파워의 첨병 공자학원: '공자학원, 중공당 선전·스파이 활동⋯수사 대상'(美 FBI 국장),"《월간조선》, 2021년 1월호; 김은중, "[단독] 서방서 속속 퇴출되는 中공자학원, 한국만 무풍지대,"《조선일보》, 2021년 9월 23일; 주현우, "[단독] 中 비밀경찰서 의혹 '동방명주' 오너 횡령혐의 檢송치,"《동아일보》, 2024년 7월 10일.

564 오혁진, "'중국 비밀경찰 의혹' 왕해군 황금 인맥 추적,"《일요시사》, 2023년 1월 9일. 김광주, "'여간첩' 의혹 중국 '인민망' 한국대표, 명예훼손 소송에서 패소,"《월간조선 뉴스룸》, 2023년 4월 20일.

565 문경근, "민주 인사들 '이재명·싱하이밍 회동, 결과적으로 국민 감정 자극',"《서울신문》, 2023년 6월 13일; 김희선, "中 초청 티베트엑스포 축사한 도종환 '국내 부정 여론? 모른다',"《뉴데일리》, 2023년 6월 18일; 인세영, "한중의원연맹 소속 여야 국회의원 24명 집단으로 중국행,"《파이낸스 투데이》, 2023년 11월 13일.

566 이제훈, "이종석 '북 당규약 개정으로 〈김정은 당〉 완성'⋯대일 관계는?,"《한겨레》,

2021년 6월 2일.

567 곽인수,《북한의 대남혁명전략 전개와 변화에 관한 연구》, pp. 124 - 132; 정광성, "북 공작원 출신 김동식 박사 노동당 규약 수정 '남한 혁명통일론' 버린 게 아니다,"《월간조선 뉴스룸》, 2021년 7월 21일; Kwanhyung Lee and In Su Kwak, *The Suryong Dictatorship Mechanism*, pp. 59 - 61.

568 곽인수,《북한의 대남혁명전략 전개와 변화에 관한 연구》, pp. 7 - 12.

569 콘스탄틴 보리소비치 폴리코프스키 저·성종환 역,《동방특급열차: 김정일과 함께한 24일간의 러시아 여행》(서울: 도서출판 중심, 2003), p. 169.

570 최선영, "미국 전문가 '부시2기, 북 마약 밀매 감시 강화할 것',"《연합뉴스》, 2004년 12월 15일.

571 "(조선외무성 대변인성명) 그 어떤 다자회담에도 기대를 가질수 없게 되었다,"《조선중앙통신》, 2003년 6월 19일; "(조선중앙통신사 론평) 제재강화를 위한 추악한 모략설,"《조선중앙통신》, 2013년 3월 26일.

572 통일외교안보정책실, "미 백악관, 연례 마약보고서에서 북한 불거론(기록건번호 1010225100001566)," 2007년 9월 27일. (※ 동 문서는 저자가 '정보공개 청구'(https://www.open.go.kr/)를 통해 취득했다.)

573 이재승, "마약 밀매/북한 외화벌이 '혈안',"《세계일보》, 1994년 5월 18일.

574 Horvath, William J., "The 1950s 'War on Narcotics': Harry Anslinger, The Federal Bureau of Narcotics, and Senator Price Daniel's Probe," *Harvey M. Applebaum '59 Award* (2020), p. 5, 32.

575 Joseph D. Douglass Jr., *Red Cocaine*, p. 12.

576 동경=AP합동, "중공, 마약밀수 20년간 서방에,"《조선일보》, 1978년 2월 19일, 3면.

577 Joseph D. Douglass Jr. and Jan Sejna, "International Narcotics Trafficking: The Soviet Connection," *Journal of Defense & Diplomacy*, 4 (December, 1986).

578 Joseph D. Douglass Jr. and Jan Sejna, "International Narcotics Trafficking: The Soviet Connection," *Journal of Defense & Diplomacy*, 4 (December, 1986).

579 Joseph D. Douglass Jr., *Red Cocaine* (2nd edition), pp. 19 - 21, 33.

580 김일성, "공작기계생산에서 이룩한 성과를 공고히 하자(1971년 10월 9일),"《김일성 저작집(26)》(평양:조선로동당출판사, 1984), p. 411.

581 "[정세론설] 도덕적 부패는 자본주의사회의 필연적 산물이다,"《로동신문》, 2018년 8월 20일, 6면.

582 좋은벗들, "당 간부 자녀들 마약중독 심각,"《오늘의 북한소식》, 2006년 11월 5일(24호); 좋은벗들, "빙두 문제로 정부 골머리,"《오늘의 북한소식》, 2007년 12월 7일(101

호); 안윤석, "북한의 마약 사용 실태 심각하다,"《노컷뉴스》, 2009년 3월 31일; 김
채환, "북, 학부모에 마약중독·성문란 중학생들 명단 전격 공개,"《DailyNK》, 2017
년 2월 22일; 이채은, "고급중학교 학생 6명 목욕탕서 집단 성관계…주민들 '경악',"
《DailyNK》, 2024년 6월 18일.

583 정서영, "마약 제조·판매 일당 10여 명 체포한 북 '적대 세력들이…',"《DailyNK》,
2023년 10월 20일; 정태주, "마약 범죄에 적들의 모략 탓…외부로 원인 돌려 내부 단
속,"《DailyNK》, 2024년 1월 24일.

584 조성권,《마약의 역사》(경기: 인간사랑, 2012), pp. 282 – 283.

585 2011년 거래 규모는 UNODC 웹사이트 https://www.unodc.org/southasia/
frontpage/2012/August/drug-trafficking-a-business-affecting-
communities-globally.html (검색일: 2024년 7월 6일); 2023년 거래 규모는 UNODC
웹사이트 https://www.unodc.org/unodc/en/data-and-analysis/wdr-2023-
online-segment.html (검색일: 2024년 7월 6일).

586 손우성, "시리아, 아랍연맹과의 약속 어겼나…UAE '13톤 규모 마약 압수',"《경향신
문》, 2023년 9월 15일.

587 John Solomou, "Syria is largest narco-state in world as it earns more from
Captagon than from its legal exports," *Asian News International*, Apr 17, 2023.

588 이관형,《북한 마약 문제 연구》, pp. 373 – 374.

589 최주활, "북한군의 외화벌이 실태와 전투력에 미치는 영향,"《북한조사연구》, 2(2)
(1999), pp. 29 – 31.

590 Sam Kim, "Inside North Korea's Hacker Army," *Bloomberg Businessweek*, Feb 6,
2018; 정광성, "[최초 인터뷰] 탈북 IT 기술자가 말하는 북한의 해외 IT 외화벌이 실
상,"《월간조선》, 2023년 9월호.

591 송민순,《빙하는 움직인다: 비핵화와 통일외교의 현장》(경기: ㈜창비, 2016), p. 205.

592 김덕홍,《나는 자유주의자이다》, p. 128.

593 Kwanhyung Lee and In Su Kwak, *The Suryong Dictatorship Mechanism*, pp.
47 – 50.

594 Kwanhyung Lee and In Su Kwak, *The Suryong Dictatorship Mechanism*, pp.
69 – 71.

595 Kwanhyung Lee and In Su Kwak, *The Suryong Dictatorship Mechanism*, pp.
112 – 115.

596 김진명, "[단독] 北 대미라인 한성렬 간첩 혐의 총살…지켜본 간부들 며칠 밥 못먹
어,"《조선일보》, 2024년 7월 16일.

597 이관형,《북한 마약 문제 연구》, p. 50; 도희윤, "장성택 처형 작전명은 R.G.J," 《월간 조선》, 2023년 1월호.

598 Kwanhyung Lee and In Su Kwak, *The Suryong Dictatorship Mechanism*, pp. 101 - 108, 153 - 154.